孙巍 编著

LAW AND PRACTICE OF CHINESE COMMERCIAL ARBITRATION

中国商事仲裁法律与实务

北京大学出版社
PEKING UNIVERSITY PRESS

图书在版编目(CIP)数据

中国商事仲裁法律与实务/孙巍编著. —北京:北京大学出版社,2011.9
ISBN 978 -7 -301 -19359 -4

Ⅰ. ①中… Ⅱ. ①孙… Ⅲ. ①商事仲裁 - 法律 - 研究 - 中国
Ⅳ. ①D925.704

中国版本图书馆 CIP 数据核字(2011)第 160455 号

书　　名:中国商事仲裁法律与实务
著作责任者:孙　巍　编著
责 任 编 辑:陈　康　陆建华
标 准 书 号:ISBN 978 -7 -301 -19359 -4/D · 2907
出 版 发 行:北京大学出版社
地　　址:北京市海淀区成府路 205 号　100871
网　　址:http://www.yandayuanzhao.com
电　　话:邮购部 62752015　发行部 62750672　编辑部 62117788
出版部 62754962
电 子 邮 箱:law@pup.pku.edu.cn
印　刷　者:三河市北燕印装有限公司
经　销　者:新华书店
965mm × 1300mm　16 开本　24.5 印张　414 千字
2011 年 9 月第 1 版　2011 年 9 月第 1 次印刷
定　　价:48.00 元

序言

据说，大多数律师一生写的东西比职业作家还要多。第一次从一本介绍法律写作的书中看到这样的说法时，我暗生疑虑，细细思量一番随即释然。律师是以语言文字为业的群体，在其上下求索的执业生涯中，他们将成为不同于作家的另一种专业文字工作者。

然而，不是所有的律师都有机会将漫漫执业生涯中的所思所想结集成册，作最系统、集中的表达。孙巍律师无疑是幸运的，他的聪颖和勤奋，使他有机会将这本《中国商事仲裁法律与实务》呈献给中国的法律同行和广大读者。

仲裁是律师业务中非常专业的一个领域。作为现代社会法律统制之下的商人自治规则，仲裁广泛应用于国内外商业贸易和投融资活动的争端解决。自我国恢复设置仲裁机构、加入相关国际公约以来，仲裁案件数量持续增长，该领域已成为律师的重要业务之一。本书从律师执业的实践视角出发，辅之以翔实的案例和法规，对相关法令、司法解释、司法实践及疑难问题作出了细致、有益的探讨，对广大律师同行，尤其是从事仲裁业务的同行具有直接的参考价值。

孙巍律师于2004年初进入中伦律师事务所。自那时起，我对他多有接触与了解。无论在律师业务、律师事务所管理，抑或是学识、修养方面，他都称得上是青年律师中的佼佼者。他还特别专注于体系归纳和经验总结。在中伦，他多次被评为优秀律师；2008年，他又赴伦敦大学深造，并获争议解决专业硕士；在执业和学习之外，曾在法律媒体上发表多篇文章，并担任仲裁协会和律师工会等一些社会职务。作为在中伦成长起来的青年律师，孙巍律师一直恪守着“好学慎思，精进专业”的方向。我欣喜于他的每一步成长，并由衷地为他今天取得的成绩感到高兴。

这本书的出版，是他长期以来用心规划执业生涯的一个篇章，也是中伦长期以来致力于青年律师培养的一点成就。我愿孙巍律师继续他追求卓越的执业道路，并向法律同行和广大读者推荐这本内容翔实、分析细致的实务读物。

是为序。

张学兵①

2011 年 4 月

① 北京市中伦律师事务所创始合伙人、管委会主任。现任北京市律师协会会长。

自序

今天是我女儿的生日。我在这里写下本书的序,也写下我对女儿的生日祝福:祝你生日快乐!

《中国商事仲裁法律与实务》从2008年初就动笔了。这三年半时间里断断续续地累积着内容。其间,我赴英国伦敦大学亚非学院(SOAS)学习争议解决,并有幸结识很多国际商事仲裁界的翘楚和前辈,这使我得以用更为开阔的眼界来重新审视中国商事仲裁。

仲裁从理论到实务都博大精深。这样的体会越深切,我就越踌躇于本书的出版。我的好友金赛波律师曾说过:每本书都写不到完美,但它总要面世。这是对自己过去一段时间学习和工作的总结,也是对帮助、支持我们的人的交待,正如中国书法所讲的笔笔要有交待。受此"蛊惑",我将有待完美的《中国商事仲裁法律与实务》呈现于您,恳请批评、指正。

在写本书时,我尽量以比较研究的方法来客观分析中国商事仲裁的发展现状。盲目乐观地赞赏中国仲裁或者卑躬屈膝地仰慕西方仲裁都是幼稚的。我国商事仲裁的中国特色是一种客观存在,而不应成为追求的目标。心平气和和客观公正是商事仲裁研究的起码要求。

本书出版之前,我有很多感慨和感激的话要说,不是套话,是肺腑之言。感谢我的父母,他们用质朴的爱和无私的奉献将我的家庭琐事打理得井井有条。感谢我的妻子对我永远的支持和帮助,虽然她总抱怨我像黄世仁一样一刻不停地在给她派活,但我相信她正享受着幸福和爱。感谢我的女儿,她每天都在制造快乐,让全家个个儿乐翻天。感谢我的岳父岳母,他们虽远在昆明,却天天挂念着我们。

感谢我中伦的同事们。尤其感谢张学兵律师、朱茂元律师、康铧律师和王飞律师,他们对我的宽容、理解、支持和帮助使我得以在事业上不断进步。

感谢最高人民法院、中国国际经济贸易仲裁委员会、北京仲裁委员会的很多领导、前辈们对我的指教和帮助。

感谢我在 SOAS 的导师 Ana Stanic 女士、Michael Palmer 教授、Emilia Onyema 博士。

感谢本书编辑陆建华先生、陈康女士的辛苦工作。感谢我的助理吴凡先生为本书所做的大量基础工作。

祝我身边所有的人以及亲爱的读者:身体健康、天天快乐!

孙巍

2011 年 6 月 16 日

简称(缩写)与全称对照表

简称(缩写)	全　称
贸仲	中国国际经济贸易仲裁委员会
北仲	北京仲裁委员会
HKIAC	香港国际仲裁委员会
全国人大法工委	全国人民代表大会常务委员会法律工作委员会
LAC	全国人民代表大会常务委员会法律工作委员会
《示范法》或 UNCITRAL Model Law	Model Law on International Commercial Arbitration of the United Nations Commission on International Trade Law
英国 1996 年《仲裁法》	English Arbitration Act 1996
《仲裁法》	《中华人民共和国仲裁法》
《民事诉讼法》	《中华人民共和国民事诉讼法》
《民法通则》	《中华人民共和国民法通则》
《纽约公约》	《承认及执行外国仲裁裁决公约》
《示范法》	《国际商事仲裁示范法》
《仲裁法解释》	最高人民法院《关于适用〈中华人民共和国仲裁法〉若干问题的解释》
《民通意见》	最高人民法院《关于贯彻执行〈中华人民共和国民法通则〉若干问题的意见(试行)》
《民诉意见》	最高人民法院《关于适用〈中华人民共和国民事诉讼法〉若干问题的意见》
《UNTED 规则》	《联合国国际贸易法委员会仲裁规则》
《认可台湾地区民事判决规定》	最高人民法院《关于人民法院认可台湾地区有关法院民事判决的规定》

目 录

第一章　中国商事仲裁概况

第一节　中国仲裁发展及现状

一、《仲裁法》颁布之前的仲裁情况

英国于1697年率先颁布了第一个仲裁法案，并于1889年制定了第一部仲裁法。[①] 此后，欧美各主要国家纷纷在法律中规定了仲裁制度。这样，在19世纪末20世纪初，仲裁制度普及于世界，得到了国际社会的普遍承认，并出现了国际性的仲裁立法，开展了国际性的仲裁活动。

仲裁制度在世界的普及也影响到了我国。仲裁在我国传统上被称为公断。我国现代意义上的仲裁可以追溯到1912年民国政府颁行的《商事公断处章程》以及次年颁订的《商事公断处办事细则》。商事公断处虽按规定设于其所在地的各商会，但实际上只相当于一个调解机构，其裁决必须由双方当事人同意才发生法律效力。当事人不同意，可以再起诉至法院。[②] 在新中国成立前，这两个法律文件一直是我国关于仲裁的专门法律规定。

新中国建立以后，我国分别建立了涉外和国内两套仲裁制度。中国涉外仲裁始于20世纪50年代中期。1954年我国政务院通过了《关于在中国国际贸易促进委员会内设立对外贸易仲裁委员会的决定》。1956年，中国国际贸易促进委员会设立了对外贸易仲裁委员会（以下简称“贸仲”），并制定了《中

---

① 参见曾建国编著：《国际商事仲裁法通论》，百家出版社1995年版，第3页。

② 参见杨崇森等：《仲裁法新论》，台湾地区仲裁协会1999年版，第37页。

国国际贸易促进委员会对外贸易仲裁委员会仲裁程序暂行规则》。对外贸易仲裁委员会成立后，担负起了对外贸易仲裁的使命，我国对外贸易仲裁得到了初步发展。我国涉外仲裁从一开始就遵循国际通行的民间仲裁、自愿仲裁、一裁终局的原则。改革开放之后，为了适应我国对外经贸关系不断发展的需要，1980 年，国务院发出了《关于将对外贸易仲裁委员会改称为对外经济贸易仲裁委员会的通知》。1988 年，国务院又发布了《关于将对外经济贸易仲裁委员会改名为中国国际经济贸易仲裁委员会和修订仲裁规则的批复》。此后，我国的涉外仲裁工作不断向前发展，国际经济贸易仲裁获得了长足的发展，国际影响也越来越大。

而我国国内仲裁的发展历程则要复杂得多。在《中华人民共和国仲裁法》（以下简称《仲裁法》）实施前主要经历了以下几个阶段：(1) 只裁不审阶段。从 1955 年到 1966 年，我国以中央文件的形式规定，对于经济合同纠纷当事人只能通过各级经济仲裁委员会进行仲裁和处理，人民法院不能受理。当事人不服一审裁决的，还可以申请上一级经济仲裁委员会仲裁；(2) 仲裁停滞阶段。从 1966 年到 1976 年，仲裁工作几乎停止。(3) 两裁两审阶段。从 1978 年到 1982 年《中华人民共和国经济合同法》（以下简称《经济合同法》）颁布之前，根据规定，工商行政管理部门对经济合同纠纷实行两级仲裁制度，当事人对第二次仲裁裁决不服的，才可向人民法院起诉。诉讼仍按照两审终审的制度。(4) 又裁又审阶段。随着 1982 年《经济合同法》的颁布以及 1983 年《中华人民共和国经济合同仲裁条例》（以下简称《经济合同仲裁条例》）的发布，我国才真正成立了经济合同仲裁机关，确立了经济合同仲裁制度。自此，当事人可就仲裁或者诉讼作出选择，但是当事人对裁决不服的，仍可向人民法院起诉。(5) 或裁或审阶段。1993 年新修订的《经济合同法》确定了或裁或审制度。仲裁组织的裁决是终局裁决，当事人不得再向人民法院起诉。①

在 1994 年《仲裁法》颁布的前几十年间，我国的国内仲裁带有浓重的行政色彩。有学者论述到，当时仲裁制度在中国，主要是以“行政仲裁”的方式来适应计划经济的要求。首先，在仲裁机构的设置上，当时的仲裁机构基本都附设于行政机构内部。其次，在仲裁立法上，据不完全统计，在《仲裁法》出台之前，我国法律法规中已有 14 部法律、82 个行政法规和 190 个地方性法

---

① 参见杨荣新：《仲裁法理论与适用》，中国经济出版社 1998 年版，第 10—16 页；叶青主编：《中国仲裁制度研究》，上海社会科学出版社 2009 年版，第 9—12 页。

规作出了有关仲裁的规定。这些规定并不完全是仲裁法意义上的仲裁，其中多数属于行政仲裁。再次，在仲裁程序和仲裁制度设计上，仲裁程序的启动不以仲裁协议为必备条件，而实行地域管辖和级别管辖、只裁不审或者一裁两审或者两裁两审制度。这种由行政机关管理的仲裁机构对民商事纠纷进行仲裁的制度弊端很多，既有违当事人意思自治的仲裁本质特点，又难以体现出仲裁独有的优势，与国际通行的做法相去甚远。①

二、《仲裁法》颁布之后的仲裁事业的发展

随着我国市场经济体制的逐步确立以及对外开放程度的不断提高，原有的仲裁制度已经远远不能适应经济社会的迅速发展。从 1991 年起，经过三年的立法起草与修改，1994 年 8 月 31 日第八届全国人大常委会第九次会议通过了《中华人民共和国仲裁法》。《仲裁法》是我国第一部单行的、统一的仲裁法律。《仲裁法》共八章八十个条款，明确规定了中国仲裁制度的基本原则、仲裁机构和仲裁员、仲裁协议、仲裁程序、仲裁监督等一系列问题。《仲裁法》统一了我国仲裁制度和有关仲裁的法律、法规，确立了协议仲裁、或裁或审、一裁终局，仲裁独立等原则和制度。《仲裁法》的颁布是我国法律制度实现现代化和国际化的一项重要举措，是我国仲裁发展史上的重要里程碑。

随着 1994 年《仲裁法》的颁布及实施，我国民商事领域原有的行政性仲裁制度逐渐转型为民间性仲裁，有学者称其为“我国国内仲裁制度由原来的行政性仲裁向统一的民间性仲裁过渡的里程碑”。② 例如，《仲裁法》第 10 条第 1 款规定：“仲裁委员会不按行政区划层层设立。”第 14 条规定：“仲裁委员会独立于行政机关，与行政机关没有隶属关系。”我国的仲裁机构为仲裁委员会，根据这些规定，我国的仲裁机构脱离了原来对行政机关的附属，开始逐渐成为民间性的仲裁机构，仲裁制度也更加具有民间性。

1994 年《仲裁法》的颁布实施对我国仲裁事业的长足发展起到了巨大的推动作用。以仲裁机构和案件受理量为例，1995 年至 2009 年，我国仲裁事业的发展情况如下表 1-1。其中，2009 年受理案件超过 500 件的仲裁机构有 41 个，占总数的 20%；受理案件超过 200 件、不足 500 件的仲裁机构 56 个，占总数的 28%；受理案件超过 50 件、不足 200 件的仲裁机构 69 个，占总数的

① 参见陈忠谦、马占军：《广州仲裁委员会十年发展述评》，http：//www. ccarb. org/news_detail. php? VID = 581，2010 年 4 月 16 日访问。

② 杨荣新：《仲裁法理论与适用》，中国经济出版社 1998 年版，第 7 页。

34%;受理案件不足50件的仲裁机构36个,占总数的18%。案件受理量排在前十位的有武汉仲裁委、广州仲裁委、重庆仲裁委、深圳仲裁委、西安仲裁委、北京仲裁委、驻马店仲裁委、中国国际经济贸易仲裁委、上海仲裁委和无锡仲裁委。受理案件的标的总额超过10亿元的仲裁机构共有15家。① 从这些数据可以直观地看出十几年来我国仲裁事业取得的巨大突破和成就,中国仲裁开创了崭新的局面。

表1-1　仲裁事业发展情况②

年份	仲裁机构数量	受案数量(件)	受案标的(亿元)
1995	11	1 009	50
1996	84	1 658	66
1997	122	4 271	96
1998	145	7 143	150
1999	152	7 394	167
2000	160	9 577	221
2001	165	12 127	278
2002	168	17 959	342
2003	172	28 835	421
2004	185	37 304	515
2005	185	48 339	654
2006	185	60 844	725
2007	200	61 016	753
2008	202	65 074	1 021
2009	202	74 811	961

三、行政牵绊与民间化努力

正如有些学者所言:"1994年《仲裁法》的颁布只是我国仲裁制度整体转型的一个开始而非结束。"③我国仲裁制度民间化进程依然任重道远。例如,我国的仲裁机构并没有随着1994年《仲裁法》的颁布实施完全从行政性仲裁

① http://www.bzac.org.cn/Article/ShowArticle.asp?ArticleID=508,2010年6月7日访问。

② 资料来源:中国法律年鉴。

③ 陈福勇:《未竟的转型——中国仲裁机构现状与发展趋势实证研究》,法律出版社2010年版,序言部分。

机构转型为民间性仲裁机构。有学者经过实证分析指出，实践中，“我国仲裁机构的性质定位呈现多样化特点的同时具有较高的行政化比例”①，仲裁机构无论从人员构成情况②、财政情况，还是业务状况，都还具有较浓的行政色彩。仲裁立法的初衷就在于使仲裁与行政脱钩，实现民间仲裁，却规定仲裁委员会由直辖市和省、自治区人民政府所在地的市的人民政府组织有关部门和商会统一组建，使得“仲裁委员会独立于行政机关，与行政机关没有隶属关系”的规定在实践中最终难以实现。

“一些地方政府法制部门主要领导在完成了‘牵头组建’当地仲裁委员会的工作后，又巧妙地把‘牵头’演变为‘主管’……紧紧地抓住仲裁不撒手，使行政官员在仲裁机构兼职的问题更为严重；而且‘这样的兼职得到了政府领导和组织人事部门的批准’。”“一些地方的仲裁机构按行政模式定级定编，确定主管部门和由政府提供经费补贴、办公用房，而且仲裁委员会的组成人员大多数为政府各有关部门的官员，仲裁委员会主任一般也由政府分管领导或其法制部门的主要领导兼任，行政色彩浓郁。更有甚者，有的地方重大疑难或者社会关注的仲裁案件，在仲裁庭作出裁决之前，仲裁委员会或者仲裁庭还要向政府部门的有关领导汇报。’仲裁领域中这些行政权力自我扩张的现象，完全违背了仲裁法的规定，完全背离了依法治国基本方略。究其原因，完全是带有权力寻租色彩的利益驱动。因此，维护和发展第一次仲裁改革成果，保持和增强仲裁委员会民间性、独立性、自主性的法律地位和基本特征，确保仲裁事业继续健康发展，就成为此次仲裁改革关注的首要问题。”③

第二节 机构仲裁与临时仲裁

一、机构仲裁与临时仲裁概述

机构仲裁是指由常设仲裁机构进行的仲裁。常设仲裁机构是指固定的、

---

① 陈福勇：《未竟的转型——中国仲裁机构现状与发展趋势实证研究》，法律出版社 2010 年版，第 33 页。

② 根据陈福勇博士在其《未竟的转型——中国仲裁机构现状与发展趋势实证研究》中的实证研究，仲裁委员会委员中来自行政机关的委员比例很高，绝大多数仲裁机构的主任和常设办事机构的负责人由行政机关领导担任，《未竟的转型——中国仲裁机构现状与发展趋势实证研究》第 36—40 页。

③ 杨润时：《解放思想推进仲裁体制和机制改革》，http://www.bjac.org.cn/news/view.asp? id = 1516&title = &cataid = 35，2010 年 12 月 17 日访问。

专门从事以仲裁方式解决争议的组织。它制定有自己的组织章程和仲裁规则，设立有自己的办事机构和行政管理制度。常设仲裁机构一般都有仲裁员名单。常设仲裁机构的作用主要是从事有关仲裁方面的行政管理和组织工作，为双方当事人和仲裁庭提供便利条件，如依照有关规定代为指定仲裁员、递送文件和证据材料、为仲裁庭开庭安排记录员和配备翻译、收取仲裁费用等。通过机构仲裁方式处理国际商事争议是比较普遍的做法。①

临时仲裁是指不通过常设仲裁机构的协助，直接由双方当事人指定的仲裁员自行组成仲裁庭进行的仲裁。临时仲裁庭处理完争议案件即自动解散。在临时仲裁中，仲裁程序的每一环节都由双方当事人控制。仲裁员的指定方法及其管辖范围或权力，仲裁地点和仲裁程序都由双方当事人决定。临时仲裁的一个显著特点在于它的形式有很大的灵活性，符合当事人的意愿和特定争议的实际情况。临时仲裁的主要不足就是它的有效进行将取决于双方当事人的合作。如果当事人在程序问题上不能达成一致意见，很容易使仲裁拖延误时。如果一开始双方当事人就不能合作，仲裁庭将无法设立，也无现成的仲裁规则可以处理这种情况。这时除非可以根据仲裁地法，寻求仲裁地法院的补救或帮助，否则仲裁将陷入僵局。②

二、在中国内地不得进行临时仲裁

《仲裁法》第16条规定了有效仲裁协议的三个要素：请求仲裁的意思表示、仲裁事项和选定仲裁委员会。前述规定实际上否认了中国内地进行临时仲裁的合法性。如果一份仲裁协议约定在中国内地通过临时仲裁的方式解决争议，依据《仲裁法》，该仲裁协议是无效的。基于临时仲裁协议而在中国内地进行的仲裁也属于违反法定程序的仲裁，其仲裁裁决也是无效的。

三、涉外仲裁协议可以约定在境外临时仲裁

如果一份仲裁协议的一方当事人是中国内地的公民、法人或其他组织，且该仲裁协议具有涉外因素，中国内地的司法实践承认这类涉外仲裁协议约定临时仲裁的合法性。在福建省生产资料总公司与金鸽航运有限公司国际海运纠纷案中，1995年10月20日，最高人民法院通过法函〔1995〕135号复函回复广东省高院〔1994〕粤法经二上字第146号请示，表示：当事人事先在

---

① 参见韩德培主编：《国际私法新论》，武汉大学出版社1997年版，第707页。
② 同上，第706—707页。

合同中约定或争议发生后约定由国外的临时仲裁机构或非常设仲裁机构仲裁的，原则上应当承认该仲裁条款的效力，法院不再受理当事人的起诉。但必须明确的是，如果涉外仲裁协议约定的仲裁地法律不认可临时仲裁协议的合法性，该涉外仲裁协议因违反仲裁地法律而无法得到承认和执行。

四、中国内地承认港、澳、台地区临时仲裁

2007年《全国法院涉港澳商事审判工作座谈会纪要》第25条规定："人民法院审理当事人申请撤销、执行内地仲裁机构作出的涉港澳仲裁裁决案件，申请认可和执行香港特别行政区、澳门特别行政区仲裁机构作出的仲裁裁决或者临时仲裁庭在香港特别行政区、澳门特别行政区作出的仲裁裁决案件，对于事实清楚、争议不大的，可以经过书面审理后径行作出裁定；对于事实不清、争议较大的，可以在询问当事人、查清事实后再作出裁定。"前述规定实际承认了香港、澳门特别行政区的临时仲裁。但对台湾地区的临时仲裁裁决是否可以在中国内地承认和执行，到目前为止，中国内地法律、司法解释没有规定。

五、中国内地承认《纽约公约》成员国的临时仲裁

《纽约公约》第1条第(2)款规定："仲裁裁决"不仅包括为每一案件指定的仲裁员所作出的裁决，也包括由常设仲裁机构经当事人提请而作出的裁决。通过前述规定，《纽约公约》既认可临时仲裁裁决的合法性，也承认机构仲裁的合法性。中国作为《纽约公约》的成员国，对其他成员国国内作出的临时仲裁，只要该临时仲裁不违反仲裁作出地法律的，中国不会因其为临时仲裁而不予承认和执行。

最高人民法院在其曾经公布的《关于人民法院处理涉外仲裁及外国仲裁案件的若干规定》(征求意见稿)是表达了对《纽约公约》成员国国内作出的临时仲裁的态度。《关于人民法院处理涉外仲裁及外国仲裁案件的若干规定》(征求意见稿)第27条规定："当事人约定临时仲裁的仲裁协议无效，但有关当事人的国籍所属国均为1958年联合国《承认及执行外国仲裁裁决公约》的成员且其法律不禁止临时仲裁的除外。"

六、其他法域的临时仲裁在中国内地的认可和执行

除《纽约公约》成员国、港澳台地区外，其他法域内作出的仲裁裁决按照《中华人民共和国民事诉讼法》(2007年修正)(以下简称《民事诉讼法》)第

267 条[①]的规定办理。中国不会因本国《仲裁法》只认可机构仲裁而否认其他法域临时仲裁的合法性。有关其他法域内作出的仲裁裁决向中国法院申请承认和执行，请阅第二十四章第四节。

① 《民事诉讼法》第 267 条："国外仲裁机构的裁决，需要中华人民共和国人民法院承认和执行的，应当由当事人直接向被执行人住所地或者其财产所在地的中级人民法院申请，人民法院应当依照中华人民共和国缔结或者参加的国际条约，或者按照互惠原则办理。"

第二章　仲裁法及与仲裁有关的重要的司法解释和国际公约

第一节　仲裁法及仲裁法的修订

仲裁法，就是国家制定或认可的，调整仲裁程序和仲裁机构、仲裁庭及仲裁当事人进行仲裁活动所产生的仲裁法律关系总和。仲裁法有广义和狭义之分。狭义的仲裁法即形式意义上的仲裁法，是指国家最高权力机构制定的关于仲裁活动的专门法律，也即仲裁法典。广义的仲裁法即实质意义上的仲裁法，是指除了仲裁法典之外，还包括所有涉及仲裁制度的法律规范。

我国既有狭义的仲裁法，又有广义的仲裁法。狭义的仲裁法即1994年8月31日第八届全国人民代表大会常务委员会第九次会议通过的《仲裁法》。广义的仲裁法，包括我国民事诉讼法、合同法等法律法规中关于仲裁的规定，我国缔结或参加的国际公约或双边协定中有关仲裁的规定，如我国参加的1958年联合国《承认及执行外国仲裁裁决公约》（以下简称《纽约公约》），还包括仲裁机构的章程、仲裁规则等。

本书第一章第一节已经对我国《仲裁法》做了概述。《仲裁法》是我国第一部单行的、统一的仲裁法律。《仲裁法》共八章八十个条款，明确规定了中国仲裁制度的基本原则、仲裁机构和仲裁员、仲裁协议、仲裁程序、仲裁监督等一系列问题。《仲裁法》统一了我国仲裁制度和有关仲裁的法律、法规，确立了协议仲裁、或裁或审、一裁终局、仲裁独立等原则和制度。《仲裁法》的颁布是我国法律制度实现现代化和国际化的一项重要举措，是我国仲裁发展史上的重要里程碑。

本节主要对我国《仲裁法》的立法宗旨、适用范围以及基本原则和制度做一简单介绍。

一、《仲裁法》的立法宗旨

《仲裁法》的立法宗旨体现在《仲裁法》的第 1 条。即“保证公正、及时地仲裁经济纠纷,保护当事人的合法权益,保障社会主义市场经济健康发展”。

二、《仲裁法》的适用范围

仲裁法的适用范围也叫仲裁法的效力,或者称仲裁对象,即仲裁对什么人、什么事,在什么时间和空间范围内发生作用。这也就是通常所讲的“争议的可仲裁性”。我国《仲裁法》第 2 条规定:“平等主体的公民、法人和其他组织之间发生的合同纠纷和其他财产权益纠纷,可以仲裁。”第 3 条规定:“下列纠纷不能仲裁:(一) 婚姻、收养、监护、扶养、继承纠纷;(二) 依法应当由行政机关处理的行政争议。” 第 77 条规定:“劳动争议和农业集体经济组织内部的农业承包合同纠纷的仲裁,另行规定。”根据这些条文的规定,我国《仲裁法》的适用范围主要包括以下几个方面:

(一) 对人的适用范围

根据《仲裁法》第 2 条的规定,《仲裁法》具有广泛的对人适用范围。不论是中国公民、法人和其他组织,还是外国公民、无国籍人、外国企业和其他组织,都可以在中国的仲裁机构进行仲裁活动。但是将纠纷提交仲裁解决的当事人,只能是平等的民事主体,而不是行政法律关系中的公民、法人和其他组织。

(二) 对事的适用范围

对事的适用范围是指仲裁机构可以受理的争议事项的范围。根据《仲裁法》第 2 条的规定,提交仲裁解决的纠纷限于合同纠纷和其他财产权益纠纷。

1. 合同纠纷。其主要包括:(1) 经济合同纠纷;(2) 技术合同纠纷;(3) 著作权合同纠纷;(4) 商标、专利合同纠纷;(5) 海事、海商合同纠纷;(6) 涉外经济合同纠纷;(7) 其他类型的民事经济合同纠纷。

2. 其他财产权益纠纷

其他财产权益纠纷主要是指因财产侵权而引发的各类纠纷,例如海事侵权纠纷,著作权侵权纠纷,消费者权益侵权纠纷等。

此外,根据《仲裁法》第 3 条的规定,下列纠纷不属于仲裁的范围:

1. 婚姻、收养、监护、扶养、继承纠纷

此类纠纷虽然也属于民事纠纷，也或多或少地涉及当事人的财产权益，但又往往与一定的身份关系连在一起。在民事纠纷中，双方当事人之间的争议若涉及的是当事人不能自由处分的身份关系，那么只能由人民法院来处理，而不能提起仲裁。

2. 依法应当由行政机关处理的行政争议

行政争议不同于民事纠纷，不能采用仲裁方式解决，只能由有关的行政机关通过行政决定来处理，或者由法院通过行政诉讼程序作出判决。仲裁机构作为民间性的组织，无权代表国家对行政争议作出处理。

除上述两类纠纷不属于《仲裁法》的适用范围之外，《仲裁法》第 77 条还规定劳动争议和农业集体经济组织内部的农业承包合同纠纷的仲裁，不能适用《仲裁法》的规定。这两类纠纷适用其他另行制定的仲裁法规。

（三）时间上的适用范围

《仲裁法》在时间上的适用范围，是指《仲裁法》发生法律效力的期间，即在什么时间开始发生法律效力。根据《仲裁法》第 80 条的规定，《仲裁法》自 1995 年 9 月 1 日起施行。施行之日即为《仲裁法》发生法律效力之日。

（四）空间上的适用范围

《仲裁法》在空间上的适用范围，是指《仲裁法》在多大的地域范围内发生法律效力。凡在中华人民共和国领域内的仲裁机构进行仲裁活动，都要适用《仲裁法》。但台湾、香港、澳门地区除外。此外，《仲裁法》在我国领域之外不发生法律效力。

三、《仲裁法》的基本原则

仲裁的基本原则是指在仲裁活动的全过程中起着指导和决定作用的根本原则，是仲裁机构、仲裁员和仲裁当事人进行仲裁活动所必须遵守的基本行为准则。它集中体现了仲裁法的本质，是整个仲裁法的基石。根据《仲裁法》的规定，我国《仲裁法》的基本原则主要有：自愿仲裁原则、依据事实和法律仲裁原则，以及独立仲裁原则。

（一）自愿仲裁原则

《仲裁法》第 4 条规定："当事人采用仲裁方式解决纠纷，应当双方自愿，达成仲裁协议。没有仲裁协议，一方申请仲裁的，仲裁委员会不予受理。"第 6 条规定："仲裁委员会应当由当事人协议选定。"自愿原则是仲裁制度中最基本的原则,贯穿于仲裁程序始终。根据这一原则,首先采用仲裁方式解决纠纷,必须有当事人双方自愿地选择仲裁,达成仲裁协议。没有仲裁协议,一方申请仲裁的,仲裁委员会不予受理。其次,向哪个仲裁委员会申请仲裁,由当事人双方协商选定。仲裁庭的组成形式和仲裁员,也由当事人双方自主选择。再次,在仲裁审理活动中,当事人可以就是否和解或调解进行协商。最后,当事人还可以协商仲裁庭是否公开与开庭审理。总之,自愿原则赋予仲裁当事人解决实体纠纷极大的自由,指引着仲裁活动朝着有利于更好地解决纠纷的方向发展。

(二) 依据事实和法律仲裁原则

《仲裁法》第 7 条规定:“仲裁应当根据事实,符合法律规定,公平合理地解决纠纷。”以事实为依据,以法律为准绳是我国司法活动的基本原则,这一原则对于仲裁这种准司法活动也同样适用。仲裁应当根据事实,即仲裁机构审理仲裁案件,应当以与案情有关的客观事实作为根据,而不能主观臆断或偏听偏信。仲裁应符合法律规定,就是在以客观事实为依据的基础上,仲裁机构必须准确理解和适用法律,分清是非,运用法律对当事人的纠纷作出裁决。不仅要符合实体法的规定,还要符合程序法的有关规定。

(三) 独立仲裁原则

《仲裁法》第 8 条规定:“仲裁依法独立进行,不受行政机关、社会团体和个人的干涉。”《仲裁法》第 14 条规定:“仲裁委员会独立于行政机关,与行政机关没有隶属关系。仲裁委员会之间也没有隶属关系。”仲裁机构作为不隶属于任何行政机关的准司法机构,具有相对的独立性。各仲裁委员会之间也没有隶属关系,不受其他仲裁委员会的干预。仲裁机构依法独立行使仲裁权,任何行政机关、社会团体和个人都无权干预,也不能凌驾于法律之上。

四、《仲裁法》的基本制度

仲裁基本制度是指在仲裁程序的重要环节或主要问题上起基础作用的重要行为规范和操作规程。不同于基本原则,基本制度比较具体明确,通常在仲裁的某些阶段起作用,具有较强的针对性和实用性。我国《仲裁法》确定的基本制度主要有:或裁或审制度、开庭和不公开仲裁制度、回避制度和一裁终局制度。

(一) 或裁或审制度

或裁或审制度又称裁审自择制度,是指当事人只能选择仲裁或诉讼之一种方式解决纠纷。《仲裁法》第 5 条规定："当事人达成仲裁协议，一方向人民法院起诉的，人民法院不予受理，但仲裁协议无效的除外。"当事人之间在发生纠纷前或发生纠纷后达成仲裁协议的，只能将纠纷提交仲裁机构进行仲裁，人民法院不予受理。若当事人之间未达成仲裁协议，当事人向仲裁机构申请仲裁的，仲裁机构不能受理，只能向人民法院提起诉讼。《仲裁法》第 26 条进一步规定："当事人达成仲裁协议，一方向人民法院起诉未声明有仲裁协议，人民法院受理后，另一方在首次开庭前提交仲裁协议的，人民法院应当驳回起诉，但仲裁协议无效的除外；另一方在首次开庭前未对人民法院受理该案提出异议的，视为放弃仲裁协议，人民法院应当继续审理。"

（二）开庭和不公开仲裁制度

《仲裁法》第 39 条规定："仲裁应当开庭进行。当事人协议不开庭的，仲裁庭可以根据仲裁申请书、答辩书以及其他材料作出裁决。"第 40 条规定："仲裁不公开进行。当事人协议公开的，可以公开进行，但涉及国家秘密的除外。"根据这两条规定，我国仲裁实行开庭和不公开仲裁制度。开庭仲裁是指仲裁机构在双方当事人参加下，依照法律规定的程序，查清案件事实，对案件作出裁决的仲裁活动。不公开仲裁是指整个仲裁活动不对外公开，而且包括仲裁裁决不能向社会公开公布。不公开仲裁制度体现了商业活动保密要求，是仲裁与诉讼的一大区别。

同时，根据上述两条法律规定，我国以不开庭和公开仲裁为例外情况。如果当事人协议不开庭或公开仲裁的，则依协议约定。这也体现了自愿仲裁的根本原则。当然，在仲裁活动中如有涉及国家秘密的案件，则一律不公开仲裁。

（三）回避制度

回避制度是司法程序中的一项基本制度，对于仲裁这种准司法活动，回避制度同样适用。仲裁的回避制度是指在仲裁活动中，仲裁员因有法律规定的回避理由，不得参加本案的仲裁审理。

1. 回避的法定理由

《仲裁法》第 34 条规定："仲裁员有下列情形之一的，必须回避，当事人也有权提出回避申请：（1）是本案当事人或者当事人、代理人的近亲属；（2）与本案有利害关系；（3）与本案当事人、代理人有其他关系，可能影响公正仲裁的；（4）私自会见当事人、代理人，或者接受当事人、代理人的请客送礼的。"

2. 回避的种类

回避的种类有仲裁员自行回避和当事人申请回避。当事人应当在首次开庭前，通过书面形式或口头形式提出回避申请，并说明理由。如果回避事项是在首次开庭之后才知道的，也可以在最后一次开庭终结前提出。仲裁员是否回避，由仲裁委员会主任决定；仲裁委员会主任担任仲裁员时，由仲裁委员会集体决定。仲裁员因回避或者其他原因不能履行职责的，应当依照本法规定重新选定或者指定仲裁员。

以上简要介绍回避制度。具体内容可见本书第十五章“仲裁庭”第三节“仲裁员的回避”。

（四）一裁终局制度

一裁终局制度是指案件一经仲裁庭作出裁决，该裁决即发生法律效力，任何一方都不能就同一纠纷再向人民法院起诉，或者再向仲裁机构申请仲裁。《仲裁法》第 9 条第 1 款规定：“仲裁实行一裁终局的制度。裁决作出后，当事人就同一纠纷再申请仲裁或者向人民法院起诉的，仲裁委员会或者人民法院不予受理。”《仲裁法》第 57 条规定：“裁决书自作出之日起发生法律效力。”第 62 条规定：“当事人应当履行裁决。一方当事人不履行的，另一方当事人可以依照民事诉讼法的有关规定向人民法院申请执行。受申请的人民法院应当执行。”

一裁终局制度也有特殊规定。《仲裁法》第 9 条第 2 款规定：“裁决被人民法院依法裁定撤销或者不予执行的，当事人就该纠纷可以根据双方重新达成的仲裁协议申请仲裁，也可以向人民法院起诉。”

五、《仲裁法》的修订

关于仲裁法的修订。本书在第一章第一节已经谈到，1994 年《仲裁法》的颁布实施对我国仲裁事业的长足发展起到了巨大的推动作用，并以仲裁机构数量、案件受理量和案件标的额为例做了具体的说明。《仲裁法》对我国现代仲裁制度的建立、发展和完善作出巨大贡献的同时，由于我国整体社会经济生活的日新月异和法制建设的不断完善，仲裁法中的许多条文已经逐渐显现出无法满足仲裁实践需要的不足。例如，现行《仲裁法》对当事人意思自治原则的重要性认识不足，对仲裁范围规定过窄，对仲裁协议的要件规定过高，对当事人选择仲裁员的范围规定过严；仲裁程序缺乏应有的灵活性，有诉讼化倾向；仲裁庭无权决定仲裁协议的效力及对仲裁管辖权问题作出决定；仲裁委员会依然带有一定的行政色彩；法院对仲裁的司法监督规定不完善；等等。①

可见，现行《仲裁法》与现代仲裁制度理念和实践确实存在着一定的差距和不足。最高人民法院迄今已经发布了三十多个关于仲裁的司法解释及答复，并于2006年颁布了最高人民法院《关于适用〈中华人民共和国仲裁法〉若干问题的解释》(以下简称《仲裁法解释》)。这些实际上都是在一定程度上对现行的《仲裁法》进行查缺补漏，但这并不能从根本上解决我国《仲裁法》存在的问题。

2006年召开的全国仲裁工作年会上明确提出："始终坚持发展为第一要务，全力推进仲裁的第二次创业。"会上，国务院法制办就全国仲裁工作所作的部署中，要求认真做好《仲裁法》的修改和仲裁制度的改革工作，提出修改《仲裁法》和改革仲裁制度可以有超前意识，但要适当；要把解决问题作为出发点和落脚点，着力解决瓶颈问题；可以借鉴外国的经验，但最终还要立足我国的国情。

之后，仲裁法的修订和完善被提上了议事日程。立法部门、仲裁实务部门、法学界就此展开了比较广泛和热烈的讨论。目前，综合各方面意见，关于修改《仲裁法》的建议主要集中在以下几个方面：关于仲裁委员会的性质；关于机构仲裁和临时仲裁；关于仲裁协议有效性的认定；关于法院对国内仲裁和涉外仲裁的司法监督。

关于仲裁委员会的性质。我国《仲裁法》未对仲裁委员会的性质作出明确规定。仲裁法学界对此有两种观点，一种认为仲裁委员会是特殊的事业单位法人，一种认为是社会团体法人。两种观点实际上是分别从实然和应然的角度来界定仲裁机构的性质。虽然对此有一定的争议，但是各方都认为仲裁机构的属性应是民间性的，需要淡化其行政和官方色彩。因此在《仲裁法》的修订中，大多数人呼吁应该将仲裁委员会明确定位为民间性的社团法人，以加快我国仲裁机构的进一步转型。

关于机构仲裁和临时仲裁。关于机构仲裁和临时仲裁本书会做进一步介绍。我国《仲裁法》只规定了机构仲裁，没有规定临时仲裁。我国参加的1958年联合国《纽约公约》中明确规定了这两种仲裁，我国对于外国的临时

---

① 参见马占军：《1994年中国〈仲裁法〉修改及论证》，载《仲裁研究》第8辑，法律出版社2006年版，第62—63页；宋连斌：《理念走向规则——〈仲裁法〉修订应注意的几个问题》，载《北京仲裁》，2004年第2期。

仲裁也是承认其效力的。关于在《仲裁法》的修订中要不要规定临时仲裁，仲裁法学界也有一定的争议。一种观点认为需要增加临时仲裁的规定，这也是大多数国家的通行做法。并且实践表明临时仲裁在当今经济全球化的大趋势下具有极强的生命力和积极作用。另一种观点则认为我国《仲裁法》并不需要规定临时仲裁。比较主流的观点则认为，临时仲裁具有其自身的优点，能够和机构仲裁相辅相成，规定临时仲裁能够完善我国仲裁法律体系，并能适应我国加入世贸之后国际经贸形势发展的需要。但是，临时仲裁要不要规定，更多的是一个实践问题而不是理论问题。建立临时仲裁需要各方面的条件，例如社会完善的信用机制、强制执行力、仲裁自身的信誉和水平，等等。这些条件目前在我国还不是很成熟，因此不应急于在《仲裁法》修订中加入临时仲裁的内容。

关于仲裁协议有效性的认定。我国《仲裁法》第16条第2款规定："仲裁协议应当具有下列内容：(1) 请求仲裁的意思表示；(2) 仲裁事项；(3) 选定的仲裁委员会。"第18条规定："仲裁协议对仲裁事项或者仲裁委员会没有约定或者约定不明确的，当事人可以补充协议；达不成补充协议的，仲裁协议无效。"这是仲裁协议有效的实质要件规定。对于《仲裁法》的这一规定，理论界和实务界诟病颇多，认为与仲裁当事人意思自治这一仲裁制度的根本精神相违背，国际公约或外国法律大多规定只要仲裁协议表明了当事人将他们之间的争议提交仲裁解决的意思表示，这样的仲裁协议就是有效的。我国《仲裁法》对于"仲裁事项"和"选定的仲裁委员会"的规定过于严格，不利于仲裁的发展。事实上，司法机关也意识到了这一问题，并试图解决。《仲裁法解释》第2条规定："当事人概括约定仲裁事项为合同争议的，基于合同成立、效力、变更、转让、履行、违约责任、解释、解除等产生的纠纷都可以认定为仲裁事项。"第3条规定："仲裁协议约定的仲裁机构名称不准确，但能够确定具体的仲裁机构的，应当认定选定了仲裁机构。"第4条规定："仲裁协议仅约定纠纷适用的仲裁规则的，视为未约定仲裁机构，但当事人达成补充协议或者按照约定的仲裁规则能够确定仲裁机构的除外。"这些规定实质上都放宽了《仲裁法》所规定的仲裁协议的有效要件。因此，绝大多数人认为在《仲裁法》的修订中，应该吸收进去这种立法精神，并进一步放宽关于仲裁协议的有效要件，不能轻易否定仲裁协议的有效性。

关于法院对国内仲裁和涉外仲裁的司法监督。各国的仲裁法和相关国际公约都无一例外的承认法院对仲裁裁决的司法审查，我国同样如此。《仲裁法》对国内仲裁和涉外仲裁的司法监督作了不同规定，并对司法监督的方式也作了两种不同的规定。仲裁法学界对于仲裁监督机制的争论主要集中在两个方面:一是对仲裁是否实行内外有别的双轨监督制度;二是对仲裁是否进行撤销和不予执行的双重监督。根据《仲裁法》的规定,我国法院对涉外仲裁的监督只审查程序而不审查仲裁的实体问题,而对国内仲裁既审查程序问题又审查实体问题,内外有别。对于对涉外仲裁的司法监督,基本上都认为是符合国际惯例的。争议的焦点就变成了对国内仲裁的司法监督该如何把握,也即对国内仲裁的司法监督是否需要审查实体问题。对此,多数意见认为,对国内仲裁的司法监督不宜审查实体问题,应以涉外仲裁裁决的司法审查标准作为内外裁决统一的司法审查标准。一方面,仲裁的契约性质决定了确定审查范围应充分体现当事人的意思自治的原则,体现一裁终局的特点。随意扩大司法审查的范围,将实体问题纳入司法监督,仲裁权将形同虚设,并严重影响仲裁本身具有的便捷高效的优点。另一方面,统计发现,最近几年全国仲裁机构的裁决被司法机关撤销、不予执行的平均比例低于1%。① 这在一定程度上表明国内仲裁机构的办案质量还是很不错的。同时,我国国内仲裁机构已经可以受理涉外仲裁案件,而中国国际经济贸易仲裁委员会等传统涉外仲裁机构也已经可以受理国内案件。这些都表明,根据目前中国仲裁发展的现状,完全可以按照涉外仲裁的审查标准,统一国内裁决和涉外裁决的司法审查范围。

对于国内和涉外仲裁裁决是否有必要实行撤销和不予执行双重司法监督也是个颇具争论性的问题。在1994年《仲裁法》颁布之前,《民事诉讼法》对涉外仲裁裁决仅规定了不予执行的司法监督方式,1994年《仲裁法》新设了撤销裁决的司法监督方式,并将其统一适用于国内和涉外仲裁裁决。一些学者对这一制度规定提出了批评,认为无论是涉外仲裁还是国内仲裁对仲裁裁决的撤销和不予执行的理由几乎是相同的,却要运用两个司法监督程序进行重复审查。而且由于不予执行裁决的法院是不确定的,往往会造成撤销裁决的申请被仲裁机构所在地中级人民法院驳回后,裁决却被财产所在地的基层法院或者其他外地法院基于地方保护主义而裁定不予执行。这就是被仲裁界长期以来所诟病的"审级倒置"和"地方保护"的重大弊端。因此仲裁实务界对于不予执行裁决这一司法监督制度颇多意见,认为其很大程度上扼杀了中国仲裁尤其是国内仲裁的发展。对此,学者们建言我国《仲裁法》可考

---

① 参见卢云华:《关于修改〈仲裁法〉的几个基本问题》,载《仲裁研究》第8辑,法律出版社2006年版,第3页。

虑对国内仲裁仅进行撤销裁决的司法监督。

总之,《仲裁法》的修订是一项重大的系统工程,对此必须慎之又慎,综合各方面意见,吸取世界先进仲裁制度,同时结合中国实际,通盘考虑,方可成功。

第二节 纽约公约

1958年6月10日联合国经济及社会理事会召集的国际商事仲裁会议在美国纽约召开。会议通过了《承认及执行外国仲裁裁决公约》[Convention on the Recognition and Enforcement of Foreign Arbitral Awards (New York, 1958)],又称1958年《纽约公约》。公约于1959年6月7日生效,截至2010年6月1日,共有144个国家成为公约缔约国。[①]《纽约公约》是目前世界上关于承认和执行外国仲裁裁决最重要的公约。

一、《纽约公约》的宗旨

根据其导言,《纽约公约》的宗旨是尊重仲裁协议的效力,确保外国和非国内仲裁裁决的有效执行,即"外国和非国内仲裁裁决不会受到区别对待,并要求各缔约国确保这类裁决在其法域内同国内裁决一样得到承认并普遍能够强制执行。公约的一个附带宗旨是,要求各缔约国法院为充分执行仲裁协定而拒绝当事人在违反其将有关事项提交仲裁庭处理的约定的情况下诉诸法院。"[②]

二、《纽约公约》的主要内容

《纽约公约》共十六条,最主要内容如下:

第一,公约适用于外国仲裁裁决和非国内仲裁裁决。所谓非国内仲裁裁决[③]中的"非国内"一词似应包含这样的裁决:裁决虽然是在强制执行地所在国作出的,但由于程序中的某种涉外因素,如适用另一国的程序法,根据该国

---

① http://www.uncitral.org/uncitral/en/uncitral_texts/arbitration/NYConvention_status.html,2010年6月1日访问。

② http://www.uncitral.org/pdf/07-87406_Ebook_ALL.pdf,2010年6月1日访问。

③ 亦有学者称"非内国仲裁裁决"。

法律此种裁决作为“外国”裁决对待。①

第二,缔约国可以作互惠保留和商事保留。互惠保留指缔约国以承认及执行在另一缔约国领土内作成之裁决为限。商事保留是指缔约国可以仅承认和执行依据本国法认定为属于商事法律关系的仲裁裁决。至于什么是商事法律关系,各国有不同的认定标准。《贸易法委员会仲裁示范法》第1(1)条脚注所载“商事”一词的定义如下:“对‘商事’一词应作广义解释,使其包括不论是契约性或非契约性的一切商事性质的关系所引起的事项。商事性质的关系包括但不限于下列交易:供应或交换货物或服务的任何贸易交易;销售协议;商事代表或代理;保理;租赁;建造工厂;咨询;工程;使用许可;投资;筹资;银行;保险;开发协议或特许;合营和其他形式的工业或商业合作;空中、海上、铁路或公路的客货载运。”

第三,仲裁协议应为书面的,即当事人所签订或在互换函电中所载明的仲裁条款或仲裁协议。考虑到科学技术飞速发展,“书面”有了更多的表现形式,联合国国际贸易法委员会第三十九届会议2006年7月6日通过的《关于1958年6月10日在纽约制定的〈承认及执行外国仲裁裁决公约〉第2条第2款和第7条第1款的解释的建议》中建议各成员国在适用《纽约公约》第2条第2款时,将该款所列示的仲裁协议的书面形式解释为非穷尽的。对仲裁协议的书面形式要件的详细论述,请阅本书第三章第一节的分析。

第四,缔约国应当承认仲裁协议的效力。如果缔约国的法院受理一个案件,而就该案件所涉及的事项,当事人已经达成公约所指的仲裁协议时,除非法院查明该项协议无效、未生效或不能实行,应依一方当事人的请求,令当事人将案件提交仲裁。

第五,仲裁裁决具有约束力,各缔约国应依照执行地的程序规则予以执行。在承认或执行其他缔约国的仲裁裁决时,不应在实质上比承认或执行本国的仲裁裁决规定更繁的条件或更高的费用。

第六,申请承认和执行仲裁裁决时提交文件的要求。当事人依据《纽约公约》申请承认与执行仲裁裁决,应该提供原裁决的正本或经过适当证明的副本,以及仲裁协议的正本或经过适当证明的副本。必要时应附具译本。

第七,缔约国可以拒绝承认和执行仲裁裁决的七种情形。具有以下情形者,经当事人申请,《纽约公约》的缔约国有权拒绝承认与执行仲裁裁决:

---

① 《纽约公约》导言,http://www.uncitral.org/pdf/07-87406_Ebook_ALL.pdf,2010年6月1日日访问。

(1) 签订仲裁协议的当事人,根据对他们适用的法律,存在某种无行为能力的情况,或者根据仲裁协议所选定的准据法(或未选定准据法而依据裁决地法),证明该仲裁协议无效;(2) 被执行人未接到关于指派仲裁员或关于仲裁程序的适当通知,或者由于其他情况未能对案件进行申辩;(3) 裁决所处理的事项,非为交付仲裁事项,或者不包括在仲裁协议规定之内,或者超出仲裁协议范围以外;(4) 仲裁庭的组成或仲裁程序同当事人间的协议不符,或者当事人间没有这种协议时,同进行仲裁的国家的法律不符;(5) 裁决对当事人还没有拘束力,或者裁决已经由裁决地所在国或据其法律作出裁决的国家的主管机关撤销或停止执行。此外,如果被请求承认和执行仲裁裁决地所在国家的主管机关查明有下列情况之一者,也可以拒绝承认和执行:(1) 依照这个国家的法律,争执的事项不能以仲裁方法解决;(2) 承认和执行该项裁决将违反这个国家的公共秩序。

第八,公约的规定不影响缔约国参加的有关承认和执行仲裁裁决的多边或双边协定的效力,也不剥夺有关当事人在被请求承认或执行某一裁决的国家的法律或条约所许可的方式和范围内,可能具有的利用该仲裁裁决的任何权利,即所谓更优惠条款。

三、《纽约公约》在中国的实践

1986 年第六届全国人民代表大会常务委员会第十八次会议决定我国加入《纽约公约》。1987 年 1 月 22 日我国提交了批准书。1987 年 4 月 22 日公约对我国生效。我国在加入该公约时作了互惠保留和商事保留声明。我国只承认和执行来自缔约国且所解决的争议依中国法律属于商事关系的仲裁裁决。

1987 年 4 月 10 日最高人民法院发布的《关于执行我国加入的〈承认及执行外国仲裁裁决公约〉的通知》对商事法律关系作了列举式规定,即:"所谓'契约性和非契约性商事法律关系',具体的是指由于合同、侵权或者根据有关法律规定而产生的经济上的权利义务关系,例如货物买卖、财产租赁、工程承包、加工承揽、技术转让、合资经营、合作经营、勘探开发自然资源、保险、信贷、劳务、代理、咨询服务和海上、民用航空、铁路、公路的客货运输以及产品责任、环境污染、海上事故和所有权争议等,但不包括外国投资者与东道国政府之间的争端。"

《纽约公约》项下的仲裁裁决承认与执行案件的管辖问题及其他实践问题,详见本书第二十三章第三节。

第三节　关于内地与香港特别行政区相互执行仲裁裁决的安排

在香港回归以前，香港地区与内地均适用1958年《纽约公约》作为承认和执行对方商事仲裁裁决的法律依据。自1989年香港地区法院依照1958年《纽约公约》规定承认内地仲裁裁决后，到1997年内地共有一百五十余件商事仲裁裁决在香港得到了承认和执行。[①] 在内地方面，共有13件香港地区仲裁裁决在内地得到承认和执行。[②] 在香港回归之前，内地与香港地区依据《纽约公约》承认与执行对方仲裁裁决基本上没有遇到太多的困难。1997年香港回归以后，《纽约公约》继续适用于内地及香港地区，但是两地却不能再依据《纽约公约》来承认与执行对方仲裁裁决。因为对香港而言，内地的仲裁裁决不再是外国仲裁裁决，无法适用《纽约公约》。《纽约公约》第1条第1款规定："由于自然人或法人间的异议而引起的仲裁裁决，在一国领土内作成，而寻求在另一国承认和执行时，适用本公约。"可见公约不适用于在同一国内作出的仲裁裁决。香港回归后作为一个独立的法域，其与内地的司法协助由"国际"司法协助演变为"区际"司法协助。[③] 因此，香港地区与其他缔约国之间可以继续适用《纽约公约》，但是香港与内地之间作为同一主权国家下的法域，无法再依照公约相互执行仲裁裁决。这就直接导致在香港回归后的一段时间内，香港地区法院无法执行内地的仲裁裁决，而内地法院也拒绝执行香港地区的仲裁裁决。

为解决回归后香港地区与内地商事仲裁裁决相互承认与执行的问题，1999年6月21日，最高人民法院与香港特别行政区代表正式签署了《关于内地与香港特别行政区相互执行仲裁裁决的安排》（以下简称《安排》）并于2000年1月24日由最高人民法院以司法解释的形式予以公布，自2000年2月1日正式施行。《安排》充分体现了《纽约公约》的精神宗旨，并积极吸收香港回归之前内地与香港在《纽约公约》的基础上相互执行仲裁裁决的成功

---

① 《中国国际经济贸易仲裁委员会第十三届委员会工作报告》，载《仲裁与法律通讯》1998年月，第14页。转引自叶青主编：《中国仲裁制度研究》，上海社会科学院出版社2009年版，第451页。

② 参见香港地区《文汇报》对最高人民法院沈德咏副院长的采访录，1999年6月22日A3版。转引自李剑强：《中国内地与香港地区承认与执行仲裁裁决制度之比较及实例分析》，人民法院出版社2006年版，第136页。

③ 参见李剑强：《中国内地与香港地区承认与执行仲裁裁决制度之比较及实例分析》，人民法院出版社2006年版，第138页。

经验。《安排》的诞生是两地在区际司法协作方面的一次成功尝试,具有里程碑的意义。

《安排》共十一条,主要内容如下:

1. 根据《中华人民共和国香港特别行政区基本法》(以下简称《香港基本法》)第95条的规定,经最高人民法院与香港特别行政区(以下简称香港特区)政府协商,香港特区法院同意执行内地仲裁机构(名单由国务院法制办公室经国务院港澳办公室提供)依据《仲裁法》所作出的裁决,内地人民法院同意执行在香港特区按照香港特区《仲裁条例》所作的裁决。

2. 在内地或香港特区作出的仲裁裁决,一方当事人不履行的,另一方当事人可以向被申请人住所地或财产所在地的有关法院申请执行。有关法院,在内地是指被申请人住所地或财产所在地的中级人民法院,在香港是指香港特区高等法院。被申请人住所地或者财产所在地在不同的中级人民法院辖区内的,申请人可以选择其中一个人民法院申请执行裁决。被申请人的住所地或财产所在地,既有在内地又有在香港特区的,申请人不得同时分别向两地有关法院提出申请。只有一地法院执行不足以偿还其债务时,才可以就不足部分向另一地法院申请执行。两地法院先后执行仲裁裁决的总额,不得超过裁决数额。

3. 申请人向有关法院申请执行在内地或香港特区作出的仲裁裁决的,应当提交执行申请书、仲裁裁决书和仲裁协议。

4. 在内地或香港特区申请执行的仲裁裁决,被申请人接到通知后,提出证据证明有下列情形之一的,经审查核实,有关法院可裁定不予执行:(1) 仲裁协议当事人依对其适用的法律属于某种无行为能力的情形;或者该项仲裁协议依约定的准据法无效;或者未指明以何种法律为准时,依仲裁裁决地法律是无效的;(2) 被申请人未接到指派仲裁员的适当通知,或者因他故未能陈述意见的;(3) 裁决所处理的争议不是交付仲裁的标的或者不在仲裁协议条款内,或者裁决载有有关交付仲裁范围以外事项的决定的;但交付仲裁事项的决定可与未交付仲裁的事项划分时,裁决中关于交付仲裁事项的决定部分应当予以执行;(4) 仲裁庭的组成或者仲裁庭程序与当事人之间的协议不符,或者在有关当事人没有这种协议时与仲裁地的法律不符;(5) 裁决对当事人尚无约束力,或者经仲裁地的法院或者按照仲裁地的法律撤销或停止执行的。有关法院依执行地法律,争议事项不能以仲裁方式解决的,则不予执行该裁决。内地法院认定在内地执行该仲裁裁决违反内地社会公共利益,或者香港特区法院决定在香港特区执行该仲裁裁决违反香港特区的公共政策,则可不予执行该裁决。

5. 申请人向有关法院申请执行在内地或在香港特区作出的仲裁裁决，应当根据执行地法院有关诉讼费用的办法缴纳执行费用。

6. 1997 年 7 月 1 日至本安排生效之日因故未能向内地或者香港特区法院申请执行，申请人为法人或者其他组织的，可以在本安排生效后 6 个月内提出；如申请人为自然人的，可以在本安排生效后 1 年内提出。

对于内地或香港特区法院在 1997 年 7 月 1 日至本安排生效之日拒绝受理或者拒绝执行仲裁裁决的案件，应允许当事人重新申请。

第三章　仲裁协议

第一节　仲裁协议的"书面"要求

一、书面形式是仲裁协议的有效要件

《仲裁法》第 16 条第 1 款规定:"仲裁协议包括合同中订立的仲裁条款和以其他书面方式在纠纷发生前或者纠纷发生后达成的请求仲裁的协议。"这一条款明确了中国法下仲裁协议必须是书面的,书面形式是仲裁协议的有效要件。

仲裁协议的书面形式要件为世界各国普遍认同。《纽约公约》第 2 条第 1 款规定:"如果有关当事人以书面协议形式承诺将某一可以通过仲裁方式解决的标的涉及的特定的法律关系,无论是否是契约关系,已产生或可能产生的全部或任何异议提交仲裁,则每一缔约国应该承认这种协议。"根据前述规定,只有当仲裁协议采取书面形式时,当事人才可以根据《纽约公约》的规定在《纽约公约》成员国申请承认和执行外国仲裁裁决。联合国国际贸易法委员会制定的《国际商事仲裁示范法》(以下简称《示范法》)被世界很多国家的国内法所采用。① 《示范法》第 7 条仲裁协议的定义和形式第 1 款规定:"'仲裁协议'是指当事人同意将他们之间一项确定的不论是契约性或非契约性的法律关系上已经发生或可能发生的一切争议或某些争议交付仲裁的协

---

① 根据联合国国际贸易法委员会网站公布的数据,目前有 68 个国家和地区根据《国际商事仲裁示范法》制订了本法域的仲裁法。

议。仲裁协议可以采取合同中的仲裁条款形式或单独的协议形式。"第2款规定仲裁协议应为书面形式。同样,《示范法》也要求仲裁协议必须采用书面形式。[①] 作出相同书面要求的还有很多国家的仲裁法,比如:1996年《英国仲裁法》第5条1款规定:"The provision of this Part apply only where the arbitration agreement is in writing, and any other agreement between the parties as any matter is effective for the purposes of this Part only if in wirting."[②]

仲裁协议应采用书面形式的原因有二。其一是证明其自身存在。一个有效的仲裁协议排除了国内法院的管辖。争议双方的纠纷通过不公开的争议解决方式,即仲裁来解决。这是相当严肃和重要的步骤。因此,仲裁协议的存在必须证明无误。而最好的证明其存在的办法就是要求仲裁协议是书面的。[③] 其二是减少可能发生的关于当事人之间是否存在仲裁协议的争议。[④]

一个随之产生的问题是:如果当事人之间不存在仲裁协议,当事人是否可以向仲裁委员会申请仲裁,而仲裁委员会是否可以受理该等申请? 全国人大法工委认为:此时当事人可以向仲裁机构提出申请,而仲裁委员会也可以将这一方当事人的意见转达给对方当事人。如果对方当事人也同意仲裁,则双方签订仲裁协议。否则仲裁委员会不应正式受理该案件。[⑤]

---

① 《国际商事仲裁示范法》作此规定是为了与《纽约公约》保持一致。"One reason for this requirement is that it was agreed at the outset that the Model Law should not conflict with the New York Convention..."参见 Howard M. Holtzmann and Joseph E. Neuhaus, *A Guide to the UNCITRAL Model Law on International Commercial Arbitration: Legislative History and Commentary*, Kluwer Law and Taxation Publishers, 1988, p.260.

② 该条规定实际来源于《国际商事仲裁示范法》第7条第2款以及英国1950年和1975年仲裁法。"This section derives from the Model Law, Art.7(2) and preserves the requirement for writing found in the Arbitration Act 1950, s.32 and the Arbitration Act 1975, s.7(1)."参见 Bruce Harris、Rowan Planterose and Jonathan Tecks, *The Arbitration Act 1996 A Commentary*, Blackwell Publishing, 2007, p.46.

③ "The reason for imposing this requirement is self-evident. A valid agreement to arbitrate excludes the jurisdiction of the national courts and means that any dispute between the parties must be resoved by a private method of dispute resolution, namely arbitration. This is a serious step to take, albeit one that is becoming increasingly commonplace. There exist good reasons, therefore, for ensuing that the existence of such an agreement should be clearly estatlished. This is best done by producing evidence in writing..."见 Alan Redfern and Martin Hunter, *Law and Practice of International Commercial Arbitration*, ,Thomson Sweet & Maxwell, 2004, p.159. 另参见英国《Departmental Advisory Committee on Arbitration Law Report on the Arbitration Act 1996》第33段。

④ 英国《Departmental Advisory Committee on Arbitration Law Report on the Arbitration Act 1996》第33段。

⑤ The Legislative Affairs Commission of the Standing Committee of the National People's Congress of the People's Republic of China, *Arbitration Law of China*, Sweet & Maxwell Asia ,1997, p.56.

二、如何理解"书面形式"

仲裁协议的"书面"要求在《仲裁法》第16条第1款、《仲裁法解释》第1条,以及《民事诉讼法》第275条均有规定。

但到目前为止,表述最为完整、明确的,当属最高人民法院民事审判第四庭在其《涉外商事海事审判实务问题解答(一)》[①]第73问答的规定,即"如何理解涉外仲裁协议的书面形式?当事人达成的口头仲裁协议是否有效?答:仲裁协议包括合同中订立的仲裁条款和以其他形式在纠纷发生前或者纠纷发生后达成的请求仲裁的协议。《中华人民共和国仲裁法》、1958年《联合国承认与执行外国仲裁裁决公约》(简称《纽约公约》)以及《中华人民共和国民事诉讼法》均要求仲裁协议以书面形式达成,因此,当事人订立涉外仲裁协议应当采用书面形式,当事人达成的口头仲裁协议不发生法律效力。依照《中华人民共和国合同法》第11条的规定,书面形式是指合同书、信件和数据电文(包括电报、电传、传真、电子数据交换和电子邮件)等可以有形地表现所载内容的形式。因此,当事人通过上述方式达成的仲裁协议,都是书面形式的仲裁协议。如果当事人订立的涉外合同援引适应的文件或者合同中载有明确的仲裁协议,也符合书面形式的要求。"

根据前述规定可知,我国内地对仲裁协议书面形式的要求如下:第一,仲裁协议不要求"一纸"书面的形式,信件和数据电文(包括电报、电传、传真、电子数据交换和电子邮件)等可以有形地表现所载内容的形式都认可。第二,合同约定解决争议适用其他合同、文件中的有效仲裁条款的,发生合同争议时,当事人应当按照该仲裁条款提请仲裁。[②] 前述"合同约定"应以书面形式作出。口头的约定,即使能以有效的方式证明该约定存在、无争议,仍不符合条件。

为更深入地了解我国内地对仲裁协议的"书面"要求,以下简要梳理一下国际上仲裁协议"书面"形式要求的发展。

《纽约公约》第2条第2款对"书面协议"作了定义,即"书面协议"包括当事人所签署的或者来往书信、电报中所包含的合同中的仲裁条款或仲裁协议。从以上规定看,在《纽约公约》下,"书面协议"包括:(1) 当事人签署的仲裁的协议;(2) 当事人签署的合同中的仲裁条款;(3) 当事人书信往来中

---

① 万鄂湘主编:《涉外商事海事审判指导》2004年第1辑,人民法院出版社2004年版。
② 《仲裁法解释》第11条第1款。

达成的书面的仲裁协议或条款;(4) 当事人往来电报中达成的书面的仲裁协议或者条款。

1958 年《纽约公约》以后,随着科技的发展,电传、传真等成为商业社会日益普遍的通信方式。国际社会对仲裁这一争议解决方式也更加认可。在1985 年《示范法》制定之前,联合国贸易法委员会进行了一项调研。其内容是不同国家的法院对《纽约公约》是如何适用和解释的。结果发现,在很多方面各国法院对《纽约公约》的解释不尽相同。于是,《示范法》工作组决定在《示范法》中示明两点:第一,现代通信方式是否满足仲裁协议书面形式这一要件;第二,引述载有仲裁协议的其他合同是否构成书面仲裁协议。此外,工作组也希望明确在仲裁申诉书和答辩书的交换中,一方当事人声称有仲裁协议,而对方当事人不予否认的,这也构成书面的仲裁协议。工作组认为这些调整仅是对《纽约公约》措辞的更为详尽的阐述,如果某项仲裁裁决满足《示范法》第 7 条的要求,亦应按照《纽约公约》之规定被准予承认和执行。① 于是,《示范法》第 7(2) 条规定的仲裁协议的书面形式是"协议如载于当事人各方签字的文件中,或载于往来的书信、电传、电报或提供协议记录的其他电讯手段中,或在申诉书和答辩书的交换中当事人一方声称有协议而当事人他方不否认即为书面协议。在合同中提出参照载有仲裁条款的一项文件即构成仲裁协议,如果该合同是书面的而且这种参照足以使该仲裁条款构成该合同的一部分的话。"根据以上规定,1985 年《示范法》规定了以下四种满足仲裁协议书面要件的形式②:

1. 由当事人签字的文件。这是典型的合同形式,并为《纽约公约》所明确规定。

2. 载于往来的书信、电传、电报或提供协议记录的其他电讯手段。《纽约公约》表述的是"来往书信、电报中所包含的合同中的仲裁条款或仲裁协议"。1985 年《示范法》的规定旨在将现代的和未来的通讯方式也涵盖其中。《示范法》中规定的所谓"记录"是为了确保有某种书面形式的存在。所以,当事人之间的电话沟通是不够的,无法满足"记录"的这一要求。但是,仲裁协议并不要求一定是纸面的形式,能够存储于电脑中,或显示于电脑屏幕上

---

① Howard M. Holtzmann and Joseph E. Neuhaus, *A Guide to the UNCITRAL Model Law on International Commercial Arbitration: Legislative History and Commentary*, Kluwer Law and Taxation Publishers, 1988, p. 262.

② 同上,下述四种情形的介绍见第 262、263 页。

的数据就满足了"记录"或"书面"的要求。

3. 在仲裁申诉书和答辩书的交换中,一方当事人声称有仲裁协议,而对方当事人不予否认的,这也构成书面的仲裁协议。尽管在仲裁程序开始阶段,双方当事人的往来书信可以被认定为上述第(2)中情形下的书面仲裁协议,但1985年《示范法》起草委员会认为还是应当更为明确的对此作出规定。

4. 在合同中提出参照载有仲裁条款的一项文件即构成仲裁协议,如果该合同是书面的而且这种参照足以使该仲裁条款构成该合同的一部分的话。《示范法》增加该等情形是为了明确即便一份书面合同中没有仲裁条款,只要该合同引述了其他文件,而该文件中有仲裁条款,且引述或者参照能够使仲裁条款并入原合同的,可以认定原合同有仲裁条款。此时需注意的是:原合同必须是书面的,即应当满足前述第1或第2中的情形。①

联合国贸易法委员会秘书处在其《关于2006年修正的1985年〈国际商事仲裁示范法〉的解释说明》中进一步明确说:"参照1958年《纽约公约》要求仲裁协议采用书面形式。它扩大和澄清了该公约第二(2)条虽书面形式所下的定义,增添了'电传或提供协议记录的其他电讯手段',包括'在申诉书和答辩书的交换中当事人一方声称有协议而当事人他方不否认'这种提交类型,并规定'在合同中提出参照载有仲裁条款的一项文件'(如一般条件)'即构成仲裁协议,如果该合同是书面的而且这种参照足以使该仲裁条款构成该合同的一部分的话'。"

考虑到随着科学技术飞速发展,"书面"有了更多的表现形式,借鉴了《示范法》的最新成果,联合国贸易法委员会在联合国国际贸易法委员会第三十九届会议2006年7月6日通过的《关于1958年6月10日在纽约制定的〈承认及执行外国仲裁裁决公约〉第二条第2款和第七条第1款的解释的建议》中建议各成员国在适用《纽约公约》第2条第2款时,将该款所列示的仲裁协议的书面形式解释为非穷尽的。这为各成员国更宽松地认定仲裁协议的书面形式提供了有力支持。

在国际商事仲裁界,具有里程碑式的另一个重要事件是1996年《英国仲裁法》的颁布。该法第5(2)、5(3)条规定了仲裁协议书面形式的六种情形,包括:

---

① Howard M. Holtzmann and Joseph E. Neuhaus, *A Guide to the UNCITRAL Model Law on International Commercial Arbitration: Legislative History and Commentary*, Kluwer Law and Taxation Publishers, 1988, p. 264.

1. 如果仲裁协议本身是书面的，不论其是否经当事人签字。[①] 此处就是对《纽约公约》和 1985 年《示范法》的重大调整。无论是《纽约公约》还是 1985 年《示范法》都要求第一种情形下的仲裁协议必须经当事人签字。而 1996 年《英国仲裁法》则将当事人签字这一要求明确排除。这无疑扩大了可以被认定为具有有效书面形式的仲裁协议的范围。

2. 如果仲裁协议是以书面的往来通讯方式达成的。[②] 对于往来通讯的形式，1996 年《英国仲裁法》并未作限定。而《纽约公约》则将其限定为往来书信和电报。1985 年《示范法》以列举的方式扩大了往来通讯的范围，即书信、电传、电报或提供协议记录的其他电讯手段。1996 年《英国仲裁法》对往来通讯的形式不作限定，这显然更具前瞻性。随着科技的发展，往来通讯的形式会随之变化。过于僵硬地限制往来通讯的形式无疑会增加仲裁协议被认定无效的可能。

3. 如果仲裁协议能以书面形式证明其存在[③]，换言之，即便仲裁协议是双方口头达成的，只要能够以书证的形式证明双方曾达成过仲裁协议，即可认定双方之间的仲裁协议符合“书面”要件。这一前卫的规定在《纽约公约》和 1985 年《示范法》中都找不到依据。实际上，英国上诉法院早在 1996 年《仲裁法》实施十年之前就已经在 Zambia Steel v James Clark[④] 案中确认了这一仲裁协议“书面”要件认定标准。在这宗案件中，卖方发送给买方的报价函中有仲裁条款，双方口头同意了报价函。上诉法院认定：通过买卖双方之间的行为可以推断双方同意报价函；因报价函中包含仲裁条款，进而认定双方之间的仲裁协议满足“书面”要件。

4. 如果当事人之间达成的仲裁协议没有采用书面形式，但该仲裁协议引述了其他书面仲裁条款的，仲裁协议满足“书面”要件。[⑤] 举例而言，如果当事人之间达成了口头的仲裁协议，并同意该仲裁协议按照此前双方订立的另一份合同中的仲裁条款执行，则此时双方以口头形式达成的仲裁协议就已经满足了仲裁条款的“书面”要件。本条也是关于引述其他仲裁条款的规

---

① If the agreement is made in writing (whether or not it is signed by the parties)...

② If the afreement is made by exchange of communications in writing...

③ If the agreement is evidenced in writing...

④ [1986]2 Lloyd's Rep 225，另参见 Margaret Rutherford John Sims, *Arbitration Act 1996: A Practical Guide*, FT Law&Tax, 1996, p.52.

⑤ Where parties agree to otherwise than in writing by reference to terms which are in wirting, they make an agreement in writing.

定,但与1985年《示范法》有着明显的区别。1985年《示范法》第7(2)条规定:“在合同中提出参照载有仲裁条款的一项文件即构成仲裁协议,如果该合同是书面的而且这种参照足以使该仲裁条款构成该合同的一部分的话。”前述规定中引述其他合同条款的原合同必须是书面的[①],而1996年《英国仲裁法》则明确将原合同的形式放宽为非书面形式。

5. 如果仲裁协议没有采用书面形式,但被当事人任何一方或经仲裁协议当事人所授权的第三方所记录,即可认定仲裁协议能以书面形式证明其自身存在[②],进而可以适用5(2)(c)条的规定,认定仲裁协议符合书面要件。这实际上是对5(2)(c)条最常见情形的进一步明确。在适用该条时,应当注意,无论是当事人一方记录还是第三方记录,任何一种情形均需获得当事人双方授权。[③] 实务中常出现的情况有两种:其一,仲裁程序中仲裁员记录的当事人就变更仲裁协议或调整仲裁程序而口头达成的一致意见[④];其二,是当事人所作的会议记录。

6. 在仲裁或诉讼程序中,一方当事人声称存在非书面的仲裁协议,而对方对此不予反对的,这构成当事人之间的书面的仲裁协议。[⑤] 这与1985年《示范法》的规定基本一致。

1996年《英国仲裁法》第5(6)条进一步规定,只要被记录下来,无论是以何种方式,都算作书面的形式。[⑥] 换言之,即便是以录音的形式存在,这也完全符合书面形式要件。

对于1996年《英国仲裁法》的跃进式规定,英国仲裁法案咨询委员会在其报告中解释说:“We have, however, provided a very wide meaning to the words ‘in writing’. Indeed this meaning is wider than that found in the Model

---

① Howard M. Holtzmann and Joseph E. Neuhaus, *A Guide to the UNCITRAL Model Law on International Commercial Arbitration: Legislative History and Commentary*, Kluwer Law and Taxation Publishers, 1988, p. 264.

② An agreement is evidenced in writing if an agreement made otherwise than in writing is recorded by one of the parties, or by a third party, with the authority of the parties to the agreement.

③ Bruce Harris、Rowan Planterose and Jonathan Tecks, *The Arbitration Act 1996 A Commentary*, Blackwell Publishing, 2007, p. 48.

④ 同上。

⑤ An exchange of written submissions in arbitral or legal proceedings in which the existence of an agreement otherwise than in wirting is alleged by one party against other party and not denied by the other party in his response constitutes as between those parites an agreement in writing to the effect alleged.

⑥ References in this Part to anything being written or in writing include its being recorded by any means.

Law, but in our view, is consonant with Article II. 2 of the English text of the New York Convention. The non-exhaustive definition in the English text (shall include) may differ in this respect from the French and Spainish texts, but the English test is equally authentic under Article XVI of the New York Convention itself, and also accords with the Russian authentic text ('ключает'①); see also the 1989 Report of the Swiss institute of Comparative Law on Jurisdictional Problems in International Commercial Arbitration (by Adam Samuel), at pp. 81-85. It seems to us that English Law as it stands more than justifies this wide meaning; see, for example, Zambia Steel v. James Clark [1986] 2 Lloyd's Rep. 225. In view of rapidly evolving methods of recording we have made clear that 'writing' includes recording by any means."

该委员会进一步解释说"By introducing some formality with respect to all agreements, the possibility of subsequent disputes (e. g. at the enforcement stage) is greatly diminished. Indeed it seemed to us that with the extremely broad definition we have given to writing, the advantages of requesting some record of what agreed with regard to any aspect of an arbitration outweighted the disadvantages of requiring a specific form for an effective agreement."

香港将《示范法》并入其法律。仲裁协议的书面要件与《示范法》一脉相承。

香港《仲裁条例》第2AC(4)条的规定:"在本条中,'书面'(writing)包括藉以将资料记录的任何方式。"

除缔约各方签订合同中的仲裁条款,以及争议发生前或发生后单独达成的仲裁协议,根据香港《仲裁条例》第2AC(2)条的规定,在下述情况下,应认定"书面协议"存在:

1. 该协议是载于任何文件之内的,不论该文件是否由协议的各方签署。② 根据这一规定,载于书面的仲裁协议(例如合同中的仲裁条款或临时书面协议),虽然未经各方签署,也构成"书面协议"。接受仲裁协议,可以是口头的,也可以通过行为表示。如果章程载有仲裁协议,第1AC(2)(a)同样适用于公司和其股东之间的争议。③

---

① 原文此处有拼写错误,应为 включает。

② 香港《仲裁条例》第2AC(2)(a)之规定。

③ 参见莫石、郑若骅:《香港仲裁实用指南》,法律出版社2004年版,第23页。

2. 该协议是以互换书面通讯的形式作出的。[①] 这一条与《示范法》第7(2)条一致,包括了任何形式的书面通讯——书信、传真、电传或电报。但是,并不要求"一纸"文件。因为第2AC条中"书面"一词"包括任何能够记录信息的方式"。这显然包括,例如,交换电子邮件。无论如何,这里的"书面通讯",无论什么形式,必须清楚地记录协议的存在。[②]

3. 虽然该协议本身不是以书面作出的,但有协议存在的书面证据。[③]

4. 协议不是以书面形式作出,但各方参照的是书面的条款。[④] 经常碰到的情况是:(1) 当事人订立了一个口头协议,口头协议提到一份载有仲裁条款的书面协议,并将此书面协议条款并入口头协议;(2) 当事人口头同意了一份文件,此文件构成合同的一部分并载有仲裁协议;(3) 当事人通过行为接受仲裁协议。一方提出书面条款和条件,另一方没有明确以书面或口头形式接受,但据以行事,就属于这种情况。[⑤]

5. 该协议虽然不是以书面形式作出,但是由协议的其中一方或由第三者(在该协议的每一方的授权下)记录下来。[⑥] 这一条针对的是,协议是口头的,但由双方授权的第三者记录下来。记录似乎应该是"书面"的,但同样,并不要求"一纸"文件。就这一条而言,"第三者"包括一方的代理人、调解员、仲裁员,甚至是秘书或速记员。[⑦]

6. 在仲裁程序或法律程序中,有书面陈词的互换,由其中一方向另一方指称存在非以书面的形式作出的协议,而该指称并未由回应该指称的其他一方否认。[⑧] 首先,用"仲裁程序或法律程序"这几个字,说明此程序必须已经开始。因此,双方在仲裁或诉讼开始前,有关仲裁协议是否存在的书面往来,不在这一条规定的范围内。第二,一方主张的仲裁协议必须是"非以书面形式作出的"。因此,如果一方主张存在一个书面协议,这一条的规定则不适用,得依据其他理由证明。第三,必须"互换书面陈述"及提出仲裁协议存在的主张。最后,这一条似乎要求,被申请人必须对申请人提出的仲裁协议存在的主张有所回应。"回应"一词,意味着如果被申请人根本就没有回应,尚

---

① 香港《仲裁条例》第2AC(2)(b)之规定。

② 参见莫石、郑若骅:《香港仲裁实用指南》,法律出版社2004年版,第23页。

③ 香港《仲裁条例》第2AC(2)(c)之规定。

④ 香港《仲裁条例》第2AC(2)(d)之规定。

⑤ 参见莫石、郑若骅:《香港仲裁实用指南》,法律出版社2004年版,第24页。

⑥ 香港《仲裁条例》第2AC(2)(e)之规定。

⑦ 参见莫石、郑若骅:《香港仲裁实用指南》,法律出版社2004年版,第24页。

⑧ 香港《仲裁条例》第2AC(2)(f)之规定。

不足以认定仲裁协议存在。①

另外，香港《仲裁条例》第2AC(3)之规定："任何协议如提述——(a)书面形式的仲裁条款；或(b)载有仲裁条款的文件，并且如该提述使该仲裁条款成为该协议的一部分，则该提述构成仲裁协议。"这一条针对的是，通过提述，载于其他文件中的仲裁条款并入协议。其他文件可以是一方的合同中的标准条款和条件，或格式合同，或当事人先前订立的合同。提述本身不必是书面的，但必须能以书面的方式证明。提述的内容，既可以是别处的一个特定的书面条款，也可以是只包含此条款的文件。并且，并不需要特别的措辞。②

第二节　仲裁协议的独立性

仲裁协议独立性是指仲裁协议仅应按照其适用的法律单独判断有效性；仲裁协议附属合同的变更、解除、终止或者无效，不影响仲裁协议的效力。

仲裁协议独立性原理认为：仲裁条款与合同的其他条款分离而独立存在，仲裁协议与合同分离而独立存在；仲裁协议因主合同的订立而订立，但其效力不会因主合同发生争议或被有权机构确认为无效而失去效力，反而会因此被激活，发挥其作为后置性救济手段的作用，仲裁协议的效力问题和主合同的效力问题应作区别性分析。理论界认为，仲裁协议不论作为合同的一个主要条款写入合同，还是合同订立后又补充或重新达成的仲裁协议，对合同实体而言，都是两个相互独立于合同实体而存在的程序性合同。我国《合同法》第57条规定："合同无效、被撤销或者终止的，不影响合同中独立存在的有关解决争议方法的条款的效力。"当事人签订仲裁协议的目的是为了以仲裁的方式解决双方之间可能发生的或已经发生的纠纷。该条款或协议的后果是对民事程序的选择，而民事程序与民事实体在一定的情况下可以而且应该是分离的。类似于票据行为和买卖合同、物权行为和债权行为的关系，当事人签订的仲裁协议相对于本合同来说具有无因性，不因本合同效力的改变而改变。仲裁协议的独立性从根本上来说是符合当事人缔约时的真实意思

---

① 参见莫石、郑若骅：《香港仲裁实用指南》，法律出版社2004年版，第24页。

② 同上，第25页。

表示，也是仲裁自愿原则的体现。[①]

仲裁协议独立性原则的目的是为防止当事人以主合同无效、未生效、终止等理由主张仲裁协议无效，进一步阻碍通过仲裁程序解决纠纷。这一原则使仲裁协议免受主合同效力的影响，获得最大限度的有效性，从而使仲裁能够最大限度地发挥争议解决效果。“The main practical advantage of this principle is that it constitutes a serious bar, for a party who desires delay or wishes to repudiate his arbitration agreement, to subvert the arbitration clause by questioning in court the existence or validity of the arbitration agreement [by questioning the validity of the main contact]”.[②]

《仲裁法》第19条第1款规定：“仲裁协议独立存在，合同的变更、解除、终止或者无效，不影响仲裁协议的效力。”这里的“仲裁协议”，包括当事人在合同中订明的仲裁条款和以其他方式达成的书面仲裁协议。《中国国际经济贸易仲裁委员会仲裁规则》(以下简称《仲裁规则》)第5条第4款同样规定：“合同中的仲裁条款应视为与合同其他条款分离地、独立地存在的条款，附属于合同的仲裁协议也应视为与合同其他条款分离地、独立地存在的一个部分；合同的变更、解除、终止、转让、失效、无效、未生效、被撤销以及成立与否，均不影响仲裁条款或仲裁协议的效力。”

比较贸仲《仲裁规则》与《仲裁法》就仲裁协议独立性的上述规定，贸仲《仲裁规则》规定的更加全面，合同的“转让、失效、未生效、被撤销以及成立与否”等几种情形也不会影响仲裁协议的效力。对此，《仲裁法解释》扩大了仲裁协议独立性的适用范围，其在第10条规定：“合同成立后未生效或者被撤销的，仲裁协议效力的认定适用仲裁法第十九条第一款的规定。当事人在订立合同时就争议达成仲裁协议的，合同未成立不影响仲裁协议的效力。”至此，在我国，合同的变更、解除、终止、无效、未成立、未生效和被撤销，均不影响仲裁协议的效力。

自从1963年在Gosset案[③]中法国承认仲裁协议具有独立性至今，仲裁协议独立性原则已经为世界大多数国家所接受。The UNCITRAL Arbitration Rules 第21(2)规定：“The arbitral tribunal shall have the power to determine the

---

① 参见唐德华主编：《仲裁法及配套规定新释新解》，人民法院出版社2003年版，第214—216页。

② Szurski，转引自 Alan Redfern and Martin Hunter, *Law and Practice of International Commercial Arbitration*, Thomson Sweet & Maxwell, 2004, p. 193。

③ Cour De Cassation, 1 re Civil Chamber, May 7, 1963 (Dolloz, 1963, p. 545).

existence or the validity of the contract of which an arbitration clause forms a part. For the purposes of article 21, an arbitration clause which forms part of a contract and which provides for arbitration under these Rules shall be treated as an agreement independent of the other terms of the contract. A decision by the arbitral tribunal that the contract is null and void shall not entail *ipso juri* the invalidity of the arbitration clause."

其后,《示范法》第16(1)规定:"仲裁庭可以对其管辖权,包括对仲裁协议的存在或效力的任何意义作出裁定。为此目的,构成合同一部分的仲裁条款应当视为独立于合同其他条款的一项协议。仲裁庭作出关于合同无效的决定,在法律上不导致仲裁条款无效。"①

英国在起草1996年《英国仲裁法》时,没有像The UNCITRAL Arbitration Rules和《示范法》那样将仲裁庭有权决定其管辖权和仲裁协议的独立性规定在同一条款中。而是单列第7条,独立、明确地规定了"仲裁协议的独立性"。② 该条规定:"除非当事人另有约定,不能因为一个协议的无效、不存在或已经失效,而将该协议一部分的仲裁条款视为无效、不存在或已经失效。该协议应被视为可分割的协议。"③

1987年《瑞士联邦国际私法》第178条第3款规定:"不得以主合同无效或仲裁协议系针对尚未发生的争议为理由而对仲裁协议的有效性提出异议。"德国1998年《民事诉讼法典》第1040条第1款规定:"仲裁庭可以对其管辖权和与此相关的仲裁协议的存在及其效力做出裁定。为此,构成合同一部分的仲裁条款应当被视为一项独立于合同其他条款的协议。"

在理解仲裁协议独立性时,需要注意两个重要问题:

---

① The arbitral tribunal may rule on its own jurisdiction, including any objections with respect t the existence or validity of the arbitration agreement. For that purpose, an arbitration clause which forms part of a contract shall be treated as an agreement independent of other terms of the contract. A decision by the arbitral tribunal that the contract is null and void shall not entail *ipso juri* the invalidity of the arbitration clause.

② Departmental Advisor Committee on Arbitration Law Report on the Arbitration Bill 第43段解释说:"However, it seems to us that the doctrine of separability is quite distinct from the question of the degree to which the tribunal is entitled to rule on its own jurisdiction, so that, unlike the Model Law, we have deal with the latter elsewhere in the Bill (Clause 30)."

③ Unless otherwise agreed by the parties, an arbitration agreement which forms or was intended to form part of another agreement (whether or not in writing) shall not be regarded as invalid, non-existent or ineffective because that other agreement is invalid, or did not come into existence or has become ineffective, and it shall for that purpose be treated as a distinct agreement.

第一，当事人在合同中约定："如果本合同无效，本合同全部条款（包括仲裁条款）也无效。"那么此时仲裁条款仍然具有独立性吗？换言之，如果当事人协商一致同意仲裁条款不具有独立性，那么当事人的这种约定是有效的，还是无效的，应当如何处理？我国法律、司法解释以及仲裁规则对此没有明确规定，从字面上分析，似乎也没有赋予当事人在这方面腾挪的空间。很多仲裁机构都认为仲裁条款独立性是法定的，没有授权当事人作相反的约定。因此，前述排除仲裁条款独立性的约定应认定无效。但从另一方面解释这个问题似乎也说得通。既然仲裁条款就是当事人通过仲裁解决争议的一份协议，那么，当事人为什么不可以对此协议的失效或无效通过协议的形式设定条件？我国法律、司法解释和仲裁条款对此语焉不详，为什么不可以理解为在没有当事人相反约定时，应适用仲裁协议独立性原则？两种解释都有其合理性。但从尊重当事人意思自治的角度，似乎第二种解释更为合理。不妨想想，1996 年《英国仲裁法》第 7 条就赋予了当事人协议排除仲裁协议独立性的权利。我国法律禁止当事人排除仲裁协议独立性的目的和意义何在？

第二，如何理解合同未成立与仲裁协议的独立性。"如果一方当事人提供合同范本或者格式合同后，双方经过多次谈判，最终未能就合同条款达成一致，合同中的仲裁条款（特别是在有关当事人未对该仲裁条款提出异议或者修改意见时）能否约束双方当事人之间的争议是一个比较复杂的问题。""如果双方当事人在谈判过冲中未对仲裁条款提出异议，但因对合同其他条款未能达成一致而导致合同未成立，则不能视为双方就其合同争议的解决达成了仲裁协议。因为一方当事人提供含有仲裁条款的合同属于一种要约行为，对方当事人就合同的其他条款提出修改意见属于反要约或者新要约。作为反要约或者新要约的组成部分的仲裁条款，仍然需要对方当事人的承诺才能构成有效的仲裁协议。如果仅仅因为一方当事人提供的合同范本或者格式合同中存在仲裁条款，就不管当事人是否就合同的全部条款包括仲裁条款达成合意，而认定单方拟定的仲裁条款具有约束双方当事人的效力，实践中可能产生极不公平的结果。"①这一问题比较典型的案例是新加坡益得满亚洲私人有限公司申请承认及执行外国仲裁裁决一案。

---

① 最高人民法院研究室、民事审判第四庭编著：《最高人民法院仲裁司法解释的理解与适用》，人民法院出版社 2007 年版，第 99 页。

第三节　仲裁协议有效性

一、仲裁协议有效性的三要素

《仲裁法》第 16 条规定了仲裁协议有效性的三个要件，即请求仲裁的意思表示、仲裁事项；选定的仲裁委员会。如果一份仲裁协议不具备前述三个要件中的任何一个，该仲裁协议就是无效的。

请求仲裁的意思表示是指仲裁协议当事人同意将争议事项通过仲裁程序解决，通过仲裁程序解决争议必须是明确的、唯一的。最常出现的问题是，当事人约定争议既可以通过诉讼解决，也可以通过仲裁解决。在此情况下，该仲裁协议应被认定为无效。另外，如果当事人在仲裁协议中约定了仲裁作为争议解决的途径，但并未排除诉讼管辖的，该仲裁协议仍然无效。在武钢集团国际经济贸易总公司与福州天恒船务有限公司、财富国际船务有限公司海上货物运输合同纠纷管辖权异议一案中，仲裁条款约定："G/A ARBITRATION IF ANY TO BE SETTLED IN HONGKONG WITH ENGLISH LAW TO APPLY；如果仲裁，在香港国际仲裁中心适用英国法律。"最高人民法院认为：中英文表述虽然不尽一致，但含义均为"如果提起仲裁，在香港适用英国法律"。这一约定是双方当事人对涉案纠纷提起仲裁时的仲裁地点和所适用法律作出的特别约定，不构成双方之间唯一的纠纷解决方式①，并未排除诉讼管辖。本案的货物运输目的地为南通港，属武汉海事法院地域管辖范围。天恒船务有限公司和财富国际船务有限公司在武汉海事法院提起诉讼，武汉海事法院对本案具有管辖权。

仲裁事项就是当事人同意将哪些争议通过仲裁程序解决。这些仲裁事项可以是明确的一项或几项，也可以是笼统的与合同有关的全部争议。举例而言，在一份租赁合同当中，当事人可以约定与迟延支付租金有关的争议通过仲裁程序解决，也可以概括地约定与该租赁合同有关的一切事项均通过仲裁程序解决。但需明确的是，如果仲裁事项是不明确的，当事人可以补充协议；达不成补充协议的，仲裁协议无效。② 所谓"仲裁事项不明确"应指当事人约定的仲裁事项是什么无法判断，而非排斥当事人概括地约定仲裁事项。

---

① 这是最高人民法院对"if any"的理解。

② 《仲裁法》第 18 条。

选定的仲裁委员会是当事人必须在仲裁协议中约定由某一个仲裁委员会审理其争议。仲裁协议对仲裁委员会没有约定或者约定不明确的,当事人可以补充协议;达不成补充协议的,仲裁协议无效。① 当事人协议选择仲裁机构的名称不准确,是导致仲裁条款无效的重要原因之一。

《仲裁法解释》第3条规定:“仲裁协议约定的仲裁机构名称不准确,但能够确定具体的仲裁机构的,应当认定选定了仲裁机构。”根据以上规定,如何将约定名称不准确的仲裁机构确定为具体的仲裁机构,这个问题弹性空间很大。

附3-1

最高人民法院《关于上诉人武钢集团国际经济贸易总公司与被上诉人福州天恒船务有限公司、被上诉人财富国际船务有限公司海上货物运输合同纠纷管辖权异议一案的请示》的复函(〔2009〕民四他字第36号)

湖北省高级人民法院:

你院(2009)鄂民四终字第66号《关于上诉人武钢集团国际经济贸易总公司与被上诉人福州天恒船务有限公司、被上诉人财富国际船务有限公司海上货物运输合同纠纷管辖权异议一案的请示》收悉。经研究,答复如下:

本案所涉提单背面条款第1条规定:“正面载明日期的租约中所有条款、条件、特权与免责,包括法律适用及仲裁条款都再次明确并入提单。”武钢集团国际经济贸易总公司作为正本提单持有人,虽未参与租约的签订,但明确承认该并入条款的效力。据此,应认定涉案租约中的仲裁条款有效并入提单。

涉案租约第20条为:“G/A ARBITRATION IF ANY TO BE SETTLED IN HONGKONG WITH ENGLISH LAW TO APPLY;如果仲裁,在香港国际仲裁中心适用英国法律。”中英文表述虽然不尽一致,但含义均为“如果提起仲裁,在香港适用英国法律”。这一约定是双方当事人对涉案纠纷提起仲裁时的仲裁地点和所适用法律作出的特别约定,不构成双方之间唯一的纠纷解决方式,并未排除诉讼管辖。本案的货物运输目的地为南通港,属武汉海事法院地域管辖范围。天恒船务有限公司和财富国际船务有限公司在武汉海事法院提起诉讼,武汉海事法院对本案具有管辖权。

本案系确认涉外仲裁条款效力的案件。根据最高人民法院《关于人民法院处理与涉外仲裁及外国仲裁事项有关问题的通知》第1款关于“凡起诉到人民法院的涉外、涉港澳和涉台经济、海事海商纠纷案件,如果当事人在合同中订有仲裁条款或者事后达成仲裁协议,人民法院认为仲裁条款或者仲裁协议无效,失效或者内容不明确无

① 《仲裁法》第18条。

法执行的，在决定受理一方当事人起诉之前，必须报请本辖区所属高级人民法院进行审查；如果高级人民法院同意受理，应将其审查意见报最高人民法院”的规定，需报请我院审批。武汉海事法院在尚未报请之前即作出管辖权裁定不当，请你院在今后的审判工作中加强指导。

最高人民法院

2009 年 11 月 4 日

附 3-2

湖北省高级人民法院《关于上诉人武钢集团国际经济贸易总公司与被上诉人福州天恒船务有限公司、被上诉人财富国际船务有限公司海上货物运输合同纠纷管辖权异议一案的请示》(〔2009〕鄂民四终字第 66 号)

最高人民法院：

我院受理的上诉人武钢集团国际经济贸易总公司与被上诉人福州天恒船务有限公司、被上诉人财富国际船务有限公司海上货物运输合同纠纷管辖权异议一案，因该案属涉外海商案件，且涉及仲裁条款效力认定问题，依据最高人民法院《关于人民法院处理与涉外仲裁及外国仲裁事项有关问题的通知》的规定，现将该案有关情况汇报如下：

一、当事人的基本情况

上诉人(原审被告)：武钢集团国际经济贸易总公司。住所地：湖北省武汉市青山区和平大道 945 号。

法定代表人：朱江悦。

被上诉人(原审原告)：福州天恒船务有限公司。住所地：福建省福州市鼓楼区古田路 132 号富达商厦 4A 单元。

法定代表人：林斌。

委托代理人：江燕，福建天长律师事务所律师。

被上诉人(原审原告)：财富国际船务有限公司［FORTUNE INTERNATIONAL SHIPPING LIMITED］。住所地：香港特别行政区永乐街 177—183 号永德商业中心(JFZ406)907 室。

法定代表人：林斌。

委托代理人：江燕，福建天长律师事务所律师。

原审被告：湘潭金华泰贸易有限公司。住所地：湖南省湘潭市南京路 16 号。

法定代表人：杨耀祖，该公司董事长。

委托代理人：刘昌国，湖北瑞通天元律师事务所律师。

委托代理人：杨玲，湖北瑞通天元律师事务所律师。

二、案件由来及原审法院审理情况

上诉人武钢集团国际经济贸易总公司（以下简称武钢国贸）因与被上诉人福州天恒船务有限公司（以下简称天恒公司）、被上诉人财富国际船务有限公司（以下简称财富公司）海上货物运输合同纠纷管辖权异议一案，不服中华人民共和国武汉海事法院〔2009〕武海法商字第71号裁定，向本院提起上诉。本院于2009年6月4日立案受理后，依法组成合议庭审理了本案。现本案已审理终结。

天恒公司及财富公司原审诉称：2008年8月1日，泛邦国际（香港）有限公司［PANAPOND INTERNATIONAL（HK）Co.，LIMITED］租用财富公司所属“东方财富”（ORIENT FORTUNE）轮自印度尼西亚BENGKULU港承运散装铁矿砂至中国南通港。财富公司授权天恒公司与泛邦国际（香港）有限公司签订了航次租船合同。合同约定，由“东方财富”（ORIENT FORTUNE）轮履行海上运输合同义务。货物装船后，财富公司授权装运港代理签发了正本提单，提单载明的通知人为上诉人武钢国贸。2008年9月18日，该批货物在南通港卸货完毕。武钢国贸持正本提单以进口商的名义向海关申报进口，并向目的港代理办理提货手续。原审被告湘潭金华泰贸易有限公司据称为实际收货人和该批货物的最终用户。因提单载明租约并入提单，该提单持有人和收货人有义务支付租约项下拖欠的运费，污仓费、滞期费及其他损失等共计292 867.344美元。因此，请求判令武钢国贸及湘潭金华泰贸易有限公司连带支付上述费用及损失。

武钢国贸在答辩期间向原审法院提出管辖权异议。武钢国贸认为，天恒公司及财富公司据以提起诉讼的提单已经有效并入了租约中的“仲裁条款”，租约中“仲裁条款”，明确约定纠纷在香港仲裁并适用英国法，请求驳回对其的诉讼。

天恒公司及财富公司原审答辩称，提单虽列明租约并入提单，但未就仲裁条款的并入做明确的说明。因仲裁条款不同于租约一般条款，具有独立的性质，因此该仲裁条款未有效并入，不具有法律约束力。因涉案货物运输目的地为南通港，属原审法院管辖范围，因此，请求驳回武钢国贸的管辖权异议。

原审法院经审查认为，天恒公司及财富公司与武钢国贸之间系海上货物运输合同纠纷。天恒公司与泛邦国际（香港）有限公司签订航次租船合同约定“如果仲裁，在香港国际仲裁中心，适用英国法律”，只是双方对涉案纠纷提起仲裁时受诉仲裁机构和所适用法律做出的特别约定，并未排除诉讼管辖。本案的货物运输目的地为南通港，属原审法院管辖地域，原审法院以货物运输合同目的地取得案件管辖权。依照《中华人民共和国民事诉讼法》第38条的规定，裁定驳回武钢国贸的管辖权异议。武钢国贸不服原审裁定，向本院提出上诉。武钢国贸诉称：提单明确载明租约并入提单，而天恒公司与泛邦国际（香港）有限公司签订的租约的“仲裁条款”应解释为：“如有任何争议将在香港仲裁解决并适用英国法。”因此，天恒公司及财富公司应受仲裁条款的约束，不能向武汉海事法院起诉。其次，我国《仲裁法》第5条规定：“当事人达成仲裁协议,一方向人民法院起诉的,人民法院不予受理,但仲裁协议无效的除外。"最高人民法院1995年8月28日发布的《关于人民法院处理与涉外仲裁及外国仲裁事项有关问题的通知》明确规定:"凡起诉到人民法院的涉外、涉港澳台经济、海事海商纠纷案件,如果当事人在合同中订有仲裁条款或者事后达成仲裁协议,人民法院认为该仲裁条款或者仲裁协议无效、失效或者内容不明无法执行的,在决定受理一方当事人起诉之前,必须报请本辖区所属高级人民法院进行审查;如果高级人民法院同意受理,应将其审查意见报最高人民法院。在最高人民法院未作答复前,可暂不予受理。"因此原审法院未遵循《通知》所要求的报请审查程序,程序不当,应当予以撤销。请求本院撤销原裁定,并责令被上诉人将案件依约提交仲裁解决。

三、本院的审查意见

本院经审查认为,涉案提单背面条款第1条规定:"正面载明日期的租约中所有条款、条件、特权与免责,包括法律适用及仲裁条款都再次明确并入提单",上诉人武钢国贸作为正本提单持有人,虽未参与租约的签订,明确承认该并入条款的效力。故,本院确定该租约有效并入提单。

天恒公司与泛邦国际(香港)有限公司签订的租约第20条为:"G/A ARBITRATION IF ANY TO BE SETTLED IN HONGKONG WITH ENGLISH LAW TO APPLY";"如果仲裁,在香港国际仲裁中心适用英国法律。"该条包含中英文两种规定。而该条的中英文规定存在不一致之处:其一,英文仅列明香港为仲裁地,未明确香港国际仲裁中心为仲裁机构。其二,英文中"G/A"一词。经查,上诉人武钢国贸认为其应理解为"GOVERNING LAW ARBITRATION"即"法律适用以及仲裁",与中文规定无差异。被上诉人天恒公司及财富公司认为"G/A"一词应理解为"共同海损",因此该仲裁条款应为局限在某种争议范围内的仲裁条款,其管辖范围只在共同海损的争议,而不包括船东向提单持有人追讨运费、污仓费、滞期费等。但中文规定中并未做如此限定。原审被告湘潭金华泰贸易有限公司支持被上诉人的意见。经查,上诉人武钢国贸认为在中英文解释不一致的情形之下,中英文应具有同等的效力,互为补充。被上诉人天恒公司及财富公司认为应以英文优先,而原审被告湘潭金华泰贸易有限公司认为通过双方对条款的理解应该中文优先。当事人经协商,仍对此未达成一致意见。故,该仲裁条款未对仲裁的事项做出明确约定。

因本案仲裁条款为涉外仲裁条款,而当事人未在合同中明确约定仲裁条款效力的准据法,因此判断该仲裁条款的效力的依据应为仲裁条款确定的仲裁地法即香港法。经查,我国香港地区《仲裁条例》第2条第(1)项规定:"仲裁协议"的涵义,与联合国国际贸易法委员会示范法第7(1)条中该词的涵义相同。联合国国际贸易法委员会《国际商事仲裁示范法》第7条"仲裁协议的定义和形式"(1)规定:"仲裁协议"是指当事各方同意将他们之间确定的不论是契约性或非契约性的法律关系上已经发生或者可以发生的一切或某些争议提交仲裁的协议。仲裁协议可以采取合同中的仲裁条款形式或单独的协议形式。因此,依据香港《仲裁条例》和联合国国际贸易法委员会《国际商事仲裁示范法》的规定,有效的仲裁协议要求双方对提交仲裁的争议应予“确定”。如前所述,本案所涉仲裁条款未对仲裁事项予以明确,所以本案仲裁条款应为无效仲裁条款。

本案货物运输目的港为江苏省南通港,属原审法院的管辖范围,原审法院有权依货物运输合同目的地取得案件管辖权。依据《中华人民共和国民事诉讼法》第153条、第154条的规定,拟裁定如下:驳回上诉,维持原裁定。

妥否,请审示。

湖北省高级人民法院

2009年9月9日

二、仲裁协议约定外国仲裁机构在中国国内仲裁的合法性

约定外国仲裁机构在中国国内仲裁的仲裁协议合法性问题广受关注。在很大层面上,这是中国本土仲裁机构与国际仲裁机构因争夺中国市场而互相博弈的体现。如果认可了这种仲裁协议的效力,中国国内二百多家仲裁机构将面临空降而来的国际仲裁机构的巨大竞争压力。从保护自身利益角度出发,国内仲裁机构必然坚持认为这样的仲裁协议无效。而国际仲裁机构为在中国市场杀出一条血路,则利用各种场合和机会宣传这样的仲裁条款应当认定有效。ICC最近在中国国内的某些仲裁裁决中对这一问题详加论述,以支持其裁决的合法性。他们的努力一旦取得了一点进步,必将为之造势鼓噪、广而告之。

对此,最高人民法院一直没有给予正面、直接的意见。在中国的环境下,揣摩最高人民法院的意见,似乎认定这一协议无效的可能性更大。在德国旭普林国际有限责任公司与无锡沃可通用工程橡胶有限公司申请确认仲裁协议效力一案中,最高人民法院回避了这一问题,转而以当事人未明确约定仲裁机构为由认定仲裁协议无效。

对此问题,有两种截然相反的观点。一种观点认为该等仲裁协议无效。理由为:既然约定在中国仲裁,则必须强制适用中国的仲裁法。《仲裁法》第16条规定:“仲裁协议包括合同中订立的仲裁条款和以其他书面方式在纠纷发生前或者纠纷发生后达成的请求仲裁的协议。仲裁协议应当具有以下内容:(一)请求仲裁的意思表示;(二)仲裁事项;(三)选定的仲裁委员会。”第18条规定:“仲裁协议对仲裁事项或者仲裁委员会没有约定或者约定不明

确的，当事人可以补充协议；达不成补充协议的，仲裁协议无效。”根据前述规定，在中国法下，有效的仲裁协议必须有选定的仲裁委员会，而仲裁委员会又是根据中国法律设立的中国仲裁机构。因此，如果当事人在中国仲裁，适用中国法，但选定的仲裁机构是外国仲裁机构，就违反了前述《仲裁法》第16条和第18条的规定。其仲裁协议无效，仲裁行为和仲裁裁决不合法。

相反的观点则认为该等仲裁协议合法有效，仲裁裁决应予执行。其理由为：《仲裁法》第10条规定：“仲裁委员会可以在直辖市和省、自治区人民政府所在地的市设立，也可以根据需要在其他设区的市设立，不按行政区划层层设立。仲裁委员会由前款规定的市的人民政府组织有关部门和商会统一组建。设立仲裁委员会，应当经省、自治区、直辖市的司法行政部门登记。”前述规定并未设定“仲裁委员会”的定义。而第16条仲裁协议里“仲裁委员会”规范的要求仅仅意味着禁止临时仲裁，而不是禁止由非中国仲裁机构管理的仲裁。根据以上观点，不应该禁止由非中国仲裁机构管理在中国的仲裁。该观点还引证前述德国旭普林国际有限责任公司与无锡沃可通用工程橡胶有限公司申请确认仲裁协议效力一案，进一步论证认为：该案仲裁条款为：“仲裁：适用国际商会规则，仲裁地上海”。最高人民法院裁定认为：根据中国的仲裁法，有效的仲裁协议应当包括请求仲裁的意思表示，仲裁事项以及选定的仲裁委员会。在本案中，仲裁条款包含了请求仲裁的意思表示，适用的仲裁规则以及仲裁地，但并没有说明仲裁机构，因此仲裁条款应当无效。最高人民法院认定该仲裁协议无效的理由是协议中没有约定仲裁机构。如果仲裁协议中约定了国际商会仲裁，那就满足了《仲裁法》第16条仲裁协议有效的法定要件。仲裁协议应当有效。

一个较有影响力的案件是DUFERCOS. A.（德高钢铁公司）申请强制执行其与宁波市工艺品进出口有限公司买卖合同纠纷仲裁裁决案。在本案中，合同的仲裁条款部分，中文内容表述为：“一切因执行合同或与本合同有关的争执，应提交设在中国北京的国际商会仲裁委员会，按照《联合国货物销售公约》进行仲裁”，英文表述为：“Arbitration: all disputes in conection with this contract or the execution thereof shall be settled by friendly negotiation. If no settlement can be reached the case in dispute shall then be submitted to The Arbitration of the International Chamber of Commerce in China, in accordance with the United Nations Convention on the International Sale of Goods...” 宁波市中级人民法院在其〔2008〕甬仲监字第4号民事裁定书中认定该仲裁条款有效，ICC的仲裁裁决应依据《纽约公约》承认与执行。

由于本案无须报请最高人民法院，所以，宁波中院的裁定并不能简单地理解为最高人民法院的意见。更不宜认为这是中国法院系统承认该等仲裁协议效力的导向性案例。我们仍拭目以待最高人民法院的意见。

附 3-3

最高人民法院《关于德国旭普林国际有限责任公司与无锡沃可通用工程橡胶有限公司申请确认仲裁协议效力一案的请示》的复函（〔2003〕民四他字第 23 号）

江苏省高级人民法院：

你院〔2003〕苏民三立他字第 006 号《关于德国旭普林国际有限责任公司与无锡沃可通用工程橡胶有限公司申请确认仲裁协议效力一案的请示》收悉。经研究，答复如下：

同意你院倾向性意见。

本案当事人在合同中约定了仲裁条款“Arbitration: ICC Rules, Shanghai shall apply”。在当事人没有约定确认仲裁条款效力准据法的情况下，根据确认仲裁条款效力准据法的一般原则，应当按照仲裁地的法律予以认定，即本案应当根据我国法律确认所涉仲裁条款的效力。

根据我国仲裁法的有关规定，有效的仲裁条款应当同时具备仲裁的意思表示、仲裁的事项和明确的仲裁机构三个方面的内容。本案所涉仲裁条款从字面上看，虽然有明确的仲裁的意思表示、仲裁规则和仲裁地点，但并没有明确指出仲裁机构。因此，应当认定该仲裁条款无效。

此复。

最高人民法院

2004 年 7 月 8 日

附 3-4

DUFERCOS. A.（德高钢铁公司）申请承认与执行 ICC 第 14006/MS/JB/JEM 号仲裁裁决案（〔2008〕甬仲监字第 4 号）

申请人：DUFERCOS. A.（德高钢铁公司）。

住所地：瑞士卢加诺 CH-6900 有铁道 9 号。

法定代表人：Benedict J. Sciortino and Paolo Foti。

委托代理人：童登勇，浙江之海律师事务所律师。

委托代理人：袁斌，浙江之海律师事务所律师。

被申请人：宁波市工艺品进出口有限公司。

住所地:中华人民共和国浙江省宁波市海曙区灵桥路 190 号。

法定代表人:郑永刚,该公司董事长。

委托代理人:牛磊,环球律师事务所上海分所律师。

申请人 DUFERCOS. A.(德高钢铁公司)与被申请人宁波市工艺品进出口有限公司买卖合同纠纷一案,国际商会仲裁院于 2007 年 9 月 21 日在北京市作出 14006/MS/JB/JEM 号仲裁裁决书。2007 年 12 月 4 日,DUFERCOS. A.(德高钢铁公司)向本院提出申请,请求承认和执行该仲裁裁决。本院于 2008 年 2 月 27 日立案后,依法组成合议庭审理了本案。本案现已审理终结。

申请人称:国际商会仲裁院于 2007 年 9 月 21 日对申请人与被申请人之间于 2003 年 1 月 23 日签订的买卖合同作出 14006/MS/JB/JEM 号仲裁裁决。裁决判令被申请人向申请人支付:(1) 违约损失 128 448.62 美元;(2) 2003 年 4 月 15 日至 2003 年 7 月 7 日按每年 8% 计算的 557 818.37 美元的利息,以及 2003 年 7 月 7 日至被申请人支付之日止按每年 8% 计算的 128 448.37 美元的利息;(3) 仲裁费用 20 000 美元;(4) 法律费用 30 000 美元。申请人向本院请求承认和执行国际商会仲裁院所作的裁决,裁定被申请人支付如下费用:(1) 违约损失128 448.62 美元;(2) 利息 56 119.61 美元(2003 年 4 月 15 日至 2007 年 9 月 21 日);(3) 仲裁费用 20 000 美元;(4) 法律费用 30 000 美元;(5) 2007 年 9 月 21 日至实际支付之日止每天 28.15 美元的利息。

被申请人答辩称:国际商会在中国境内仲裁违反了中国法律,涉案仲裁条款的本意为提交中国经济贸易仲裁委员会仲裁,被申请人在仲裁过程中没有给予指定仲裁员或者进行仲裁程序的适当通知,被剥夺了应辩的机会,要求驳回申请人请求承认和执行外国仲裁裁决的申请。

经审理查明:2003 年 1 月 23 日,被申请人宁波工艺品进出口有限公司与申请人 DUFERCOS. A.(德高钢铁公司)在中国宁波签订一份买卖 1 500 公吨(±10%)冷轧钢的买卖合同(合同内容系中英文对照)。合同对单价、装运期限、付款条件、违约责任等作了约定。其中关于合同的仲裁条款部分,中文内容表述为:"一切因执行合同或与本合同有关的争执,应提交设在中国北京的国际商会仲裁委员会,按照《联合国货物销售公约》进行仲裁",英文内容表述为:"……应提交给仲裁地位于中国的国际商会仲裁委员会,按照《联合国货物销售公约》进行仲裁"。后双方因故发生纠纷,申请人 DUFERCOS. A.(德高钢铁公司)于 2005 年 9 月 12 日将纠纷提交位于法国巴黎的国际商会仲裁院进行仲裁。国际商会仲裁院于 2007 年 9 月 21 日在中国北京对申请人与被申请人之间于 2003 年 1 月 23 日签订的买卖合同作出 14006/MS/JB/JEM 号仲裁裁决。裁决判令被申请人向申请人支付:(1) 违约损失 128 448.62 美元;(2) 2003 年 4 月 15 日至 2003 年 7 月 7 日按每年 8% 计算的 557 818.37 美元的利息,以及 2003 年 7 月 7 日至被申请人支付之日止按每年 8% 计算的 128 448.37 美元的利息;(3) 仲裁费用 20 000 美元;(4) 法律费用 30 000 美元。

以上事实,由申请人与被申请人签订的买卖合同、国际商会仲裁院仲裁裁决书、审理笔录等证实。

本院认为,我国于1986年12月2日决定加入1958年在纽约通过的《承认及执行外国仲裁裁决公约》(以下简称《1958年纽约公约》),系《1958年纽约公约》的缔约国。在符合公约和我国相关法律规定的情况下,应当承认和执行外国仲裁裁决。关于本案所设仲裁协议效力问题。本案仲裁庭按照仲裁规则的规定通过邮寄及传真方式向宁波市工艺品进出口有限公司送达《受理范围书》和《临时时间表》,也有证据表明宁波市工艺品进出口有限公司收到了上述文书,宁波市工艺品进出口有限公司未在有效期限内对仲裁协议的效力提出异议,且国际商会仲裁院已在仲裁裁决中作出仲裁条款有效的认定,根据最高人民法院《关于适用〈中华人民共和国仲裁法〉若干问题的解释》第13条规定:"依照仲裁法第二十条第二款的规定,当事人在仲裁庭首次开庭前没有对仲裁协议的效力提出异议,而后向人民法院申请确认仲裁协议无效的,人民法院不予受理。仲裁机构对仲裁协议的效力作出决定后,当事人向人民法院申请确定仲裁协议效力或者申请撤销仲裁机构的决定的,人民法院不予受理。"故宁波市工艺品进出口有限公司关于仲裁协议无效的主张不能成立;关于本案是否适用《1958年纽约公约》的问题。《1958年纽约公约》第1条第1款规定的适用范围有两种情形:一是"仲裁裁决,因自然人或法人间之争议而产生且在申请承认及执行地所在国以外之国家领土内做成者,其承认及执行适用本公约"。另一情形是"本公约对于仲裁裁决经申请承认及执行地所在国认为非内国裁决者,亦适用之"。这里所指的是"非内国裁决"是相对"申请承认及执行地所在国"而言的。本案并非我国国内裁决,应当适用《1958年纽约公约》。综上,本案不存在拒绝承认和执行所涉仲裁裁决的理由。依照《中华人民共和国民事诉讼法》第267条、第140条第1款11项的规定,裁定如下:

承认和执行国际商会仲裁院于2007年9月21日在中国北京作出的14006/MS/JB/JEM号仲裁裁决。

案件执行费用人民币19 523元,由被申请人宁波市工艺品进出口有限公司负担。

审 判 长　俞灵波
审 判 员　陈碧儿
审 判 员　王文海
2009年4月22日
代书记员　陈维婵

三、约定仲裁机构名称不准确的代表性案例分析

最高人民法院通过案例的形式对约定仲裁机构名称不准确的情况做了如下认定,可资参考:

1. 如果当事人约定了两个仲裁机构,但其中一个不存在时,存在的仲裁机构即为当事人约定的争议管辖仲裁机构。在爱尔建材(天津)有限公司与德国玛莎(集团)股份有限公司、玛莎(天津)建材机械有限公司买卖合同纠纷案中,当事人约定的仲裁机构为"中国或天津对外国际贸易促进委员会"。最高人民法院《关于仲裁条款效力请示的复函》〔2005〕民四他字第50号明确:"由于'天津对外国际贸易促进委员会'并不存在,且在约定由'中国对外贸易促进委员会'仲裁时可以认为当事人选择的是由'中国国际经济贸易仲裁委员会'进行仲裁,因此,应当认为该仲裁条款符合我国《仲裁法》的规定,是有效的仲裁条款。"

2. "中国国际贸易促进会仲裁委员会"可以推定为"中国国际经济贸易仲裁委员会"。在湖北省出版进出口公司、湖北东湖光盘技术有限责任公司与康维克科技(成都)有限公司买卖合同纠纷案中,当事人约定仲裁机构为"中国国际贸易促进会仲裁委员会"。最高人民法院认为:前述仲裁机构名称不准确,但可以推定为"中国国际经济贸易仲裁委员会",仲裁条款有效。

3. "北京中国对外经济贸易仲裁委员会"可以推定为"中国国际经济贸易仲裁委员会",仲裁地点在北京。内蒙古至诚矿业有限公司与南非华金国际集团有限公司合资经营纠纷案中,仲裁条款约定的仲裁机构为"北京中国对外经济贸易仲裁委员会"。最高人民法院认为:虽然仲裁条款对仲裁机构名称的表述不完整,但可以辨别出该名称系指更名后的中国国际经济贸易仲裁委员会,仲裁地点在北京,仲裁条款有效。

4. "中国国际经济贸易仲裁委员会北京分会"这一仲裁机构不存在,仲裁条款无效。在不予执行中国国际经济贸易仲裁委员会作出的广州总统大酒店有限公司与杨广大仲裁案中,当事人约定的仲裁机构为"中国国际经济贸易仲裁委员会北京分会"。最高人民法院《关于不予执行中国国际经济贸易仲裁委员会作出的广州总统大酒店有限公司与杨广大仲裁一案请示的复函》〔2001〕民四他字第41号认为:CIETAC在北京不设有分会,因此仲裁条款约定的仲裁机构不存在,仲裁条款无效,CIETAC总会的仲裁裁决不予执行。

5. 约定某一地区的仲裁机构,应视情况而定。如果"仲裁协议约定由某地的仲裁机构仲裁且该地仅有一个仲裁机构的,该仲裁机构视为约定的仲裁机构”。[1] 在深圳市交通运输公司、深圳市海南石油实业有限公司诉香港深南投资公司合作经营运输纠纷仲裁条款约定的仲裁机构为“深圳市仲裁机构”，属仲裁机构约定不明，仲裁条款无效。

6. 只约定了仲裁地，不视为约定了仲裁机构。在中电通信科技有限公司与韩国移动通信有限公司、上海奥盛投资有限公司联营合同纠纷管辖权异议案中，当事人约定了仲裁地在北京。最高人民法院明确：约定了仲裁地，未约定仲裁机构，仲裁条款无效。这里需要注意区分两个概念：某地的仲裁机构仲裁和在某地仲裁。如《仲裁法解释》第6条规定，如果约定了在某地的仲裁机构仲裁，且该地只有一个仲裁机构，该地仲裁机构即视为当事人约定的仲裁机构。但如果当事人约定的仅是仲裁地，即使当事人约定的仲裁地只有一家仲裁机构，也不能将该仲裁地的仲裁机构理解为当事人约定的仲裁机构。

四、选定两个仲裁机构的仲裁条款的效力

当事人同时约定两个仲裁机构，是影响仲裁条款效力的又一重要情形。最高人民法院1996年12月12日作出的法函〔1996〕176号《关于同时选择两个仲裁机构的仲裁条款效力问题的函》规定：“本案当事人订立的合同中的仲裁条款约定‘合同争议应提交中国国际贸易促进委员会对外经济贸易仲裁委员会，或瑞典斯德哥尔摩商会仲裁院仲裁’，该仲裁条款对仲裁机构的约定是明确的，亦是可以执行的。当事人一方只要选择约定的仲裁机构之一即可进行仲裁。另见最高人民法院经济审判庭编著《经济审判指导与参考》第2卷第122页。根据《中华人民共和国民事诉讼法》第111条第（二）项之规定，本案纠纷应由当事人提交仲裁解决，人民法院对本案没有管辖权。”从该规定看，如果当事人协议约定两个以上仲裁机构的，仲裁协议应认定有效，法院对争议无管辖权。当事人可以选择任何一个约定的仲裁机构仲裁。

而《仲裁法解释》第5条规定：“仲裁协议约定两个以上仲裁机构的，当事人可以协议选择其中的一个仲裁机构申请仲裁；当事人不能就仲裁机构选择达成一致的，仲裁协议无效。”前述司法解释要求当事人在两个以上仲裁机构中先行共同选定一个，否则仲裁协议无效。该等规定实际上已变更了最高人民法院法函〔1996〕176号。表面上看这似乎对当事人缔约时的意思自治限制得过于严格，与仲裁程序中当事人意思自治的基本立场不协调。

---

① 《仲裁法解释》第6条之规定。

最高人民法院作出以上调整确有理由：如果采纳由当事人自行选择的方式来追认仲裁条款的效力，在实践中可能会出现以下问题：(1) 在当事人分别向不同仲裁机构提起仲裁的情况下，如何确定不同的仲裁机构之间的管辖权分配？在现行的仲裁机构管理模式下，各个仲裁机构之间没有隶属关系，在涉及外国仲裁机构时更是如此。如果当事人分别向不同的仲裁机构申请仲裁，在仲裁机构的管辖权方面，缺乏一个有效的协调机制；(2) 如果当事人分别向不同的仲裁机构申请仲裁，各仲裁机构分别作出了仲裁裁决，如何判断不同仲裁裁决的效力？这几乎是此类仲裁条款必然会产生的问题。司法解释在总结了近些年来实践经验的基础上，对此类仲裁条款的判断理念进行了微调，即，在肯定此类仲裁条款并不当然无效的前提下，对当事人的意思自治提出进一步的明确要求，要求当事人以协议的方式明确选择其中一个仲裁机构，如果达不成此类协议，再认定仲裁条款无效。①

与前述司法解释相一致的典型案例是 RENT CORPORATION 诉中成宁波进出口有限公司、东莞市建华机械制造有限公司买卖合同纠纷一案。在本案中 RENT CORPORATION 与中成宁波进出口有限公司、东莞市建华机械制造有限公司签订的购货合同中约定："仲裁由中国国际经济贸易仲裁委员会(CIETAC)按其仲裁规则和程序在上海进行；或者提请宁波仲裁委员会仲裁。"争议发生后，在 RENT CORPORATION 向东莞市中级人民法院提起诉讼。最高人民法院认为在此情况下可以认定双方无法就选择仲裁机构问题达成补充协议，仲裁协议应当认定无效，东莞市中级人民法院作为被告住所地法院对本案享有管辖权。

附 3-5

最高人民法院《关于 RENT CORPORATION 诉中成宁波进出口有限公司、东莞市建华机械制造有限公司买卖合同纠纷一案人民法院能否受理的请示》的复函(〔2008〕民四他字第 4 号)

广东省高级人民法院：

你院〔2007〕粤高法民四他字第 15 号《关于 RENT CORPORATION 诉中成宁波进出口有限公司、东莞市建华机械制造有限公司买卖合同纠纷一案人民法院能否受理的请示》收悉。经研究，答复如下：

① 参见沈德咏、万鄂湘主编：《最高人民法院中此案司法解释的理解与适用》，人民法院出版社 2007 年版，第 54—55 页。

同意你院的处理意见。RENT CORPORATION 与中成宁波进出口有限公司、东莞市建华机械制造有限公司签订的购货合同中约定:“仲裁由中国国际经济贸易仲裁委员会(CIETAC)按其仲裁规则和程序在上海进行;或者提请宁波仲裁委员会仲裁。”根据最高人民法院《关于适用〈中华人民共和国仲裁法〉若干问题的解释》第 5 条的规定:“仲裁协议约定两个以上仲裁机构的,当事人可以协议选择其中的一个仲裁机构申请仲裁;当事人不能就仲裁机构选择达成一致的,仲裁协议无效。”在当事人一方已经向人民法院提起诉讼的情况下,可以认定双方无法就选择仲裁机构问题达成补充协议,仲裁协议应当认定无效,东莞市中级人民法院作为被告住所地法院对本案享有管辖权。

此复。

最高人民法院

2008 年 3 月 18 日

附 3-6

广东省高级人民法院《关于 RENT CORPORATION 诉中成宁波进出口有限公司、东莞市建华机械制造有限公司买卖合同纠纷一案人民法院能否受理的请示》(〔2007〕粤高法民四他字第 15 号)

最高人民法院:

原告 RENT CORPORATION 诉被告中成宁波进出口有限公司、东莞市建华机械制造有限公司买卖合同纠纷一案,东莞市中级人民法院在立案审查过程中发现涉案合同中涉及仲裁条款,根据钧院的规定在受理该案前向我院进行请示。现将该案情况汇报如下:

一、案件的基本情况

原告 RENT CORPORATION 是日本的一家经营机械器具等业务的公司。2004 年 11 月 20 日,原告与被告中成宁波进出口有限公司(以下简称中成公司)、东莞市建华机械制造有限公司(以下简称建华公司)共同签订了一份购货合同,约定由中成公司作为买方、建华公司作为用户向原告购买全路面起重机,并约定合同项下有关设备的运输应遵从 INCOTERM2000 中有关 CIF 条款的规定。另外,该购货合同第 14.2 条规定:“仲裁由中国国际经济贸易仲裁委员会(CIETAC)按其仲裁规则和程序在上海进行;或者提请宁波仲裁委员会仲裁。”后因两被告未能提供合格的进口许可证,导致原告发运的货物无法通关,被告开立的信用证无法议付,遂产生纠纷。原告曾通过律师致函二被告要求确认就本案向中国国际经济贸易仲裁委员会上海分会进行仲裁,但二被告均无回应,原告遂起诉至东莞市中级人民法院。

二、东莞市中级人民法院的处理意见

东莞市中级人民法院审查后认为，本案为涉外民事纠纷，双方签订的购货合同中的仲裁条款约定了两个仲裁机构，但当事人之间未能就仲裁机构选择达成一致，根据最高人民法院《关于适用〈中华人民共和国仲裁法〉问题的解释》第5条的规定："仲裁协议约定两个以上仲裁机构的，当事人可以协议选择其中的一个仲裁机构申请仲裁；当事人不能就仲裁机构选择达成一致的，仲裁协议无效。"因此，本案所涉仲裁条款应当认定无效。根据《中华人民共和国民事诉讼法》第24条的规定："因合同纠纷提起的诉讼，由被告住所地或者合同履行地人民法院管辖"，东莞市中级人民法院作为被告住所地法院对本案享有管辖权。

三、我院的倾向性意见

我院认为，原告是在日本注册成立的公司，本案为涉外民事纠纷。原告与两被告共同签订的购货合同中载有仲裁条款，约定由中国国际经济贸易仲裁委员会按其仲裁规则和程序在上海进行，或者提请宁波仲裁委员会仲裁。根据最高人民法院《关于适用〈中华人民共和国仲裁法〉若干问题的解释》第5条的规定："仲裁协议约定两个以上仲裁机构的，当事人可以协议选择其中的一个仲裁机构申请仲裁；当事人不能就仲裁机构选择达成一致的，仲裁协议无效。"本案涉讼合同中的仲裁条款对于仲裁机构作了或然性的约定，法律给予当事人对此作出确定性选择的权利。由于没有证据显示各方当事人就仲裁机构选择达成了一致意见，因此本案仲裁条款无效。无效的仲裁协议不能排斥人民法院对民事纠纷的管辖权。根据《中华人民共和国民事诉讼法》第24条的规定："因合同纠纷提起的诉讼，由被告住所地或者合同履行地人民法院管辖。"东莞市中级人民法院作为被告住所地法院对本案享有管辖权，可以依法受理。

根据钧院《关于人民法院处理与涉外仲裁及外国仲裁事项有关问题的通知》（法发〔1995〕18号）第1条"凡起诉到人民法院的涉外、涉港澳和涉台经济、海事海商仲裁纠纷案件，如果当事人在合同中订有仲裁条款或者事后达成仲裁协议，人民法院认为该仲裁条款无效、失效或者内容不明确无法执行的，在决定受理一方当事人起诉之前，必须报请本辖区所属高级人民法院进行审查；如果高级人民法院同意受理，应将其审查意见报最高人民法院。在最高人民法院未作答复前，暂不予以受理"的规定，特向钧院请示，请予批复。

广东省高级人民法院

2007年12月4日

五、因当事人约定仲裁规则而推断其选定仲裁委员会

贸仲《仲裁规则》（2005版）第4条仲裁规则的适用第3款规定："凡当事人约定按照本规则进行仲裁但未约定仲裁机构的，均视为同意将争议提交仲

裁委员会仲裁。”北仲《仲裁规则》(2008)第 2 条本规则的适用第 2 款规定:“当事人约定适用本规则但未约定仲裁机构的,视为双方当事人同意将争议提交本会仲裁。”贸仲、北仲的前述仲裁规则确定了这样一条推定当事人选定仲裁机构的规则,即如果当事人约定适用贸仲或北仲仲裁规则解决争议,但未约定仲裁机构的,视为选定贸仲或者北仲仲裁。

2006 年 9 月 8 日的最高人民法院《关于适用〈中华人民共和国仲裁法〉若干问题的解释》第 4 条最终以司法解释的形式确定了推定当事人选定仲裁机构的合法性。北仲《仲裁规则》(2008 版)第 2 条第 2 款的规定就直接源于此。北仲秘书长王红松女士在对北仲《仲裁规则》(2008 版)的说明中专门介绍了 2008 版规则中新增加的推定当事人选定北仲仲裁的规定。王秘书长的此项说明如下:“这一款规定的主要是基于最高人民法院《关于适用〈中华人民共和国仲裁法〉的若干问题的解释》第 4 条的规定:‘仲裁协议仅约定纠纷适用的仲裁规则的,视为未约定仲裁机构,但当事人达成补充协议或者按照约定的仲裁规则能够确定仲裁机构的除外。’根据这一规定,如果仅约定仲裁规则,也是无效的,除非根据约定的仲裁规则能够确定仲裁机构。最高法院的这种规定也是借鉴了国际惯例,但需要仲裁规则本身予以声明。如果仲裁机构的仲裁规则中没有规定约定适用该仲裁机构的仲裁规则就视为双方同意将争议提交该机构仲裁的,则仲裁协议无效。所以增加这款规定后可以弥补原来仲裁规则的欠缺,以符合司法解释的规定,避免在仲裁管辖权方面给当事人造成麻烦,尤其是保障国际商事案件当事人的利益。”

在司法解释未出台之前,贸仲《仲裁规则》的规定看似有些超前。其实最高人民法院早在 1996 年就在厦门维哥木制品有限公司与台湾富源企业有限公司购销合同纠纷管辖权异议案中表明了推断当事人选定仲裁员的意见。在该案的法函〔1996〕78 号复函中,最高人民法院认为:“本案双方当事人在其合同中约定‘解决合同纠纷的方式为双方进行友好协商解决或以国际商会仲裁为准’,按照国际商会《仲裁规则》第 8 条规定:‘双方当事人约定提交国际商会仲裁时,则应视为事实上接受本规则。’国际商会仲裁院是执行国际商会仲裁规则的唯一仲裁机构。故双方当事人合同中的仲裁条款实际约定了由国际商会仲裁院依据国际商会仲裁规则对本案当事人之合同纠纷进行仲裁。该仲裁条款有效,当事人应按仲裁条款进行仲裁,人民法院对本案没有管辖权。”

第四节 违约纠纷和侵权纠纷竞合时仲裁条款的适用

最高人民法院《关于适用〈中华人民共和国仲裁法〉若干问题的解释》第2条规定："当事人概括约定仲裁事项为合同争议的，基于合同成立、效力、变更、转让、履行、违约责任、解释、解除等产生的纠纷都可以认定为仲裁事项。"

在当事人概括约定仲裁事项时，如果纠纷系违约责任和侵权责任竞合，即使合同一方选择侵权之诉，合同中的仲裁条款仍然有效，仍应适用仲裁条款，由合同中约定的仲裁机构仲裁。

2005年6月16日最高人民法院作出的《关于对原告百事达（美国）企业有限公司与被告安徽饭店、何宗奎、章富成以及第三人安徽金辰酒店管理有限公司、中美合资安徽饭店有限公司清算委员会民事侵权赔偿纠纷一案管辖权异议的请示》（〔2005〕民四他字第9号）中认为："百事达公司现以安徽饭店利用其控股地位、独自侵占合资公司等为由提起诉讼，该纠纷应当理解为属于合资合同第51条约定的'与本合同有关的一切争议'。因此，对该纠纷双方应提请仲裁机关解决。"最高人民法院通过对个案批复的形式明确了违约责任和侵权责任竞合时仲裁条款仍然有效这一观点。

随后，最高人民法院在2005年12月26日发布的《第二次全国涉外商事海事审判工作会议纪要》第7条更是明确此观点。该条规定："涉外商事合同的当事人之间签订有效仲裁协议约定了因合同发生的或与合同有关的一切争议均应通过仲裁方式解决，原告就当事人在签订和履行过程中发生的侵权纠纷为由向人民法院提起诉讼的，人民法院不享有管辖权。"

第五节 仲裁协议的效力及其局限性

仲裁协议的效力主要体现在两个方面：第一，仅约束仲裁协议当事人；第二，排除法院的诉讼管辖权。仅约束仲裁协议当事人是仲裁协议效力在主体方面的体现。具体言之，只有仲裁协议当事人之间的争议才可以通过仲裁程序解决。与之形成鲜明对比的是诉讼中的无独立请求权的第三人制度。《民事诉讼法》第56条第2款规定："对当事人双方的诉讼标的，第三人虽然没有独立请求权，但案件处理结果同他有法律上的利害关系的，可以申请参加诉讼，或者由人民法院通知他参加诉讼。人民法院判决承担民事责任的第三人，有当事人的诉讼权利义务。"根据以上规定，诉讼程序具有开放性，它可以根据案件情况吸纳无独立请求权的第三人加入到诉讼程序中。而仲裁程序则是封闭的,它仅适用于仲裁协议当事人,而没有第三人制度。

现代商业社会中的交易纷繁复杂。这不仅体现在交易架构和交易内容上,还体现在多方交易主体的参与。在此情况下,封闭的仲裁程序(即只解决仲裁协议当事人之间的纠纷,不吸纳有利害关系的第三人)有时就无法实现彻底、全面解决争议的目的。这是仲裁协议效力的局限性。在法律实务中,最明显地体现前述问题的是以下三类合同关系:涉他合同、租赁及转租合同、设立项目公司的合作开发合同。

《合同法》第 64 条规定由债务人向第三人履行的合同,以及第 65 条规定的由第三人向债权人履行的合同在合同法理论上被称为“涉他合同”。涉他合同是对合同相对性原则的突破。“合同相对性原则因社会经济高速发展及商业往来的频繁、复杂而逐渐受到挑战,合同效力扩张到第三人的情形逐渐普遍。例如,涉及第三人利益或义务的涉他合同广泛出现在保险业、运输业、金融业等行业中,各国也逐渐通过判例或者法律明确规定承认涉他合同及相应的效力。”[①]为了全面、彻底地解决涉他合同纠纷,在民事诉讼程序中允许吸纳涉他合同的第三人作为无独立请求权的第三人参与其中。[②] 但根据最高人民法院《关于在经济审判工作中严格执行〈中华人民共和国民事诉讼法〉的若干规定》第 9 条之规定,如果第三人与原告或者被告之间订有仲裁协议的,人民法院不得将其列为诉讼程序的第三人。与民事诉讼程序的开放性相比较,仲裁的封闭性因不能吸纳有利害关系的第三人加入而常常限制了争议的全面、彻底解决。在前述涉他合同纠纷中,如果缔约双方之间订有仲裁协议,仲裁庭仅能审理缔约双方之间的纠纷。第三人针对前述缔约方的诉求,或者前述缔约方对于第三人的诉求,以及与第三人有关的履行情况的查证,仲裁庭常常显得无能为力。

在租赁及转租合同纠纷中,当事人常有以下两种诉求:租赁关系中的出租方要求解除租赁合同或认定租赁合同无效,并主张次承租人腾退租赁场地;次承租人要求承租人和出租人继续履行合同。在诉讼程序中,出租人或者次承租人实现其诉求是有程序保障的。因案件具体情况不同,出租人可以

---

① 沈德咏、奚晓明主编:《最高人民法院关于合同法司法解释(二)理解与适用》,人民法院出版社 2009 年版,第 127 页。

② 最高人民法院《关于适用〈中华人民共和国合同法〉若干问题的解释(二)》第 16 条:“人民法院根据具体案情可以将合同法第六十四条、第六十五条规定的第三人列为无独立请求权的第三人,但不得依职权将其列为该合同诉讼案件的被告或者有独立请求权的第三人。”

将次承租人列为被告或者第三人。而次承租人也可以将出租人列为第三人。但是,如果租赁合同或者转租合同中任何一个订有仲裁协议的,出租人和次承租人之间直接解决争议的路径就几乎被阻断。此时,租赁合同纠纷和转租合同纠纷并行存在,且一个诉讼解决,一个仲裁解决。这无疑加大了争议解决的成本,延长了争议解决的期限。

中国房地产市场的迅猛发展催生了大量的通过设立项目公司而进行合作开发房地产的交易。在这种交易模式下,合作双方先行签订合作合同,并约定设立项目公司具体操作开发事宜。很多合作合同(尤其当合作一方是外资时)都订有仲裁条款。在房地产开发、销售或者租赁过程中,常出现合作股东之间因利益分配产生争议。此时,仲裁封闭性的局限性再次显现。真正存在纠纷的是股东之间。而股东又是从项目公司获取可分配利润的。这就产生了三个争议主体:两个股东一个项目公司。仲裁协议的效力约束了股东双方,而无法扩及项目公司。这就导致股东解决与其合作伙伴之间的利益分配之争,股东从项目公司分得红利之争必须通过两个程序(诉讼和仲裁)解决。

在现实商事活动中,与前述三类合同关系相类似的合同还大量存在。而仲裁协议效力的局限性也随着争议的发生而逐渐暴露。这给交易主体和法律人一个重要的警示:是否签订仲裁协议以及在哪些当事人之间签订仲裁协议,除了考虑其他因素外,还必须考虑交易模式本身。如果交易模式中存在与缔约双方合同履行关系特别紧密的第三方的,必须在设定争议解决机制中考虑将第三方纳入其中——或者三方共同签订仲裁协议,或者直接将纠纷交由法院通过诉讼程序解决。

第六节　合同主体变化时仲裁条款对新合同主体的约束力

具有仲裁条款的合同,合同主体可能发生变化,比如:自然人死亡、法人或其他组织合并、分立,或者合同项下的权利义务概括转让后第三人成为合同的一方当事人。在以上各种情况下,合同中的仲裁条款对当事人的约束力如下:

公司或其他组织订立仲裁协议后合并、分立的,仲裁协议对其权利义务的继受人有效。自然人订立仲裁协议后死亡的,仲裁协议对承继其仲裁事项中的权利义务的继承人有效。以上两种情形,当事人订立仲裁协议时另有约定的除外。[①]

---

① 《仲裁法解释》第 8 条规定。

《仲裁法解释》第 9 条规定:“债权债务全部或者部分转让的,仲裁协议对受让人有效,但当事人另有约定、在受让债权债务时受让人明确反对或者不知有单独仲裁协议的除外。”第 9 条的规定最早出现在 2005 年 12 月 26 日最高人民法院印发的《第二次全国涉外商事海事审判工作会议纪要》第 61 条。

但需要注意的是,当合同的权利义务已经概括转让以后,权利义务的转让方就不再受仲裁条款的约束。最高人民法院在撤销中国国际经济贸易仲裁委员会〔2007〕CIETAC 裁决第 140 号仲裁裁决案中对此观点作了明确阐述。

附 3-7

最高人民法院《关于撤销中国国际经济贸易仲裁委员会〔2007〕CIETAC 裁决第 0140 号仲裁裁决一案的请示》的复函①(〔2007〕民四他字第 44 号)

北京市高级人民法院:

你院京高法〔2007〕377 号《关于撤销中国国际经济贸易仲裁委员会〔2007〕CIETAC 裁决第 140 号仲裁裁决一案的请示》收悉。经研究,答复如下:

本案所涉仲裁条款存在于北京昌信回龙园别墅有限公司(以下简称昌信公司)及北京龙城假日酒店作为承担连带责任的“业主”、假日酒店(中国)有限公司(以下简称假日酒店)作为“管理人”于 2001 年 10 月 18 日共同签订的《北京龙城皇冠假日酒店管理合同》中,但昌信公司及北京龙城假日酒店和假日酒店于 2002 年 8 月 8 日签订修订协议,约定自 2002 年 8 月 8 日起,北京龙城皇冠假日酒店承担管理合同项下的业主应承担的全部责任和义务,昌信公司不再是管理合同项下的业主。即,昌信公司于 2002 年 8 月 8 日退出管理合同,其不再受管理合同中仲裁条款的约束。

在仲裁程序进行中,昌信公司向仲裁庭提出的管辖权异议被仲裁庭驳回后,其再未参加仲裁程序。昌信公司向仲裁庭提交管辖权异议以及未参加仲裁程序的行为亦表明仲裁庭未能因当事人的实际行为取得管辖权,中国国际经济贸易仲裁委员会仲裁庭对昌信公司行使管辖权缺乏依据。但本案仲裁程序方面的瑕疵可以通过重新仲裁的方式得以弥补,根据《中华人民共和国仲裁法》第 61 条之规定,本案撤销程序应予中止,并应通知仲裁庭重新仲裁。

此复。

最高人民法院

2008 年 4 月 7 日

---

① 万鄂湘主编:《涉外商事海事审判指导》2008 年第 1 辑,人民法院出版社 2008 年版,第 72 页。

附 3-8

北京市高级人民法院《关于撤销中国国际经济贸易仲裁委员会〔2007〕CIETAC 裁决第 0140 号仲裁裁决一案的请示》（京高法〔2007〕377 号）

最高人民法院：

我市第二中级人民法院立案受理了申请人北京昌信回龙园别墅有限公司申请撤销中国国际经济贸易仲裁委员会作出的〔2007〕CIETAC 裁决第 0140 号仲裁裁决一案，该院拟撤销贸仲该仲裁裁决，并向我院请示。经研究，现将该案有关情况报告并请示如下：

一、当事人基本情况

申请人（仲裁被申请人）：北京昌信回龙园别墅有限公司（以下简称昌信公司）。住所地：北京市昌平区回龙观镇二拨子村。

法定代表人：张玮，董事长。

被申请人（仲裁申请人）：假日酒店（中国）有限公司（以下简称假日酒店）。住所地：香港特别行政区皇后大道东 1 号太古广场三座 28 楼。授权代表人：高绮续，董事。

被申请人（仲裁被申请人）：北京龙城丽宫国际酒店（原名称先后为北京龙城假日酒店、北京龙城皇冠假日酒店）。住所地：北京市昌平区回龙观镇龙城花园内。

法定代表人：张振东，执行董事。

二、争议主要事实和撤销裁决情况

（一）仲裁基本情况

2001 年 10 月 18 日，昌信公司及北京龙城假日酒店作为承担连带责任的“业主”、假日酒店作为“管理人”共同签订一份《北京龙城皇冠假日酒店管理合同》（以下简称管理合同）。管理合同约定：管理人将代表业主管理一家位于北京昌平县龙城花园的综合体，该综合体包括一家即将被命名为北京龙城皇冠假日酒店的饭店；本合同的生效日期为北京对外经济贸易委员会批准本合同的日期；开业日期为管理人首次将综合体的物业向公众开放的日期；本合同自开业日期起将持续 15 年；管理人处理饭店的所有人事事宜；管理人选择供应商，并购买在饭店中使用或为饭店而使用的所有食品、饮料、家具、固定装置和设备、营业用品及其他物品；自开业日期起并在本合同期限所余的期限内，作为管理人管理综合体的对价，业主应向管理人支付基本管理费、饭店鼓励性管理费及出租区域监管费；由于本合同而引起的或与本合同有关的一切争议、纠纷或索赔，首先将由业主和管理人本着友好的态度协商解决，如未能通过协商方式解决纠纷，则任何一方有权在给予另一方书面通知的情况下立即向中国申请仲裁，该仲裁将在北京的中国国际经济贸易仲裁委员会按照当时生效的该仲裁委员会的规则和程序，用提起仲裁的一方所选择的语言进行。

2002 年 8 月 8 日，昌信公司及北京龙城假日酒店和假日酒店签订一份《修订协议》,约定:鉴于业主和管理人于2001年10月18日签订管理合同、北京龙城假日酒店于2002年7月3日改名为北京龙城皇冠假日酒店,业主和管理人达成如下协议;(1)该综合物业的业主,昌信公司及北京龙城假日酒店,应当由北京龙城皇冠假日酒店取代。管理合同中所提及的所有"业主"均应被视为北京龙城皇冠假日酒店,该公司应当自本协议签订之日起承担管理合同项下的业主应承担全部责任和义务。(2)本修订协议应构成管理合同不可分割的组成部分,除了本文所涉及的修改条款外,管理合同的所有其他条款均保持充足的效力。

2002年9月5日,假日酒店开始管理北京龙城皇冠假日酒店。2005年6月3日,昌信公司向假日酒店发函称:承担连带责任的业主已经决定终止管理合同,并将于2005年6月13日派遣有关人员接管综合体。假日酒店于2005年7月3日撤离北京龙城皇冠假日酒店。后北京龙城皇冠假日酒店名称变更为北京龙城丽宫国际酒店(以下简称龙城丽宫)。2005年12月9日,假日酒店向中国国际经济贸易仲裁委员会(以下简称仲裁委)提起仲裁申请,被申请人为昌信公司和龙城丽宫,仲裁请求如下:(1)昌信公司及龙城丽宫给付应付未付费用共计美元217551.04元,并支付应付未付费用的利息共计美元61532.88元;(2)昌信公司及龙城丽宫给付预期损失共计美元14906489元;(3)昌信公司及龙城丽宫支付仲裁费用。龙城丽宫在仲裁中答辩:假日酒店于2005年7月3日撤出酒店,违反了管理合同的约定,属于实质性违约。故提出仲裁反请求如下:(1)管理合同应当被视为自2005年7月3日起终止;(2)假日酒店赔偿其未经许可擅自撤出酒店和终止管理合同致使龙城丽宫遭受的损失共计人民币1234596.15元;(3)假日酒店赔偿由于其未能经营"日韩料理餐厅"致使龙城丽宫遭受的损失共计人民币1056128.66元;(4)假日酒店向龙城丽宫赔偿假日酒店的中国子公司登记和年检费人民币17130.02元;(5)假日酒店应当支付因爆竹致人死亡的赔偿金人民币1632524.48元;(6)假日酒店支付仲裁费。

2006年2月17日,昌信公司向仲裁委提交了管辖权异议函。2006年4月19日,仲裁委对昌信公司提交的管辖权异议作出管辖权决定,仲裁委认为,由于本案当事人之间存在有效的仲裁协议,仲裁委据此应当对本案行使管辖权,驳回昌信公司对于管辖权提出的异议,仲裁程序应当继续。此后,昌信公司未再参加仲裁开庭审理。

2007年4月20日,仲裁庭根据多数意见作出〔2007〕CIETAC裁决第0140号最终裁决:(1)龙城丽宫向假日酒店支付应付未付费用美元217551.04元;(2)龙城丽宫向假日酒店支付应付未付费用的利息美元36919.28元;(3)龙城丽宫向假日酒店赔偿预期损失美元3832267元;(4)龙城丽宫向假日酒店赔偿法律费用美元10万元;(5)龙城丽宫向假日酒店赔偿仲裁费用美元72982.8元;(6)假日酒店向龙城丽宫赔偿登记及年检费用人民币17130.02元;(7)驳回其他请求和反请求。

(二)申请人昌信公司的主要撤销理由

依据修订协议的约定,管理合同所提及的所有"业主"均应被视为北京龙城皇冠假日酒店。那么，管理合同的仲裁条款中所涉及的"业主"一词也应当被认为是北京龙城皇冠假日酒店一方，而不是北京龙城皇冠假日酒店和昌信公司两方。修订协议不仅是关于管理合同主体变更的协议，而且还是关于仲裁条款主体变更的协议。该修订协议生效后，昌信公司不再是管理合同中仲裁条款的主体，因此，昌信公司与假日酒店及龙城丽宫之间不存在仲裁协议。综上，请求依法撤销中国国际经济贸易仲裁委员会〔2007〕CIETAC 裁决第 0140 号最终裁决。

（三）被申请人假日酒店的主要答辩意见

昌信公司为在北京市昌平区回龙观地区从事房地产开发和经营的家族企业，昌信公司和龙城酒店同属于创始人张振东先生及其家庭，二者具有相同的营业地址，相同或者大致相同的股份结构以及大致相同的董事会成员，张振东之女张玮同时为上述两家公司的法定代表人。仲裁裁决中将这方面的事实归纳为"张玮女士并没有区分她作为昌信公司法人代表和龙城酒店法人代表的不同。例如她发出的有关龙城酒店决策的邮件，却以昌信公司董事长的名义。"昌信公司自始至终以自己的名义参与管理合同的签署、履行和终止，丝毫没有受修订协议的影响。需要指出的是，本案仲裁裁决对昌信公司没有影响，昌信公司根本无合理依据要求法院撤销一份对其毫无影响的仲裁裁决。综上，请求驳回昌信公司提出的撤销申请。

（四）被申请人龙城丽宫的主要答辩意见

同意昌信公司的申请。

三、龙城丽宫申请撤销涉案仲裁裁决案理由

1. 仲裁庭没有根据仲裁规则对昌信公司提出的管辖权异议作出裁决，违反了仲裁规则

依据《仲裁规则》第 6 条的规定，仲裁委员会依表面证据作出的管辖权决定，并不妨碍其根据仲裁庭在审理过程中发现的与表面证据不一致的事实或证据重新作出管辖权决定。本案中，昌信公司反复提出管辖权异议，仲裁委在第一次开庭前就此问题作出决定，驳回了昌信公司的意见。按照仲裁规则，仲裁庭如果在审理过程中发现仲裁委的意见错误，本应重新作出决定。但仲裁庭拒绝推翻仲裁委作出的错误决定。仲裁庭在裁决中写道："修订协议所产生的效果是使昌信公司免除作为业主履行管理合同的任何义务或者职责，这样使得龙城丽宫和假日酒店作为本案纠纷实质问题有关的唯一管理合同当事人，尽管存在这样的事实，根据仲裁委的决定，昌信公司仍然是本次仲裁程序的一方当事人。经营饭店的很多商业决策是由昌信公司和龙城丽宫共同作出的这一事实，并不必然地对于业主根据管理合同引起的任何责任为昌信公司创设连带责任。"这段话的核心内容就是，尽管昌信公司已经不再是管理合同主体，但管理合同的仲裁条款仍然对其有效，昌信公司仍然是一方当事人，但又不必承担任何法律责任。

2. 仲裁庭剥夺了龙城丽宫发表意见的机会

仲裁庭关于预期收益的全部计算结果都有赖于假日酒店制作的2005年预算和两个数学公式,但仲裁庭没有将这份预算和公式交给龙城丽宫阅读和质证,剥夺了龙城丽宫充分发表意见的机会。

3. 仲裁庭在计算假日酒店的预期收益时,遗漏了重要的因素

本案中,假日酒店获得报酬不仅需要提供合格服务,更要提供"皇冠"品牌的使用权。在假日酒店收取的各项费用中,绝大部分应当是"皇冠"品牌的许可使用费。仲裁庭显然没有意识到,一旦"皇冠"品牌被停止使用,龙城丽宫不能再从使用"皇冠"品牌中受益,则龙城丽宫无需再支付许可费了。仲裁庭裁决龙城丽宫在以后的12年里连续支付许可费的同时,却不允许龙城丽宫继续使用该"皇冠"品牌,是错误的。

4. 仲裁庭错误地解释了我国《合同法》第113条的规定,得出了巨额赔偿

仲裁庭依据假设的事实计算得出的赔偿充满了随意性,且有失公允。仲裁庭随意确定了收入计算方式,随意将酒店客房收入和总收入的年增长率确定为8%,依据常识,没有任何一家中国企业会连续12年赢利,且每年的毛收入都会以8%的速度递增。

5. 仲裁庭没有正确认识到,终止管理合同的行动完全是由昌信公司操作完成的,龙城丽宫在此过程中没有任何违约行为。

本案中,解除管理合同的书面通知系由昌信公司的委托律师发出的,从发出解约通知到假日酒店撤离酒店之间的1个月里,假日酒店一直在与昌信公司进行协商,龙城丽宫并未采取任何行动。因此,龙城丽宫没有任何违约行为。同时,仲裁庭认定的管理合同是龙城丽宫终止的结论是错误的。仲裁庭没有对假日酒店在解除管理合同过程中存在的过错与失误给予必要的注意,没有令假日酒店承担相应的法律责任。

6. 仲裁庭没有对假日酒店在管理过程中存在的各种问题给予必要的考量

对于发生在2004年春节期间的爆竹爆炸致人死亡的事件,仲裁庭一方面暗示假日酒店作为酒店的管理者,对该事件负有直接的责任,另一方面,又拒绝将该事件与解除管理合同联系在一起。假日酒店对于该事件是否承担责任,是评判假日酒店是否谨慎履行自己职责的最为重要的因素。但仲裁庭不愿意在人民法院对此事件作出终审判决之前对假日酒店是否承担责任作出裁决。换言之,如果本案的裁决取决于另一个案件的审理结果,那么仲裁庭理应等到终审判决后再作裁决。仲裁庭在重大事实没有查清之前就匆匆作出裁决,严重违反了法定程序,造成本案事实不清,严重影响了裁决的公正性。

综上,请求依法撤销中国国际经济贸易仲裁委员会〔2007〕CIETAC 裁决第0140号最终裁决。

四、处理意见

(一)二中院处理意见

依据昌信公司及北京龙城假日酒店和假日酒店签订的修订协议,自2002年8月

8日起,北京龙城皇冠假日酒店承担管理合同项下的业主应承担全部责任和义务,昌信公司不再是管理合同项下的业主。假日酒店向仲裁委提起仲裁所依据的事实系假日酒店自2002年9月5日至2005年7月3日管理北京龙城皇冠假日酒店的事实。因昌信公司已于2002年8月8日退出管理合同,故昌信公司不再受管理合同中仲裁条款的约束。综上,假日酒店与昌信公司之间不存在仲裁协议,依照《中华人民共和国仲裁法》第70条、《中华人民共和国民事诉讼法》第260条第1款第(一)项之规定,拟撤销中国国际经济贸易仲裁委员会〔2007〕CIETAC裁决第0140号最终裁决。

龙城丽宫申请撤销仲裁裁决的理由均不构成应当撤销该裁决的情形,其撤销申请应予驳回。

(二)本院处理意见

同意二中院处理意见,即依据昌信公司、北京龙城假日酒店和假日酒店签订的修订协议,昌信公司不再是管理合同的业主,不再受该管理合同中仲裁条款的约束。据此,假日酒店与昌信公司之间不存在仲裁协议,依照《中华人民共和国仲裁法》第70条、《中华人民共和国民事诉讼法》第260条第1款第(一)项之规定,拟撤销中国国际经济贸易仲裁委员会〔2007〕CIETAC裁决第0140号最终裁决。

以上意见妥否,请指示。

北京市高级人民法院

2007年11月15日

需要明确保证合同法律关系和保险合同法律关系中保证人、保险人不适用前述第九条的规定。在保证合同法律关系中,保证人履行保证义务,代偿主债务后,有权向主债务人行使追偿权。该追偿权是《中华人民共和国担保法》(以下简称《担保法》)规定的保证人的法定权利,并非保证人承继债权人债权。债权人、债务人之间订立的仲裁条款,不适用于保证人和债务人。

同样的,在保险法律关系中,保险人赔付被保险人后,取得代位求偿权。该等代位求偿权的取得不应视为保险人对被保险人债权的受让。保险人与赔偿义务人之间不适用被保险人与赔偿义务人之间的仲裁条款。参见最高人民法院2005年10月9日〔2005〕民四他字第29号。《关于中国人民财产保险股份有限公司深圳公市司分公司诉广州远洋运输公司海上货物运输公司合同货损纠纷一案仲裁条款效力问题的请示的复函》[①],以及2009年3月31日最高人民法院(2009)民四他字第11号《关于中国太平洋财产保险股份

① 万鄂湘主编:《涉外商事海事审判指导》2005年第2辑,人民法院出版社2006年版。

有限公司北京分公司诉北京中远物流有限公司、天津振华国际船舶代理有限公司、尼罗河航运私有有限公司海上货物运输合同保险代位求偿纠纷所涉仲裁条款效力问题的请示的复函》。

附 3-9

最高人民法院《关于中国太平洋财产保险股份有限公司北京分公司诉北京中远物流有限公司、天津振华国际船舶代理有限公司、尼罗河航运私有有限公司海上货物运输合同保险代位求偿纠纷所涉仲裁条款效力问题的请示》的复函(〔2009〕民四他字第11号)

天津市高级人民法院:

你院〔2009〕津高民四他字第4号《关于中国太平洋财产保险股份有限公司北京分公司诉北京中远物流有限公司、天津振华国际船舶代理有限公司、尼罗河航运私有有限公司海上货物运输合同保险代位求偿纠纷所涉仲裁条款效力问题的请示》收悉。经研究认为:涉案运输合同仲裁条款是运输合同当事人为仲裁解决纠纷而订立的有效仲裁条款。作为保险人的中国太平洋财产保险股份有限公司北京分公司,依据保险合同向被保险人赔付货物损失后,依法取得向承运人以及其他责任人请求赔偿货物损失的代位求偿权利。由于保险人并非协商订立运输合同仲裁条款的当事人,仲裁条款并非保险人的意思表示,除非保险人明确表示接受,否则该仲裁条款对保险人不具有约束力。天津海事法院作为涉案货物装货港所在地法院,对本案具有管辖权。同意你院审查意见。

此复。

最高人民法院

2009年3月31日

附 3-10

天津市高级人民法院《关于中国太平洋财产保险股份有限公司北京分公司诉北京中远物流有限公司、天津振华国际船舶代理有限公司、尼罗河航运私有有限公司海上货物运输合同保险代位求偿纠纷所涉仲裁条款效力问题的请示》(〔2009〕津高民四他字第4号)

最高人民法院:

原告中国太平洋财产保险股份有限公司北京分公司(以下简称太平洋保险北京分公司)因与被告北京中远物流有限公司(以下简称中远物流公司)、被告天津振华国际船舶代理有限公司(以下简称振华公司)、被告尼罗河航运私有有限公司(以下简称尼罗河航运公司)海上货物运输合同保险代位求偿纠纷一案,于2008年10月23日向天津海事法院提起诉讼。在答辩期间,被告中远物流公司对本案管辖权提出异议,认为本案所涉运输合同中有明确的仲裁条款,太平洋保险北京分公司在向运输方行使代位求偿权时,应在北京向中国海事仲裁委员会提起仲裁,故天津海事法院对本案不具有管辖权。天津海事法院经审查认为,本案海上货物运输合同代位求偿纠纷属于海事法院专门管辖案件范围,太平洋保险北京分公司作为涉案货物的保险人可以依法向法院起诉行使代位求偿权。仲裁协议应由双方自愿合意确定,而太平洋保险北京分公司并未与中远物流公司就双方纠纷解决方式达成仲裁协议。另根据《第二次全国涉外商事海事审判工作会议纪要》第127条"保险人向被保险人实际赔付保险赔偿取得代位请求赔偿权利后,被保险人与第三者之间就解决纠纷达成的管辖协议以及仲裁协议对保险人不具有约束力"之规定,中远物流公司与被保险人清华同方威视技术股份有限公司之间运输合同中的仲裁条款,不能约束涉案货物的保险人太平洋保险北京分公司。

我院经审查认为,太平洋保险北京分公司作为涉案货物的保险人,基于保险合同赔付被保险人清华同方威视技术股份有限公司货物损失后,依据《中华人民共和国保险法》第45条第1款"因第三者对保险标的的损害而造成保险事故的,保险人自向被保险人赔偿保险金之日起,在赔偿金额范围内代位行使被保险人对第三者请求赔偿的权利"之规定,取得向相关责任方请求赔偿货物损失的代位求偿权。现太平洋保险北京分公司以涉案货物系在作为承运人的中远物流公司、振华公司及尼罗河航运公司掌管期间受损为由,要求其承担连带赔偿责任。虽然中远物流公司与清华同方威视技术股份有限公司在涉案《运输合同》中约定"凡因本合同所引起的或与本合同有关的任何争议,双方首先应通过互谅互让、友好协商的方式解决,协商不成,任何一方均可提交中国海事仲裁委员会,按照申请仲裁时该会现行有效的仲裁规则进行仲裁,仲裁地点在北京,裁决是最终的,对任何一方均具有约束力",但该仲裁条款系《运输合同》的当事方就争议解决方式所形成的合意,并非保险人太平洋保险北京分公司的意思表示,且太平洋保险北京分公司亦未明确表示接受该仲裁条款,因此本案《运输合同》中的仲裁条款对太平洋保险北京分公司不具有约束力。天津海事法院作为涉案货物装货港所在地法院,对本案具有管辖权。

根据最高人民法院《关于人民法院处理与涉外仲裁及外国仲裁事项有关问题的通知》的规定,报请钧院审查,请批复。

天津市高级人民法院

2009年2月19日

第四章　外国或国际仲裁、涉外仲裁与本地仲裁

第一节　外国仲裁或国际仲裁

一、中国法律对外国仲裁或国际仲裁的传统界定

中国法院在司法审查过程中针对不同的仲裁所适用的法律是完全不同的。厘清外国仲裁、涉外仲裁和国内仲裁的界定范围对法律实务大有裨益。我们首先分析外国仲裁或国际仲裁在中国法下的含义。需注意的是，外国仲裁这一词在部分司法解释如最高人民法院《关于涉外民商事案件诉讼管辖若干问题的规定》称为国际仲裁。本书中外国仲裁和国际仲裁为同一含义。《民事诉讼法》(2007 年)第 267 条规定："国外仲裁机构的裁决，需要中华人民共和国人民法院承认和执行的，应当由当事人直接向被执行人住所地或者其财产所在地的中级人民法院申请……"根据以上规定，外国仲裁是外国仲裁机构作出仲裁；判断外国仲裁的标准只有一个，即是否是外国仲裁机构进行的。作出的仲裁凡是国外仲裁机构作出的仲裁裁决，无论其裁决作出地在中国国内，还是境外，都被视为外国仲裁裁决。即便外国仲裁机构在中国内地作出裁决，也不认为是中国的国内(或内地)仲裁。①

一个典型的案例是"DUFERCOS. A(德高钢铁公司)申请承认与执行国

---

① 参见李剑强：《内地与香港地区承认与执行仲裁裁决制度之比较及实例分析》，人民法院出版社 2006 年版，第 73 页。

际商会仲裁院14006/MS/JB/JEM号仲裁裁决案”。在该案中，DUFERCOS. A（德高钢铁公司）与宁波市工艺品进出口有限公司仲裁条款部分英文内容表述为：“一切因执行合同或与合同有关的争执，应提交给仲裁地位于中国的国际商会仲裁委员会，按照《联合国货物销售公约》进行仲裁。”后双方因故发生纠纷，申请人DUFERCOS. A（德高钢铁公司）将纠纷提交位于法国巴黎的国际商会仲裁院进行仲裁。国际商会仲裁院于2007年9月21日在中国北京对申请人与被申请人之间的买卖合同作出14006/MS/JB/JEM号仲裁裁决。宁波市中级人民法院认定本案仲裁裁决属于外国仲裁裁决，在我国的承认与执行该裁决应适用《纽约公约》。该案裁定见本书第三章第三节“附3-4”。

二、外国仲裁在《纽约公约》下的不同界定

与中国法下外国仲裁的认定标准不同，《纽约公约》第1条第（1）款前一句规定：“由于自然人或法人间的异议而引起的仲裁裁决，在一国领土内作成，而寻求在另一国承认和执行时，适用本公约。”根据前述规定，纽约公约所界定的外国仲裁是在他国领土内进行的仲裁，而不是他国仲裁机构所作的仲裁。换言之，即便是本国的仲裁机构，在他国领土内进行的仲裁，在纽约公约下也应认定为外国仲裁。

《纽约公约》第1条第（1）款后一句规定：“在一国家寻求承认和执行该国不认为是其国内仲裁裁决时，也适用本公约。”如果将这一规定套用到中国法环境下，可以这样理解：即便某一仲裁裁决是在中国境内作出，比如ICC的仲裁裁决在北京作出，如果中国法律认定该裁决不属于国内仲裁，该等ICC的仲裁裁决在中国的认可和执行仍适用《纽约公约》。

将《纽约公约》第1条第（1）款前后两句合并理解，我们可以看出纽约公约对外国仲裁的界定是：如果一份仲裁裁决在一国境外作出，该裁决就是外国仲裁，即使作出仲裁的机构是该国的仲裁机构。如果一份仲裁裁决在该国国内作出，应认定该仲裁不是外国仲裁，不适用《纽约公约》；但根据该国法律规定，该仲裁不属于本国仲裁的，则视为外国仲裁，仍适用《纽约公约》。

贸仲在2009年受理了一宗仲裁地在珀斯（澳大利亚）的案件。贸仲官方认为这应当属于外国仲裁，在中国须按照《纽约公约》的规定申请承认与执行。①

---

① 参见2010年12月《贸仲简报》。

三、最高人民法院对外国仲裁国籍认定的新发展

外国仲裁这一概念在《纽约公约》和中国法下的不同界定应引起法律实务界的高度关注。在山西天利实业有限公司(以下简称“天利公司”)与香港伟贸有限公司(以下简称“伟贸公司”)焦炭购销合同纠纷案中,最高人民法院就以仲裁机构国籍确定仲裁裁决国籍。天利公司与伟贸公司于1998年6月15日在香港地区签订了一份焦炭购销合同,约定由天利公司向伟贸公司出口焦炭。合同仲裁条款约定:凡与本合同有关的争议,应在香港地区依照国际商会仲裁院仲裁规则和英国仲裁法仲裁,裁决费用由仲裁中败诉的一方承担。仲裁裁决是终局的并对双方具有拘束力。在履行合同过程中,伟贸公司以货物不合格为由拒绝接受,并要求赔偿,天利公司则要求对方接受货物并支付货款。伟贸公司遂将争议提交国际商会仲裁院解决。结果天利公司败诉,伟贸公司向太原市中级人民法院申请承认和执行国际商会仲裁院的仲裁裁决。太原市中级人民法院和山西省高级人民法院认为本案仲裁裁决系在香港地区作出,属于香港地区仲裁裁决,应适用最高人民法院《关于内地与香港特别行政区相互执行仲裁裁决的安排》,而最高人民法院则认为,由于国际商会仲裁院系在法国设立的仲裁机构,尽管本案仲裁裁决在香港作出,仍属于法国仲裁裁决,适用《纽约公约》。①

2009年12月30日,最高人民法院发布了《关于香港仲裁裁决在内地执行的有关问题的通知》。根据该通知,在香港特别行政区所作的临时仲裁,或者由国际商会仲裁院等外国仲裁机构在香港特别行政区作出的仲裁裁决,在内地的承认与执行适用《关于内地与香港特别行政区相互执行仲裁裁决的安排》。换言之,最高人民法院对外国仲裁裁决国籍的认定标准由仲裁机构的国籍转换为仲裁地国籍。这是最高人民法院对外国仲裁国籍认定的新发展。

第二节　涉外仲裁

一、《民事诉讼法》和《仲裁法》对涉外仲裁的滞后规定

《民事诉讼法》和《仲裁法》对什么是涉外仲裁未作明确规定。但从《民

---

① 参见李剑强:《内地与香港地区承认与执行仲裁裁决制度之比较及实例分析》,人民法院出版社2006年版,第74页。

事诉讼法》第258条、《仲裁法》第65条、第66条以及第72条的字面表述看，涉外仲裁应为涉外仲裁机构审理的与涉外经济贸易、运输和海事有关的仲裁案件。

自《仲裁法》颁布施行以来，除中国涉外仲裁机构受理涉外仲裁案件外，由地方政府重新组建的非涉外仲裁机构也开始受理涉外案件。从1998年起贸仲依修订的《仲裁规则》第2条的规定也开始受理国内仲裁案件。这样，无论涉外仲裁机构还是国内仲裁机构都可以受理涉外仲裁案件。因此，民事诉讼法和仲裁法以仲裁机构为标准划分国内与涉外仲裁的规定与实践脱节。①

二、最高人民法院司法解释对涉外仲裁的规定

而最高人民法院《关于适用〈中华人民共和国民事诉讼法〉若干问题的意见》(以下简称《民诉意见》)第304条规定："当事人一方或双方是外国人、无国籍人、外国企业或组织，或者当事人之间民事法律关系的设立、变更、中止的法律事实发生在外国，或者诉讼标的物在外国的民事案件，为涉外民事案件。"根据该司法解释，在我国内地确定一宗案件是否是涉外仲裁案件，应看这宗仲裁案件是否有涉外因素。涉外因素从三方面判断：其一为主体，即签订合同的主体一方或者双方是外国人、无国籍人、外国法人或其他经济组织；其二为标的，即合同的标的物在外国领域内；其三为法律关系，即产生、变更或者消灭民事权利义务关系的法律事实发生在外国。一旦一宗仲裁案件被认定为存在上述任何一个涉外因素，该宗案件即被视为涉外仲裁。此时，约定仲裁解决争议的仲裁条款即被视为涉外仲裁条款。

实践中，法院在涉外商事审判中均以《民诉意见》第304条确定涉外仲裁。最高人民法院在《第二次全国涉外商事海事审判工作会议纪要》第71条全面总结了涉外仲裁的法律依据和判断标准。该条规定："对在我国境内依法成立的仲裁委员会作出的仲裁裁决，人民法院应当根据案件是否具有涉外因素而适用不同的法律条款进行审查。上述仲裁委员会作出的不具有涉外因素的仲裁裁决，按照《中华人民共和国仲裁法》第五章、第六章和《中华人民共和国民事诉讼法》第二百一十七条的规定审查；上述仲裁委员会作出的具有涉外因素的仲裁裁决，按照《中华人民共和国仲裁法》第七章和《中华人

① 参见成明珠：《涉外商事仲裁的司法审查》，载《涉外仲裁司法审查》，法律出版社2006年版，第116页。

民共和国民事诉讼法》第二十八章的规定进行审查。是否具有涉外因素,应按照最高人民法院《关于贯彻执行〈中华人民共和国民法通则〉若干问题的意见(试行)》(以下简称《民通意见》)第178条的规定确定。"

三、与确定涉外仲裁有关的案例

下面列示了最高人民法院关于涉外仲裁的司法解释和上海市高级人民法院关于涉外案件的解释:

最高人民法院《关于是否裁定不予执行中国国际经济贸易仲裁委员会仲裁裁决的复函》(〔2005〕民四他字第45号)规定:"因合同存在涉外和涉港因素,中国国际经济贸易仲裁委员会仲裁庭就该纠纷所作出的裁决属于我国涉外仲裁裁决。"

最高人民法院《关于对中国国际经济贸易仲裁委员会〔2002〕贸仲裁字第0112号仲裁裁决不予执行的请示的复函》(〔2003〕民四他字第26号)规定:"本案各方当事人均为在我国注册成立的法人,且争议事项也不具有涉外因素,因此虽然本案仲裁裁决是由中国国际经济贸易仲裁委员会作出,但该裁决在性质上应属于国内裁决,而非涉外仲裁裁决。"

最高人民法院《关于上海市第一中级人民法院驳回上海久事大厦置业有限公司、上海久茂对外贸易公司不予执行仲裁裁决申请案的复函》(〔2001〕执他字第15号)规定:"根据《中华人民共和国仲裁法》第六十五条的规定,涉外仲裁是指对涉外经济贸易、运输和海事中发生的纠纷的仲裁。本案所涉及的合同是涉外合同,是因外国公司破产而使涉外合同的履行发生纠纷,故该纠纷应当属于'涉外经济贸易'中发生的纠纷。本案仲裁的对象、事实及结果均直接涉及外国公司及其权利义务,应属涉外仲裁案件。"

上海市高级人民法院《关于执行〈中华人民共和国仲裁法〉若干问题的处理意见》第6条"关于涉外仲裁如何界定的问题"规定:"仲裁法第六十五条规定,'涉外经济贸易、运输和海事中发生的纠纷的仲裁',适用仲裁法关于涉外仲裁的特别规定。但对于涉外仲裁的具体含义未作相应规定。目前,仍应当根据最高人民法院《关于贯彻执行〈中华人民共和国民法通则〉若干问题的意见(试行)》第一百七十八条之规定,即签订合同的主体一方或者双方是外国人、无国籍人、外国法人或其他经济组织;合同的标的物在外国领域内的;产生、变更或者消灭民事权利义务关系的法律事实发生在外国的,应认定具有涉外因素,属于涉外仲裁范畴。涉港、澳、台的仲裁也应参照涉外仲裁处理。"

另需注意的是，某些中国内地仲裁委员会的仲裁规则仅依缔约主体判断是否是涉外仲裁。如深圳市仲裁委员会《仲裁规则》(2001)第86条规定："一方或双方为外国当事人的纠纷的仲裁，适用本章的规定。本章没有规定的，适用本规则其他有关规定。一方或双方为香港、澳门、台湾当事人的纠纷的仲裁，参照本章的规定进行。"

四、涉港、澳、台仲裁及涉台仲裁的立法演变

在中国内地，涉港、澳、台案件一直参照适用涉外案件的司法解释。涉港、澳、台仲裁的判断标准也应参照前面的涉外仲裁来确定。

以下重点介绍涉台仲裁在中国内地立法过程中的演变。在1998年7月3日国务院发布的《关于鼓励台湾同胞投资的规定》第20条中，对仲裁管辖作出如下规定："台湾投资者在大陆投资因履行合同发生的或者与合同有关的争议，当事人应当尽可能通过协商或者调解解决。当事人不愿协商、调解的，或者协商调解不成的，可以依据合同中的仲裁条款或者事后达成的书面协议，提交大陆或者香港的仲裁机构仲裁……"这说明，在当时，我国法律对有关台商在大陆投资的争议，将仲裁权局限于大陆和香港地区，尚不接受台湾地区的仲裁。

1994年3月5日《中华人民共和国台湾同胞投资保护法》颁行，其第14条第2款规定"当事人不愿协商、调解的，或者经协商、调解不成的，可以依据合同中的仲裁条款或者事后达成的书面仲裁协议，提交仲裁机构仲裁。"比较《关于鼓励台湾同胞投资的规定》，新的立法取消了对仲裁机构所在地的限制。从表面文字看，仲裁应包括台湾地区仲裁机构在内的任何仲裁机构进行仲裁。

但在1999年12月5日国务院发布的《中华人民共和国台湾同胞投资保护实施细则》(下称《实施细则》)第29条第2款中，又有了不同的表述："当事人不愿协商、调解的，或者经协商、调解不成的，可以依照合同中的有效仲裁条款或者事后达成的书面仲裁协议，提交中国的仲裁机构仲裁。大陆的仲裁机构可以按照国家有关规定聘请台湾同胞担任仲裁员。"《实施细则》对仲裁机构又附加了限制。它排除了外国仲裁对台商投资争议的管辖权。[①]

但从法律实务看，法院不大可能依据《实施细则》不予认可和执行一份

---

① 参见林一飞:《中国国际商事仲裁裁决的执行》，对外经济贸易大学出版社2006年版，第132页。

外国仲裁机构就台湾投资者在大陆投资纠纷所作的仲裁裁决。这一方面是因为《实施细则》法律位阶低，不足以更改《中华人民共和国台湾同胞投资保护法》的明确规定。另一方面，外国仲裁机构的仲裁如果没有《纽约公约》第5条不予承认和执行的情形，法院也不应仅以《实施细则》的规定而否定外国仲裁。

第三节　港、澳、台地区仲裁

一、香港地区仲裁

2000年2月1日起施行的最高人民法院《关于内地与香港特别行政区相互执行仲裁裁决的安排》（以下简称《安排》）规定："根据《中华人民共和国香港特别行政区基本法》第九十五条的规定，经最高人民法院与香港特别行政区（以下简称香港特区）政府协商，香港特区法院同意执行内地仲裁机构（名单由国务院法制办公室经国务院港澳事务办公室提供）依据《中华人民共和国仲裁法》所作出的裁决，内地人民法院同意执行在香港特区按香港特区《仲裁条例》所作出的裁决。"根据前述规定，香港仲裁应为在香港特区按香港特区《仲裁条例》所作出的仲裁，其裁决为香港仲裁裁决。需注意的是，前述规定并不排斥临时仲裁，也未将非香港籍的其他国际仲裁机构在香港所作的仲裁裁决排除在外。换言之，只要是在香港特区根据香港特区《仲裁条例》所作的仲裁裁决，都应认定为香港仲裁裁决。

但在山西天利实业有限公司（以下简称"天利公司"）与香港伟贸有限公司（以下简称"伟贸公司"）焦炭购销合同纠纷案中，ICC就双方焦炭购销合同在香港作出仲裁裁决。伟贸公司向太原市中级人民法院申请承认和执行国际商会仲裁院的仲裁裁决。太原市中级人民法院和山西省高级人民法院认为本案仲裁裁决系在香港地区作出，属于香港地区仲裁裁决，应适用最高人民法院《关于内地与香港特别行政区相互执行仲裁裁决的安排》，而最高人民法院则认为，由于国际商会仲裁院系在法国设立的仲裁机构，尽管本案仲裁裁决在香港作出，仍属于法国仲裁裁决，适用《纽约公约》。①

2009年12月30日，最高人民法院发布了《关于香港仲裁裁决在内地执

---

①　参见李剑强：《内地与香港地区承认与执行仲裁裁决制度之比较及实例分析》，人民法院出版社2006年版，第74页。

行的有关问题的通知》。根据该通知，在香港特别行政区所作的临时仲裁，或者由国际商会仲裁院等外国仲裁机构在香港特别行政区作出的仲裁裁决，在内地的承认与执行适用《安排》。最高人民法院的立场又重新回归至《安排》。

2010年底，贸仲审结一宗仲裁地在香港的仲裁案件。贸仲认为本案当属香港仲裁，在中国内地申请承认与执行，应适用《安排》。①

附 4-1

最高人民法院《关于香港仲裁裁决在内地执行的有关问题的通知》(法〔2009〕415号)

各省、自治区、直辖市高级人民法院，新疆维吾尔自治区高级人民法院生产建设兵团分院：

近期，有关人民法院或者当事人向我院反映，在香港特别行政区作出的临时仲裁裁决、国际商会仲裁院在香港作出的仲裁裁决，当事人可否依据《关于内地与香港特别行政区相互执行仲裁裁决的安排》(以下简称《安排》)在内地申请执行。为了确保人民法院在办理该类案件中正确适用《安排》，统一执法尺度，现就有关问题通知如下：

当事人向人民法院申请执行在香港特别行政区作出的临时仲裁裁决、国际商会仲裁院等国外仲裁机构在香港特别行政区作出的仲裁裁决的，人民法院应当按照《安排》的规定进行审查。不存在《安排》第7条规定的情形的，该仲裁裁决可以在内地得到执行。

特此通知。

最高人民法院

2009年12月30日

二、澳门地区仲裁

最高人民法院《关于内地与澳门特别行政区相互认可和执行仲裁裁决的安排》第1条规定："内地人民法院认可和执行澳门特别行政区仲裁机构及仲裁员按照澳门特别行政区仲裁法规在澳门作出的民商事仲裁裁决，澳门特别行政区法院认可和执行内地仲裁机构依据《中华人民共和国仲裁法》在内地作出的民商事仲裁裁决，适用本安排。"根据前述规定，在中国内地法下，澳门仲裁是指"澳门特别行政区仲裁机构及仲裁员按照澳门特别行政区仲裁法规

---

① 参见2010年12月《贸仲简报》。

在澳门作出的民商事仲裁裁决”。确定澳门仲裁的要素主要由两点:其一为仲裁机构须为澳门的;其二为仲裁地点在澳门。凡不满足以上两点要素的,均不属于澳门仲裁,也不适用最高人民法院《关于内地与澳门特别行政区相互认可和执行仲裁裁决的安排》。换言之,如果 ICC 在澳门仲裁,其裁决也不属于澳门仲裁。如果澳门仲裁机构在美国仲裁,其仲裁裁决也不属于澳门仲裁。在此情况下,应如何在中国内地申请承认和执行澳门仲裁机构在美国作出的仲裁裁决,请阅本书第二十四章第二节。

三、台湾地区仲裁

最高人民法院《关于人民法院认可台湾地区有关法院民事判决的规定》第 19 条规定:“申请认可台湾地区有关法院民事裁定和台湾地区仲裁机构裁决的,适用本规定。”根据前述规定,在中国内地法下,台湾地区仲裁是台湾地区仲裁机构作出的仲裁裁决。确定台湾地区仲裁的要素只有一个,即作出仲裁裁决的是台湾地区的仲裁机构,而不是其他国家或地区的仲裁机构。在确定台湾地区仲裁时不考虑仲裁地是否在台湾地区。

第四节　国内仲裁

国内仲裁是指一国的仲裁机构或临时仲裁庭对本国当事人在本国民商事活动中发生的争议所进行的仲裁。国内仲裁是国内当事人之间的仲裁,不含涉外因素。因此判断国内仲裁的标准有两个,一是本国的仲裁机构,二是仲裁不含涉外因素。根据这两个标准,国外仲裁机构作出的仲裁裁决显然不是国内仲裁,即使其是在本国对本国当事人在本国民商事活动中发生的争议进行仲裁;而国内仲裁机构作出的含有涉外因素的裁决也不是国内仲裁。就我国而言,国内仲裁是我国内地仲裁机构作出的不具有涉外因素(包括涉港澳台因素)的仲裁。

在 1995 年《仲裁法》颁布之前,中国的涉外仲裁机构主要是中国国际经济贸易仲裁委员会和中国海事仲裁委员会,专门受理涉外仲裁案件,其作出的仲裁裁决为涉外仲裁。国内其他仲裁机构只受理国内仲裁案件,其作出的仲裁裁决为国内仲裁。当时判断国内仲裁的标准只有一个,即仲裁机构的性质。1995 年《仲裁法》颁布施行以后,除中国涉外仲裁机构受理涉外仲裁案件外,由地方政府重新组建的非涉外仲裁机构也开始受理涉外案件。从 1998 年起贸仲依修订的《仲裁规则》第 2 条的规定也开始受理国内仲裁案件。这样，无论涉外仲裁机构还是国内仲裁机构都可以受理涉外仲裁案件，也可以受理国内仲裁案件。因此单从仲裁机构的性质无法判断是否为国内仲裁，还必须看仲裁是否含有涉外因素。如果仲裁不含有涉外因素，则为国内仲裁。

第五章　仲裁的法律适用

第一节　仲裁协议法律适用的独立性

无论以主合同中仲裁条款的形式出现,还是以分离于主合同的仲裁合同的形式出现,仲裁协议都是与主合同相互独立存在另外一个法律关系。如果主合同是国际铁矿石买卖合同,主合同约定买卖关系中铁矿石的重量、价格、产地、铁矿石的化学含量和物理形状、运输等。而仲裁协议则主要约定争议解决方式为仲裁、仲裁机构或临时仲裁、仲裁规则、仲裁地、仲裁庭的组成等。显然,主从两合同所约定内容不同。作为两个相互独立的合同关系,当事人有权根据合同的内容和特点分别约定各自适用的法律。因此,作为当事人意思自治的结果,主合同适用的法律与仲裁协议所适用的法律可以不同。

仲裁协议法律适用的独立性在理论上没有太大分歧。如果当事人在仲裁协议中单独、明确约定了仲裁协议所适用的法律,有关仲裁条款法律适用的争论也不大可能产生。但在实践中,当事人很少如此约定。此时,如何具体认定仲裁协议(尤其是仲裁条款)所适用的法律,这就成了律师、法官和学者们争论的焦点。最常见的问题是:主合同明确约定合同适用的法律,而仲裁条款则没有另行约定其适用的法律,此时仲裁条款是否适用主合同约定的法律。一种观点认为:如果当事人的真实意思是仲裁协议应另行适用其他法律,而不是主合同约定的法律,那么当事人应该在仲裁协议中明确这个重要问题,而不应当留给律师辩论、法官或仲裁员裁断?所以,如果仲裁协议没有特别约定其适用的法律,则应当认定当事人默认适用主合同约定的法律。这个观点无论在理论界还是实践中都获得了很多支持。在 Sonatrach Petroleum

Corporation (BVI) v Ferrell International Limited 案[①]中,英国 High Court of Justice Queens Bench Division Commercial Court 就认为:如果主合同明确约定了适用的法律,而仲裁协议则没有单独约定适用的法律,一般情况下仲裁协议应适用主合同约定的法律。[②]

《纽约公约》和联合国贸易法委员会《示范法》[③]则采用了与前述英国高等法院意见不一致的仲裁协议法律适用规则。《纽约公约》第 5 条第 1 款第(一)项规定:如果当事人没有约定仲裁协议适用法律的,根据作出仲裁裁决国家的法律仲裁协议无效的,仲裁裁决可以拒绝承认和执行。根据该规定,《纽约公约》将仲裁协议所适用的法律指向了作出仲裁裁决国家的法律,即仲裁地法律。《示范法》第 34(2)(a)也作了与《纽约公约》前述一致的规定。换言之,无论依据《纽约公约》还是《示范法》,在仲裁协议没有明确约定法律适用的情况下,应当直接适用仲裁地法。这一仲裁协议法律适用规则在世界范围内得到了更为广泛的支持。[④] 这一规则的理论基础是:仲裁协议具有独立性,是与主合同相互独立存在的另一合同;主合同约定适用的法律并不必然约束仲裁协议;较主合同约定的法律而言,仲裁地法律与仲裁协议联系更为紧密;适用仲裁地法更有利于仲裁程序的进行和仲裁裁决的承认与执行。

在当事人没有约定的情况下,仲裁地法是仲裁协议的准据法,这实际是权衡各连接点后,综合考量的结果。如果当事人没有明确约定,可能适用于仲裁协议准据法的无非是:(1) 仲裁地法;(2) 仲裁协议签订地法;(3) 当事人住所地或国籍地法;(4) 主合同适用的法律。这四个选项中仲裁地法最密切。如果依据仲裁地法仲裁协议是无效的,那么仲裁程序就无法在仲裁地启动。所以,以仲裁地法作为仲裁协议准据法,这是实践中客观权衡后的结果,不是逻辑上的推导。

在我国,2000 年 2 月 1 日起施行的最高人民法院《关于内地与香港特别行政区相互执行仲裁裁决的安排》第 7 条第 1 款规定:“如果仲裁协议依约定的准据法无效;或者未指明以何种法律为准时,依仲裁裁决地的法律是无效

---

① [2001] WL 1476318。

② “Where the substantive contract contains an express choice of law, but the agreement to arbitrate contains no separate express choice of law, but the agreement to arbitrate contains no separate express choice of law, the latter agreement will normally be governed by the body of law expressly chosen to govern the substantive contract.”

③ UNCITRAL Model Law on International Commercial Arbitration (1985).

④ Alan Redfern、Martin Hunter、Nigel Blackay and Partasides, *Law and Practice of International Commercial Arbitration*, Thomson Sweet&Maxwell, 2004, pp. 149-151.

的,仲裁裁决在内地或香港特别行政区不予执行。"2008 年 1 月 1 日起实施的最高人民法院《关于内地与澳门特别行政区相互认可和执行仲裁裁决的安排》第 7 条也有同样的规定。从这些规定中可以看出,最高人民法院一直坚持在当事人没有明确约定的情况下,仲裁协议适用仲裁地法律。

2005 年 12 月最高人民法院通过会议纪要的形式对这一问题作了明确的规定。《第二次全国涉外商事海事审判工作会议纪要》第 58 条规定:"当事人在合同中约定的适用于解决合同争议的准据法,不能用来确定涉外仲裁条款的效力。当事人在合同中明确约定了仲裁条款效力的准据法的,应当适用当事人明确约定的法律;未约定仲裁条款效力的准据法但约定了仲裁地的,应当适用仲裁地国家或者地区的法律。只有在当事人未约定仲裁条款效力的准据法亦未约定仲裁地或者仲裁地约定不明的情况下,才能适用法院地法即我国法律作为确认仲裁条款效力的准据法。"

需要注意的是,仲裁协议适用的法律旨在确定仲裁协议的效力,而不规范仲裁程序、仲裁裁决的执行。凡与仲裁协议当事人权利能力和行为能力有关的问题,应适用仲裁协议当事人所在国法律。

第二节　仲裁程序的法律适用

仲裁程序适用的法律规范仲裁程序本身。一般而言,仲裁程序适用的法律仅对仲裁程序作原则性的规定,更为具体的、细节的和技术性的问题留给仲裁机构的仲裁规则规定,或者在临时仲裁的情况下,由当事人约定或者仲裁庭决定。仲裁程序适用的法律一般都原则性规定以下问题:仲裁协议的形式和内容要求、机构仲裁或临时仲裁、仲裁的基本程序、仲裁庭的组成、仲裁员的权利和义务、当事人在仲裁程序中的权利和义务、仲裁裁决的作出、仲裁裁决的撤销、法院对仲裁的支持,等等。

仲裁程序需强制适用仲裁地法。所以,在仲裁协议中,仲裁地的约定不仅是仲裁程序在哪里进行的问题,也是仲裁程序适用哪国法律的问题。不同国家的法律对仲裁程序的规定差异很大。比如,很多国家和地区都规定了仲裁庭享有作出采取中间措施命令或裁决的权力,而中国仲裁法则规定财产保全和证据保全均由仲裁机构转递给法院,再由法院作出裁决,并采取保全措施。还有些仲裁案件历时十多年才作出仲裁裁决①,其重要原因就是当事人

---

① Westland Helicopters Ltd v Sheikh Salah Al-Hejailan, [2004] 2 Lloyd's Rep. 523.

从仲裁地法律（适用于仲裁程序的法律）中找到了人为拖延仲裁程序的机会。因此对仲裁地的选择应十分谨慎。

理论上说，当事人可以另行约定仲裁程序适用的法律。这时就会出现仲裁地法[①]和当事人约定法律并行适用的情况。这会给当事人造成很多不必要的麻烦。比如，如果仲裁地法规定某一争议不可以通过仲裁方式解决，而当事人约定适用的法律规定该争议可以通过仲裁解决。两个法律之间的冲突导致仲裁程序和仲裁裁决不确定。即便仲裁庭作出了裁决，该裁决也可能因在仲裁地不具有可仲裁性而无法在《纽约公约》下得以承认和执行。

另外，当事人在仲裁程序中常常需要法院的支持。举例而言，如果一宗涉外仲裁案件在贸仲仲裁，当事人约定仲裁程序适用英国法。如果当事人想进行财产保全，就会遇到法律适用上的困难：按照当事人约定仲裁程序应适用英国法，而仲裁在中国进行，英国法院不会对中国法域内进行的仲裁案件进行财产保全，中国法院显然不会援引英国法采取财产保全措施；中国法院可能会认为财产保全是依据中国仲裁法而赋予当事人的一种救济手段，不属于仲裁法中强制适用的部分，既然当事人没有选择适用中国法，中国法院就没有法律依据受理财产保全申请。当事人会面临无法得到法院支持的尴尬境地。

第三节 仲裁案件实体问题的法律适用

一、国内民商事法律关系与涉外民商事法律关系的区分

仲裁案件实体问题的法律适用，主要分析两方面的问题，一是纯国内民商事法律关系的法律适用，二是涉外民商事法律关系的法律适用。

《民通意见》第 178 条规定："凡民事关系的一方或者双方当事人是外国人、无国籍人、外国法人的；民事关系的标的物在外国领域内的；产生、变更或者消灭民事权利义务关系的法律事实发生在外国的，均为涉外民事关系。人民法院在审理涉外民事关系的案件时，应当按照民法通则第八章的规定来确定应适用的实体法。"根据前述规定，区分某一民商事法律关系是纯国内民商事法律关系，还是涉外民事法律关系，应看该民事法律关系中的主体、标的以及产生、变更或者消灭民事权利义务关系的法律事实是否具有涉外因素。凡

---

① 一般情况下，无论当事人是否约定适用，都需自动适用仲裁地法中需强制适用的部分。

具有涉外因素的，应认定为涉外民商事法律关系，否则为纯国内民商事法律关系。

二、国内民商事法律关系的法律适用

《民法通则》第 8 条规定："在中华人民共和国领域内的民事活动，适用中华人民共和国法律，法律另有规定的除外。本法关于公民的规定，适用于在中华人民共和国领域内的外国人、无国籍人，法律另有规定的除外。"根据以上规定，纯国内民商事法律关系，应适用中国的法律，当事人无权约定选择适用他国的法律。当事人一旦约定适用他国法律的，该等约定应认定无效。

三、涉外民商事法律关系的法律适用

不同于国内民商事法律关系的法律适用，仲裁法下涉外民商事法律关系的法律适用比较复杂。理论及各国实践中通常遵循以下原则：

（一）适用当事人选择的法律

这是仲裁意思自治原则的基本体现。如果当事人已经明确约定了仲裁应当适用的法律，那么仲裁庭在审理仲裁案件时，应当适用当事人约定选择的仲裁实体法。如 1996 年《英国仲裁法》和德国 1998 年《民事诉讼法典》都规定，仲裁庭应依照当事人选择的解决实体问题所应适用的法律对争议作出裁决。1965 年《华盛顿公约》和 1985 年《国际商事仲裁示范法》也规定，仲裁庭应按照当事人各方选定的适用于争议实体的法律规则对争议作出裁决。

（二）依照冲突规范确定应适用的法律

如果当事人没有约定适用何种法律，一般认为应当由仲裁庭根据冲突规范确定仲裁应适用的法律。而对于如何选定冲突规范，又有不同的主张和做法。比较主要的有：

1. 适用仲裁地的冲突规范

依照传统的"领域理论"（Territorial Theory）或"司法权理论"（Jurisdictional Theory），仲裁庭适用仲裁地的冲突规范选择实体法是一种最普遍、最基本的方法。虽然仲裁庭并没有义务适用仲裁地冲突法，但这一原则在国际商事仲裁中仍被广泛采用。

2. 适用与争议有最密切联系国家的冲突规范

在国际商事仲裁实践中，仲裁庭有时适用与争议有最密切联系国家的冲突规范确定实体法。例如瑞士《联邦国际私法典》第 187 条规定："在当事人未选择法律时，仲裁庭应适用与案件有最密切联系的法律规则判定争议。”

3. 适用仲裁庭认为适当的冲突规范

在当代国际商事仲裁实践及立法中，允许仲裁庭适用其认为适当的冲突规范。例如《示范法》第 28 条第 2 款规定，如当事人各方没有选择实体法律的任何约定时，“仲裁庭应适用它认为可适用的冲突规范所确定的法律”。

（三）直接确定应适用的法律

与第二种原则不同，此种理论认为，在当事人未选择应适用的法律时，由仲裁庭直接选择仲裁应适用的实体法律。这是近些年国际商事仲裁实践中出现的一种新的规定。例如法国《民事诉讼法典》第五编第 1496 条规定：“当事人未约定时，适用仲裁员认为适当的法律规则。”

我国仲裁法及相关法律中并没有规定涉外仲裁实体问题的法律适用问题。实践中，我国在处理涉外仲裁实体问题法律适用时遵循以下原则：

（一）适用当事人选择的法律

《民法通则》第 145 条规定：“涉外合同的当事人可以选择处理合同争议所适用的法律，但法律另有规定的除外。涉外合同的当事人没有选择的，适用与合同有最密切联系国家的法律。”《合同法》第 126 条第 1 款作了相同规定。《中华人民共和国涉外民事关系法律适用法》（以下简称《涉外民事关系法律适用法》）第 41 条规定：“当事人可以协议选择合同适用的法律。当事人没有选择的，适用履行义务最能体现该合同特征的一方当事人经常居所地法律或者其他与该合同有最密切联系的法律。”当事人意思自治也是我国仲裁实践中遵循的首要原则。

（二）根据仲裁地的冲突规范确定应适用的法律

在我国涉外仲裁实践中，如果当事人未选择仲裁应适用的法律，一般而言都是根据仲裁地，即我国的冲突规范确定应适用的法律。而根据上述法律规定，在当事人未选择适用法律的情况下，适用“履行义务最能体现该合同特征的一方当事人经常居所地法律或者其他与该合同有最密切联系的法律”。而其他与该合同有最密切联系的因素还包括合同签订地、履行地、标的物所在地等。

（三）强制适用中国法

除了以上两个基本原则之外，根据我国法律规定，在某些特殊情况下涉外仲裁应当强制适用中国法。主要有：

1.《合同法》第126条第2款规定："在中华人民共和国境内履行的中外合资经营企业合同、中外合作经营企业合同、中外合作勘探开发自然资源合同，适用中华人民共和国法律。"

2. 最高人民法院《关于审理涉外民事或商事合同纠纷案件法律适用若干问题的规定》第8条进一步规定："在中华人民共和国领域内履行的下列合同，适用中华人民共和国法律：（一）中外合资经营企业合同；（二）中外合作经营企业合同；（三）中外合作勘探、开发自然资源合同；（四）中外合资经营企业、中外合作经营企业、外商独资企业股份转让合同；（五）外国自然人、法人或者其他组织承包经营在中华人民共和国领域内设立的中外合资经营企业、中外合作经营企业的合同；（六）外国自然人、法人或者其他组织购买中华人民共和国领域内的非外商投资企业股东的股权的合同；（七）外国自然人、法人或者其他组织认购中华人民共和国领域内的非外商投资有限责任公司或者股份有限公司增资的合同；（八）外国自然人、法人或者其他组织购买中华人民共和国领域内的非外商投资企业资产的合同；（九）中华人民共和国法律、行政法规规定应适用中华人民共和国法律的其他合同。"第6条规定："当事人规避中华人民共和国法律、行政法规的强制性规定的行为，不发生适用外国法律的效力，该合同争议应当适用中华人民共和国法律。"第7条规定："适用外国法律违反中华人民共和国社会公共利益的，该外国法律不予适用，而应当适用中华人民共和国法律。"这两条实际上是关于公共秩序保留的规定。即在此种情况下，当事人即使选择了应适用的法律，也要强制适用中国法律。《涉外民事关系法律适用法》第5条也规定："外国法律的适用将损害中华人民共和国社会公共利益的，适用中华人民共和国法律。"

第六章　仲裁规则的适用

第一节　中国内地仲裁委员会适用的仲裁规则

一、适用仲裁委员会自己制定的仲裁规则

以下我们通过对贸仲、北仲和香港国际仲裁中心（HKIAC）仲裁规则适用的比较分析，来了解中国内地仲裁委员会自己制定的仲裁规则的适用情况。

《香港法例》第341章《仲裁条例》规定了香港的两种仲裁制度：国际仲裁制度和本地仲裁制度。就国际仲裁制度，HKIAC采用《联合国国际贸易法委员会仲裁规则》（UNITED NATIONS COMMISSION ON INTERNATIONAL TRADE LAW ARBITRATION RULES）①（以下简称《UNCITRAL规则》）。

为保持UNCITRAL规则所提供的灵活性的同时，务求仲裁管理的规范化和便利化，HKIAC理事会采纳了《香港国际仲裁中心国际仲裁管理程序》（PROCEDURES FOR THE ADMINITRATION OF INTERNATIONAL ARBITRATION，以下简称《管理规则》）。② 实际上《管理规则》对《UNCITRAL规则》在很多方面进行了调整。

根据香港《仲裁条例》第12条和34C的规定，为规范在特定情况下HKIAC委任仲裁员及公断人，HKIAC制定了《仲裁（仲裁员及公断人的委任）规则》。

---

① 联合国大会1976年12月15日通过的第31/98号决议。

② 《管理规则》序言。

针对申请仲裁员回避的程序及认定，HKIAC 专门制定了《香港国际仲裁中心质疑规则》（HKIAC CHALLENGE RULES 以下简称《质疑规则》）。

为小额纠纷提供合乎经济效益的争议解决方法，HKIAC 制定了《香港国际仲裁中心小额索偿仲裁程序》（HKIAC Small Claim Procedure）。[①] 此程序适用于任何数额不超过 50 000 美元的申索或反申索的仲裁，但不适用于复杂的或需要询问证人的情况。然而，大额索偿如只涉及单一事件，则亦可采用此程序。[②] 此程序必须在当事人双方同意的情况下方可使用。当事人可在双方合同的仲裁条款上加上小额索偿仲裁条款（香港国际仲裁中心海事仲裁组正在编写有关的标准条文），或当事人可在争议发生后才同意使用有关程序。[③]

HKIAC 还制定了《香港国际仲裁中心书面仲裁程序》。如果仲裁庭同意或者当事人双方同意争议不需要进行口头聆讯，当事人双方可协议采用书面仲裁程序。

为电子商务交易纠纷提供快捷的仲裁争议解决机制，HKIAC 制定了《香港国际仲裁中心电子交易仲裁规则》（HKIAC Electronic Transaction Arbitration Rules）。[④] 依照该规则，应由当事人共同指定一位独任仲裁员，或在当事人无法达成一致时，由 HKIAC 指定。仲裁员有权在任何可行情况下，采用简化或快捷的程序，并且可以行使法律允许的最大酌情权进行程序。[⑤] 开庭可以以视讯链接、电话、在线等方式进行，也可以是亲自出庭。也可以不开庭，仅作书面审理。仲裁员应自指定之日起 6 个月内作出裁决。[⑥]

HKIAC 制定了《香港国际仲裁中心简易形式仲裁规则》（HKIAC Short Form Arbitration Rules），为那些希望通过简易程序而解决纠纷的当事人提供仲裁规则依据。按照该规则，HKIAC 指定一名独任仲裁员。仲裁员有义务“尽最大努力”于开庭后 1 个月内作出裁决。如果是书面审理，则须在收到最后一份文件后 1 个月内作出裁决。[⑦]

所以，HKIAC 国际仲裁程序中主要适用八份规则：《UNCITRAL 规则》、

① 自 2003 年 7 月 4 日生效。
② 《小额索偿仲裁规则》引言。
③ 参见莫石、郑若骅：《香港仲裁实用指南》，法律出版社 2004 年版，第 290 页。
④ 2002 年 1 月 1 日生效。
⑤ 《电子交易仲裁规则》第 5 条规定。
⑥ 参见莫石、郑若骅：《香港仲裁实用指南》，法律出版社 2004 年版，第 10—11 页。
⑦ 《香港国际仲裁中心简易形式仲裁规则》第 16 条。

《管理规则》、《质疑规则》、《仲裁(仲裁员及公断人的委任)规则》、《小额索偿仲裁程序》、《香港国际仲裁中心书面仲裁程序》、《香港国际仲裁中心电子交易仲裁规则》、《香港国际仲裁中心简易形式仲裁规则》。其中最为主要的是《UNCITRAL 规则》和《管理规则》。

而贸仲和北仲都分别制定了自己的仲裁规则,不适用《UNCITRAL 规则》。贸仲《仲裁规则》(2005 版)第 4 条第 2 款第一句就明确规定:“凡当事人同意将争议提交仲裁委员会仲裁的,均视为同意按照本规则进行仲裁。”北仲的《仲裁规则》(2008 版)第 2 条第一句也有类似的规定。

就仲裁员的指定和申请仲裁员回避问题,贸仲和北仲都在各自的仲裁规则中作出规定,未制定单独的规则。贸仲《仲裁规则》(2005 版)第 22、23、24 条规定了仲裁员的选定。第 26 条规定了仲裁员的回避。北仲《仲裁规则》(2008 版)也同样将仲裁员的选定和回避问题纳入仲裁规则,未单列。

就简易仲裁程序,贸仲和北仲均未制定单独的仲裁规则。贸仲《仲裁规则》(2005 版)第 50 条至第 58 条规定了简易仲裁程序的适用。北仲《仲裁规则》(2008 版)第 47 条至第 53 条规定了简易仲裁程序的适用。

就行业仲裁,贸仲就金融争议案件单独制定了《中国国际经济贸易仲裁委员会金融争议仲裁规则》(2005 版)。

通过以上比较,我们可以大致看出中国内地仲裁委员会,如贸仲和北仲的仲裁规则适用条件简单,只要当事人没有特别约定,就直接适用仲裁委员会自己制定的仲裁规则;在形式上整合度较高,当事人更容易理解;在程序上更方便操作。

二、允许当事人另行选定仲裁规则

贸仲《仲裁规则》(2005 版)第 4 条“规则的适用”第 2 款规定:“凡当事人同意将争议提交仲裁委员会仲裁的,均视为同意按照本规则进行仲裁。当事人约定适用其他仲裁规则,或约定对本规则有关内容进行变更的,从其约定,但其约定无法实施或与仲裁地强制性法律规定相抵触者除外。”北仲《仲裁规则》第 2 条也有类似的规定。根据前述规定,如果当事人没有约定适用的仲裁规则的,则适用受理案件的仲裁委员会的规则;如果当事人约定适用其他仲裁规则的,按照当事人的约定适用其他仲裁规则;但仲裁规则无法实施或与仲裁地强制性法律规定相抵触者除外。

值得关注的问题是,在仲裁实务中,当事人负有提供其另行选定的仲裁规则的义务。如果当事人不能提供该另行选定的仲裁规则,且仲裁庭通过适当的方式也无法查证的（这种情况很少发生），应适用仲裁委员会自己制定的仲裁规则。

第二节　2005 版贸仲仲裁规则修改情况

以下主要引述贸仲《关于修订〈中国国际经济贸易仲裁委员会仲裁规则〉的说明》（以下简称《规则修订草案》），介绍 2005 版贸仲规则对 2000 版贸仲规则的完善情况。

1. 关于规则的框架结构的调整

贸仲现行《仲裁规则》体例的设置相对合理，但仍有改进和完善的空间。比如现行规则条下各款没有标识，不便引用。又如有些条目规范同一问题，应归纳为专节或专章；再如有些问题不易置于规则中，可删去，以使规则更为简洁实用。为了方便使用，参照国际上一些著名仲裁机构的做法，《规则修订草案》采取了每一条文标注小标题的做法，按专题命名每一条文并对条下各款加上编号。同时，在保持原规则体例相对稳定的基础上对规则的章节和条款进行整合，使其更具条理性和逻辑性。修订后的《仲裁规则》分六章七十一条，并在正文前附上条文目录，清晰且方便援引。

2. 关于行业仲裁的规定

行业仲裁是仲裁委员会的一个发展方向。《规则修订草案》根据现实发展的需要，加入设立特定行业中心的有关规定；同时，在第 4 条“规则的适用”里，明确规定当事人可约定适用仲裁委员会制定的行业仲裁规则或专业仲裁规则，并在仲裁委员会提供的行业或专业仲裁员名册中选定仲裁员。

3. 关于管辖范围

现行规则中第 2 条第 3、4、5 款关于受理案件范围的规定有必要简化。第 2 条中对不受理争议的列举，在《仲裁法》中已明确规定，而且，这种列举可能与当事人约定的适用法的规定产生矛盾，因此《规则修订草案》中删除了对不受理争议的列举。

4. 规则的适用

《规则修订草案》第 4 条第 2 款增加“当事人约定适用其他仲裁规则，或约定对本规则有关内容进行变更的，从其约定，但其约定无法实施或与仲裁地强制性法律规定相抵触者除外”的规定，体现了仲裁委员会对当事人意愿的充分尊重。除外条款用以保证当事人的约定具有可操作性且不违反仲裁地法的强制性规定。第 4 条同时增加第 3 和第 4 款，以完善对规则适用的规定。第3款旨在解决现实中虽约定适用仲裁委员会仲裁规则但未约定由仲裁委员会仲裁的问题,帮助当事人实现其仲裁意愿。第4款规定:“当事人约定适用仲裁委员会制定的行业仲裁规则或专业仲裁规则且其争议属于该规则适用范围的,从其约定;否则,适用本规则”。该款解决了仲裁委员会各规则之间的适用关系。

5. 关于仲裁协议的书面形式及独立性的原则

现行《仲裁规则》没有对“书面”形式进行规定。《规则修订草案》引进《合同法》的相关规定,同时借鉴国际上的通行做法,在第5条第3款明确规定:“书面形式包括合同书、信件、电报、电传、传真、电子数据交换和电子邮件等可以有形地表现所载内容的形式。在仲裁申请书和仲裁答辩书的交换中一方当事人声称有仲裁协议而另一方当事人不做否认表示的,视为存在书面仲裁协议。”

根据司法解释的有关规定,《规则修订草案》第5条“仲裁协议”第4款丰富了仲裁协议的独立性原则,明确规定“合同的变更、解除、终止、转让、失效、无效、未生效、被撤销以及成立与否,均不影响仲裁条款或仲裁协议的效力”。

6. 关于对仲裁管辖权异议的决定权

国际商事仲裁中自裁管辖权的原则,仲裁庭对仲裁管辖权的异议有决定权。但我国《仲裁法》却将仲裁管辖权异议的决定权赋予了仲裁机构。鉴于《仲裁法》的规定,《规则修订草案》第6条仍规定由仲裁委员会行使对仲裁协议及管辖权异议的决定权。为解决仲裁委员会作出的管辖权决定与仲裁庭经实体审理后得出的结论相矛盾的问题,《规则修订草案》同时规定,仲裁委员会可以根据表面证据作出仲裁管辖权决定,仲裁程序继续进行。但仲裁委员会依表面证据作出的管辖权决定并不妨碍其根据仲裁庭在审理过程中发现的与表面证据不一致的事实及/或证据重新作出管辖权决定。此外,考虑到现实的需要,《规则修订草案》还规定,仲裁委员会在必要的情况下,可以授权仲裁庭作出管辖权决定。

7. 关于诚信条款、公平条款及放弃异议条款

《规则修订草案》增加了第7条要求当事人诚信合作地进行仲裁程序的规定及第19条要求仲裁员独立于各方当事人且平等地对待各方当事人的规定。上述条款与第8条“放弃异议”条款,共同构成宣示性条款,明确当事人和仲裁员在仲裁程序中的义务,以保证程序公平高效地进行。

8. 关于时限

比较其他仲裁规则关于时限的规定，根据当事人的要求并考虑实际的可操作性，《规则修订草案》将仲裁案件的审限相对缩短，涉外案件缩短为组庭后6个月，国内案件的审限缩短为组庭后4个月，简易程序的审限为组庭后3个月，不再对简易程序书面审理与开庭审理的审限加以区别。同时相对缩短答辩、反请求、发出开庭通知的时间。在确定时限的长短时，我们所依循的原则是在保证当事人具有合理时间准备案件的前提下，加快仲裁程序的进行，主要是加快仲裁庭的审理程序，以保证争议快速地解决。

9. 关于仲裁员的选定

《规则修订草案》第21条第2款规定："当事人约定在仲裁委员会仲裁员名册之外选定仲裁员的，当事人选定的或根据当事人之间的协议指定的人士经仲裁委员会主任依法确认后可以担任仲裁员、首席仲裁员或独任仲裁员。"根据该条规定，在特定条件具备的情况下，即当事人共同约定并经仲裁委员会确认，当事人可以在名册之外选定仲裁员。该规定突破了强制名册制的局限，给予当事人在名册外选定仲裁员的权力，在保证当事人选定的仲裁员具备法定资格的情况下，最大限度地尊重了当事人选定仲裁员的意愿。

《规则修订草案》第22条还规定了首席仲裁员的选定程序，该程序同时适用于独任仲裁员的选定。这种规定在不延迟仲裁程序的前提下，给予当事人在选定首席仲裁员上更多的决定权，使首席仲裁员的选定更为开放和透明。

10. 关于替换仲裁员

《规则修订草案》第27条第1款规定，仲裁员在法律上或事实上不能履行其职责时，或者没有按照本规则的要求履行应尽职责时，仲裁委员会主任有权将其更换。该规定赋予仲裁委员会主任在限定的条件下依职权自行替换仲裁员的权力。这种规定在不妨碍当事人行使选定仲裁员的权力的前提下，加强了仲裁委员会主任对仲裁员的监督管理权，保证了仲裁程序的有效进行，体现了机构仲裁的特点和优势。

11. 关于短员仲裁庭继续审理的规定

《规则修订草案》第28条参照国际通行的做法，在严格限定的条件下，授权短员仲裁庭继续仲裁程序，作出仲裁裁决。此规定避免了仲裁程序因个别仲裁员的原因而拖延，保障了当事人的权利。

12. 明确区分仲裁地和开庭地点

《规则修订草案》第31条和第32条分别规定了仲裁地和开庭地点。对仲裁地和开庭地的概念明确区分，符合商事仲裁，尤其是国际商事仲裁的通行做法。上述条款同时规定，在适用法允许的前提下，当事人可以自由地约定仲裁地及开庭地。

13. 关于审理方式的改革

《规则修订草案》第 29 条规定了仲裁案件审理的方式，明确规定当事人有权约定审理方式，在当事人没有约定的情况下，规则给予仲裁庭决定以其认为适当的方式审理案件的权力。该条规定在强调当事人意思自治原则的同时赋予仲裁庭对仲裁程序及审理方式的决定权。与此同时，设定了仲裁庭行使程序权力的限制，即仲裁庭决定审理方式或仲裁程序时，必须公平和公正地行事，给予各方当事人陈述和辩论的合理机会。

该条明确规定当事人可以约定采用、仲裁庭也可以适用询问式和辩论式作为案件审理的方式。引进询问式和辩论式旨在适应不同法律文化背景下的当事人对于仲裁审理方式的不同要求。

《规则修订草案》同时赋予仲裁庭对程序的决定权，比如，仲裁庭有权决定是否接受逾期提交的答辩书或反请求答辩书；仲裁庭有权决定证据提交的期限；仲裁庭有权在必要时发布程序令、发出问题单、举行庭前会议、召开预备庭或制作审理范围书。仲裁庭行使上述权力的前提是不违反当事人约定及本规则对仲裁庭的强制性要求，即公平和公正地行事（第 19 条仲裁员的义务），平等地对待各方当事人，给予各方当事人陈述与辩论的合理机会（第 29 条第 1 款）。

14. 完善仲裁与调解相结合的规定

《规则修改草案》第 40 条命名为“仲裁与调解相结合”，集中规范了仲裁与调解相结合做法，旗帜鲜明地突出了仲裁委员会仲裁与调解相结合的特色。该条在现行规则的基础上增加规定当事人在仲裁委员会之外达成和解协议的，也可以请求仲裁委员会成立仲裁庭根据和解协议制作裁决书，完善了仲裁与调解相结合的争议解决方式。

15. 关于仲裁庭的少数意见或不同意见

《规则修订草案》第 43 条第 4、5 款规定少数仲裁员或其他仲裁员的书面意见应当附卷，并可以附在裁决书后，但明确规定该书面意见不构成裁决书的组成部分。允许少数意见附于裁决书后可以对仲裁员起到监督和制约作用，有利于提高裁决书的质量，同时也增加了仲裁庭裁决的透明度。

16. 其他修改

《规则修改草案》还增加了仲裁的保密原则、仲裁员披露的要求、对答辩书的形式要求、对反请求答辩期限的要求等。《规则修改草案》在文字上也进行了修正，进一步提高了规则语言的准确性。在此不一一枚举。

第三节 2008 版北仲仲裁规则修改情况

2007 年 9 月 20 日，北仲第五届第一次会议讨论并通过了新的《北京仲裁委员会仲裁规则》，即 2008 版北仲《仲裁规则》。该规则在 2008 年 4 月 1 日起施行。

2008 版北仲《仲裁规则》是在 2004 版《仲裁规则》的基础上修改、完善的。以下引述北仲秘书长王红松女士对 2008 版《仲裁规则》的修改说明，介绍新规则与 2004 版规则的不同。

一、取消公证和公告送达

取消公证和公告送达是仲裁规则关于送达方式规定的重要变化。鉴于商事仲裁“送达企图”的国际通行惯例能否适用于国内案件，当时争议较大，2004 版规则参照民事诉讼中的留置和公告送达方式，采用了这种暂时的变通措施解决有关国内案件的送达问题。这种送达方式在实践中逐渐受到置疑，认为可能违反仲裁保密性原则，而且浪费人力物力，导致仲裁程序拖延，有违仲裁的经济、高效原则。本会早在 1999 年仲裁规则修改时就建议采用“送达企图”的规定，但由于各种原因没有实施。2004 版规则首先对于国际商事案件的送达规定采用“送达企图”规定，即：“经合理查询不能找到受送达人的营业地点、经常居住地或者其他通讯地址而以邮寄、专递的方式或者能提供投递记录的其他任何方式投递给受送达人最后一个为人所知的营业地点、经常居住地或者其他通讯地址，即视为已经送达。”2008 版规则进一步将这种送达方式扩展适用到所有案件。这种规定也有利于促进当事人之间的诚信合作，提示当事人提供准确的联系方式，否则将可能承担送达不利的后果。

二、国际商事案件允许当事人在仲裁员名册外选择仲裁员

本会实行的是仲裁员名册制度，当事人从本会提供的仲裁员名册中选择仲裁员。但仲裁员名册中的人选有时难如人意，尤其对于国际商事案件的当事人缺乏吸引力。从国际惯例来看，一般仲裁机构都是推荐性名册，甚至没有仲裁员名册，当事人可以自由选择仲裁员。

本会 2008 版规则规定国际商事案件当事人可以从仲裁员名册外选择仲

裁员，使当事人可以不受仲裁员名册的限制自由选择符合仲裁法规定条件的仲裁员，一方面增加了当事人选择仲裁员的自主权，突出了尊重当事人意愿的原则；另一方面也使本会规则与国际惯例进一步接轨，增加了对国际案件当事人的吸引力。

2008 版规则关于选择仲裁员增加的内容为第 55 条："（一）当事人可以从本会提供的仲裁员名册中选择仲裁员，也可以从仲裁员名册外选择仲裁员。（二）当事人在仲裁员名册外选定仲裁员的，应当向本会提供候选人的简历和具体联系方式。经本会确认后可以担任仲裁员。除非本会决定将其列入仲裁员名册，否则其任期至案件审理终结时止。"

三、2008 版规则不再区分国内和国际商事仲裁员名册

本会以往都将国内、国际商事仲裁员名册分列，以便当事人根据案件性质在对应的仲裁员名单中选择。由于本会近年来国际商事案件不断增加，对国际商事案件仲裁员的需求越来越大。并且，随着本会对仲裁员聘用标准的不断提高以及培训制度的不断加强，仲裁员整体水平也日益提升，统一国内、国际商事仲裁员名册，既可扩大当事人自主选择的范围，也为仲裁员提供了不断提高自身能力以适应仲裁国际化需求的机会。

四、规定约定适用本规则，即视为同意将争议提交本会仲裁

2008 版规则第 2 条增加一款："当事人约定适用本规则但未约定仲裁机构的，视为双方当事人同意将争议提交本会仲裁。"从国际惯例来看，少有国家要求仲裁条款中必须选定仲裁机构，因此，国际商事案件当事人一般习惯约定适用的仲裁规则，但不约定仲裁机构。按照通例，如果是机构仲裁，约定适用哪个仲裁机构的仲裁规则就由哪个仲裁机构管辖。但我国仲裁法又要求仲裁协议中应当列明选定的仲裁机构。

增加这一款规定主要是基于最高人民法院《关于适用〈中华人民共和国仲裁法〉若干问题的解释》第 4 条的规定："仲裁协议仅约定纠纷适用的仲裁规则的，视为未约定仲裁机构，但当事人达成补充协议或者按照约定的仲裁规则能够确定仲裁机构的除外。"根据这一规定，如果仅约定仲裁规则，也是无效的，除非根据约定的仲裁规则能够确定仲裁机构。最高人民法院的这种规定也是借鉴了国际惯例，但需要仲裁规则本身予以声明。如果仲裁机构的仲裁规则中没有规定约定适用该仲裁机构的仲裁规则就视为双方同意将争议提交该机构仲裁的，则仲裁协议无效。所以增加这款规定后可以弥补原来仲裁规

则的欠缺,以符合司法解释的规定,避免在仲裁管辖权方面给当事人造成麻烦,尤其是保障国际商事案件当事人的利益。

五、其他方面的修改

(一) 第18条增加一项

第18条第(六)项:"(六) 仲裁员拒绝接受当事人的选定或者因疾病以及其他可能影响正常履行仲裁员职责的原因不能参加案件审理的,当事人应当自收到重新选定仲裁员通知之日起5日内重新选定仲裁员。"

增加这一款主要考虑的是仲裁庭组成前仲裁员的重新选定问题。2004版规则第22条针对的是仲裁庭组成后的情况,组成前如何操作原来没有规定,参照适用第22条。这次修改将此问题予以明确。

(二) 增加关于单独调解的规定

目的是配合《调解规则》的施行。从其他国家的调解实践来看,仲裁过程中当事人中止仲裁程序先去调解的案件逐年上升。增加这一规定,可以给那些担心仲裁员同时担任调解员在调解不成时可能会影响到裁决公正的当事人提供更多的灵活、经济、便宜的纠纷解决方式。

增加规定的内容为第40条[单独调解]:"案件审理过程中,双方当事人可以自行和解或者依据《北京仲裁委员会调解规则》向本会申请由调解员进行调解。"

(三) 增加关于仲裁程序中止的规定

某些特定情形的出现会导致仲裁程序中止。实践中也会这样处理。仲裁规则作出原则性规定,仲裁庭可据此作出中止决定,中止程序的时间不计算在案件审理期限内,当事人容易接受。

增加规定的内容为第41条[仲裁程序中止]:"(一) 双方当事人共同要求或者案件审理过程中出现特殊情况需要中止审理的,可以中止仲裁程序。(二) 中止仲裁程序的决定,仲裁庭组成前由本会作出;仲裁庭组成后由仲裁庭作出。"

(四) 第65条的增加内容

第65条增加了:"除非另有声明,本会发布的其他文件不构成本规则的组成部分"的规定。明示除了仲裁规则外,本会发布的其他内部文件,包括指导仲裁员、秘书以及鉴定机构的行为规范等,不是仲裁规则的组成部分,不应当以此作为是否违反仲裁程序判断的标准。

（五）增加关于仲裁费用的规定

增加关于仲裁费用的规定主要是使本会的收费更加透明，明示当事人除了案件受理费和处理费是每个案件都发生的费用外，具体案件也有可能出现其他费用，需要据实缴纳。

增加的规定如第 18 条第（五）项："（五）当事人选择居住在北京以外地区的仲裁员的，应当承担仲裁员因审理案件必需的差旅费。如果未在规定的期限内预交的，视为未选定仲裁员。主任可以根据本规则的规定代为指定仲裁员。"

第 32 条第（二）项："（二）当事人应当按照约定或者仲裁庭确定的比例预交鉴定费用。不预交的，仲裁庭有权决定不进行相关鉴定。"

第 55 条第（四）项："（四）经当事人同意增加的外籍仲裁员的报酬，当事人应当在规定的期限内预交。未在规定的期限内预交的，视为未选定仲裁员。主任可以根据本规则的规定代为指定仲裁员。"

第七章　仲裁时效

第一节　中国仲裁法下的仲裁时效

《仲裁法》第 74 条规定："法律对仲裁时效有规定的，适用该规定。法律对仲裁时效没有规定的，适用诉讼时效的规定。"根据前述规定，向中国仲裁机构提起仲裁应首先确保没有超过仲裁时效。中国法律对仲裁时效有规定的，适用法律规定；没有规定的，适用中国法律规定的诉讼时效。由于目前中国法律、司法解释对仲裁时效没有特别规定，所以，仲裁时效应适用诉讼时效的规定。诉讼时效是权利人持续不行使民事权利而于期间届满时丧失法院保护其民事权利的法律制度。[①] 仲裁时效也同样是督促权利人尽速行使权利的制度。

诉讼时效分为普通的诉讼时效和特殊的诉讼时效。普通诉讼时效是指《民法通则》规定的适用于一般民事法律关系的诉讼时效。根据《民法通则》的规定，普通诉讼时效又可细分为一般诉讼时效期间，短期诉讼时效期间和长期诉讼时效期间。[②]《民法通则》第 135 条规定："向人民法院请求保护民事权利的诉讼时效期间为二年，法律另有规定的除外。"前述两年的诉讼时效就是普通的一般诉讼时效期间。

《民法通则》第 136 条规定："下列的诉讼时效期间为一年：(一) 身体受到伤害要求赔偿的；(二) 出售质量不合格的商品未声明的；(三) 延付或者

---

① 参见张俊浩主编：《民法学原理》，中国政法大学出版社 1997 年版，第 287 页。

② 同上，第 289 页。

拒付租金的;(四)寄存财物被丢失或者损毁的。”前述1年的诉讼时效就是短期诉讼时效期间。需注意的是,如果人身损害是由于因产品存在缺陷造成的,要求赔偿的诉讼时效期间为2年,自当事人知道或者应当知道其权益受到损害时起计算。因产品存在缺陷造成损害要求赔偿的请求权,在造成损害的缺陷产品交付最初消费者满10年丧失;但是,尚未超过明示的安全使用期的除外。①

《民法通则》第137条规定:“诉讼时效期间从知道或者应当知道权利被侵害时起计算。但是,从权利被侵害之日起超过二十年的,人民法院不予保护。有特殊情况的,人民法院可以延长诉讼时效期间。”前述20年的规定就是长期的诉讼时效期间。

特殊诉讼时效是指特别法规定的诉讼时效。可以适用于仲裁时效的特殊诉讼时效主要包括:

1.《合同法》第129条规定的:“因国际货物买卖合同和技术进出口合同争议提起诉讼或者申请仲裁的期限为四年,自当事人知道或者应当知道其权利受到侵害之日起计算。……”

2.《海商法》第257条规定:“就海上货物运输向承运人要求赔偿的请求权,时效期间为一年,自承运人交付或者应当交付货物之日起计算;在时效期间内或者时效期间届满后,被认定为负有责任的人向第三人提起追偿请求的,时效期间为九十日,自追偿请求人解决原赔偿请求之日起或者收到受理对其本人提起诉讼的法院的起诉状副本之日起计算。”

3.《保险法》第27条第2款规定:“人寿保险的被保险人或者受益人对保险人请求给付保险金的权利,自其知道保险事故发生之日起五年不行使而消失。”

第二节　中国法下仲裁时效的中止、中断和延长

中国法下的仲裁时效的中止、中断和延长适用诉讼时效中止、中断和延长的法律规定。

诉讼时效的中止是指在诉讼时效期间的最后6个月内,因不可抗力或者其他障碍不能行使请求权的,诉讼时效中止。从中止时效的原因消除之日

---

① 《产品质量法》第45条。

起,诉讼时效期间继续计算。[①] 诉讼时效中止的法定事由包括:(1) 不可抗力。不可抗力是不能预见、不能避免并不能克服的客观情况。[②] (2) 权利被侵害的无民事行为能力人、限制行为能力人,如没有法定代理人、法定代理人死亡或丧失代理权,或者法定代理人本人丧失行为能力的,可以认定为因其他障碍不能行使请求权,适用诉讼时效中止。[③]

诉讼时效中断是指因有与权利人怠于行使权利相反的事实,使已经过的时效期间失去其效力,而需重新起算诉讼时效期间的制度。[④] 诉讼时效中断的法定事由包括:(1) 权利人要求债务人履行债务。权利人向债务保证人、债务人的代理人或者财产代管人主张权利的,可以认定诉讼时效中断。[⑤] (2) 债务人同意履行义务。对与债务人以何种方式做出同意履行的意思表示,法律并未作限制性要求。只要债权人能够举证债务人同意履行债务即可。(3) 权利人起诉。(4) 权利人提起仲裁或申请调解。诉讼时效中断以后,从中断之日起重新计算。

诉讼时效的延长是指因特殊情况,法院对已经完成的诉讼时效期间给予延展。[⑥] 其法律依据为《民法通则》第 137 条。如何认定"特殊情况"由法院根据个案裁量。

需注意的是,超过诉讼时效期间,当事人自愿履行的,不受诉讼时效限制。[⑦]

---

① 《民法通则》第 139 条。
② 《民法通则》第 153 条。
③ 《民通意见》第 172 条。
④ 参见张俊浩主编:《民法学原理》,中国政法大学出版社 1997 年版,第 294 页。
⑤ 《民通意见》第 173 条第 2 款。
⑥ 参见张俊浩主编:《民法学原理》,中国政法大学出版社 1997 年版,第 296 页。
⑦ 《民法通则》第 138 条。

第八章　仲裁的申请、受理与答辩

第一节　当事人约定的启动仲裁的前提条件

仲裁协议可以规定“多层次程序”，即在提交仲裁前，当事人应尽量通过其他的争议解决途径解决争议，例如调解或裁判。应注意，违反“多层次程序”条款而提起的诉讼，可根据《示范法》第8条而搁置。[①] 换言之，如果一份仲裁协议或仲裁条款约定先通过调解或“友好协商”解决争议，而一方当事人在未依照该等前置程序要求进行调解或“友好协议”，径行向HKIAC提起仲裁的，该等仲裁申请可能会因违反当事人约定的启动仲裁程序前提条件而无法获得支持。此时，当事人要么按照约定的前置程序进行调解或“友好协商”，待协商或调解不成再行提起仲裁请求；要么可以直接向法院起诉。在向法院起诉时，前述前置程序将可能会被法院认定为仲裁协议“不能实行”而受理、审理。简言之，当事人约定的启动仲裁程序的前提条件有很强的约束力和实际的法律意义。

我们未见贸仲、北仲和最高人民法院公布的关于当启动仲裁程序前提未成就，而一方当事人径行启动仲裁程序时如何认定该仲裁程序的效力的判例。但在贸仲华南分会的网站上，我们见到了有关ADR[②] 的介绍性文章，其中说：“由于ADR旨在使得争议尽快解决，因此在拟订合同阶段，当事人可协商在其合同中规定在诉讼或仲裁之前进行ADR。目前所见合同，大多会规

---

① 参见莫石、郑若骅：《香港仲裁实用指南》，法律出版社2004年版，第25页。

② 即替代性争议解决方式（Alternative Dispute Resolution）的简称。

定‘因执行本合同或与本合同有关的一切争议，当事人应协商解决。如协商不成，应提交 CIETAC…… ’在一案例中，当事人常就前置协商程序提出异议，认为双方未能协商，即提交仲裁违反仲裁条款规定。实际上，协商不成的涵义包括实体上的未能达成和解协议和程序上的未能达成是否以及如何进行协商程序的协议。在这种基础上，任何一种合意未能达成均可以进入下一程序、将争议提交仲裁。这是 ADR 方式的特点所决定；同样，这也是 ADR 方式主要不足：不具约束力和法律执行效力。正是 ADR 的这种特点，使得通过 ADR 解决争议在效率上存在两个极端：或者非常有效，或者反而更进一步增加了争议解决成本。”①这种观点在中国内地占有绝对的“市场”。依据我们的执业经验，在中国内地，大家似乎对于诸如“如出现争议双方应先友好协商解决”这类争议解决条款并不以为然，似乎这是套话或礼节性的表述，不认为是提起仲裁的前置程序。在争议出现时，一方可以径行提起仲裁，不受前置程序的影响。

第二节　申请仲裁

一、申请仲裁时应提交的文件

仲裁程序的启动始于当事人向仲裁委员会提起仲裁申请。申请仲裁需满足一定条件方能被仲裁委员会受理，仲裁程序方能真正展开。以下从《仲裁法》、北仲、贸仲仲裁规则的规定以及仲裁实务这几方面分析申请仲裁的条件和方式。

《仲裁法》第 22 条、第 23 条原则性规定了申请仲裁的条件。第 22 条规定：“当事人申请仲裁，应当向仲裁委员会递交仲裁协议、仲裁申请书及副本。”第 23 条规定：“仲裁申请书应当载明下列事项：(一) 当事人的姓名、性别、年龄、职业、工作单位和住所，法人或者其他组织的名称、住所和法定代表人或者主要负责人的姓名、职务；(二) 仲裁请求和所根据的事实、理由；(三) 证据和证据来源、证人姓名和住所。”

前述原则性规定并没有回答以下问题：(1) 仲裁申请人应提交仲裁协议的原件还是复印件？(2) 仲裁申请书应具备怎样的生效要件？(3) 除载明

---

① 参见林一飞：《ADR 简介》，http：//www. sccietac. org/cietac/gb/content/content. jsp? id = 575，2010 年 5 月 20 日访问。

当事人情况、仲裁请求、事实、理由和证据外，仲裁申请书是否还需列明其他内容？(4) 仲裁申请书中载明的“证据和证据来源、证人姓名和住所”是否需要附相应的证据？(5) 仲裁申请文件应提交多少份？(6) 如果是代理人向仲裁委员会提交仲裁申请，还应针对代理人的身份提交哪些文件？

贸仲和北仲的仲裁规则针对前述大部分问题给出了相对明确的答复。

第一，贸仲和北仲在仲裁规则中并未规定在申请立案时提交的仲裁协议应当是原件还是复印件。实务中，在提起仲裁请求时，仲裁委员会一般不要求申请人提交仲裁协议的原件，清楚的复印件即可。仲裁协议将作为证据在质证程序中查证真实性。

第二，仲裁申请书应具备的生效要件是：申请人及/或申请人授权的代理人签名及/或盖章。① 前述签章要求在立案时仅作形式审查。仲裁委员会的立案庭(处)不会在立案时就核查仲裁申请书签章的真实性。仲裁委员会将签章真实性这一问题留待被申请人答辩以后处理。

第三，除载明当事人情况、仲裁请求、事实、理由和证据外，仲裁申请书还需列明申请仲裁所依据的仲裁协议。贸仲推荐的仲裁申请书格式文本中，仲裁协议列在当事人情况以下，仲裁请求之上。这足见仲裁协议在仲裁申请书中的重要作用。

另外，如果出现以下情形的，我们建议仲裁申请人在仲裁申请书中说明：

1. 如果仲裁协议中约定的仲裁语言不是中文的；

2. 如果仲裁协议约定的争议适用的法律不是中国内地的法律的；

3. 如果仲裁协议中约定不适用受案仲裁委员会仲裁规则，而适用其他仲裁规则的；

4. 如果当事人在仲裁协议中约定选任的仲裁员不在仲裁委员会名册内的。

这都有利于仲裁委员会在秘书安排、指定仲裁员等方面有所准备，有利于仲裁庭尽速处理案件，避免浪费时间。

第四，仲裁申请书应附证据，但并不要求是全部证据。仲裁庭会给争议各方一定的举证期限。贸仲《仲裁规则》(2005 版)第 10 条第 2 款、北仲《仲裁规则》(2008 版)第 7 条第 1 款第 3 项均要求提供证据。北仲《仲裁规则》(2008 版)进一步对证据提交的形式提出要求，即“证据来源并附清单”。实际上，要与仲裁庭诚信合作，一般情况下仲裁申请人都会十分认真地给证据

---

① 贸仲《仲裁规则》(2005 版)第 10 条第 1 款。

编号,列明证明事项、证据来源、证据页码等。

第五,仲裁申请文件依案件适用普通程序审理还是简易程序审理的不同而不同。普通程序审理的,文件一式五份。五份文件的分配如下:三位仲裁员每人一份,仲裁委员会存档一份,被申请人一份。如果申请人人数为两人或两人以上的,增加相应份数。如果适用简易程序审理,仲裁庭由一位仲裁员组成,则减少两份。如果当事人提出财产保全申请或者证据保全申请的,应相应增加一份。①

第六,如果是代理人向仲裁委员会提出申请,代理人需同时提交授权委托书。② 授权委托书应载明对代理人的授权范围。实务中应注意的是:境外申请人在境外向其代理人出具的授权委托书是否需要办理公证、认证手续的问题。这种情况如果是在内地进行诉讼,授权委托书必须办理公证、认证。否则法院不认可该授权委托书的真实性。但内地绝大部分仲裁委员会的仲裁规则并未要求授权委托书办理公证、认证。因此,在立案之时,这种未办理公证、认证的授权委托一般不会遇到障碍。但在以后的程序中可能会遇到来自被申请人的异议。如果被申请人以授权委托书未办理公证、认证手续,不认可其真实性,进而不认可代理人的代理行为,申请人可能会面临尴尬。在中国内地,通常认为对境外形成文件的真实性的证明是办理文件的公证、认证。如果仲裁委员会或者仲裁庭对申请人授权委托书的真实性提出进一步的证明要求,申请人将不得不再作一次授权委托书的公证、认证。

最后,如果方便,尽量将仲裁申请书及证据清单等文件的电子稿文件发送给办案秘书,这也有利于提高办案秘书的工作效率,避免重复劳动。

二、当事人选择向贸仲或其分会申请仲裁

贸仲在深圳设有华南分会(原名仲裁委员会深圳分会),在上海设有上海分会。双方当事人既可以约定将其争议提交贸仲在北京进行仲裁,也可以约定将其争议提交贸仲华南分会在深圳进行仲裁,或者约定将其争议提交贸仲上海分会在上海进行仲裁。如无此约定,则由申请人选择,由仲裁委员会在北京进行仲裁,或者由其华南分会在深圳进行仲裁,或者由其上海分会在上海进行仲裁。作此选择时,以首先提出选择的为准;如有争议,应由贸仲作

---

① 贸仲《仲裁规则》(2005 版)第 15 条,北仲《仲裁规则》(2008 版)第 13 条。

② 贸仲《仲裁规则》(2005 版)第 16 条,北仲《仲裁规则》(2008 版)第 16 条。

出决定。[1]

第三节　预交仲裁费用

一、仲裁费用的预交全额

如果仲裁申请文件符合立案要求,仲裁委员会的立案庭(处)会按照其仲裁费用表要求仲裁申请人预交全额仲裁费用。全额预交仲裁费用是中国内地仲裁费用制度的一大特点。

很多国家的仲裁机构仅要求预交部分仲裁费用就可启动下一步仲裁程序。比如,《国际商会仲裁规则》第 30 条第 1 款规定:“在收到仲裁申请书后,秘书长可以要求申请人临时缴付一定数额的预付金,以支付截至拟定审理范围书之时的仲裁开支。”该规则附件四第 1 条第 1 款规定:“请求按照国际商会仲裁规则(‘国际商会规则’)开始仲裁必须同时缴付管理费预付金 2 500 美元……”该规则附件四第 1 条第 10 款规定:“……费用预付金可以在仲裁过程中任何时候予以调整……”

再如,《美国仲裁协会国际仲裁规则》第 33 条第 1 款及第 2 款规定:“申请人提出仲裁申请时,ICDR 可以要求其按照第 31 条第(1)(2)和(3)项规定,预付适当的金额作为费用预付金。仲裁庭可以在仲裁程序进行过程中要求各方当事人交付补充预付金。”

上述两机构均采取部分预付、随时调整的方式收取仲裁预付金。[2] 而中国内地仲裁委员会由仲裁申请人全额预交仲裁费用。只要仲裁申请人仲裁请求不增加,仲裁费用就不增加。

二、仲裁费用的构成

贸仲和北仲等境内仲裁机构仲裁程序费用主要包括仲裁受理费和仲裁处理费。[3] 案件受理费用于给付仲裁员报酬、维持仲裁委员会正常运转的必要开支。[4] 案件处理费包括:

---

① 贸仲《仲裁规则》(2005 版)第 2 条第 7、8 款。

② 参见赵菁:《中国国际经济贸易仲裁委员会仲裁规则释义及适用指南》,法律出版社 2006 年版,第 65 页。

③ 《仲裁委员会仲裁收费办法》第 2 条。

④ 《仲裁委员会仲裁收费办法》第 3 条。

（1）仲裁员因办理仲裁案件出差、开庭而支出的食宿费、交通费及其他合理费用；

（2）证人、鉴定人、翻译人员等因出庭而支出的食宿费、交通费、误工补贴；

（3）咨询、鉴定、勘验、翻译等费用；

（4）复制、送达案件材料、文书的费用；

（5）其他应当由当事人承担的合理费用。

当事人无需单独支付场地租用费、速记费、决定仲裁庭人数的费用、委任仲裁员的费用、仲裁员费用。另外，在贸仲申请仲裁时，每案另收立案费人民币10 000元，其中包括仲裁申请的审查、立案、输入及使用计算机程序和归档等费用。①

将HKIAC的仲裁费用与中国内地仲裁费用相比较，会发现很大的区别。HKIAC按照争议金额收取行政职能费用。该行政职能费用用于基本的仲裁管理，如文件转递、电话、电传、其他通讯设施、影印、打印和其他所需的办公设施。

在仲裁程序中，还有很多项不包括在行政职能费用范围内的其他收费，包括：

（1）场地租用费。听证会和休会场地应由HKIAC提供。如不能在HKIAC内安排场地，HKIAC将在其他场地安排。所产生的租费不包括在行政费用中，但应当由当事人向HKIAC支付。②

（2）速记费用。HKIAC根据当事人的要求提供仲裁程序的速记服务。虽然HKIAC根据当事人的要求安排速记，但该服务的费用不包括在行政费用之中，且应当由当事人向HKIAC支付③；

（3）翻译和口译费用，HKIAC根据当事人的要求提供笔译和口译服务。虽然HKIAC应当事人的要求安排此服务，但该服务费用不包括在行政费用之中，且应当由当事人向HKIAC支付④；

（4）裁决的登记费用，根据要求，HKIAC将协助在法律要求仲裁裁决需要备案和登记的国家进行备案或登记。由备案和登记而产生的费用不包括

---

① CIETAC仲裁费用表，http://www.cietac.org.cn/help/index.asp?hangye=6.

② 《香港国际仲裁中心国际仲裁管理程序》第13条。

③ 《香港国际仲裁中心国际仲裁管理程序》第14条。

④ 《香港国际仲裁中心国际仲裁管理程序》第15条。

在行政费用之中，但应当由当事人向 HKIAC 支付。①

（5）决定仲裁庭人数的费用，当一方要求决定仲裁庭的人数时，该方当事人应交纳决定仲裁庭人数的费用②；

（6）委任费用，HKIAC 作为委任机构，在委任仲裁员程序中收取委任费用。该费用包括 HKIAC 为委任仲裁员而采取的所有程序③；

（7）仲裁员费用，仲裁员提供仲裁服务而收取的费用。该费用应当由当事人向仲裁员支付，不包括在行政费用中。④

将 HKIAC 的仲裁费用与中国内地仲裁费用相比较，我们不难发现，中国内地仲裁费用简单，当事人对可能发生的仲裁费用有很明确的预判。这符合中国内地的国情。如果中国内地也施行如 HKIAC 这样的分项计收的仲裁费制度，对中国内地仲裁事业的发展肯定会带来很大的负面影响。

另外，就仲裁费用支出额相比较，在中国内地仲裁所发生的仲裁费远低于香港地区及其他国际仲裁机构的仲裁费用。虽然中国内地有当事人仍然觉得仲裁费用高于诉讼费用。但从一次性解决争议这个角度看，两审终审的诉讼费用不见得就比仲裁费更便宜。但是，特殊类型的案件显然通过诉讼程序更划算。比如有关追缴物业管理费的案件。一般而言，这类诉讼金额不大，都是几千元，上万元的案件不多。如果一宗争议金额为人民币 1 000 元的物业管理费案件在北仲审理，案件受理费为 100 元，处理费为 5 000 元，合计 5 100 元。这显然是当事人承受不起的。

三、特殊案件争议金额及仲裁费用的核定

某些案件的仲裁请求没有具体金额，如请求解除合同、撤销合同、确认合同无效或者继续履行合同、请求终止履行合同等仲裁请求。如何核定这些仲裁请求的争议金额，进而确定仲裁费用，对仲裁委员会和当事人都是很重要的。

北仲就特殊争议案件争议金额的核定制定了《关于"解除合同、撤销合同、确认合同无效或继续履行（终止）合同"等仲裁请求的争议金额确定办法》。根据该办法的规定，特殊仲裁请求的金额作如下核定：

---

① 《香港国际仲裁中心国际仲裁管理程序》第 16 条。
② 《香港国际仲裁中心国际仲裁管理程序》附录第 1 条。
③ 《香港国际仲裁中心国际仲裁管理程序》附录第 2 条。
④ 《香港国际仲裁中心国际仲裁管理程序》附录第 3 条。

（1）如“解除合同、撤销合同、确认合同无效或继续履行（终止）合同”涉及的合同属于联营合同、联建合同、合作合同、投资合同、股权转让合同，该等请求按合同总金额确定争议金额。如涉及的合同属于股权置换合同或者股权无偿转让合同，该等请求以涉及公司的注册资本的比例确定争议金额。

（2）对其他合同提出的特殊仲裁请求而无其他仲裁请求（该其他请求不包括仲裁费、律师费、差旅费、保全费等仲裁费用的请求）的，该等请求以合同总金额为基数进行折算确定争议金额；

（3）除特殊仲裁请求外，还有其他仲裁请求（该其他请求不包括仲裁费、律师费、差旅费、保全费等仲裁费用的请求）的，该等仲裁请求以未履行金额为基数进行折算，确定争议金额。折算方法如表 8-1：

表 8-1　争议金额折算表

合同总金额/未履行金额	折算比例	折算方法
5 万元以下（含 5 万元）	100%	100%
5 万元—100 万元（含 100 万元）	80%	5 万元加 5 万元以上部分的 80%
100 万元以上	50%	81 万元加 100 万元以上部分的 50%

第四节　仲裁申请的受理及发送仲裁通知

经仲裁委员会立案庭（处）初步审查，认为仲裁申请文件符合仲裁规则，且仲裁申请人已经按照交费通知交纳仲裁费用的，仲裁委员会正式受理案件。其后，仲裁委员会将案件的受理通知、仲裁规则、仲裁员名册发送给申请人；将答辩通知连同仲裁申请书及附件、仲裁规则、仲裁员名册发送给被申请人。

值得关注的是贸仲《仲裁规则》（2005 版）第 11 条第 1 款和北仲《仲裁规则》（2008 版）第 9 条的规定。贸仲《仲裁规则》（2005 版）第 11 条第 1 款规定：“仲裁委员会收到申请人的仲裁申请书及其附件后，经过审查，认为申请仲裁的手续不完备的，可以要求申请人予以完备；认为申请仲裁的手续已完备的，应将仲裁通知连同仲裁委员会的仲裁规则、仲裁员名册和仲裁费用表各一份一并发送给双方当事人；申请人的仲裁申请书及其附件也应同时发送给被申请人。”北仲《仲裁规则》（2008 版）第 9 条规定：“本会自受理案件之日起 10 日内，将受理通知、本规则和仲裁员名册发送申请人；将答辩通知连同仲裁申请书及其附件、本规则、仲裁员名册发送被申请人。”

比较两条款，北仲规定了在发送案件受理通知及答辩通知等文件之前的10天的内部工作时间，而贸仲则未予明确。这并不意味着贸仲在发送案件受理通知及答辩通知等文件之前不需要正常工作时间。实践中的问题是：案件受理通知和答辩通知是否同时发送？如果不同时发送，向仲裁申请人送达文件的时间和向被申请人送达文件的时间中间最长间隔是多久？这是仲裁实务中很关键的问题。如果发送时间不一致，答辩文件越晚送达被申请人，就越有利于申请人采取财产保全措施。①

在2005年的一宗铁矿石买卖合同纠纷中，我们作为仲裁申请人的代理人向贸仲上海分会提出仲裁申请，同时提出财产保全申请。我们在立案时请求贸仲在案件受理后推迟几日再向被申请人发送答辩通知等文件，以便我们办理仲裁财产保全的立案和执行工作。但贸仲上海分会明确拒绝。当时贸仲上海分会就援引《仲裁规则》(2005版)第11条第1款的规定，回复我们说这样做没有仲裁规则上的依据；仲裁申请文件应当同时送达双方；即便不同时送达，也应当尽速送达被申请人。为此，我们不得不推迟立案，通过其他技巧解决了问题。

而我们在北仲承办的大量案件中，北仲规则关于受理后10天发文件的规定为我们争取了宝贵的财产保全时间。立案庭有权依据《仲裁规则》第9条的规定受理案件后先行转递财产保全申请文件至管辖法院，再以十日为限向被申请人送达答辩通知等文件。

仲裁实务中贸仲和北仲的这一差异值得当事人和他们的代理律师关注。

第五节　针对仲裁申请的答辩

被申请人应当在收到仲裁委员会发送的答辩通知之日起，仲裁规则规定的期限内向仲裁委员会提交答辩文件。答辩文件包括：答辩书(状)、证据、被申请人的身份证明文件等。答辩书一般应包括以下内容：(1) 被申请人信息：被申请人的姓名或名称、住所、便捷的联系方式，法定代表人或主要负责人的姓名、职务等；(2) 答辩要点及其所依据的事实和理由。答辩人提交证据应为复印件，而非原件。证据的原件将在后来的质证程序中提交。被申请人的身份证明文件依据被申请人是自然人、法人或其他组织不同而不同。如果被申请人是自然人的，应提交身份证或者护照等。如果被申请人是中国内

① 有关仲裁程序中的财产保全问题，详见本书第十三章第一节的介绍。

地法人或其他组织的，应提交营业执照或者组织机构代码证。如果被申请人是境外法人的，应提交该法人依法设立及存续的登记文件。被申请人提交的文件份数、代理人的授权委托手续文件与仲裁申请人提交文件一致，详见本章第二节的介绍。

仲裁委员会自收到答辩书之日起在仲裁规则规定的期限内将答辩书发送给申请人，以便申请人针对被申请人的答辩意见作反驳准备。

提交答辩书不是必须的。仲裁委员会或者仲裁庭不会仅因被申请人没有提交答辩书而作出对答辩人不利的裁决。如果案件是书面审理的，被申请人提交答辩书就十分必要。我们建议被申请人提交答辩书，并列明答辩要点和所依据的事实和理由。这是被申请人在仲裁程序中诚信合作的必然要求。如果仲裁庭在庭审前审读了被申请人提交的答辩书，对双方争议点就有了预判，这会加快庭审的进程，有利于尽速解决争议。有些当事人或其代理律师为了在庭审中有出奇制胜的效果，故意不提交答辩书，而是在庭审中再陈明答辩意见。一般情况下，这样做的效果并不理想。有时这样做会让仲裁申请人毫无准备，有些尴尬。但仲裁庭通常都会再给申请人一个反驳的机会，或者再开一次庭，或者允许申请人提交书面的反驳意见。仲裁庭常会对被申请人这种答辩技巧感到厌烦。

第九章　仲裁管辖异议

第一节　向仲裁委员会或仲裁庭提出仲裁管辖异议

一、向仲裁委员会提出管辖异议的时限

在仲裁实务中，我们通常将当事人主张没有仲裁协议或仲裁协议无效，继而认为仲裁委员会对争议没有管辖权的异议称之为管辖异议。根据《仲裁法》第 20 条第 2 款之规定，当事人认为不存在仲裁协议，或者认为仲裁协议无效的，应当在仲裁庭首次开庭前提出。贸仲《仲裁规则》(2005 版)第 6 条第 3 款规定："当事人对仲裁协议及/或仲裁案件管辖权的异议，应当在仲裁庭首次开庭前书面提出；书面审理的案件，应当在第一次实体答辩前提出。"北仲《仲裁规则》(2008 版)第 6 条第 1 款规定："当事人对仲裁协议的效力或者仲裁案件的管辖权有异议，应当在首次开庭前以书面形式提出；书面审理的，应当在首次答辩期限届满前以书面形式提出。"

如何理解前述规定的中的"首次开庭前"？目前法律和司法解释对此没有规定。我们认为"首次开庭前"应当指答辩期届满以后仲裁庭组织的第一次开庭审理，不包括审前程序中的各项活动。因此，向仲裁委员会提出管辖异议因开庭审理还是书面审理有所不同。如果是开庭审理的，管辖异议的期限是答辩期届满以后的仲裁庭组织的第一次开庭审理。如果是书面审理的，答辩期限届满日是管辖异议提出的时限。

前述管辖异议提出的时限与《示范法》的规定略有不同。《示范法》第 16 条第(2)项规定："关于仲裁庭无权管辖的抗辩不得在提出答辩书之后提出

……"《示范法》没有区分仲裁案件开庭审理和书面审理时管辖异议的时限。在这一方面,《示范法》更有利于促进仲裁程序的进程。

《仲裁法解释》第13条规定:"依照仲裁法第二十条第二款的规定,当事人在仲裁庭首次开庭前没有对仲裁协议的效力提出异议,而后向人民法院申请确认仲裁协议无效的,人民法院不予受理。"前述规定确定了仲裁管辖与法院管辖的分界点,即如果当事人在仲裁庭首次开庭前没有提出管辖异议的,法院不再受理与仲裁协议有关的诉讼案件,也不再受理仲裁委员会业已受理的当事人之间的纠纷。但在理解前述司法解释规定的"首次开庭前"时限时,不应过于狭隘。如果案件是书面审的,答辩期届满日也应当被认定为仲裁管辖和法院管辖的时间界点。

关于当事人管辖异议期限案件的典型案例是韩国大成G-3株式会社与长春市元大汽车工程贸易有限公司撤销仲裁裁决纠纷一案。在该案中,争议双方虽未在仲裁程序启动前达成仲裁协议,但长春市元大汽车工程贸易有限公司向长春仲裁委员会提起仲裁以后,韩国大成G-3株式会社只是在仲裁庭第一次开庭和第四次开庭中对仲裁协议效力及仲裁庭管辖权提出异议,但其并未在仲裁庭首次开庭前对仲裁协议效力提出异议。最高人民法院据此认定韩国大成G-3株式会社在仲裁庭首次开庭前已经认可长春仲裁委员会对该纠纷享有管辖权,应视为仲裁案件的双方当事人对将其纠纷提交长春仲裁委员会仲裁已经形成了一致意见,仲裁协议有效。韩国大成G-3株式会社虽在仲裁庭第一次开庭时对仲裁协议效力及仲裁庭管辖权提出异议,但已经超过了法律规定的当事人可以对仲裁协议效力提出异议的期限,仲裁协议有效,长春仲裁委员会依法对本案纠纷享有管辖权。

附9-1

最高人民法院《关于韩国大成G-3株式会社与长春市元大汽车工程贸易有限公司撤销仲裁裁决纠纷一案的请示》的答复①(〔2008〕民四他字第28号)

吉林省高级人民法院:

你院〔2008〕吉民三他字第1号《关于韩国大成G-3株式会社与长春市元大汽车工程贸易有限公司撤销仲裁裁决纠纷一案的请示》收悉。经研究,答复如下:

《中华人民共和国仲裁法》第20条第2款明确规定:"当事人对仲裁协议的效力

---

① 万鄂湘主编:《涉外商事海事审判指导》2008年第2辑,人民法院出版社2008年版,第137页。

有异议,应当在仲裁庭首次开庭前提出。"根据你院请示报告所述事实,申请人韩国大成G-3株式会社只是在仲裁庭第一次开庭和第四次开庭中对仲裁协议效力及仲裁庭管辖权提出异议,但其并未在仲裁庭首次开庭前对仲裁协议效力提出异议。另,根据卷宗中所附裁决书反映的事实,韩国大成G-3株式会社在仲裁庭首次开庭前指定了仲裁员,委托了代理人,并提交了书面答辩状就案件实体问题进行答辩。因此,通过上述事实可以认定韩国大成G-3株式会社在仲裁庭首次开庭前已经认可长春仲裁委员会对该纠纷享有管辖权,应视为仲裁案件的双方当事人对将其纠纷提交长春仲裁委员会仲裁已经形成了一致意见,仲裁协议有效。韩国大成G-3株式会社虽在仲裁庭第一次开庭时对仲裁协议效力及仲裁庭管辖权提出异议,但已经超过了法律规定的当事人可以对仲裁协议效力提出异议的期限,仲裁协议有效,长春仲裁委员会依法对本案纠纷享有管辖权。对于大成会社就仲裁协议效力及仲裁庭管辖权提出的异议,不应予以支持。长春中院及你院请示报告中关于"可以认定双方当事人不能就仲裁机构选择达成一致,因此,仲裁协议无效,应视为双方没有仲裁协议条款"的意见不能成立,本案不应以当事人在合同中没有订有仲裁条款或者事后没有达成书面仲裁协议为由,撤销所涉仲裁裁决。

此复。

最高人民法院

2008年10月21日

附9-2

吉林省高级人民法院《关于韩国大成G-3株式会社与长春市元大汽车工程贸易有限公司撤销仲裁裁决纠纷一案的请示》(〔2008〕吉民三他字第1号)

最高人民法院民四庭:

韩国大成G-3株式会社与长春市元大汽车工程贸易有限公司因合资经营合同纠纷前由长春仲裁委员会作出〔2006〕长仲裁字第020号仲裁裁决书。申请人韩国大成G-3株式会社不服该裁决,向吉林省长春市中级人民法院申请撤销该裁决。经审理,长春市中级人民法院拟决定撤销该仲裁裁决,并根据最高人民法院《关于人民法院撤销涉外仲裁裁决有关事项的通知》(法〔1998〕40号)规定,报我院审查,我院经审查同意长春市中级人民法院的意见,现报请贵院审核。

一、案件基本情况

2003年6月27日,韩国大成G-3株式会社与长春市元大汽车工程贸易有限公司为设立合资企业签订了合资合同。合同约定,双方同意在中国境内合资经营长春G-3技术教育准备有限公司,该公司地址为长春经济技术开发区。上述合同的第五十九条约定:"……任何一方可将争议提交中国国际贸易促进委员会对外经济贸易仲裁委员会（或提交企业所在地促裁机构），根据该会（机构）的仲裁程序规则进行仲裁……”经查，该条约定的中国国际贸易促进委员会对外经济贸易仲裁委员会是中国国际经济贸易仲裁委员会的旧称。长春市中级人民法院庭审中，被申请人长春市元大汽车工程贸易有限公司称“企业所在地促裁机构”为“企业所在地仲裁机构”的笔误。申请人韩国大成G-3株式会社否认是笔误。

在长春仲裁委员会首次仲裁时，在仲裁庭询问该庭仲裁双方是否有异议时，本案申请人韩国大成G-3株式会社的代理人第一次陈述称“同意对本庭仲裁”。随后该社法定代表人陈述：“双方调解完了，申（请人）还仲裁，有异议”。在接下来的陈述中，本案申请人韩国大成G-3株式会社的代理人再次陈述：“根据合同约定，已明确约定中国贸促会仲裁，在企业所在地仲裁不明确。”韩方要求明确由“中国贸易仲裁委仲裁”。后仲裁庭宣布：经评议，该庭有管辖权。被申请人有何意见该庭不再接受。在仲裁庭第四次开庭时，本案申请人韩国大成G-3株式会社的代理人再次提出该庭无管辖权。

二、长春市中级人民法院拟处理意见

最高人民法院《关于适用〈中华人民共和国仲裁法〉若干问题的解释》第5条规定：“仲裁协议约定两个以上仲裁机构的，当事人可以协议选择其中一个仲裁机构申请仲裁；当事人不能就仲裁机构选择达成一致的，仲裁协议无效”，第18条规定：“仲裁法第五十八条第一款第一项规定的‘没有仲裁协议’是指当事人没有达成仲裁协议。仲裁协议被认定无效或者被撤销的，视为没有仲裁协议”。本案申请人与被申请人约定的仲裁机构有两个，即中国国际贸易促进委员会对外经济贸易仲裁委员会及企业所在地促裁机构。其中“中国国际贸易促进委员会对外经济贸易仲裁委员会”是“中国国际经济贸易仲裁委员会”的旧称；“企业所在地促裁机构”应为“企业所在地仲裁机构”的笔误。前面已谈到，合资企业所在地为长春市，“企业所在地仲裁机构”应为长春市仲裁委员会。可见，本案申请人与被申请人约定的两个仲裁机构应为中国国际经济贸易仲裁委员会和长春市仲裁委员会。根据仲裁庭审理时各方当事人的陈述，可以认定双方当事人不能就仲裁机构选择达成一致，因此，仲裁协议无效，应视为双方没有仲裁协议条款。根据《仲裁法》第4条规定，没有仲裁协议，一方申请仲裁的，仲裁委员会不予受理；第58条规定，没有仲裁协议的，当事人可以向人民法院申请撤销仲裁裁决。同时《中华人民共和国民事诉讼法》第260条第1款规定，对中华人民共和国涉外仲裁机构作出的裁决，被申请人提出证据证明当事人在合同中没有订立仲裁条款或者事后没有达成书面仲裁协议的，经人民法院组成合议庭调查核实，裁定不予执行。综上，长春市中级人民法院审理认为长春市仲裁委员会作出〔2006〕长仲裁字020号仲裁裁决书应予撤销。

三、吉林省高级人民法院意见

同意长春市中级人民法院意见。

当否，请示。

吉林省高级人民法院
2008年2月18日

二、以书面形式向仲裁委员会提出管辖异议

《仲裁法》只规定了向仲裁委员会提出管辖异议的时限，但并未规定管辖异议应以书面形式向仲裁委员会提交这一要求。"书面形式"的要求是仲裁规则中规定的。前面列示的贸仲和北仲《仲裁规则》第6条都要求当事人以书面形式提交管辖异议。没有以书面形式提出管辖异议的，仲裁委员会可能会认定当事人没有以适当的形式提出管辖异议，因此不予考虑其管辖异议。该等风险应予关注。

三、仲裁委员会和仲裁庭对管辖异议的决定

必须明确的是，当事人应当向仲裁委员会而不是仲裁庭提出管辖异议。仲裁委员会是受理管辖异议，并对管辖异议作出决定的机构。但是，仲裁委员会可以授权仲裁庭就当事人的管辖异议作出决定。但仲裁庭在随后进行的案件实体审理过程中，根据其查明的案情，可以再对仲裁委员会的管辖权问题作出相反的决定。

贸仲《仲裁规则》第6条第2款规定："如果仲裁委员会依据表面证据认为存在由仲裁委员会进行仲裁的协议，则可根据表面证据作出仲裁委员会有管辖权的决定，仲裁程序继续进行。仲裁委员会依据表面证据作出的管辖权决定并不妨碍其根据仲裁庭在审理过程中发现的与表面证据不一致的事实及/或证据重新作出管辖权决定。"

与中国内地仲裁实务不同，《示范法》将管辖权异议的裁量权确定给了仲裁庭。《示范法》第四章的名称即为"仲裁庭的管辖权"。而第16条更是开宗明义的规定："仲裁庭可以对它自己的管辖权包括对仲裁案协议的存在或效力的任何异议，作出裁定……"《仲裁法》的这种规定概与其同时适用于临时仲裁有关。

四、向仲裁庭提出管辖异议

这里所说的向仲裁庭提出管辖异议系指在仲裁案件审理过程中，如果当事人认为仲裁庭审理的范围已经超出了仲裁协议约定的仲裁委员会管辖的

范围,当事人有权就仲裁庭超范围审理提出异议。这实际上是一个可能引起仲裁庭超裁的问题。法院在对仲裁裁决司法审查过程中会就仲裁庭是否超裁进行审查。但是,如果仲裁庭作出的仲裁裁决没有超裁,但在仲裁审理过程中超出范围审理,这种行为实际上也应予纠正。仲裁庭超范围审理本身就没有合法依据。在超范围审理过程中必然会引起当事人在时间、精力和金钱方面不必要的支出,而且也很让人怀疑没有超裁的仲裁裁决是否受到了仲裁过程中超范围审理的影响。

《仲裁法》和贸仲、北仲的仲裁规则对当事人向仲裁庭提出管辖异议未作规定。但在仲裁实务中,提出这种管辖异议很常见。《示范法》第 16 条第(2)款对此就作了规定:“……有关仲裁庭超越其权利范围的抗辩,应在仲裁程序过程中视情况立即提出……”

第二节　因仲裁协议而向法院提出管辖异议或确认之诉

一、因存在仲裁协议而向法院提出管辖异议的时限

《仲裁法》第 26 条规定:“当事人达成仲裁协议,一方向人民法院起诉未声明有仲裁协议,人民法院受理后,另一方在首次开庭前提交仲裁协议的,人民法院应当驳回起诉,但仲裁协议无效的除外;另一方在首次开庭前未对人民法院受理该案提出异议的,视为放弃仲裁协议,人民法院应当继续审理。”根据前述规定,如果存在仲裁协议,一方当事人向法院起诉,另一方当事人向法院提出管辖异议的期限是法院首次开庭之前。《仲裁法解释》第 14 条就前述规定中的“首次开庭”作了解释,即答辩期满后人民法院组织的第一次开庭审理,不包括申请程序中的各项活动。

根据《仲裁法》第 26 条之规定,如果当事人没有在首次开庭前向法院提出管辖异议的,就视为放弃了仲裁协议,人民法院自此取得了案件管辖权。当事人不得在此后的程序中再以存在仲裁协议为由要求撤销原判决。

但需要注意的是,根据最高人民法院〔2008〕民四他字第 3 号《关于订有仲裁条款的合同一方当事人不出庭应诉应如何处理的复函》,如果法院受理后发现有仲裁条款,应先确定仲裁条款的效力。如仲裁条款有效,被告经合法传唤未答辩应诉,不能据以认为其放弃仲裁并认定人民法院取得管辖权。如果本案所涉及的仲裁条款有效,原告仍坚持起诉,法院应驳回原告的起诉。

附 9-3

最高人民法院《关于订有仲裁条款的合同一方当事人不出庭应诉应如何处理的复函》（〔2008〕民四他字第 3 号）

山东省高级人民法院：

你院《关于订有仲裁条款的合同一方当事人不出庭应诉应如何处理的请示》收悉。经研究，答复如下：

根据《中华人民共和国民事诉讼法》第 111 条第（二）项、第 257 条第 1 款关于订有仲裁条款的当事人不得向人民法院起诉的规定，应当告知原告向仲裁机构申请仲裁。你院受理后发现有仲裁条款的，应当告知原告向仲裁机构申请仲裁。你院受理后发现有仲裁条款的，应先确定仲裁条款的效力。如仲裁条款有效，被告经合法传唤未答辩应诉，不能据以认为其放弃仲裁并认定人民法院取得管辖权。如果本案所涉及的仲裁条款有效、原告仍坚持起诉，你院应驳回原告的起诉。

同意你院的倾向性意见。

最高人民法院
2008 年 3 月 26 日

附 9-4

山东省高级人民法院《关于订有仲裁条款的合同一方当事人不出庭应诉如何处理的请示》（2007 年 9 月 6 日）

最高人民法院：

我院在近期审理的涉外合同纠纷案件中，合同当事人在合同中订立有仲裁条款，一方当事人向人民法院起诉，人民法院对另一方当事人依法送达诉讼文书和合法传唤后，其未到庭参加诉讼，也未应诉答辩，人民法院如何处理。我院审委会在研究中存在不同意见，现将研究意见汇报如下：

第一种意见认为，根据《中华人民共和国民事诉讼法》第 245 条的规定和最高人民法院的相关司法解释，对于当事人在合同中订立有仲裁条款的，一方当事人起诉，人民法院在两种情况下才能对案件有管辖权：一是仲裁条款被认定无效，且要逐级报请最高人民法院批准后，人民法院方能对案件具有管辖权；二是另一方当事人在答辩期内进行了实质性的答辩，人民法院可以当事人放弃仲裁条款对案件行使管辖权。而当事人既不应诉也不答辩的，人民法院对该案件不具有管辖权。

第二种意见认为，人民法院依法送达诉讼文书后，当事人未答辩也未到庭参加诉讼，未对人民法院行使管辖权提出异议，应视为人民法院取得案件的管辖权。

审委会倾向第一种意见。

以上意见当否，请指示。

山东省高级人民法院
2007年9月6日

二、法院对仲裁协议效力的优先审查权

如果法院和仲裁委员会均收到确认仲裁效力异议申请，人民法院对仲裁协议效力享有优先审查权。《仲裁法》第20条第1款规定："当事人对仲裁协议效力有异议的，可以请求仲裁委员会作出决定或者请求人民法院作出裁定。一方请求仲裁委员会作出决定，另一方请求人民法院作出裁定的，由人民法院裁定。"最高人民法院《关于确认仲裁协议效力问题的批复》第3条、第4条都作了进一步规定。第3条规定："当事人对仲裁协议的效力有异议，一方当事人申请仲裁机构确认仲裁协议效力，另一方当事人请求人民法院确认仲裁协议无效，如果仲裁机构先于人民法院接受申请并已作出决定，人民法院不予受理；如果仲裁机构接受申请后尚未作出决定，人民法院应与受理，同时通知仲裁机构终止仲裁。"第4条规定："一方当事人就合同纠纷或者其他财产权益纠纷申请仲裁，另一方当事人对仲裁协议的效力有异议，请求人民法院确认仲裁协议无效并就合同纠纷或则其他财产权益纠纷起诉的，人民法院受理后应当通知仲裁机构中止仲裁。人民法院依法作出仲裁协议有效或者无效的裁定后，应当将裁定书副本送达仲裁机构，由仲裁机构根据人民法院的裁定恢复或者撤销仲裁案件。"

三、当事人向法院提出确认之诉

在当事人之间的实体争议尚未在仲裁委员会或者法院立案的情况下，当事人有权直接向人民法院提起确认仲裁协议无效之诉。在此情况下，当事人对仲裁协议所提异议实际上并没有期限的限制。

四、管辖法院及终审裁定

《仲裁法解释》第12条对确认仲裁协议效力的管辖法院作了明确的规定。当事人向人民法院申请确认仲裁协议效力的案件，由仲裁协议约定的仲裁机构所在地的中级人民法院管辖；仲裁协议约定的仲裁机构不明确的，由仲裁协议签订地或者被申请人住所地的中级人民法院管辖。

申请确认涉外仲裁协议效力的案件，由仲裁协议约定的仲裁机构所在

地、仲裁协议签订地、申请人或者被申请人住所地的中级人民法院管辖。注意，根据最高人民法院《关于涉外民商事案件诉讼管辖若干问题的规定》第3条之规定，前述审理涉外民商事仲裁条款效力的案件的法院应享有涉外案件管辖权。

涉及海事海商纠纷仲裁协议效力的案件，由仲裁协议约定的仲裁机构所在地、仲裁协议签订地、申请人或者被申请人住所地的海事法院管辖；上述地点没有海事法院的，由就近的海事法院管辖。

《仲裁法解释》第15条规定了法院审理仲裁协议效力确认案件，应当组成合议庭进行审查，并询问当事人。虽然前述司法解释没有限定合议庭的组成，但在司法实践中，审理仲裁协议效力确认案件一般都是由审判员组成的合议庭；合议庭中不包括人民陪审员。管辖法院就仲裁协议效力所作的裁定是终审裁定，当事人不得上诉、申请再审；检察机关也无权就法院的裁定提出抗诉。

第十章 仲裁反请求

第一节 什么是仲裁反请求

一、仲裁反请求的四个要件

仲裁反请求是由被申请人提出的,针对申请人的独立的仲裁申请。仲裁反请求有以下四个要件:

第一,与仲裁本请求的当事人相同,但在仲裁程序中的身份相反。仲裁反请求程序中的申请人就是仲裁本请求程序中的被申请人;而仲裁反请求中的被申请人就是仲裁本请求中的申请人。但需注意的是,如果一宗仲裁案件有几个仲裁申请人或者被申请人。而其中一个被申请人针对部分仲裁申请人提出仲裁反请求,这也是可以的。

第二,仲裁本请求和仲裁反请求所依据的仲裁协议必须是同一的。如果仲裁本请求和仲裁反请求所依据的仲裁协议不同,通常应认定这是两宗应分别立案、分别审理的案件,不应作为仲裁反请求处理。常出现的问题是,双方当事人之间有两份或多份独立的合同,各合同在履行过程中出现了争议。这时,一方当事人依据一份合同的仲裁条款向仲裁委员会提起仲裁。而另一方当事人则依据其他合同向仲裁委员会提出仲裁反请求。注意,后提起的所谓“仲裁反请求”实际不属于仲裁反请求。因为前后两宗案件的仲裁协议不同。无论这两个当事人之间签订的多份合同所确定的交易多么相似,比如都是铁矿石进口合同,每一份合同所引发的仲裁都是一宗独立案件,不作仲裁反请求处理。

第三,仲裁反请求是一宗独立的案件。仲裁反请求不是仲裁本请求程序中被申请人的答辩。它是一宗独立的案件,应当按照正常的立案程序办理立案、预交费用、案件受理及送达案件受理通知和答辩通知等手续。

第四,仲裁反请求与仲裁本请求合并处理。仲裁反请求虽为独立的案件,但因仲裁协议及当事人均相同,为便捷地解决纠纷,将仲裁反请求与仲裁本请求合并处理。这一合并处理包括合并选定仲裁员,合并开庭或书面审理,合并作出仲裁裁决等。

二、仲裁反请求与抗辩权

无论是仲裁庭还是当事人或者其代理律师,在区分仲裁反请求和抗辩权时都应当格外小心。常有当事人或者律师抱怨仲裁庭对其合法抗辩权不予理会,而要求其提出仲裁反请求,或者另案处理。

我们应厘清哪些抗辩权可以在仲裁程序中提出来。《合同法》第66[①]、67[②]、68条[③]所规定的同时履行抗辩、先履行抗辩和不安抗辩都可以在仲裁程序中提出,用以对抗仲裁请求。常有仲裁员认为这些抗辩权应当以仲裁反请求的形式提出,否则其不予审理。我们认为这是错误的。这种认识在很多情况下都是因为仲裁员和当事人之间利益分歧所引发的。仲裁员按仲裁委员会收到的仲裁费提取报酬。如果仲裁费已经固定,仲裁员当然不愿意在报酬业已固定的情况下,多花精力审理案件。有的仲裁员可能认为既然申请人交了仲裁费,就审申请人的请求;至于被申请人的答辩,由于没有支付仲裁费,当然也不应审理。而被申请人则认为,既然三种抗辩是法定抗辩权,当然无需再主动提出仲裁反请求,无需再支付仲裁费。

我们假设这样一宗案件:仲裁申请人依据合同约定的明确付款期限提出仲裁请求,要求裁决被申请人支付货款,并承担违约责任。而被申请人则答

---

① 《合同法》第66条:“当事人互负债务,没有先后履行顺序的,应当同时履行。一方在对方履行之前有权拒绝其履行要求。一方在对方履行债务不符合约定时,有权拒绝其相应的履行要求。”

② 《合同法》第67条:“当事人互负债务,有先后履行顺序,先履行一方未履行的,后履行一方有权拒绝其履行要求。先履行一方履行债务不符合约定的,后履行一方有权拒绝其相应的履行要求。”

③ 《合同法》第68条:“应当先履行债务的当事人,有确切证据证明对方有下列情形之一的,可以中止履行:(一) 经营状况严重恶化;(二) 转移财产、抽逃资金,以逃避债务;(三) 丧失商业信誉;(四) 有丧失或者可能丧失履行债务能力的其他情形。当事人没有确切证据中止履行的,应当承担违约责任。”

辩货物质量不合格,不应支付货款。实际上,双方的争议就一个,就是该不该付货款。如果按照“谁交钱审谁的请求”的逻辑,被申请人就得提出仲裁反请求,确认货物质量不合格,确认有权行使抗辩权。这相当于仲裁委员会为解决一个纠纷而收了双份的仲裁费。这是不合常理、令人无法接受的。

当事人应当认识到不同合同之间产生的债务相抵销的抗辩在仲裁程序中一般不能主张。《合同法》第 99 条规定:“当事人互负到期债务,该债务的标的物种类、品质相同的,任何一方可以将自己的债务与对方的债务抵销,但依照法律规定或者按照合同性质不得抵销的除外。当事人主张抵销的,应当通知对方。通知自到达对方时生效。抵销不得附条件或者附期限。”根据前述规定,行使抵销权是当事人的法定权利。但在仲裁程序中,如果申请人依据一份合同提起仲裁请求,而被申请人主张以另一份合同项下的债务相抵销的,因两份合同的仲裁协议相互独立,仲裁庭无权审查另一份合同项下的债务情况,自然也无权确认抵销权抗辩成立与否。

但若有以下特殊情况,可例外处理:(1) 如果另一份合同项下的债务业已经过诉讼或仲裁程序的认定,该债务情况无需仲裁庭审理、认定,仲裁庭可以将已经认定的债务作为一项事实,在前一份合同的纠纷中径行认定债务抵销是否成立。(2) 如果当事人就两份合同签署了一份仲裁协议,仲裁庭有权审查另一份合同的债务的成立情况,但此时需要当事人就此提出仲裁反请求。

第二节　仲裁反请求的提出、受理及答辩

被申请人如有仲裁反请求,应在仲裁规则规定的期限内向仲裁委员会书面提出。仲裁反请求立案所应提交的文件与提起仲裁请求所提交的文件一致,不再赘述。请阅第九章第二节的介绍。

经仲裁委员会审查,认为仲裁反请求立案符合条件的,仲裁委员会向仲裁被申请人签发交费通知书。仲裁被申请人按照交费通知书的指示全额预交仲裁费用后,仲裁委员会正式受理仲裁反请求。其后,仲裁委员会向被申请人送达案件受理通知等文件,向申请人送达答辩通知等文件。申请人应按照答辩通知的指示向仲裁委员会提交答辩书。这与仲裁本请求的处理流程一致。

在案件审理过程中,仲裁庭会将仲裁本请求与反请求合并审理。当事人

或者代理律师向仲裁庭提交的辩论意见也可以将本请求和反请求的意见在一份意见书中论述,不必分列两个文件。仲裁庭在作出裁决时,通常都将仲裁反请求和本请求的裁决在一份仲裁裁决书中作出。

第十一章　合并审理

第一节　合并审理的四个要素

合并审理在《仲裁法》和贸仲《仲裁规则》(2005版)中均无规定。北仲《仲裁规则》(2008版)第27条规定了“合并审理”。该条规定:“(一)仲裁标的为同一种类或者有关联的两个或者两个以上的案件,经一方当事人申请并征得其他当事人同意,仲裁庭可以决定合并审理。(二)仲裁庭组成人员不同的案件,不适用前款规定。”合并审理在仲裁程序中应用不多,主要是由仲裁保密性要求所决定的。合并审理有以下四个要素:

第一,合并审理的各宗案件是相互独立,但可能类型相同,或者相互关联。

合并审理的各宗案件是单独立案,并且完全可以单独审理的案件。将这些案件合并在一起审理完全是为了方便当事人和仲裁庭。在案件之间相互独立之外,各宗案件之间或者类型相同,或者相互关联。所谓类型相同,就是纠纷的法律关系相同。比如,争议双方之间曾就棉花进出口签订了若干份进出口合同。因为买方没有依约支付几笔货款,而被卖方诉至仲裁委员会。这时,卖方提起了几宗案件类型相同都是棉花买卖合同纠纷案件。所谓各宗案件相互关联,是指各宗案件之间所处理的法律关系存在关联关系。比如,在一宗商品房买卖合同纠纷中,卖方向仲裁委员会提起仲裁,请求裁决买方支付拖欠的房价款。买方没有提起反请求,而是单独立案,请求裁决因房屋质量不合格而解除双方的商品房买卖合同纠纷。在此情况下,买卖双方之间的价款纠纷和解除合同纠纷是相互关联的纠纷。如果仲裁庭认定合同应当解除,则卖方的仲裁请求就不应当支持。如果仲裁庭支持了卖方的仲裁请求,就不应当支持买方的请求。如果各宗案件之间既不相似,也不存在关联关系,一般情况下不可能合并审理。

第二,合并审理的各宗案件当事人之间一般会重叠。通常情况下,如果各宗案件当事人完全不相同,这些案件几乎不可能合并审理。因为各宗案件的当事人会觉得将与自己毫无关系的案件合并在一起审理会影响审理案件的质量。而且当事人也不愿意将纠纷通过合并审理的方式公开。有两种常出现当事人重叠的情形。第一种是当事人完全重叠的情况。主要是案件是争议双方之间的相同类型系列案件或关联案件。第二种是一方当事人身份重叠的情况。比如,合并审理的各宗案件中一方当事人相同,而对方当事人不同,各宗案件之间类型相同。这种案件最常出现在商品房买卖合同纠纷案件中,多个买受人分别针对同一个出卖人提起仲裁,而且其仲裁请求所依据的事实和理由也基本相同。还有一种一方申请人重合的情形,即当合并审理的案件之间存在关联关系,且案件一方当事人相同。最常见的案件类型是建设工程质量纠纷案件。在这类案件中,发包方针对承包方提起仲裁请求,而承包方又向分包方提起仲裁请求。两案件都是针对同一个建设工程,存在关联关系;而且承包方在两宗案件中重叠。如果各方均同意,仲裁庭可以合并审理。

第三,案件当事人都同意合并审理。案件合并审理一定是基于当事人同意的。如果没有全部当事人的同意,仲裁庭绝对不可以合并审理。如果合并审理,就构成了违反程序。仲裁裁决就面临被撤销的可能。

第四,被合并审理的案件的仲裁庭是同一个合议庭。如果仲裁庭不同,就无法合并审理。不可能将两个或多个仲裁庭组织到一起合并审理案件。

以上就是合并审理的四个要素。在确定一宗案件是否可以合并审理时,这四个要素是最重要的判断指标。虽然贸仲的仲裁规则没有规定合并审理,如果案件符合这四个指标,基于尊重当事人意思自治的原则,仲裁庭也可能会合并审理。

第二节　合并审理的程序

合并审理始于一方当事人的申请,即一方当事人向仲裁庭提出将两宗或两宗以上案件合并审理的申请。实践中,合并审理也常由仲裁庭提出合并审理意向,征求各方当事人同意后进行。实际上,为节省时间,尽速完成任务,仲裁庭提议合并审理的几率远高于当事人提出合并审理。

合并审理这一申请可以在立案时就提出；也可以在立案以后，仲裁庭组成之前提出；还可以在仲裁庭组成之后提出。越早提出合并审理申请，可能越有利于申请的受理。如果合并审理的申请在仲裁庭组庭之前提出，仲裁委员会则没有权利直接决定是否合并审理，这要留待仲裁庭来决定。但仲裁委员会会考虑两宗案件的关联度，判断是否适宜在两宗案件中指定相同的首席仲裁员（如果当事人无法共同选定首席仲裁员）。如果当事人选定的仲裁员与首席仲裁员在两宗案件中均相同，那就为仲裁庭决定合并审理作了很好的铺垫。仲裁庭组成以后，或者当事人向仲裁庭提出合并审理的申请，或者仲裁庭建议当事人合并审理，并征求当事人同意。如果当事人、仲裁庭都同意合并审理的，则仲裁庭合并审理两宗或多宗案件。

庭审中，仲裁庭一般不会将各宗案件的审理程序混合进行。各宗案件仍然需要单独、分别进行各自的陈述、举证、质证和辩论等程序。合并审理的好处主要有三：第一，节省时间；第二，有利于查明案件事实；第三，有利于促进调解和和解。节省时间无需赘述。将案件合并审理，仲裁庭能够更为全面的了解纠纷的背景、起因和症结。在此基础上进行的仲裁调解或者和解工作就更为有的放矢；当事人所达成的调解或者和解协议更可能是一揽子解决方案。

案件合并审理过程中，当事人和律师容易犯的错误是举证。常常出现的情况是，在一宗案件中提交的证据本应在合并审理的另一宗案件中也举证，但当事人或者律师错误地以为在其他案件中已经举证了，又属合并审理，无需在本宗案件中再行举证。合并审理的案件毕竟是独立的案件，在合并审理程序中也有相对独立的举证质证程序。遗漏举证的潜在风险极大，殊值关注。

第十二章　仲裁财产保全

第一节　仲裁财产保全制度介绍

由中国内地的仲裁机构受理的仲裁案件，一方当事人因另一方当事人的行为或者其他原因，可能导致仲裁裁决不能执行或者难以执行的，可以向中国内地有管辖权的法院申请财产保全。[①] 在理解仲裁财产保全制度时，应格外关注以下几点：

1. 不适用于境外仲裁机构在中国内地进行的仲裁

由于仲裁财产保全是由《仲裁法》规定的，而目前通行的法律实践是《仲裁法》仅适用于中国内地仲裁机构的国内仲裁和涉外仲裁。中国法院根据仲裁机构的国籍，而非仲裁地，确定仲裁裁决的国籍。所以，境外仲裁机构在中国内地进行的仲裁属于国际仲裁，不适用《仲裁法》的规定，当然也就不适用《仲裁法》中关于财产保全的规定。

2. 没有仲裁前财产保全制度

在中国内地的民事诉讼程序中有诉前财产保全制度。该制度的法律依据是《民事诉讼法》第93条第1款的规定，即利害关系人因情况紧急，不立即申请财产保全将会使其合法权益受到难以弥补的损害的，可以在起诉前向人民法院申请财产保全措施。前述法律规定将诉前财产保全限定于诉讼程序中。

仲裁财产保全应按照《仲裁法》第28条第2款办理，即“当事人申请财产保全的，仲裁委员会应当将当事人的申请依照民事诉讼法的有关规定提交人

---

① 《仲裁法》第28条第1款。

民法院”。根据前述规定,财产保全应由仲裁委员会转递给人民法院。而仲裁委员会在受理当事人仲裁申请之前不可能向人民法院转递当事人的财产保全申请。如果当事人希望申请财产保全,必须是已经提交了仲裁申请、预交了仲裁费,并已经获得了立案受理。因此,《仲裁法》中的财产保全是仲裁程序中的财产保全。

3. 当事人无需就不能执行或难以执行仲裁裁决举证

虽然《仲裁法》将申请仲裁财产保全的理由表述为“因另一方当事人的行为或者其他原因,可能导致仲裁裁决不能执行或者难以执行”,在申请财产保全时,法院并不要求财产保全申请人就“因另一方当事人的行为或者其他原因,可能导致仲裁裁决不能执行或者难以执行”进行举证;只要申请人陈述前述理由即可。实际上,如果要求申请人对此进行举证,就相当于实质性地排除了当事人申请财产保全的权利。因为在中国内地的仲裁或诉讼案件中,要证明这一点几乎是不可能的。

4. 当事人、仲裁委员会、仲裁庭和法院在财产保全程序中的分工

根据《仲裁法》第28条的规定,启动财产保全程序的只能是仲裁程序的当事人,而不能是其他任何人。而这个当事人也只能是仲裁请求的申请人或仲裁反请求的申请人。仲裁程序的被申请人如果不提出仲裁反请求,其无权提出财产保全申请。

当事人提出财产保全申请以后,仲裁委员会仅负有将文件转递给管辖法院的职责。除此以外,仲裁委员会无任何职权或义务。

无论在当事人提出财产保全申请时仲裁庭是否已经组成,仲裁庭都无权就财产保全作出任何决定。在中国内地仲裁庭无权就中间措施(财产保全和证据保全等)作任何命令或决定。

收到仲裁委员会转递的财产保全申请文件以后,有管辖权的人民法院依据职权作出财产保全裁定,并采取财产保全措施。

第二节 财产保全的申请、受理

一、向仲裁委员会的办案秘书提交财产保全申请

当事人提出财产保全申请,应当将财产保全申请文件提交仲裁委员会指定的承办仲裁案件的秘书,而不是仲裁庭或仲裁委员会其他任何人。一般情况下,办案秘书在接收财产保全申请文件时都会出具文件接收的收据。这份

收据是当事人已经提交财产保全申请及仲裁委员会有义务依法转递财产保全申请的证据。当事人应妥善保管。

二、财产保全申请文件

提出财产保全申请时，当事人应向仲裁委员会提交以下文件：

（1）财产保全申请书原件，一式两份；

（2）仲裁申请书或仲裁反请求申请书、证据、授权委托书、企业法人营业执照或境外企业存续证明文件、法定代表人身份证明书原件，一式一份；

（3）财产线索清单。这是仲裁实务中建议提交的文件，而不是法定文件。当事人可以在申请财产保全时提交，也可以在法院受理财产保全申请以后直接提交给法院。

三、财产保全申请书中建议列明的内容

中国内地法律、司法解释和仲裁委员会的仲裁规则都没有对仲裁财产保全申请书的内容提出要求。如果是民事诉讼财产保全申请书，一般不需要列明诉讼请求以及诉讼请求所依据的事实和理由，只要提出财产保全申请即可。因为审查财产保全的法庭就是审判争议的法庭。

但仲裁财产保全的情况则不一样。仲裁庭审查争议双方的纠纷，而法院则审查是否满足财产保全的条件。审查主体不同。所以，我们通常建议仲裁当事人在仲裁申请书中详细列明：争议发生的背景、仲裁请求、仲裁请求的理由、申请进行财产保全的金额或标的。

需注意的是，申请财产保全的金额不能超过仲裁请求的金额。如果仲裁请求是返还物品，或者其他财产权利的，比如商标权、股权等，财产保全的范围一般限定于返还的标的。

四、仲裁委员会转递财产保全申请文件

接到当事人财产保全申请以后，仲裁委员会的办案秘书会将当事人提交的财产保全申请书、仲裁申请书或仲裁反请求申请书、证据、授权委托书、企业法人营业执照或境外企业存续证明文件、法定代表人身份证明书各一份转递给管辖法院。当事人提交的另一份财产保全申请书留仲裁委员会的仲裁案卷中备案。

除以上文件外，仲裁委员会还会制作专门的致管辖法院的函件和文件送达回执一份，随财产保全申请书等文件一并转递法院。该致管辖法院的函件

主要函告法院仲裁案件立案及当事人申请财产保全的情况。

财产保全申请文件无需送达给财产保全的被申请人。仲裁委员会或仲裁庭也没有义务告知财产保全的申请、文件转递、受理及其他进展情况。

第三节　财产保全的受理及财产措施

一、管辖法院

根据最高人民法院《关于实施〈中华人民共和国仲裁法〉几个问题的通知》和最高人民法院《关于执行工作若干问题的规定》第 11、12 条之规定，在仲裁程序中，当事人申请财产保全的，国内仲裁案件由被申请人住所地或者财产所在地的基层人民法院管辖；属涉外仲裁案件的，由被申请人住所地或者财产所在地的中级人民法院管辖。

二、财产保全担保

《民事诉讼法》第 92 条第 2 款规定："人民法院采取财产保全措施，可以责令申请人提供担保；申请人不提供担保的，驳回申请。"最高人民法院《关于适用〈中华人民共和国民事诉讼法〉若干问题的意见》第 317 条规定："依照民事诉讼法第二百五十八条规定，我国涉外仲裁机构将当事人的财产保全申请文件提交人民法院裁定的，人民法院可以进行审查，决定是否进行保全。裁定采取保全措施的，应当责令申请人提供担保，申请人不提供担保的，裁定驳回申请。"根据前述规定，法院可以要求国内仲裁的财产保全申请人提供担保，但涉外仲裁的财产保全申请人必须提供财产保全担保。

《民诉意见》第 98 条规定："人民法院依照民事诉讼法第九十二条、第九十三条规定，在采取诉讼财产保全和诉讼财产保全申请时责令申请人提供担保的，提供担保的数额应相当于请求保全的金额。"根据前述规定，法院要求提供财产保全担保的，应为全额担保。

但在仲裁实务中，法院通常不论国内仲裁还是涉外仲裁都要求当事人提供财产保全担保。而财产保全担保也未必是全额担保。各法院对担保额占保全额的比例有不同的要求，对担保财产也有不同的规定。一般而言，法院都愿意接受现金担保。即要求当事人将一定金额的人民币存入法院专门账户。如果当事人拒绝按照法院的要求提供财产保全担保，法院很可能将驳回财产保全申请。法院作出的驳回财产保全申请决定不能上诉。

三、保全财产线索的举证责任

最高人民法院《关于人民法院执行工作若干问题的规定(试行)》第28条第1款规定:“申请执行人应当向人民法院提供其所了解的被执行人的财产状况或线索。被执行人必须如实向人民法院报告其财产状况。”在执行实务中,很多执行员将前述规定理解为财产保全申请人负有向法院提供被保全财产线索的举证责任;如果申请人不能提供财产线索,其不利后果由申请人自行承担。在实践中,这种认识很普遍。法院也很少主动去查询被保全财产的情况。财产保全申请人对此应有所预期,并在准备申请财产保全之前就应当尽量查找被保全财产的线索。查得的财产线索越多,对接下来进行的财产保全越有利。

四、财产保全裁定

法院受理财产保全申请,经审查符合财产保全条件的,将作出财产保全裁定。法院的执行员根据财产保全裁定采取具体的财产保全措施。财产保全被申请人不得就财产保全裁定提起上诉,但可以申请法院复议一次。复议期间不停止裁定的执行。如果案外第三人认为财产保全裁定或具体的财产保全措施侵害其权利的,也可以提出异议。

五、财产保全具体措施

具体的财产保全措施主要包括:查封、冻结、扣押、变卖保存价款等。前述财产保全措施根据被保全的财产不同而不同。简要介绍如下:

(1) 如被保全财产是不动产的,法院对该不动产采取查封措施。查封时,法院应当张贴封条或公告。如果该不动产已经进行了权属登记(如房屋或土地的权属登记),法院应当向权属登记部门送达财产保全的裁定、协助执行通知。

(2) 如被保全财产是银行存款、股票、基金、期货等账户的,法院采取冻结措施。

(3) 如被保全财产是动产的,如家具、电器等,法院采取扣押或查封措施。如被保全的动产在权属登记部门进行了权属登记,法院应向权属登记部门送达协助执行通知和财产保全裁定。

(4) 如果被保全的财产属于季节性不宜保存的鲜活物品,如蔬菜、鱼、海鲜等,法院可以采取变卖物品,保存价款的方式进行财产保全。

法院冻结被申请人的银行存款及其他资金的期限不得超过6个月，查封、扣押动产的期限不得超过1年，查封不动产、冻结其他财产的期限不得超过2年。申请人申请延长期限的，法院应当在查封、扣押、冻结期限届满前办理续行查封、扣押、冻结手续，续行期限不得超过欠款规定期限的1/2。[①]

六、财产保全申请错误的赔偿责任

申请财产保全不是没有风险的。如果申请财产保全错误，申请人应当赔偿被申请人因财产保全所遭受的损失。[②] 在理解申请财产保全错误的赔偿责任时，应注意以下几点：

第一，产生的错误是不该申请而申请的错误。如果财产保全的申请人在仲裁案件中败诉，一般情况下就可以认定申请人申请错误。

第二，被申请人的财产受到了实际财产损失。这里应当注意的是，法院通常在认定保全错误所造成的损失时，一般严格限定为实际的财产损失，而不包括其他损失。

第三，被申请人所受到的实际财产损失是因申请人申请错误导致的，而非法院错误保全造成的。有时被申请人所受到的实际财产损失是因法院的错误保全造成的，而非申请人错误申请造成的。比如法院超标的查封，导致被申请人财产损失的，应由法院承担责任。

---

① 最高人民法院《关于人民法院民事执行中查封、扣押、冻结财产的规定》第29条。

② 《仲裁法》第28条第3款。

第十三章　证据保全

第一节　证据保全制度介绍

由中国内地的仲裁机构受理的仲裁案件，在证据可能灭失或者以后难以取得的情况下，当事人可以向有管辖权的法院申请证据保全。在理解证据保全制度时，应注意以下几点：

1．不适用于境外仲裁机构在中国内地进行的仲裁

由于仲裁证据保全是由《仲裁法》规定的，而《仲裁法》仅适用于中国内地仲裁机构的国内仲裁和涉外仲裁。中国法院根据仲裁机构的国籍，而非仲裁地，确定仲裁裁决的国籍。所以，境外仲裁机构在中国内地进行的仲裁属于国际仲裁，不适用《仲裁法》的规定，当然也就不适用《仲裁法》中关于证据保全的规定。

2．证据保全是在仲裁申请业已受理的情况下的中间措施

仲裁申请没有正式受理，就不会有仲裁程序的证据保全。这和仲裁程序的财产保全是一样的。

3．证据保全申请不限于仲裁申请人

有权提出证据保全申请的不限于仲裁申请人，也包括被申请人。但是除申请人和被申请人之外的任何人或组织，包括仲裁庭、仲裁委员会，都无权申请证据保全。

4．证据保全申请人需详述证据保全的理由

在提出证据保全申请时，申请人需充分说明证据可能灭失或者以后难以取得的理由。这有利于管辖法院在审查证据保全申请时能够准确判断是否

需受理证据保全申请。

5. 当事人、仲裁委员会、仲裁庭和法院在证据保全程序中的分工

根据《仲裁法》第46条的规定,启动证据保全程序的只能是仲裁的当事人,而不能是其他任何人。当事人提出证据保全申请以后,仲裁委员会仅负有将文件转递给管辖法院的职责。除此以外,仲裁委员会无任何职权或义务。

无论在当事人提出证据保全申请时仲裁庭是否已经组成,仲裁庭都无权就证据保全作出任何决定。在中国内地仲裁庭无权就中间措施(财产保全和证据保全等)作任何命令或决定。

收到仲裁委员会转递的证据保全申请文件以后,有管辖权的人民法院依据职权作出证据保全裁定,并采取证据保全措施。

第二节 证据保全的申请、受理

一、向仲裁委员会的办案秘书提交证据保全申请

当事人提出证据保全申请,应当将证据保全申请文件提交仲裁委员会指定的承办仲裁案件的秘书,而不是仲裁庭或仲裁委员会其他任何人。一般情况下,办案秘书在接收证据保全申请文件时都会出具文件接收的收据。这份收据是当事人已经提交证据保全申请及仲裁委员会有义务依法转递证据保全申请的证据。当事人应妥善保管。

二、证据保全申请文件

提出证据保全申请时,当事人应向仲裁委员会提交以下文件:

(1) 证据保全申请书原件,一式两份;

(2) 仲裁申请书或仲裁反请求申请书、证据、授权委托书、企业法人营业执照或境外企业存续证明文件、法定代表人身份证明书原件,一式一份;

(3) 被保全证据的信息清单。这是仲裁实务中建议提交的文件,而不是法定文件。当事人可以在申请证据保全时提交,也可以在法院受理证据保全申请以后直接提交给法院。

三、证据保全申请书中建议列明的内容

和财产保全申请一样,我们建议证据保全申请人在证据保全申请书中详

细列明:争议发生的背景、仲裁请求、仲裁请求的理由、待保全证据与本案的关联性和证明内容等。

四、仲裁委员会转递证据保全申请文件

接到当事人证据保全申请以后,仲裁委员会的办案秘书会将当事人提交的证据保全申请书、仲裁申请书或仲裁反请求申请书、证据、授权委托书、企业法人营业执照或境外企业存续证明文件、法定代表人身份证明书各一份转递给管辖法院。当事人提交的另一份证据保全申请书留仲裁委员会的仲裁案卷中备案。

除以上文件外,仲裁委员会还会制作专门的致管辖法院的函件和文件送达回执一份,随证据保全申请书等文件一并转递法院。该致管辖法院的函件主要函告法院仲裁案件立案及当事人申请证据保全的情况。

证据保全申请文件无需送达给仲裁案件的另一方当事人。仲裁委员会或仲裁庭也没有义务告知证据保全的申请、文件转递、受理及其他进展情况。

第三节　证据保全的受理和保全措施

一、证据保全的管辖法院

根据最高人民法院《关于执行工作若干问题的规定》第 11、12 条之规定,在国内仲裁过程中,当事人申请证据保全的,由证据所在地基层人民法院裁定并执行。涉外仲裁程序中的证据保全,由证据所在地的中级人民法院裁定并执行。

二、证据保全裁定

法院接受仲裁委员会转递的证据保全申请后,认为应予受理的,作出证据保全裁定。证据保全裁定是终局性的,不可上诉。在证据保全过程中真正困难的,是打消法院疑虑——待保全的证据真的有必要需由法院进行保全吗?难道申请人不能通过其他方式进行保全吗?如果法院认为待保全的证据是当事人可以自行取得的证据,法院通常不会受理证据保全申请。

第十四章　代理人

第一节　代理人资格

一、代理人资格的一般理解

仲裁代理人，是指根据法律规定或者当事人的委托，以仲裁当事人的名义，在代理权限范围内代理一方当事人进行仲裁活动的人。基于代理权的来源不同，可以将仲裁代理人分为法定代理人和委托代理人。法定代理人是指根据法律规定享有代理权的人。委托代理人是指根据当事人、法定代理人的授权委托享有代理权的人。

《仲裁法》并未明确规定法定代理制度，根据《民法通则》第 14 条“无民事行为能力人、限制民事行为能力人的监护人是他的法定代理人”的规定，仲裁法定代理人根据法律规定代理无民事行为能力人和限制民事行为能力人进行仲裁活动。法定代理人的资格必须是无民事行为能力人和限制民事行为能力人的监护人。至于监护人的范围，则可根据《民法通则》及最高人民法院司法解释的相关规定确定。

《仲裁法》第 29 条规定：“当事人、法定代理人可以委托律师和其他代理人进行仲裁活动。”此条规定了仲裁委托代理制度。《仲裁法》对委托代理人的资格并未明文规定。换言之，《仲裁法》对委托代理人的资格并未作特殊限制。贸仲《仲裁规则》(2005 版)第 16 条第 2 款规定：“中国公民和外国公民均可以接受委托，担任仲裁代理人。”可见，在贸仲《仲裁规则》中对仲裁委托代理人的资格几乎没有限制，外国公民也可以担任委托代理人。

世界上其他一些主要国家的仲裁法,例如 1996 年《英国仲裁法》、德国《民事诉讼法》、瑞典《仲裁法》、美国《统一仲裁法》等,都未对仲裁代理人的资格作出特别规定。联合国《国际商事仲裁示范法》也是如此。可见,对于仲裁代理人的资格,在仲裁法中一般不予限制,只要是具有完全民事行为能力的人,都可以接受委托成为仲裁委托代理人。这实际上是仲裁意思自治原则的必然要求。

二、北仲禁止仲裁员担任本会案件代理人的规定

在一些具体的仲裁规则、仲裁员守则或仲裁案件中,仲裁代理人的资格可能会受到限制,这主要是与利益冲突、回避事宜等有关。例如北京仲裁委员会《仲裁员守则》(2004、2006 版)第 9 条规定:"仲裁员不得在本会的仲裁案件(包括申请撤销或不予执行本会仲裁裁决的案件)中担任代理人……"也就是说,一旦成为北仲的仲裁员,该仲裁员就不得在北仲审理的仲裁案件中担任仲裁代理人。国内外绝大部分仲裁机构未作此限制。

北仲对这一禁止性规定解释如下:"关于仲裁员能否在仲裁委员会代理案件问题,一直以来争论激烈。事实上,2001 年修改《仲裁员守则》时就对这个问题展开过讨论。当时考虑到国际上并没有禁止仲裁员做仲裁案件代理人的通例,因而只是对仲裁员担任代理人的行为进行了规范,并未一律禁止。此次修改主要考虑我国实行的是机构仲裁,当事人只能从机构的仲裁员名册中选择仲裁员,而仲裁机构的仲裁员人数有限,范围较窄,加上仲裁员之间合作共事、经验交流日益频繁,因而很可能产生在此案担任代理人,在他案中又与此案仲裁员共为仲裁庭组成人员的情况。这会影响仲裁的公正性。虽然多年的工作经验表明,仲裁庭能否公正审理取决于仲裁庭成员的自身素质,而不是代理人是否是仲裁员。而且,随着仲裁员披露制度的实行,这种情况可通过仲裁员回避等措施来避免。但是,因仲裁员担任代理人,造成仲裁庭组成人员的回避,延缓案件审理进程,这对回避的仲裁员以及当事人来说很不公平,在一定程度上降低了当事人对仲裁程序公正与仲裁裁决的认同。鉴于公正是仲裁的灵魂和生命,维护当事人的合法权益是本会考虑一切问题的出发点,经过权衡利弊,我们还是决定明确禁止仲裁员代理本会的仲裁案件(包括代理执行与撤销本会仲裁裁决的案件)。另外,牺牲自身利益,对容易引发当事人合理怀疑的行为进行规避,维护仲裁委员会的公信力和仲裁员队伍的整体形象,也是仲裁员的责任。而且,做还是不做仲裁员是一种自愿的可选择的行为。我们相信广大仲裁员(包括曾在本会代理仲裁案件的仲裁

员）会理解本会的这一决定。”①

北仲的前述规定是对国内仲裁领域存在的仲裁员之间相互指定这一流弊下的一剂猛药。这样的果敢尝试毫无疑问值得赞赏。但其可能存在的副作用也值得探讨。副作用至少体现在两方面：第一，喝退了一批优秀的律师担任仲裁员。许多优秀的律师因为担心当了北仲仲裁员以后无法在北仲代理案件而不愿成为北仲的仲裁员。有些已经列入仲裁员名册的律师在平衡了在北仲代理案件的现实收益和担任仲裁员的现实收益之后，可能会选择放弃北仲仲裁员资格。要知道，这些律师只是想维持安身立命的律师费收入。这不是为私利而弃大义。第二，流失了一些案源。有的仲裁员律师会建议其当事人将争议解决约定到其他仲裁机构。这样，他即可以既不违反北仲的禁止性规定，也会照样在其他仲裁委员会的案件中担任代理人收取律师费。另外，北仲的这一举措也不能杜绝仲裁员之间的相互指定。变相的相互指定仍然可以在仲裁员之间输送不正当利益。个别资深的、活动能力强的仲裁员律师表面上不会代理仲裁案件。他们在谈妥客户以后，安排他们在律师事务所中的合伙人、同事代理案件。律师仲裁员会指示代理人选定与其关系好、有互利关系仲裁员担任本案的仲裁员。这样，变相的相互指定完成了变脸过程。它对仲裁公正性的根本性影响是可想而知的。

北仲尝试的收效如何，这需要时间检验。同时，也需要做大量的实证研究。实证研究中，有四项重要指标值得关注：第一，北仲的这一禁止性规定在多大程度上受到当事人及其代理人的认可。第二，北仲因为这一禁止性规定在多大程度上流失（包括可成为而未成为以及已经成为而放弃资格的）了优秀的律师仲裁员；第三，北仲因为这一禁止性规定在多大程度上流失了案源；第四，变相的相互指定是否因这一禁止性规定而变得更猖獗。

另一个值得关注的问题是，北仲为何禁止本会仲裁员代理执行与撤销本会仲裁裁决的案件。狭义解释，北仲的仲裁员不得在其自己裁决的仲裁案件后续执行程序或撤销程序中担任代理人。这无可厚非。广义理解，北仲的仲裁员不得在执行或撤销北仲任何仲裁裁决程序中担任代理人。显然，从文义解释看，本条应采用广义解释。但我们未见北仲对这一规定的说明。我们也很难从公正和效率的角度为这一规定找到合理性依据。揣摩其含义，北仲似

① 王红松：《关于北京仲裁委员会〈仲裁员守则〉、〈仲裁员聘用管理办法〉、〈关于提高仲裁效率的若干规定〉的修改说明》，载 http://www.bjac.org.cn/arbiter/2004smn.html，2010 年 9 月 3 日访问。

乎担心其仲裁员因掌握更多的内部信息而在仲裁执行程序和撤销程序中对北仲构成不利的影响。从公开、公平、公正的角度考虑，这一禁止性规定没有多少存在的必要。

三、《律师和律师事务所违法行为处罚办法》(2010年)对律师仲裁员担任代理人的规定

值得注意的是，司法部《律师和律师事务所违法行为处罚办法》(2010年)第7条规定："有下列情形之一的，属于《律师法》第四十七条第三项规定的律师'在同一案件中为双方当事人担任代理人，或者代理与本人及其近亲属有利益冲突的法律事务的'违法行为：……(五)曾经担任仲裁员或者仍在担任仲裁员的律师，以代理人身份承办本人原任职或者现任职的仲裁机构办理的案件的。"《律师法》第47条第三项规定："律师有下列行为之一的，由设区的市级或者直辖市的区人民政府司法行政部门给予警告，可以处五千元以下的罚款；有违法所得的，没收违法所得；情节严重的，给予停止执业三个月以下的处罚：……(三)在同一案件中为双方当事人担任代理人，或者代理与本人及其近亲属有利益冲突的法律事务的……"

以上规定可似乎可作两种文义理解。第一种：如果律师同时具有或曾经具有仲裁员身份，那么他就不得以代理人身份承办原任职或现任职的仲裁机构办理的案件，否则就是违法行为，要受到司法行政部门的行政处罚。换言之，如果某位律师担任过一个仲裁委员会的仲裁员，他将永远不得在该仲裁机构的任何案件中担任代理人。这实际上也是对律师仲裁员在仲裁案件中代理人资格的最苛刻限制。其苛刻程度让人无法理解。第二种：如果律师同时具有或曾经具有仲裁员身份，那么他就不得以代理人身份承办他自己在原任职或现任职的仲裁机构中曾经办理的案件。换言之，律师不能在同一宗案件中，担任了仲裁员，再担任代理人。这种解释与此前的立法一脉相承。

前述办法出台以后，很多身为律师的仲裁员感到其业务可能会受到重大影响。有仲裁机构也与司法部沟通，希望对此条作出狭义的解释，即第二种解释。目前，没有见到官方的解释意见。从立法技术角度看，这条规定的文义含混不清。这也必然造成日后适用尺度的混乱。

从立法权限角度看，如果按照第一种文义解释，该规定存在违反《中华人民共和国立法法》(以下简称《立法法》)之嫌疑。《立法法》第71条规定："国务院各部、委员会、中国人民银行、审计署和具有行政管理职能的直属机构，可以根据法律和国务院的行政法规、决定、命令，在本部门的权限范围

内，制定规章。部门规章规定的事项应当属于执行法律或者国务院的行政法规、决定、命令的事项。”显然，本办法作为司法部的部门规章，应当在法律的框架内，为执行法律而制定。但如果按照第一种文义解释，本办法已经明显超过《仲裁法》和《律师法》对代理人所作的规定，属于明显超越立法权限立法。

第二节　境外律师代理仲裁程序

贸仲《仲裁规则》(2005 年版)第 16 条第 2 款规定:“中国公民和外国公民均可以接受委托，担任仲裁代理人。”北仲《仲裁规则》(2008 年版)没有仲裁代理人资格的规定。中华人民共和国司法部《外国律师事务所驻华代表机构管理条例》第 15 条规定外国律师事务所及其代表机构只能从事不包括中国法律事务的五类活动。中华人民共和国司法部《关于执行〈外国律师事务所驻华代表机构管理条例〉的规定》第 32 条规定:“下列行为，应当认定为条例第十五条规定的‘中国法律事务’:……(二) 就合同、协议、章程或其他书面文件中适用中国法律的具体问题提供意见;(三) 就适用中国法律的行为或事件提供意见和证明;(四) 在仲裁活动中，以代理人身份对中国法律的适用以及涉及到中国法律的事实发表代理意见或评论……”根据以上规定可知:

1. 驻华代表机构的外国律师不得代理境内仲裁机构审理的涉及中国法律适用的仲裁案件①;

2. 根据前述立法精神，如果由中国境内仲裁委员会受理的仲裁案件适用中国法律，即使一个外国律师不是注册于驻华代表机构，该外国律师也不得代理该宗仲裁案件;

3. 如果境内仲裁机构审理一宗适用外国法律的涉外仲裁案件，外国律师可以作为代理人以律师身份出庭。

而相比之下，香港《仲裁条例》第 2F 则规定:“为免生疑问，《法律执业者条例》(第 159 章)第 44、45、47 条不适用于——(由 1998 年第 315 号法律公告修订)(a) 仲裁程序;(b) 为仲裁程序所作的意见及提供及文件拟备;(c) 就仲裁程序作出的任何其他事情，但如该事情与仲裁协议所产生的法律程序或与进行仲裁程序期间所产生的法庭程序有关的，或是与仲裁程序所导致的

---

① 如果外国律师仅对案件事实及国际惯例发表意见，似乎仍有可以回旋的余地。

法律程序有关的，则不在此限。”《法律执业者条例》第44、45、47条规定了不是律师不得以律师身份行事，不是大律师不得以大律师身份行事，不是律师不得拟就法律文书。根据前述规定，在HKIAC仲裁中，“当事人可以自由选择代表、顾问和律师，无论其资格和国籍如何。”“在这方面，香港是亚洲最自由的地方之一。但是向法院提出任何与仲裁有关的申请，必须由有香港律师或大律师资格的事务所或出庭律师代理。”①

第三节　授权委托手续文件

仲裁程序代理人依据授权委托书的授权范围代理仲裁案件。一个实务中常出现的问题是：外国当事人在境外签署的授权委托书是否要作公证和认证？我国《仲裁法》对此未作规定。很多仲裁机构都认为代理人提供了授权委托书的原件即满足了真实性的初步要求，无需办理公证、认证手续；如果对方当事人对授权委托书的真实性有异议，需提供反驳证据。这种观点确有道理。因为仲裁毕竟不同于诉讼，将诉讼的严格程序要求强加于仲裁，会使仲裁诉讼化，丧失其应有的特征。

但必须注意的是，我国法院在对仲裁司法审查时，似乎认为境外形成的授权委托书应当办理公证、认证手续。一个典型的案例是香港中华药业生物科学有限公司申请撤销中国国际经济贸易仲裁委员会〔2008〕中国贸仲京裁字第0044号裁决案。

附14-1

最高人民法院《关于撤销中国国际经济贸易仲裁委员会〔2008〕中国贸仲京裁字第0044号裁决的请示》的复函（〔2009〕民四他字第1号）

北京市高级人民法院：

你院京高法〔2008〕373号《关于撤销中国国际经济贸易仲裁委员会〔2008〕中国贸仲京裁字第0044号裁决的请示》收悉，经研究，答复如下：

你院请示认为，香港中华药业生物科学有限公司（以下简称中华药业公司）未在参加仲裁程序前达成仲裁条款或者签署仲裁协议。主要理由在于中华药业公司的受托人北京中盛律师事务所刘会利律师提交给中国国际经济贸易仲裁委员会（以下简称贸仲）的第一、二份“授权委托书”没有办理公证手续；第三份“授权委托书”虽然在

---

① 莫石、郑若骅：《香港仲裁实用指南》，法律出版社2004年版，第30页。

仲裁庭开庭后作了公证手续，但中华药业公司没有对刘会利律师参加仲裁的行为进行追认。据此认为中华药业公司并未表示接受贸仲的管辖，应撤销贸仲作出的仲裁裁决。

本案的焦点在于中华药业公司是否接受仲裁庭的管辖。从你院请示报告所述事实看，尽管中华药业公司因刘会利律师提交仲裁庭的第一、二份“授权委托书”未办理公证手续而否认了其效力，但在仲裁庭开庭时，因汕头市欣源贸易有限公司（以下简称欣源公司）对刘会利律师提交的“授权委托书”未办理公证手续提出异议，刘会利律师当庭表示庭后补办手续，其并未对仲裁庭的管辖提出异议。嗣后，刘会利律师按照自己的承诺补办了第三份“授权委托书”并进行了公证。该委托书手续补办完整后，为仲裁庭所接受。对此，可以认为中华药业公司对刘会利律师参加仲裁的行为进行了追认。

《中华人民共和国仲裁法》第 20 条第 2 款规定：“当事人对仲裁协议效力有异议的，应在仲裁庭首次开庭前提出。”刘会利律师于仲裁庭开庭时，并未提出管辖权异议，而是进行了实体答辩。根据《中国国际经济贸易仲裁委员会仲裁规则》（2005 版）第 8 条规定：“一方当事人知道或者理应知道本规则或仲裁协议中规定的任何条款或情事未被遵守，但仍参加仲裁程序或继续进行仲裁程序而且不对此不遵守情况及时地、明示地提出书面异议的，视为放弃其提出异议的权利。”据此，可以认为中华药业公司放弃了提出异议的权利，仲裁庭对本案享有管辖权。综上，香港中华药业生物科学有限公司以仲裁管辖权为由申请撤销，其理由不能成立。

此复。

最高人民法院

2009 年 3 月 18 日

附 14-2

北京市高级人民法院《关于撤销中国国际经济贸易仲裁委员会〔2008〕中国贸仲京裁字第 0044 号裁决的请示》（京高法〔2008〕373 号）

最高人民法院：

我院收到北京市第二中级人民法院《关于中国国际经济贸易仲裁委员会〔2008〕中国贸仲京裁字第 0044 号裁决案的请示》后，经我院审查认为，中国国际经济贸易仲裁委员会在案件审理过程中程序不当，该案裁决的作出存在《中华人民共和国民事诉讼法》第 258 条第 1 款第（一）项规定的情形，应予撤销。现将有关情况报告如下：

一、当事人基本情况

申请人（原仲裁被申请人）：香港中华药业生物科学有限公司（以下简称香港中华药业生物公司），住所地：香港特别行政区金钟道 89 号力宝中心第 1 座 3202A 室。

法定代表人:汪世华,董事。

委托代理人:王长东,北京市康达律师事务所律师。

委托代理人:朱金芳,北京市康达律师事务所律师。

被申请人(原仲裁申请人):汕头市欣源贸易有限公司(以下简称汕头欣源公司),住所地:广东省汕头市汕樟路市第三水厂北侧配套楼A、B座。

法定代表人:周木丰,总经理。

委托代理人:项宏礼,男,汉族,1939年11月30日出生,汕头市欣源贸易有限公司顾问。

委托代理人:胡啸,北京莫少平律师事务所律师。

被申请人(仲裁被申请人):四川蜀乐药业股份有限公司(以下简称四川蜀乐公司),住所地:四川省乐山市犍为县玉津镇凤凰路北段。

二、案件基本情况

(一) 案情

2002年8月24日,四川蜀乐公司与汕头欣源公司签订《合作合同书》,约定双方共同将四川蜀乐公司内输液一车间A线改造为塑胶瓶输液车间,凡因执行本合同所发生的或与本合同有关的一切争议……调解不成的,应提交中国国际经济贸易仲裁委员会仲裁。

2002年8月25日,四川蜀乐公司与汕头欣源公司签订《塑胶瓶输液生产车间经济责任承包书》,约定双方将合作改建的塑胶瓶输液生产车间交由四川蜀乐公司承包经营。该合同同样约定凡因执行本合同所发生的或与本合同有关的一切争议……调解不成的,应提交中国国际经济贸易仲裁委员会仲裁。

2002年12月8日,香港中华药业有限公司(香港中华药业生物公司的原名称)向汕头欣源公司出具《担保函》,载明:该公司自愿为汕头欣源公司与四川蜀乐公司"塑胶瓶输液生产线合作项目"中四川蜀乐公司经济责任承包行为担保。在该份《担保函》上加盖了香港中华药业有限公司的印章和汪世华的个人签字。

2003年12月23日,四川蜀乐公司与汕头欣源公司签订《补充确认书》,对四川蜀乐公司向汕头欣源公司支付固定回报的时间进行调整。

(二) 中国国际经济贸易仲裁委员会裁决结果

由于四川蜀乐公司没有支付2005年度及2006年度上半年承包金405万元人民币及滞纳金,故汕头欣源公司以四川蜀乐公司、香港中华药业生物公司为被申请人向中国国际经济贸易仲裁委员会提起仲裁,请求支付上述款项。仲裁庭认为,《合作合同书》不违反法律、行政法规以及规章的规定,应认定有效。《塑胶瓶输液生产车间经济责任承包书》不涉及违反国家有关药品生产、销售的法律问题,应认定有效。《补充确认书》是对《塑胶瓶输液生产车间经济责任承包书》的细化,亦应认定有效。四川蜀乐公司未按《塑胶瓶输液生产车间经济责任承包书》和《补充确认书》的约定支付承包金，构成违约，应当根据合同和法律的规定承担相应的责任，向汕头欣源公司支付2005年度及2006年度上半年承包金405万元人民币及滞纳金，因合同约定的每日千分之零点五滞纳金过高，调整为每日0.21‰。鉴于香港对公司印章管理并不严格，可随时更换，无须备案，况且《担保函》上的印章与香港中华药业生物公司主张鉴定的印章通过肉眼即可识别出两者的区别，故无须对印章进行鉴定。中国人民大学物证技术鉴定中心对汪世华的签字进行了鉴定。《担保函》真实、合法、有效，裁决香港中华药业生物公司对四川蜀乐公司的债务承担连带保证责任。

三、香港中华药业生物公司申请撤销仲裁裁决的理由

（一）仲裁裁决严重违背社会公共利益。汕头欣源公司与四川蜀乐公司共同改建的车间没有按照法律规定向四川省药品监督管理局办理立项批准，该生产线改造完成后，也未组织通过GMP验收。四川蜀乐公司原取得的药品GMP证书已于2005年8月17日期满，未再次申请注册及认证。该裁决直接损害了诸多合法医药生产企业的利益，也对我国正常的医药生产行业产生不良影响，势必损害社会公共利益。

（二）根据最高人民法院《关于审理联营合同纠纷案件若干问题的解答》，汕头欣源公司和四川蜀乐公司之间的法律关系应为借贷而非联营，《合作合同书》、《塑胶瓶输液生产车间经济责任承包书》及《补充确认书》无效。

（三）仲裁庭拒绝接受香港中华药业生物公司对《担保函》印章进行鉴定的申请，以致香港中华药业生物公司无法对《担保函》印章真实性问题陈述意见，直接导致裁决对本案重要证据《担保函》真实性作出了错误认定，应予撤销。

（四）仲裁庭径自裁定使用汕头欣源公司选择的鉴定材料，违反了《司法鉴定程序通则》所要求的客观性、真实性。严重损害了香港中华药业生物公司的利益，该裁决应予撤销。

（五）仲裁当事人之间没有仲裁协议

1. 香港中华药业生物公司从未与汕头欣源公司、四川蜀乐公司就仲裁裁决所涉及的事项，达成过仲裁协议或者仲裁条款，也没有任何书面证据能够证明仲裁裁决是依据香港中华药业生物公司与其他两个公司之间达成的仲裁协议而作出的。

2. 中国国际经济贸易仲裁委员会曾于2007年1月11日形成标号为〔2007〕中国贸仲京字第000355号《管辖权决定书》，其中记载有“第二被申请人于2006年11月13日寄来的关于同意管辖及指定仲裁员的函证明第二被申请人和申请人之间达成新的书面仲裁协议”，并据此认为“申请人与第二被申请人之间存在有效的书面仲裁协议，贸仲委对本案第二被申请人具有管辖权”。但香港中华药业生物公司从未向中国国际经济贸易仲裁委员会提交过类似函件，亦从未委托他人代为出具此类函件，当时更是对发生仲裁程序根本不知情，故中国国际经济贸易仲裁委员会的此类认定根本没有事实依据和法律效力。仲裁裁决是在香港中华药业生物公司与其他仲裁当事人之间没有仲裁协议的情况下作出的，其违法情形符合《中华人民共和国仲裁法》第70

条、《中华人民共和国民事诉讼法》第258条第1款第(一)项之规定,依法应当予以撤销。

(六) 香港中华药业生物公司没有得到指定仲裁员或者进行仲裁程序的通知,且由于其他不属于香港中华药业生物公司负责的原因未能陈述意见。

(七) 仲裁庭的组成以及仲裁的程序与仲裁规则不符。

(八) 仲裁程序的其他违法以及瑕疵

1. 中国国际经济贸易仲裁委员会在仲裁通知上除错误标注香港中华药业生物公司的地址外,还错误标注四川蜀乐公司的企业名称。中国国际经济贸易仲裁委员会在仲裁通知上标注仲裁第二被申请人名称为“香港中华药业集团”,且没有标注英文名称,显然与香港中华药业生物公司的正式名称有巨大差别。中国国际经济贸易仲裁委员会在仲裁裁决书中错误记载四川蜀乐公司的住所地和法定代表人信息。

2. 中国国际经济贸易仲裁委员会在《管辖权决定书》上仍然标注仲裁第二被申请人的企业名称为“香港中华药业集团”,且没有注明英文名称,再次错误标注仲裁当事人名称。

3. 中国国际经济贸易仲裁委员会在开庭之时,没有依法证实审查仲裁当事人身份,没有审查《授权委托书》的合法性、真实性,造成仲裁程序存在重大瑕疵。

4. 中国国际经济贸易仲裁委员会在审理本案过程中,就案件证据的鉴定和审查问题,亦未能充分保障当事人说明意见的权利,明显偏颇。

综上,仲裁裁决明显违反法定程序,恳请人民法院依法查明案件事实,撤销该仲裁裁决。

四、北京市第二中级人民法院意见

北京市第二中级人民法院认为,在未签订书面仲裁协议的情况下,接受中国国际经济贸易仲裁委员会管辖,属于香港中华药业生物公司特别授权范畴,而该公司并未授予其代理律师接受中国国际经济贸易仲裁委员会管辖的权限。刘会利律师出具《关于同意管辖及继续审理的函》超越其代理权限。鉴于香港中华药业生物公司并未表示接受中国国际经济贸易仲裁委员会管辖,其与汕头欣源公司、四川蜀乐公司既未在合同中订有仲裁条款,亦未在事后达成书面仲裁协议。根据《中华人民共和国民事诉讼法》第258条第1款第(一)项的规定,拟撤销中国国际经济贸易仲裁委员会作出的仲裁裁决。

五、我院处理意见

(一) 仲裁程序中存在的问题

1. 中国国际经济贸易仲裁委员会于2006年9月4日向“香港中华药业集团”邮寄《仲裁申请书》、仲裁通知、仲裁规则、仲裁员名册等材料,邮寄地址为香港中环毕打街20号会德丰大厦14楼。此次送达过程中,受送达人名称以及地址均与香港中华药业生物公司当时名称及地址不一致(当时名称为香港中华药业有限公司,地址为香港德辅道中317及319号启德商业大厦17楼1703B室)。香港中华药业生物公司否认受到上述送达材料,没有直接证据证明该公司收到上述材料。

2. 中国国际经济贸易仲裁委员会先后收到三份《授权委托书》,载明的主要内容分别是:(1) 第一份:签署时间为2006年9月25日,委托人名称为“香港中华药业有限公司”,受托人名称为北京中盛律师事务所刘会利律师和侯希玲律师;(2) 第二份:签署时间为2007年5月23日,委托人名称为“香港中华药业有限公司”,受托人名称为北京中盛律师事务所刘会利律师和丁旭律师;(3) 第三份:签署时间为2007年6月22日,委托人名称为“香港中华药业生物科学有限公司”,受托人名称为北京中盛律师事务所刘会利律师和丁旭律师,该份《授权委托书》办理了公证手续。香港中华药业生物公司认可第三份《授权委托书》的真实性、合法性,否认此前两份《授权委托书》以及《关于同意管辖及继续审理的函》系由其出具,否认刘会利律师在2006年9月至2007年6月22日期间获得了其正式授权。

3. 香港中华药业生物公司与四川蜀乐公司、汕头欣源公司未在有关合同中订立仲裁条款,亦没有证据证明香港中华药业生物公司为与四川蜀乐公司、汕头欣源公司在纠纷发生前达成书面仲裁协议。

(二) 我院同意北京市第二中级人民法院撤销本案仲裁裁决的意见

我院认为,仲裁条款、仲裁协议应由当事人自愿达成、接受。香港中华药业生物公司未在参加仲裁程序前达成仲裁条款或者签署仲裁协议。鉴于:

1. 没有证据证明香港中华药业生物公司收到有关参加仲裁的文件;

2. 第一份、第二份《授权委托书》没有公证手续,且香港中华药业生物公司否认就该两份《授权委托书》载明的事项对刘会利律师进行授权,第三份《授权委托书》亦没有对刘会利律师在2007年6月22日前参加仲裁的行为进行追认;

3. 刘会利律师向中国国际经济贸易仲裁委员会出具的《关于同意管辖及继续审理的函》并未经过香港中华药业生物公司的特别、明确授权。我院认为,香港中华药业生物公司并未表示接受中国国际经济贸易仲裁委员会的管辖。综上,根据《中华人民共和国民事诉讼法》第258条第1款第(一)项和最高人民法院《关于人民法院撤销涉外仲裁裁决有关事项的通知》的规定,我院拟报撤销中国国际经济贸易仲裁委员会作出的仲裁裁决。

以上意见妥否,请批示。

北京市高级人民法院

2008年12月19日

第十五章　仲裁庭

第一节　仲裁员的指定机构

在了解中国内地仲裁员的委任制度之前，我们先看一下联合国《国际贸易法委员会仲裁规则》（《UNCITRAL 规则》）和 HKIAC 仲裁程序中对仲裁员的委任机构的规定。《UNCITRAL 规则》第 6 条、第 7 条确定了仲裁员的指定制度。根据该项制度，仲裁员的指派当局（或称"委任机构"）可由争议双方约定，并不必然是双方选定的仲裁机构。《香港国际仲裁中心仲裁管理程序》第 3 条规定："除非当事人另有约定，香港国际仲裁中心将执行《规则》中作为委任机构的职能。"根据该规定可知：

（1）当事人可以同时约定仲裁员的委任机构和仲裁机构，如约定 STOCKHOLM（斯德哥尔摩商会仲裁院）为仲裁员的委任机构，同时约定 HKIAC 为仲裁机构。

（2）如果当事人没有约定仲裁委任机构，HKIAC 则自动成为仲裁员的委任机构。

如果当事人没有约定仲裁员的人数，应是一名或三名，由 HKIAC 决定。[①] HKIAC 在决定仲裁员人数时应考虑的因素包括：争议的金额、申索的复杂程

---

① 《仲裁条例》第 34C(5)条规定："If the parties to an arbitration agreement to which this Party applies fail to agree as to the number of arbitrators that is to determine a dispute arising under the agreement, the number of arbitrator is to be either 1 or 3 decided by HKIAC in the particular case. This subsection applies to the exclusion of article 10(2) of the UNCITRAL Model Law. (Added 75 of 1996 s. 14)"

度、各方的国籍、涉及的行业、业务或专业的任何有关惯例、现有可予委任的适合仲裁员、个案的紧急程度。①

与 HKIAC 所适用的《UNCITRAL 规则》和《香港国际仲裁中心仲裁管理程序》相反,贸仲和北仲各自仲裁规则都未规定仲裁委任机构与仲裁机构相分立的制度,即仲裁机构(无论是贸仲还是北仲)同时是委任仲裁员的机构。② 贸仲和北仲仲裁规则的这种规定源于《仲裁法》第 25、31、32、36 条的规定。换言之,中国内地法律没有授权当事人可以另行约定受案仲裁委员会之外的机构为仲裁员的委任机构。

第二节　仲裁员的选定程序

一、内地仲裁机构指定仲裁员程序

(一) 仲裁员的人数

《仲裁法》第 30 条规定:“仲裁庭可以由三名仲裁员或者一名仲裁员组成。由三名仲裁员组成的,设首席仲裁员。”根据前述规定,中国内地所有的仲裁机构受理的案件仲裁员人数或者三名或者一名。中国内地仲裁机构的仲裁规则普遍规定了“简易程序”,即凡案件争议标的低于特定金额的,应适用简易程序,由独任仲裁员组成仲裁庭。贸仲将争议金额标准确定 50 万元。③ 而北仲将争议金额标准确定为人民币 100 万元。④ 低于前述标准的,适用简易程序,独任仲裁。

(二) 独任仲裁员的选定或指定

《仲裁法》第 31 条第 2 款规定:“当事人约定由一名仲裁员成立仲裁庭的,应当由当事人共同选定或者共同委托仲裁委员会主任指定仲裁员。”第 32 条规定:“当事人没有在仲裁规则规定的期限内约定仲裁庭的组成方式或者选定仲裁员的,由仲裁委员会主任指定。”

根据前述规定,中国内地仲裁机构独任仲裁庭仲裁员的产生方式为:当

---

① 《仲裁(仲裁员及公断人的委任)规则》第 9 条。

② 参见贸仲《仲裁规则》(2005 版)第 21—24、27 条,以及北仲《仲裁规则》(2008 版)第 18、22 条之规定。

③ 贸仲《仲裁规则》(2005 版)第 50 条。

④ 北仲《仲裁规则》(2008 版)第 47 条。

事人协议选定。如果当事人无法协议共同选定,可以共同委托仲裁委员会主任指定。如果当事人在仲裁规则规定的期限内既未共同选定仲裁员,也未委托仲裁委员会主任指定仲裁员,则仲裁委员会主任有权径行指定独任仲裁员。

(三) 三名仲裁员的选定或指定

《仲裁法》第 31 条第 1 款规定:“当事人约定由三名仲裁员组成仲裁庭的,应当各自选定或者各自委托仲裁委员会主任指定一名仲裁员,第三名仲裁员由当事人共同选定或者共同委托仲裁委员会主任指定。第三名仲裁员是首席仲裁员。”

根据以上规定,内地仲裁机构三名仲裁员的产生方式如下:当事人各自选定一名仲裁员,第三名仲裁员由当事人协商一致共同选定。当事人也可以委托仲裁委员会主任指定仲裁员及/或首席仲裁员。如果当事人在仲裁规则规定的期限内未选定其各自应选定的仲裁员及/或首席仲裁员,仲裁委员会主任有权径行指定仲裁员及/或首席仲裁员。

(四) 多方当事人对仲裁员的选定

如果案件由两个或两个以上的申请人或者被申请人时(即多方当事人),多方的申请人或被申请人应当共同协商选定或者共同委托仲裁委员会主任指定一名仲裁员;未能自最后一名当事人收到仲裁通知书之日起 15 日内就选定或委托仲裁委员会主任指定仲裁员达成一致意见的,由仲裁委员会主任指定。① 独任仲裁员或者首席仲裁员的选定比照前述方式办理。

(五) 开列名单的方式在选定首席仲裁员程序中的运用

以开列名单的方式确定首席仲裁员,在中国内地仲裁机构的仲裁规则中有普遍的规定。但运用情况并不十分普遍,也未引起充分的重视。北仲《仲裁规则》(2008 版)对开列名单的方式确定首席仲裁员的规定在内地仲裁机构中堪称典型。北仲《仲裁规则》(2008 版)第 18 条 2、3 款规定:“(二) 双方当事人应当自被申请人收到仲裁通知之日起 15 日内共同选定或者共同委托主任指定首席仲裁员。双方当事人也可以在上述期限内,各自推荐一至三名仲裁员作为首席仲裁员人选;经双方当事人申请或者同意,本会也可以提供五至七名首席仲裁员候选名单,由双方当事人在第(一)款规定的期限内从中选择一至三名仲裁员作为首席仲裁员人选。推荐名单或者选择名单中有

---

① 贸仲《仲裁规则》(2005 版)第 24 条。北仲《仲裁规则》(2008 版)第 18 条第(四)款。

一名相同的，为双方当事人共同选定的首席仲裁员；有一名以上相同的，由主任根据案件具体情况在相同人选中确定，确定的仲裁员仍为双方当事人共同选定的首席仲裁员；推荐名单或者选择名单中没有相同的人选，由主任在推荐名单或者选择名单之外指定首席仲裁员。（三）双方当事人未能依照上述规定共同选定首席仲裁员的，由主任指定。"

二、首席仲裁员选定方式的比较分析

国际商事仲裁在首席仲裁员的选定上，主要有三种模式："当事人选定模式"、"边裁选定模式"和"仲裁机构指定模式"。当事人选定模式是中国内地的首席仲裁员选定方式，即首席仲裁员由当事人协商一致共同选定。当事人也可以委托仲裁委员会主任指定仲裁员及/或首席仲裁员。如果当事人在仲裁规则规定的期限内未选定其各自应选定的仲裁员及/或首席仲裁员，仲裁委员会主任有权径行指定仲裁员及/或首席仲裁员。当事人选定模式既尊重了当事人参与选定首席仲裁员的权利，也能够保障仲裁庭组庭的效率。但与边裁选定模式相比，首席仲裁员可能不是令两位当事人选定的仲裁员信服的专家。

边裁选定模式是《示范法》所规定的，即由双方当事人选定仲裁员，再由双方选定的仲裁员共同选定首席仲裁员。如果两仲裁员无法共同选定首席仲裁员，由权力机构指定。香港国际仲裁中心（HKIAC）采用此种方式。《示范法》第 11 条(3)(a)规定："in a arbitration with three arbitrators, each party shall appoint one arbitrator, and two arbitrator thus appointed shall appoint the third arbitrator; if a party fail to appoint the arbitrator within thirty days of receipt of request to do so from the other party, or if the two arbitrators fail to agree on the third arbitrator within thirty days of their appointment, the appointment shall be made, upon request of a party, by the court or other authority specified in article 6..."①根据《示范法》的前述规定，首席仲裁员是由当事人分别选定的仲裁员(co-arbitrator)共同选定的。

边裁选定模式的目的是让仲裁庭、尤其是起到决定性作用的首席仲裁员尽量免受当事人的不当干扰。这一模式是建立在以下假设基础上的：当事人选定的仲裁员应当公允、独立，由他们共同再选定的仲裁员能够尽量避免来

---

① http://www.uncitral.org/pdf/english/texts/arbitration/ml-arb/06-54671_Ebook.pdf，2008年11月9日访问。

自当事人的不当干扰,而且首席仲裁员更可能是专业领域的权威;以这种模式组成的仲裁庭能够更加公正、独立地行使职权。这种模式的弊端是仲裁庭组庭的时间更长。而且使当事人及其律师无法预见首席仲裁员的人选。当事人或其律师会觉得仲裁庭的组成有“失控”的危险。必须承认的是,很多时候当事人对仲裁庭的影响会从他们选定的“边裁”延伸到首席仲裁员。受当事人不当影响的、触须更广的“边裁”在边裁选定模式中将为选定他的当事人攫取更多的利益(选择与自己关系更为紧密的首席仲裁员)。

仲裁机构指定模式是指首席仲裁员直接由仲裁机构指定(除非当事人另有约定)。这种方式被国际商会仲裁院(ICC)、伦敦国际仲裁院(LCIA)、斯德哥尔摩商会仲裁院(SCC)和新加坡国际仲裁中心(SIAC)等著名仲裁机构采用。

ICC《仲裁规则》(1998 年)第 8 条第 4 款规定:“争议由三人仲裁庭审理的,每一方当事人均应在其申请书或答辩书中各自指定一名仲裁员供确认。如果一当事人没有指定,仲裁院将代其指定一名仲裁员。第三名仲裁员担任首席仲裁员,由仲裁院指定,除非当事人对其指定程序另有约定,但即使如此,指定仍须按照第 9 条的规定经过确认。若当事人约定的指定程序未能在当事人约定或仲裁院规定的期限内产生指定人选,第三名仲裁员将由仲裁院指定。”①

LCIA(1998 年)《仲裁规则》第 5 条第 6 款规定:“由三人组成仲裁庭的,仲裁庭的主席(不是当事人提名的仲裁员)应由仲裁法院指定。”②

SIAC《仲裁规则》第 7 条第(三)项规定:“第三名仲裁员必须由主席指定,并且应当作为首席仲裁员,但当事人另有约定第三名仲裁员的指定程序的除外。任何按照当事人约定程序的提名仲裁员,必须依照本规则第五条第(三)款经主席确认方可委任。”③

SCC《仲裁规则》(2007 年)第 13 条第 3 款规定:“如果仲裁庭由一名以上仲裁员组成,每一方当事人应指定同等人数的仲裁员,首席仲裁员由理事会指定。如果一方当事人未能在规定的期限内指定仲裁员,理事会应当予以指定。”

---

① http://www.iccwbo.org/uploadedFiles/Court/Arbitration/other/rules_arb_chin.pdf,2008 年 11 月 9 日访问。

② http://www.lcia-arbitration.com/,2008 年 11 月 9 日访问。

③ http://www.siac.org.sg/Ch/rules-siac-ch01.htm#rule7,2008 年 11 月 9 日访问。

仲裁机构指定模式的优点是首席仲裁员的指定速度更快。但缺点是剥夺了当事人参与选定首席仲裁员的权利。而且,较边裁选定模式而言,仲裁机构指定的首席仲裁员未必是"边裁"信服的权威。但较边裁选定模式中可能存在的边裁为当事人角力的风险角度看,仲裁机构指定模式的优点又是独到的。

三种首席仲裁员的选定模式各有优缺点。但综合比较,当事人选定模式更佳:一方面,它保证了当事人选定首席仲裁员的权利。因为仲裁员都是当事人自己选择的,仲裁庭的组成会更让当事人信服。另一方面,如果当事人就首席仲裁员无法达成一致,则由仲裁委员会主任指定。这既能防止边裁选定模式的拖沓,也会在很大程度上保证首席仲裁员的选定是当事人角力的结果。

三、HKIAC 委任仲裁员程序

为了更好地了解中国内地仲裁员的委任程序,我们比较性地介绍一下 HKIAC 委任仲裁员程序。

(一) 确定仲裁员人数

在委任仲裁员之前,应先确定仲裁员人数。如果当事人各方已就仲裁员的人数达成一致,应以该等约定确定仲裁员人数。[①] 如果当事人没有约定仲裁员人数,或就仲裁员人数无法达成一致,仲裁员人数应为一名或三名。[②] HKIAC 会考虑争议的金额、案件复杂程度、当事人各方的国籍、有关的商业惯例、争议涉及的行业或专业领域、能否找到合适的仲裁员、案件是否紧急以及各方当事人提出的任何建议确定仲裁员的人数应为一名或三名。[③]

(二) 独任仲裁员的委任

如果当事人就独任仲裁员的委任达成一致,则当事人协商一致委任的仲裁员即为独任仲裁员。

如果当事人未能就独任仲裁员的委任达成一致,但已就仲裁员的委任机构协商一致,则该委任机构委任的仲裁员为独任仲裁员。

如果当事人既未就独任仲裁员的委任达成一致,也未共同确定委任机构,但当事人协商一致确定了仲裁员的指定程序,通过该程序成功指定的仲

① 《示范法》第 10 条第(1)项。
② 《仲裁条例》第 34C(5)。
③ 《仲裁(仲裁员、公断人的委任)规则》第 7 条之规定。

裁员即为独任仲裁员。[①]

如果无法通过以上程序委任仲裁员，HKIAC 为法定委任仲裁员机构。HKIAC 受当事人委托，除非当事双方同意不使用开列名单的程序，或 HKIAC 斟酌决定该案件不宜使用开列名单的程序，否则 HKIAC 应使用下列开列名单的程序：

（1）经当事人一方请求，HKIAC 应将至少开列有 3 个人的名单一式两份分送当事人双方；

（2）当事人一方在收到该名单后 15 天内，可以删除其反对的 1 个或数个人名并将名单上剩余的人名按其选择顺序排列之后，将该名单送还 HKIAC；

（3）上述期限届满后，HKIAC 应从送还的给它的名单上经认可的人名中，按照当事人各方所表明的选择顺序指定 1 人为独任仲裁员；

（4）如由于任何原因，无法按这一程序进行指定，则 HKIAC 可行使斟酌决定权，指定独任仲裁员。[②]

（三）三名仲裁员的委任[③]

如指定 3 名仲裁员，当事人一方应指定 1 名仲裁员。被指定的两名仲裁员应选定第三名仲裁员，由该第三名仲裁员担任仲裁庭主席。

如在收到当事人一方指定一名仲裁员的通知后 30 天内，当事人另一方未能将他所指定的仲裁员通知当事人第一方，则，当事人第一方可以请求当事人各方事先指定的仲裁员委任机构指定第二名仲裁员；如果当事人各方事先未能指定委任机构，或事先指定的委任机构在收到当事人一方的此种申请后 30 天内拒绝行动或未能指定仲裁员，则 HKIAC 自动成为委任机构，由 HKIAC 根据一方当事人请求指定第二名仲裁员。

如果在指定第二名仲裁员之后 30 天内两名仲裁员未能就仲裁庭主席的选定达成一致，则由 HKIAC 根据前述开列名单程序指定仲裁庭主席。

四、北仲与 HKIAC 开列名单程序比较

将北仲开列名单选定首席仲裁员方式与 HKIAC 开列名单程序选定仲裁员相比较，两者至少有如下几点明显不同：

（1）HKIAC 开列名单程序是强制性程序，在当事人无法共同选定独任仲

---

① 《示范法》第 11 条第（2）项。

② 《示范法》第 6（3）条，以及《香港国际仲裁中心仲裁管理程序》第 6.1 条之规定。

③ 《示范法》第 7 条，以及《香港国际仲裁中心仲裁管理程序》第 6.2 条之规定。

裁员或仲裁庭主席时需强制使用,除非当事人同意不使用或 HKIAC 认为不宜使用。而北仲的开列名单方式不是强制性程序。

(2) HKIAC 开列名单程序既适用于选定独任仲裁员,也适用于选定仲裁庭主席。而北仲开列名单方式仅适用于选定首席仲裁员。

(3) HKIAC 开列名单程序中的名单由 HKIAC 提供。而北仲开列名单程序中的名单既可以由当事人提供,也可以由仲裁庭提供。

(4) HKIAC 开列名单程序选定仲裁员是以通过当事人否决某些仲裁员,以确定剩余特定仲裁员的方式实现。而北仲开列名单的方式是通过各方推荐候选人,以确定候选人交集的形式实现首席仲裁员的特定化。

第三节 仲裁员的回避

一、《仲裁法》第 34 条性质的比较分析

仲裁员无论是当事人选定的,还是仲裁委员会指定的,都不是当事人的利益代言人,都应当公正、独立的审理案件。对可能导致仲裁员偏私的情形,《仲裁法》作了列举,并确定为仲裁员法定回避情形。《仲裁法》第 34 条规定:"仲裁员有如下情形之一的,必须回避,当事人有权提出回避申请:(一) 是本案当事人或者当事人、代理人的近亲属;(二) 与本案有利害关系;(三) 与本案当事人、代理人有其他关系,可能影响公正裁决的;(四) 私自会见当事人、代理人,或者接受当事人、代理人的请客送礼的。"

如何认定《仲裁法》第 34 条的效力?第 34 条规定的仲裁员必须回避的四类情形是否可以因当事人弃权而不适用?举例分析,北仲《仲裁规则》(2007 版)第 3 条"放弃异议权"规定:"当事人知道或者理应知道本规则或仲裁协议中规定的任何条款或条件未被遵守,但仍参加或者继续参加仲裁程序且未对上述不遵守情况及时提出书面异议的,视为其放弃提出异议的权利。"[①]同时,第 21 条第 1 款重述了《仲裁法》第 34 条仲裁员必须回避的情形。如果一宗案件在北仲审理,仲裁员有仲裁规则第 21 条第(一)款规定情形之一的,且当事人没有申请回避,当事人是否可以在仲裁裁决后援引《仲裁法》第 58 条第(三)项之规定(仲裁庭的组成或者仲裁程序违反法定程序)申

---

① 贸仲《仲裁规则》(2005 版)第 8 条也有类似规定。实际上,绝大部分仲裁机构为保证自己的仲裁裁决不被法院撤销或不予执行,都在仲裁规则中作了类似的规定。

请撤销该仲裁裁决？对方当事人、仲裁员或者仲裁委员会是否可以依据《仲裁规则》第3条“放弃异议权”条款抗辩？我们认为当事人可以申请撤销仲裁裁决，而对方当事人、仲裁员或者仲裁委员会则不可以援引仲裁规则第3条“放弃异议权”条款抗辩。实际上，《仲裁法》第34条是禁止性规定，不能因当事人的弃权，或当事人一致同意而不适用。

借鉴《国际律师协会国际仲裁利益冲突指引》（下称“IBA指引”）对仲裁员披露及回避情形的分类，更容易理解《仲裁法》第34条的性质。IBA指引将仲裁员披露及回避情形分为四类：(1) 不可弃权的红色清单；(2) 可弃权的红色清单；(3) 橙色清单；(4) 绿色清单。“不可弃权的红色清单”规定了不能被当事人所弃权（或放弃）的四种情形。即，凡出现这四种情形，有关仲裁员必须披露并回避，无论当事人意见如何。这四种情形是：“1.1 一方当事人与仲裁员为同一人，或者，仲裁员是参与仲裁的一方当事人的法人代表。1.2 仲裁员是一方当事人的经理、董事或监事，或对一方当事人具有类似控制影响。1.3 仲裁员在一方当事人或案件结果中具有重大经济利益。1.4 仲裁员经常为指定方当事人或指定方当事人的关联公司提供咨询，并且该仲裁员或他或她的律师事务所从咨询中获取重大经济收入。”之所以将这四种情形列为当事人不可放弃的情形，IBA指引工作组认为：“工作组支持这样的观点，即任何人均不得为自己的法官，亦即仲裁员与当事人不得为同一人。工作组认为，这一原则不能被当事人所放弃。同一原则应适用于作为仲裁当事人的法律实体的法人代表（如董事会成员）或某些在争议事项中具有重大经济利益的人士。因为这一原则的重要性，这一不可弃权的情形被列为一项一般标准，示例载于不可弃权的红色清单。”①

而第二类“可弃权的红色清单”则“包括了各种重大但不严重的情形。由于这些情形的重大性，所以他们与橙色清单中所描述的情形不同：如一般标准4(c)所规定的，只有当事人知悉利益冲突情形的存在但仍明确地表示愿意该人担任仲裁员时，这些情形才能被认为是可以放弃的。”②

第三类“橙色清单是对（视具体案件的事实而定）从当事人角度看，可能引起对仲裁员的公正性或独立性正当怀疑的具体情形的非穷尽式列举。因此，橙色清单反映的情形属于一般标准3(a)的范畴，仲裁员有义务披露此类

---

① http://www.ibanet.org/images/downloads/pubs/ConflictGuidelinesChinese.pdf，2008年11月19日。

② 同上。

情形。在所有这些情形中,如果当事人没有在披露后及时提出异议,则推定当事人各方已经接受了仲裁员(一般标准4(a))。"①

第四类"绿色清单是对从有关客观角度看,表面不存在且实际不存在利益冲突的具体情形的非穷尽式列举。为此,仲裁员对绿色清单中规定的情形没有义务进行披露。"②

事实上,各国可能因不同的文化、历史、社会及法律环境而对 IBA 指引中的前述各类清单中的情形有不同的认识。有些国家可能会认为某些"可弃权红色清单"的情形应被列为"不可弃权的红色清单"。尽管如此,将仲裁员披露及回避情形作四组分类,这是科学、合理的。

此时,我们再看《仲裁法》第 34 条第一句的表述"仲裁员有下列情形之一的,必须回避,当事人也有权提出回避申请……"这是一个典型的禁止性规定的表述。换言之,《仲裁法》第 34 条并未授权当事人可以通过合意而放弃适用该条规定。因此,如果将这一条规定的情形套用 IBA 指引的四大类,则应属于"不可弃权的红色清单"。

另外,将《仲裁法》第 34 条和第 35 条作整体解释,似乎也能得到些新的思路。第 34 条规定,当出现四种情形时,当事人可以申请回避。第 35 条规定:"当事人提出回避申请,应当说明理由,在首次开庭前提出。回避事由在首次开庭后知道的,可以在最后一次开庭终结前提出。"这一条规定的是当事人申请回避的时限。将两条整体解释,似乎容易被理解为:如果出现第 34 条规定的情形,当事人可以申请回避,但应当按照第 35 条规定的时限内提出回避申请,如果当事人没有及时申请回避,当事人此后就不得再以此为由对仲裁程序提出异议了。如果这样的推论是正确的,那么第 34 条就不是当事人不可弃权的禁止性规定。因为当事人完全可以通过不提出异议而规避第 34 条。我们认为将第 34 条和第 35 条作这样的整体解释是错误的。理由有二:其一,第 35 条规定的当事人"提出回避申请"并未限定回避申请的理由就是第 34 条。当事人完全可能以其他理由申请仲裁员回避。③ 其二,第 35 条并未规定如出现第 34 条规定的情形,当事人不及时提出异议,就丧失了异议的权利,更未规定有关仲裁员就可以因当事人未提出异议而继续担任本案的仲

---

① http://www.ibanet.org/images/downloads/pubs/ConflictGuidelinesChinese.pdf,2008 年 11 月 19 日。

② 同上。

③ 根据有关仲裁规则。

裁员。所以，将第 34 条和第 35 条整体解释，并以此推论第 34 条不属于当事人不可弃权的禁止性规定是错误的。

因此，我们似乎可以得出这样的初步结论：在中国，仲裁员应当回避的情形有很多；《仲裁法》只规定了当事人不得弃权、仲裁员必须回避的几种情形；而其他仲裁员应当回避，但可以因当事人的明确同意而不予回避的情形，以及当事人可以申请回避，但因怠于行使申请回避权利而失权的情形则不在《仲裁法》规定之内。

二、《仲裁法》第 34 条纰漏分析

但如果将《仲裁法》第 34 条的性质理解为当事人不可弃权的禁止性规定，那么该条所规定的内容必须满足两个条件：第一，仲裁员应予回避的情形属于除非有关仲裁员回避否则利益冲突绝对不可避免的情况；第二，仲裁员应予回避的情形应当规定得明确、具体。理由很简单：(1) 如果第 34 条规定的是仲裁员无论如何都必须回避的情形，那这些情形必定应当十分严重，不可调和；如果不是"除非有关仲裁员回避否则利益冲突绝对不可避免的情形"，仲裁员就没有必要"必须回避"[①]；(2) 如果将第 34 条的性质理解为强制性规定，那对仲裁员、当事人及整个仲裁程序的影响都是巨大的。仲裁程序的所有参与者都应当对这一禁止性规定的内容有清楚的了解，以便对违反该条规定的后果有所预判。如果规定内容含混不清，不明确、不具体，必定使仲裁员、当事人无所适从，使仲裁程序、仲裁结果陷入重大的不确定之中。因此，在当事人不得弃权的强制性规定这一性质的前提下，细致分析第 34 条规定的回避情形对该条的理解或有裨益。

第 34 条规定的第一种情形是仲裁员"是本案当事人或者当事人、代理人的近亲属"。这一情形属于仲裁员与当事人不应为同一人的禁止性情形。当这一情形出现时，仲裁员必须回避，否则会产生不可避免的利益冲突。将其列为强制性规定，应属合理。

第 34 条规定的第二种情形是仲裁员"与本案有利害关系"。"利害关系"表述不明确、不具体。如果案件一方当事人是上市公司，而一位仲裁员持有上市公司的很少量股票。理论上说，仲裁员与案件有利害关系。因为仲裁员是案件当事人的小股东。上市公司的胜诉与败诉，对仲裁员而言构成利害关系。但事实上，这位仲裁员在多大程度上会因为自己持有的少量股票而倾

---

① 《仲裁法》第 34 条。

向于上市公司呢？这家上市公司的胜败与否，对这位仲裁员的收益构成多大影响呢？如果将“利害关系”一概认定为构成仲裁员必须回避，且当事人不可弃权的情形，似乎规定得过于苛刻。这种情形完全可以通过仲裁员披露，当事人异议的机制解决。即，如果有利害关系，无论利害关系有多大，仲裁员都应当如实向当事人披露。由当事人判断该利害关系是否会对仲裁员的公正、独立构成影响。如果当事人认为构成影响，通过提出异议的方式，仲裁员回避。当然，仲裁员认为存在利害关系，不希望担任本案的仲裁员，可以主动申请回避。

第 34 条规定的第三种情形是：仲裁员“与本案当事人、代理人有其他关系，可能影响公正仲裁的”。如果将这一情形也认定为仲裁员必须回避、当事人不可弃权情形，那就是明显的代当事人定夺、越俎代庖了。什么是“其他关系”？“可能影响公正仲裁”是由当事人主观判断标准衡量，还是由合理的知情第三人客观判断标准衡量？这都是模糊不清、在仲裁实务中经常出现争议的地方。第三种情形同样可以通过仲裁员披露，当事人申请回避，或仲裁员主动回避机制处理，根本不需要以法律强制性规定的形式过度干涉。

第 34 条规定的第四种情形是：仲裁员“私自会见当事人、代理人，或者接受当事人、代理人的请客送礼的”。实际上，这些都属于仲裁员违反法律规定、违反职业道德的行为。有此情形发生的，仲裁员必须回避。法律以禁止性规定的形式确保仲裁员遵守法律规定和职业操守，应属合理。

从以上对第 34 条规定的四种情形的分析，第一种和第四种应当作为当事人不可弃权的强制性规定情形。而第二种、第三种则完全可以通过仲裁员披露，当事人申请回避这一机制处理。因此，从第 34 条规定情形分析，将第 34 条定性为禁止性规定，又明显“量刑过当”。

综上，我们认为：第 34 条将第二种、第三种情形规定为当事人不得弃权的禁止性规定是不合理的，是越俎代庖、“量刑过重”。

三、《仲裁法》第 34 条修改建议

根据以上分析，《仲裁法》第 34 条存在以下两个重大纰漏：第一，列举的当事人不得弃权的强制性规定情形不合理；第二，没有规定仲裁员应予披露和回避情形的一般原则。如果对《仲裁法》第 34 条作修改，我们建议三种修改方案：第一种，删除仲裁员必须回避的第二、三种情形，保留第一、第四种情形。这一修改的好处在于原法条变动不大，法律仍以强制性规定的形式对仲裁程序中仲裁员必须回避、当事人不得弃权的情形加以明确。而其他回避情形，交由仲裁委员会的仲裁规则规定。第二种修改方案是原则性的规定仲裁

员应予披露和回避的标准,即存在可能导致对仲裁员的公正性和独立性产生合理怀疑的情形。需注意的是,此时《仲裁法》将不对当事人不得弃权的情形作特别规定,具体披露和回避情形由各仲裁委员会在仲裁规则中规定,或者由仲裁委员会在仲裁员执业规范中规定。第三种方式是《仲裁法》既列明当事人不得弃权的强制性规定情形(删除原法条中第二、三种情形,保留第一、四种情形),也规定仲裁员应予披露和回避的一般原则。第三种修改方案的好处在于《仲裁法》以当事人不得弃权的法律强制性规定的形式,将除非仲裁员回避否则利益冲突无法避免的情形加以明确规定,为仲裁程序正义所最不能容忍的情形划定范围。同时,《仲裁法》关于仲裁员披露及回避情形的原则性规定,也为仲裁委员会进一步明确仲裁员应予披露和回避的具体标准作出原则性指引。我们认为第三种修改方案是最佳的。

前面提到了在《仲裁法》第 34 条中应增补仲裁员披露和回避的一般标准"对仲裁员的公正性和独立性产生合理怀疑情形"。借鉴《示范法》和其他国家的法律规定,对加深仲裁员应当披露和回避的这个一般标准的认识会有所帮助。《示范法》第 12 条[①]规定了一个弹性标准——"对仲裁员的公正性和独立性产生合理怀疑情形"("justifiable doubts as to his impartiality or independence")。根据这一弹性标准,只要存在导致当事人对仲裁员的公正性和独立性产生合理怀疑的情形,就构成了仲裁员应当主动披露,或者当事人有权据此申请仲裁员回避的理由。香港直接适用《示范法》的前述规定。德国《民事诉讼法》仲裁程序 1036(1)也作了与《示范法》一致的规定。1996 年《英国仲裁法》第 24(1)(a)[②]也规定了当事人对仲裁员公正性合理怀疑标准。与国际主流比较,中国《仲裁法》第 34 条的确也应当规定这一弹性标准。

除这一弹性标准以外,《示范法》在第 12 条中还规定了另外一个标准"不具备当事人约定的仲裁员资格"("does not possess qualifications agreed to by the parties")。作为当事人自治的重要内容,审理当事人之间纠纷的仲裁

---

① "(1) When a person is approached in connection with his possible appointment as an arbitrator, he shall disclose any circumstances likely to give rise to justifi able doubts as to his impartiality or independence. An arbitrator, from the time of his appointment and throughout the arbitral proceedings, shall without delay disclose any such circumstances to the parties unless they have already been informed of them by him. (2) An arbitrator may be challenged only if circumstances exist that give rise to justifiable doubts as to his impartiality or independence, or if he does not possess qualifications agreed to by the parties. A party may challenge an arbitrator appointed by him, or in whose appointment he has participated, only forreasons of which he becomes aware after the appointment has been made."

② "that circumstances exist that give rise to justifiable doubts as to his impartiality..."

员应当具备怎样的资格,这一点显然可以由当事人约定,并构成仲裁程序中仲裁员回避的重要事由。然而,《仲裁法》对此却没有规定。建议在《仲裁法》修改时应关注这一点。

四、仲裁规则对仲裁员应予回避情形的规定

在仲裁程序中,仲裁员不仅要遵守《仲裁法》,同时也要遵守仲裁规则。实际上,世界各国都将仲裁程序中的基本原则、基本程序以法律形式作出规定,而更多的细节则交由仲裁规则规定。仲裁规则在仲裁程序中所起的作用要比仲裁法更明显。因此,从制度层面考察仲裁规则对仲裁员披露和回避的规定十分必要。

由于《仲裁法》第34条是强制性规定,仲裁委员会的仲裁规则不得违反该规定,这导致中国大部分仲裁委员会的仲裁规则在仲裁员回避问题上都仅重复《仲裁法》第34条的规定,而没有什么创新或补救。比如,北京仲裁委员会的《仲裁规则》(2008版)第21条第(一)项沿用了《仲裁法》强制性、列举式的规定。同样的情形还出现在深圳仲裁委员会《仲裁规则》(2008版)第29条。上海仲裁委员会《仲裁规则》(2005版)第30条①直接套用了《仲裁法》的列举式规定。

贸仲《仲裁规则》(2005版)做了有益的尝试。该规则第26条第(二)项规定了当事人申请仲裁员回避的情形——"当事人对被选定或者被指定的仲裁员的公正性和独立性产生具有正当理由的怀疑时,可以书面向仲裁委员会提出要求该仲裁员回避的请求,但应说明提出回避请求所依据的具体事实和理由,并举证。"贸仲《仲裁规则》的这一规定表面上与《示范法》第12条规定的"对仲裁员的公正性和独立性产生合理怀疑情形"这一标准基本一致。但应当特别注意的是:贸仲《仲裁规则》同时要求当事人对仲裁员回避情形进行举证。我们理解举证的内容应当是导致当事人对仲裁员的公正性和独立性产生合理怀疑的事由。但问题是:当事人举证证明的程度是什么样的,是必然性的,还是盖然性的?如果当事人没能举证,会有怎样的后果?是否会导致其异议因不具备条件(举证)而不予理会?贸仲《仲裁规则》没有进一步的规定。实务中,如果当事人提出回避申请,但未能举证的,贸仲通常会将当事人的回避申请转递对方当事人及仲裁庭。而不会不予理会。如果被申请

---

① 上海仲裁委员会《仲裁规则》(2005版)第30条:"仲裁员收到仲裁庭组成通知书后,认为本人有仲裁法第三十四条所列情形之一的,应当向仲裁委员会报告并自行请求回避。"

回避仲裁员否定回避事由的存在，且不同意回避的，当事人的回避申请则不会得到支持。

与中国仲裁机构的仲裁规则相比较，联合国贸易法委员会《示范法》（UNCITRAL Arbitration Rules）第 9 条、第 10 条规定了"对仲裁员的公正性和独立性产生合理怀疑情形"这一仲裁员回避标准。换言之，只要存在对仲裁员的公正性或独立性产生合理怀疑的情形，就构成当事人申请回避，或者仲裁员主动回避的理由。美国仲裁协会《仲裁规则》（AAA Arbitration Rules）第 7 条、第 8 条同样规定了这一标准。作同样或类似规定的还有 LCIA《仲裁规则》第 5.3 条、SIAC《仲裁规则》第 9 条、瑞士国际《仲裁规则》（Swiss Rules of International Arbitration）第 9 条、第 10 条，斯德哥尔摩商会仲裁院《仲裁规则》第 14、15 条，等等。

ICC《仲裁规则》所规定的仲裁员回避情形有所不同。该规则第 7 条第 1 款规定："Every arbitrator must be and maintain independent of the parties involved in the arbitration."第 11 条第 1 款规定："A challenge of arbitrator, whether for an alleged lack of independence or otherwise, shall be made by the submission to the Secretariat of a written statement specifying the facts and circumstances on which the challenge is based."根据前述规定，仲裁员应予回避的情形或者是不独立，或者存在其他情形。什么是其他情形？其他情形中是否包括不公正？ICC《仲裁规则》为何不像前述其他仲裁机构仲裁规则那样直接将不独立或者不公正作为仲裁员回避的情形？实际上，ICC 对仲裁员的"独立"作出明确规定是因为"独立"主要指仲裁员与当事人之间不存在某种导致仲裁员不受影响地审理案件的关系。这种"关系"是客观的，可证明的。而"公正"则是仲裁员的主观状态。在选定仲裁员过程中，查明仲裁员"公正"的主观状态是不切实际的。所以，ICC 在第 7 条、第 11 条都明确规定了"独立"，而未明确规定"公正"。[①] 在 ICC 仲裁实务中，其他情形主要是：仲裁员违反《仲裁规则》第 15 条第 2 款[②]，对当事人持有偏见或不公允对待当事人，这是最常见的构成仲裁员回避的理由；如果仲裁员违反披露义务，或者违

---

① Derains and Schwartz, *A Guide to the New ICC Ruless of Arbitration*, Kluwer Law International, 1998, p. 109.

② "In all cases, the Arbitral Tribuanl shall act fairly and impartially and ensure that each party has a reasonable opportunity to present its case."

反其他仲裁规则规定的义务，如懈怠不尽职，这也构成仲裁员回避的理由。[①]

与其他国际仲裁机构的仲裁规则相比较，我们认为：将可能引起当事人对仲裁员的独立、公正产生合理怀疑的情形作为仲裁员回避的原则是更可取的。ICC 没有将“公正”明示为仲裁员回避的理由，虽从选定仲裁员时仲裁员主观状态不易查明这个角度看有合理之处。但我们认为只要不公正的仲裁员在仲裁程序过程中（甚至在选定仲裁员之前），有不公正或歧视的表现，这种不公正或歧视的表现本身就是该仲裁员不公正的证据。因此，作以上原则性规定并无不当，且更可使当事人在申请仲裁员回避时有明确依据，而不至于费力地解释“其他情形”。因此，借鉴国际仲裁机构的仲裁规则，我们认为在中国仲裁机构的仲裁规则中应确立“可能引起当事人对仲裁员的独立、公正产生合理怀疑的情形”这一仲裁员回避的总原则。

五、仲裁员回避处理程序

（一）HKIAC 对仲裁员异议的处理程序

1. 对仲裁员提出异议的理由。只有存在对仲裁员的公正性或独立性引起正当的怀疑的情况下或他不具备当事各方商定的资格时，才可以对仲裁员提出异议。[②] 换言之，对仲裁员提出异议的理由只能有三点：第一为仲裁员的公正性；第二为仲裁员的独立性；第三为仲裁员不具备当事人各方商定的资格。

2. 异议处理的程序。当事人可以就提出异议的程序达成协议。[③] 如未达成协议，拟对仲裁员提出异议的当事人一方，应在他得知仲裁庭组成或得知第 12 条第（2）款所指定的任何情况后 15 天内，向仲裁庭提出书面陈述，说明提出异议的理由。除被异议的仲裁员辞职或当事他方同意所提出的异议，否则仲裁庭应就所提出的异议作出决定。[④] 换言之，提出异议的当事人提出异议后，如果被异议的仲裁员辞职，则异议程序因被异议人退出仲裁程序而结束。如果对方当事人同意异议，则被异议人应退出仲裁程序，异议程序结束。如果被异议人未辞职，对方当事人也不同意异议，则由仲裁庭对异议作

---

① Erik Schäfer、Herman Verbist and Chistophe Imhoos, *ICC Arbitration in Practice*, Kluwer Law International, 2005, p. 104.

② 《示范法》第 12（2）条之规定。

③ 《示范法》第 13（1）条之规定。

④ 《示范法》第 13（2）条之规定。

出决定。如果仲裁庭决定异议成立,则被异议退出仲裁程序,异议程序结束。

3. 如果根据当事人各方协商的任何程序或根据本条第(2)款的程序提出的异议未能成立,提出异议的当事人可以在收到驳回所提出异议的决定的通知后30日内请求香港原讼法庭对其异议作出决定。原讼法庭的决定不容上诉。在等待对该请求作出决定的同时,仲裁庭包括被提出异议的仲裁员可以继续进行仲裁程序和作出裁决。①

(二) 内地对仲裁员异议的处理程序

异议的处理程序。《仲裁法》第36条规定:"仲裁员是否回避由仲裁委员会主任决定;仲裁委员会主任担任仲裁员时,由仲裁委员会集体决定。"如果一方当事人申请回避,而另一方当事人表示同意,或者被申请回避的仲裁员获知后主动退出,则该仲裁员不再参加案件审理。② 与香港国际仲裁程序比较,内地仲裁关于异议处理程序主要有如下两点不同:

1. 决定异议是否成立的不是仲裁庭,而是仲裁委员会主任或仲裁委员会集体(当仲裁委员会主任被申请回避时);

2. 仲裁委员会主任或仲裁委员会集体对回避申请的决定是终局的,法院无权审查前述决定。

第四节　仲裁庭的组成方式

仲裁庭是由当事人选定或仲裁委员会主任指定的仲裁员组成的,对当事人申请仲裁的案件按照仲裁程序进行审理并作出裁决的仲裁组织。仲裁庭是临时设立的,当事人向仲裁委员会提请仲裁时,需要根据仲裁案件的实际情况设立仲裁庭。仲裁权来源于当事人的仲裁协议授权,因而仲裁庭采用何种组成方式也由当事人自愿选择。同时为了保证当事人权利的正当行使,许多国家对仲裁庭的组成方式作了一定限制。我国《仲裁法》第30条规定:"仲裁庭可以由三名仲裁员或者一名仲裁员组成。由三名仲裁员组成的,设首席仲裁员。"据此,我国仲裁庭的组成方式分为独任制仲裁庭和合议制仲裁庭。

---

① 《示范法》第13(3)条及《仲裁条例》第34C(4)条之规定。

② BJAC《仲裁规则》(2003版)第21条第(五)项,以及CIETAC《仲裁规则》(2005版)第26条第(五)项之规定。

一、合议制仲裁庭

合议制仲裁庭，是指由三名仲裁员组成仲裁庭，对当事人提交的仲裁案件进行集体审理和评议裁决的组织形式。合议仲裁庭设立首席仲裁员，主持案件的审理和裁决工作。合议庭对案件进行集体审理，在评议裁决时一人一票，按照合议庭多数意见作出裁决。当合议庭就案件不能形成多数意见时，应当按照首席仲裁员的意见作出裁决。相对于独任制仲裁庭，合议制仲裁庭虽然花费的时间可能更多，仲裁成本也更高，但却能最大限度地保证争议案件仲裁的正确性，因此是最常见的仲裁庭组成方式。

二、独任制仲裁庭

独任制仲裁庭，是指由一名仲裁员组成仲裁庭，对当事人提交的仲裁案件进行审理和裁决的组织形式。当事人约定由一名仲裁员组成仲裁庭的，应当由当事人共同选定或共同委托仲裁委员会主任指定仲裁员。独任制的最大优点在于经济、迅速，能够节省仲裁成本，及时解决纠纷。但其缺点也是比较明显的，例如双方当事人很难共同选定一名仲裁员，实践中大部分是由仲裁委员会主任指定仲裁员；独任仲裁员的个人素质、业务水平等对案件的正确裁决影响较大。因此在实践中当事人直接选择独任制仲裁庭的并不多，只有当案件争议标的额不大时，当事人才愿意选择独任制仲裁庭。我国许多仲裁机构在仲裁规则中也规定，对于争议标的额较小的案件，适用简易程序，独任制仲裁庭仲裁。①

我国《仲裁法》并未规定在何种情况下组成合议制仲裁庭，在何种情况下组成独任制仲裁庭，仲裁庭的组成方式由双方当事人自愿协商选择。在仲裁实践中，可能会出现当事人在规定的期限内没有就仲裁庭的组成方式达成一致意见的情形。在这种情况下，为了保证仲裁活动的顺利进行，《仲裁法》第 32 条规定："当事人没有在仲裁规则规定的期限内约定仲裁庭的组成方式或者选定仲裁员的，由仲裁委员会主任指定。"因此，在这种情况下，由仲裁委员会主任来确定仲裁庭的组成方式。贸仲《仲裁规则》(2005 版)第 20 条规定："……(2) 除非当事人另有约定或本规则另有规定，仲裁庭由三名仲裁员组成。"在当事人就仲裁庭的组成方式未达成一致意见的情况下，贸仲规定适用合议制仲裁庭。

---

① 例如贸仲《仲裁规则》(2005 版)第 50 条，北仲《仲裁规则》(2008 版)第 47 条。

国外一些国家的仲裁法规定，在当事人未约定仲裁庭的组成方式时，必须由三名仲裁员组成合议庭审理。例如德国《民事诉讼法典》第十编第1034条规定："当事人可自由决定仲裁员的数目。如无此类决定，仲裁员应为三人。"瑞典《仲裁法》第12条规定，除非当事人另有约定，仲裁员应为三人。联合国《示范法》第10条也规定，在当事人没有自由确定仲裁员人数时，仲裁员的人数应为三人。因此一些学者认为，在我国，当事人在仲裁规则规定的期限内未约定仲裁庭组成方式时，应由仲裁委员会主任指定三名仲裁员组成合议制仲裁庭。其理由在于当事人如不能达成一致约定仲裁庭组成方式，表明双方矛盾较大，采用合议庭相对容易得到双方认可，并能保证起码的公平，采用独任制不利于解决争议。但如果案件争议标的额较小，案情简单的，仲裁委员会主任也可以指定一名仲裁员独任仲裁。[①] 但是国际上也有相反的立法例。例如1996年《英国仲裁法》第15条第3款规定："如对仲裁员人数没有约定，仲裁庭应由独任仲裁员组成。"此种立法规定比较少见。

第五节　仲裁员缺席对仲裁裁决的影响

从现有判例看，仲裁员缺席将直接导致仲裁裁决被撤销或不予承认和执行。在马绍尔群岛第一投资公司申请承认和执行英国伦敦临时仲裁庭仲裁裁决案中，最高人民法院明确：本案仲裁庭虽由三名仲裁员组成，但是有一位仲裁员因故并未参与仲裁的全过程，没有参与最终仲裁裁决的全部审议。因此，仲裁庭的组成或仲裁程序与当事人之间仲裁协议的约定不符，也与仲裁地英国的法律相违背。根据《纽约公约》第5条第1款第(4)项的规定，该仲裁裁决不应予以承认和执行。

附15-1

最高人民法院关于《马绍尔群岛第一投资公司申请承认和执行英国伦敦临时仲裁庭仲裁裁决案》的复函(〔2007〕民四他字第35号)

福建省高级人民法院：

你院〔2007〕闽民他字第36号《关于马绍尔群岛第一投资公司申请承认和执行英国伦敦临时仲裁庭仲裁裁决一案的请示》收悉。经研究，同意你院审委会对该案处理意见的结论。

---

① 参见吴炯主编：《中国仲裁法律制度与实务》，中国工商出版社2007年版，第158页。

本案是马绍尔群岛第一投资公司申请承认和执行英国伦敦临时仲裁庭仲裁裁决案。我国为1958年《承认及执行外国仲裁裁决公约》(以下简称《纽约公约》)的参加国,应当依照纽约公约的规定审查该裁决是否应当予以承认和执行。

本案仲裁庭虽由3名仲裁员组成,但是仲裁员王生长并未参与仲裁的全过程,没有参与最终仲裁裁决的全部审议。因此,仲裁庭的组成或仲裁程序与当事人之间仲裁协议的约定不符,也与仲裁地英国的法律相违背。根据《纽约公约》第5条第1款第(4)项的规定,该仲裁裁决不应予以承认和执行。

此复。

最高人民法院

2008年2月27日

附15-2

福建省高级人民法院《关于马绍尔群岛第一投资公司申请承认和执行英国伦敦临时仲裁庭仲裁裁决一案的请示》(〔2007〕闽民他字第36号)

最高人民法院:

马绍尔群岛第一投资公司(First Investment Corp 以下简称FIC)申请承认和执行英国伦敦临时仲裁庭仲裁裁决一案,厦门海事法院拟裁定对该仲裁裁决不予承认和执行,根据你院〔1995〕18号《关于人民法院处理与涉外仲裁及外国仲裁事项有关问题的通知》要求,厦门海事法院报请我院审查,经我院审判委员会研究,同意厦门海事法院的意见。现将我院的审查意见报告如下:

一、仲裁庭的组成与当事人之间仲裁协议不符,也与仲裁地所在国法律不符,构成联合国《承认及执行外国仲裁裁决的公约》第5条第1款第(4)项不予承认与执行的情形

(一)本案仲裁裁决没有得到仲裁庭全体成员的审议,仲裁庭组成违反仲裁条款关于仲裁庭组成的约定

1. 本案仲裁条款关于仲裁庭组成的约定

申请人与被申请人于2003年9月15日签订的选择权协议第9条系仲裁条款。该条款关于"三名仲裁员应组成仲裁庭,来解决争议的事项"的约定,要求任何与合同相关的争议必须由三名仲裁员组成仲裁庭进行仲裁,同时还要求这三名仲裁员应全程参与以下仲裁程序,即:参与当事人提供全部证据的听证;参与听取当事人辩论的听证;参与仲裁员之间的对争议裁决的审议。

2. 仲裁员王生长没有参与程序问题第8号裁定的审议

该裁定包括三方面内容,即简介、仲裁裁决的通知和保留意见的草稿、被申请方2006年3月2日的申请。2006年3月2日,被申请方要求仲裁庭应重新回到审理程

序。仲裁庭多数成员在王生长未参加审议的情况下以“被申请方的申请所依据的事实背景与本案责任或数量争议的决定无关”以及“即使王生长参加了此项决定的作出过程,他要说服多数成员改变既定的观点也是不可能的”为由,裁定驳回了被申请方2006年3月2日的申请。该裁定还说明,“已经有一段时间无法和王生长博士取得联系”。非常明确,仲裁员王生长没有参与程序问题第8号裁定的审议。

3. 仲裁员王生长没有参与最终仲裁裁决的全部审议

(1) 仲裁裁决第一稿审议的完成并不意味着仲裁审议阶段的结束。

本案仲裁庭在作出仲裁裁决之前以不同形式在不同场合对本案裁决的争议问题进行了审议。根据程序问题第8号裁定描述的事实,本案仲裁裁决共有三稿,其完成时间分别是2006年1月21日、2006年3月25日、2006年3月31日。仲裁庭完成对第一稿的审议,并不说明已经完成全部审议。主要理由:其一,第二稿拟出后,本案首席仲裁员马丁·亨特又将仲裁裁决第二稿分发给王生长和布鲁斯·哈利斯两位仲裁员审议,说明审议仍在继续;其二,在仲裁庭2006年5月3日信函中,马丁·亨特明确表示仲裁庭只是完成实质审议,而非完成全部审议;其三,王生长在修改意见的措辞中使用了“草稿”的字眼,表明其对仲裁裁决第一稿提出的意见并非最终意见,也表明仲裁庭的审议过程尚未结束。因此,仲裁裁决第一稿审议的完成并不意味着仲裁审议阶段的结束。

(2) 根据程序问题第8号裁定描述的事实,王生长仅对第一稿提出持有保留意见的草稿,并没有参与最终仲裁裁决的全部审议。

2006年1月21日,马丁·亨特作出该案仲裁裁决的第一稿,分发给王生长和布鲁斯·哈利斯审议。2006年2月16日,王生长提交其持有保留意见的草稿,3月上旬,布鲁斯·哈利斯提交了其对该稿的意见。2006年3月25日,马丁·亨特分发了抬头为“Draft2 (final)—23-03-06”仲裁裁决的第二稿。2006年3月31日,在采纳了布鲁斯·哈利斯先生提出的一些校对性的修改意见后,马丁·亨特对仲裁裁决定了稿,并将此稿发给王生长和布鲁斯·哈利斯签字。该裁定明确说明,王生长对最终仲裁裁决的审议截止于对第一稿的审议。

(3) 根据仲裁庭2006年5月3日及2006年7月28日信函描述的事实,王生长从2006年2月起没有参加仲裁程序,没有参与最终仲裁裁决的全部审议。

在仲裁庭2006年5月3日信函中,仲裁庭首裁马丁·亨特通知了当事各方,称:仲裁庭已经完成了合议的实质部分,仲裁裁决已经有两名仲裁员签署,另一名仲裁员王生长博士已经有一段时间失去了联系;王博士此前曾表示了他愿意有保留地签署由仲裁庭大多数成员建议的裁决的意图;王博士给另两位成员寄去了一份反对意见的草稿。在2006年7月28日的信函中,马丁·亨特给各方当事人律师的传真内容中说明布鲁斯·哈利斯和马丁·亨特最后一次和王生长联系是在2006年2月份,此后他们就没有王生长的任何音讯了。上述事实说明了王生长从2006年2月起,没有参加仲裁程序。

(4) 从王生长被采取强制措施实际情况看,王生长不可能参与本案的全部审议。

王生长于2006年3月20日因涉嫌犯罪被刑事拘留。据此可知,王生长未能看到马丁·亨特3月25日发给他的仲裁裁决第二稿和3月31日的定稿以及之后发给他的相关文件,王生长不可能参与本案的全部审议。

上述证据表明,王生长在2006年2月下半月没有音讯后,参与仲裁程序的只有马丁·亨特和布鲁斯·哈利斯两名仲裁员。剩余两名仲裁员继续进行仲裁程序违反了仲裁协议中"由三名仲裁员组成仲裁庭对争议进行仲裁"的规定。

(二) 本案中仲裁庭组成违反仲裁地法关于仲裁庭组成的规定

1996年英国《仲裁法》对仲裁员在仲裁过程中拒绝担任或无法继续担任仲裁员的情形有相应的规定,在仲裁庭组成有缺陷时的法定措施包括:(1) 撤销对仲裁员的授权;(2) 申请法院撤换仲裁员;(3) 填补空缺,重新指定仲裁员。

本案中,王生长由于被采取强制措施,实际上已无能力继续从事仲裁程序,无法履行其职责。根据1996年英国《仲裁法》,在一名仲裁员无法履行其职责时,当事人就是否需要另行指定替代仲裁员进行约定是一项法定的权利。当事人既可以依据该法第23条"撤销对仲裁员的授权"的规定,通过协议或共同行动解除王生长作为仲裁员的权力,由马丁·亨特和布鲁斯·哈利斯组成一个只有两名仲裁员的仲裁庭继续仲裁;也可以依据该法第24条"法院撤换仲裁员的权力"规定,由当事人向法院申请,免除无法履行职责的王生长的仲裁员资格;亦可以依据该法第27条"填补空缺"第1款规定:当一名仲裁员无法履行其职责时,当事人可以就下列事项自由做出约定:(a) 是否应当补充空缺,若需补充则应如何补充;(b) 之前的程序是否应当有所变化,若有变化则应如何变化;以及(c) 仲裁员无法履行职责会给他所做出的指定(单独或共同地)造成何种影响(若有的话)。上述三项措施,是当事人的法定权利,不容剥夺。

同时该法第27条第2款和第3款又规定,在当事人无法达成一致的情况下应当适用第16条和第18条关于仲裁员指定的规定。第16条是关于在仲裁开始时如何指定仲裁员的规定,第18条则是关于在当事人无法达成协议时指定仲裁员的规定。

因此对于本案而言,当出现王生长不能履行仲裁员职责的情形时,在当事各方采取法定措施之前,马丁·亨特和布鲁斯·哈利斯两人不能组成有效的仲裁庭继续仲裁。

(三) 多数仲裁员意见不能解决本案仲裁庭组成的缺陷

按照马丁·亨特和布鲁斯·哈利斯的意见,仲裁裁决是依据仲裁庭多数成员作出的,即使王生长参与了2006年3月底至仲裁程序全部结束的整个过程,裁决也不会有任何更改。该案程序问题第8号裁定第5段说:许多现代仲裁规则均授权一个缺脚的仲裁庭在某些情况下完成仲裁;适用于本次仲裁的伦敦海事仲裁员协会2002年规则第8(c)条规定"在指定了第三名仲裁员之后,决定、命令或裁决应当由所有或多数仲裁员作出”。

然而，多数仲裁员意见不能解决本案仲裁庭组成的缺陷。

第一，所谓的多数意见裁决有效适用于，也仅适用于全体仲裁员参与整个仲裁程序的情形，在仅有部分成员参与仲裁程序时多数意见是没有意义的。在仲裁庭有成员已无法且实际没有参与仲裁程序的情况下，问题已不再是多数意见还是少数意见，而是仲裁庭的其他成员是否依然可以继续仲裁程序的问题。

第二，如果只要有多数仲裁员的意见即能约束当事人，其实在双方当事人分别指定了布鲁斯·哈利斯和王生长之后，只要他们两人意见一致似乎已没有必要再指定马丁·亨特为第三名仲裁员了，因为无论马丁·亨特持何种意见，均改变不了布鲁斯·哈利斯和王生长已达成的共同多数意见。实际上马丁·亨特和布鲁斯，哈利斯自己也不同意这一观点，如前所述，马丁·亨特在2006年7月28日的传真中明确说了，除非得到双方当事人的同意，他和布鲁斯·哈利斯无法就仲裁庭费用作出裁决。如果多数意见裁决有效的观点能够成立的话，那么只要布鲁斯·哈利斯和马丁·亨特的观点一致，他们依然可以在没有王生长参与的情况下作出另一个关于仲裁庭费用的有效的裁决。但事实上，他们二人并没有这么做，这恰恰说明了，在王生长没有参与的情况下，所谓的多数意见裁决有效的观点是不能成立的。

（四）仲裁庭在仲裁员无法继续履行仲裁员职责时，没有告知当事人，导致仲裁庭组成缺陷，仲裁程序与仲裁地所在国法律不符

如前所述，1996年英国《仲裁法》对仲裁员在仲裁过程中拒绝担任或无法继续担任仲裁员的情形有相应的规定，并规定了仲裁庭组成有缺陷时的法定措施。本案中，仲裁庭在2006年5月3日的信函中称审议已实质上完成，多数意见仲裁裁决随时可以作出来，这是拒绝当事人选择补救措施，剥夺当事人的法定权利，也是仲裁庭最大的失误。

二、本案仲裁裁决审理的是仲裁协议以外的，未约定以仲裁方式解决的纠纷，超越仲裁管辖权，构成了《纽约公约》第5条第1款第(3)项规定的不予承认和执行的情形

当事人双方有关在伦敦进行仲裁的约定包含在《选择权协议》中。因此依据该条款提起的仲裁所针对的争议只限于《选择权协议》约定的范围。而申请人FIC已根据该《选择权协议》指定八家在马绍尔群岛国设立的单船公司：Magna Mari time SA、Magnifico Maritime SA、Magnolia Maritime SA、Magnum Maritime SA、Maistrali Maritime SA、Margarita Maritime SA、Mimosa Maritime SA、Myrtia Maritime SA（系原仲裁第二至九名申请人，以下简称八家被指定公司）与被申请人签订选择船建造合同，这一行为的后果是，申请人FIC已不是《选择船建造合同》的买方。申请人在指定上述八家公司作为选择船的买方后，即退出了该选择船的交易，申请人FIC与被申请人之间已不存在选择船建造合同关系。由于选择船建造合同最终没有签订，合同中列明的仲裁条款也没

生效,因此在被申请人与八家被指定公司之间缺乏仲裁协议。但是,仲裁庭却审理了包括八家被指定公司在内的合同争议,虽然其最终裁决认为该八家被指定公司并非本案的适格主体,但却将这八家被指定公司的所谓损失作为该案的审理内容。仲裁庭在裁决书中认为申请人 FIC 在作出指定后可以收回其指定,然后以自己的名义主张其损失。但问题的关键是,申请人 FIC 在作出指定后事实上没有收回其指定。按照原先的选择权协议的约定,应该是其所指定的八家被指定公司与被申请人签订造船合同。如果认定被申请人违约,受损害的一方应是这八家被指定公司,而非申请人 FIC。可是仲裁庭一方面认为八家被指定公司不是本案适格的申请人,另一方面却将这八家被指定公司与被申请人的争议及其所谓损失列入仲裁范围,并最终将八家被指定公司的损失判给了申请人 FIC,该裁决的内容和结果显然超出了《选择权协议》所确定的被申请人依据该协议所应承担的法律义务。也就是说,本案审理的本应是申请人 FIC 与被申请人的选择权合同纠纷,而仲裁庭却将八家被指定公司与被申请人之间的选择船建造合同纠纷也列入审理范围。该裁决结果构成了《纽约公约》第 5 条第 1 款第(3)项规定的"裁决涉及仲裁协议所没有提到的,或者不包括仲裁协议规定之内的争执;或者裁决内含有对仲裁协议范围以外事项的决定……"的情形,构成超越仲裁管辖权,故对该仲裁裁决应不予承认和执行。

三、仲裁程序不当致使被申请人丧失了申辩的机会和权利

在仲裁的开始阶段,被申请人就对八家被指定公司的仲裁申请人的主体资格提出异议,但 FIC 及八家被指定公司则坚持主张这八家被指定公司成为仲裁申请人。但是,仲裁庭在整个仲裁审理过程中对八家被指定公司的主体资格与裁决结果之间的关系及其影响不加明确,并在第 1 号裁定中驳回了被申请人要求先行否定八家被指定公司当事人主体资格的请求。这一不当做法误导了被申请人,对仲裁程序及结果产生了严重的影响,导致被申请人为坚持并实现自己的主张,而将陈述和争辩的方向主要集中在反驳 FIC 为此提出的所谓"代理、对信托的承诺、转让、1999 年合同(第三方权利)法"等四种理由上,以致仲裁双方都认为至关重要并以此作为全案争辩的焦点问题。仲裁庭只是在最终阶段才裁决八家被指定公司不具有申请人主体资格,并认为"根据英国法,只要八家被指定公司可以证明自己各自的损失,FIC 就能够取得这些损失的赔偿"。在此之前,仲裁庭没有引导双方将八家被指定公司的损失可否构成 FIC 的损失、FIC 能否以及是否撤回了对八家被指定公司的指定等至关重要的问题列为争议焦点,也未引导仲裁双方就上述事实和法律问题发表意见。因此,仲裁庭的裁决结果是建立在未经事实调查和质证以及未就相关法律问题展开充分辩论的情况下作出的 FIC 可以撤回指定等武断结论的基础上,这显然剥夺了被申请人就这一问题进行阐述和申辩的机会与权利。因此该仲裁程序明显不当,符合《纽约公约》第 5 条第 1 款第(2)项规定的"作为裁决执行对象的当事人,没有被给予指定仲裁员或者进行仲裁程序的适当通知,或者由于其他情况而不能对案件提出意见"的情形,故本案仲裁裁决应当不予承认和执行。

四、仲裁庭在仲裁过程中对“无损害文件”的处理存在严重的程序瑕疵，违反了英国法的有关规定，构成《纽约公约》第5条第1款第(4)项关于仲裁程序与仲裁地所在国法律不符的情形

根据英国法，“无损害文件”是指原先为了解决争议举行的谈判的全部或部分内容。根据英国法，仲裁庭不应允许采用“无损害文件”，否则仲裁庭就犯了程序上的错误，将会导致仲裁裁决无法强制执行。本案中申请人提供了此前双方签订的协商解决问题的无损害文件，即：从2003年9月起，双方以口头或书面形式进行“无损害固有权益”的谈判，并在福州、上海等地会谈。期间被申请人提出由于钢材上涨，他们每建造一艘船将损失200万美元，要求对方提高价格，但在申请仲裁时，FIC在申请书上披露了被申请人在“无损害固有权益”的谈判中商谈的内容，作为被申请人违约的依据。该文件经过仲裁庭委托的独立人鉴定评估，证实其中包含不得披露的无损害文件。这些文件内容，给仲裁庭造成被申请方未签署选择船建造合同的主要原因就是要求加价的印象，这是严重违反程序公正的。而且仲裁裁决书第7章第182点就直接引用被申请人在“无损害固有权益”谈判中提出的关于钢材价格明显上涨，按照合同价格造船必然会产生巨额亏损的主张，并就此认为被申请人是因财务困难而不履行合同。根据英国法律的规定，将导致仲裁的无效。对此，仲裁庭虽然承认了程序上的错误，却并没有作出任何努力来弥补该错误，只是认定这些“无损害文件”是无关的，并略过这些文件。

综上，鉴于该仲裁裁决在程序上存在的严重瑕疵，已构成《纽约公约》第5条第1款第(2)、(3)、(4)项的规定，我院审判委员会讨论一致意见应予拒绝承认和执行。

现将上述意见报请你院审查。

福建省高级人民法院

2007年10月12日

第十六章　证据

第一节　证据的种类

仲裁证据是指能够证明仲裁案件事实情况的依据。证据是当事人进行仲裁、证明自己主张的根据，是仲裁机构查清案件事实、分清是非、作出公正裁决的基础。仲裁程序中的证据制度与民事诉讼程序中的证据制度具有很大的相似之处。《仲裁法》对证据的种类没有做出明确规定，参照《民事诉讼法》中对证据的分类，仲裁证据同样可以分为七种：书证、物证、视听资料、证人证言、当事人陈述、鉴定结论、勘验笔录。

（一）书证

书证是用文字、符号、图表等所记载或反映的思想内容来证明案件事实的证据。在仲裁实践中，当事人提供书证应提交原件。只有当提交原件确有困难的，才可以提交复印件、照片、副本等。提交外文书证的，必须附中文译本。

（二）物证

物证是以物品的存在、外形、特征、性质等标志来证明案件事实的证据。在仲裁实践中，常见的物证有：合同争议的标的物、其他财产权益争议的物品等。物证可以由当事人提供，必要时也可由仲裁庭依法定程序调取。当事人提交物证时应提交原物，只有在提交原物确有困难时，才可以提交复制品、照片等。

（三）视听资料

视听资料是指用录音、录像、计算机等存储的数据和资料来证明案件事实的证据。视听资料是现代科技手段应用到仲裁活动中的一种证据形式。视听资料具有较大的科学性、真实性和可靠性，但是也极易被利用科技手段篡改伪造，因此仲裁庭应对当事人提交的视听资料谨慎辨别。

（四）证人证言

证人证言是指证人就其知道的案件事实向仲裁庭所作的陈述。证人一般应当出庭作证。确有困难不能出庭的，可以提交书面证言。书面证言必须由证人签字或盖章，证人拒绝签字或盖章的，其证言不能作为证据使用。证人不得再担任本案的仲裁人员、案件代理人、鉴定人和翻译人员。

（五）当事人陈述

当事人陈述是指仲裁当事人就有关案件的事实情况向仲裁庭所作的陈述。它包括当事人自己说明的案件事实和对另一方当事人陈述的承认。当事人对另一方当事人陈述的承认在证据理论上又称为自认。自认具有免除对方举证责任的效力，并且一经作出，除能够证明是非自愿的，或者经对方当事人同意，原则上不允许撤销。

（六）鉴定结论

鉴定结论是指依法接受聘请或者指定的具有专门知识和技能的鉴定人，运用专门知识和技能，对案件的专门性问题进行分析、研究所得出的结论性意见。《仲裁法》第 44 条第 1 款规定："仲裁庭对专门性问题认为需要鉴定的，可以交由当事人约定的鉴定部门鉴定，也可以由仲裁庭指定的鉴定部门鉴定。"在仲裁实践中常见的鉴定有产品质量鉴定、文书鉴定、技术鉴定等。第 44 条第 2 款规定："根据当事人的请求或者仲裁庭的要求，鉴定部门应当派鉴定人参加开庭。当事人经仲裁庭许可，可以向鉴定人提问。"

（七）勘验笔录

勘验笔录是指为查明一定的案件事实，仲裁庭对与案件争议有关的现场、物品等所进行勘验和检查从而形成的笔录。在仲裁实践中，对于现场以及无法提交的物证等，仲裁庭应当指定勘验人员对物证或现场进行勘验，从而取得反映案件事实情况的证据。勘验从本质上说属于收集证据的活动，是对证据的固定和保全。因此，勘验人一般由仲裁员或仲裁庭指定的人员担任，并且严格按照法定程序进行。

第二节　证人的出庭问题

在中国内地,证人出庭被认为是拟提供证人证言一方当事人的举证责任。如果证人不配合,不出庭导致无法获得证人证言的,拟提供证人证言的一方当事人对该证人证言视为举证不能。仲裁庭实际上不会主动要求证人出庭。法律也未设计法院传唤证人参加仲裁庭审,并提供证言的程序。法院没有权力要求某一证人出庭。这样,所有的责任都推给了拟提供证人证言的一方当事人。即便该当事人确信某个证人了解实情,但只要这个证人不配合,谁也没有办法。缺乏强制机制,这实际上是内地证人出庭问题的重要缺陷。

而在 HKIAC 仲裁,除当事人有相反约定外①,仲裁庭可以指令证人到庭提供证据、提供文件或其他关键证据。② 但传唤证人出庭,须通过法院。③

第三节　专家证人

在香港,证人有两种:事实证人和专家证人。④ 专家证人在仲裁中的作用,像在诉讼中一样,主要是通过提供客观的专家意见,帮助仲裁庭。

在内地,无论法院还是仲裁庭,主流观点仍固执地坚持证人只限于事实证人,证人只是证明事实,而不提供意见。内地否认专家证人为证人的一种形式。CIETAC《仲裁规则》(2005 版)第 38 条"专家报告及鉴定报告"规定:"(一) 仲裁庭可以就案件中的专门问题向专家咨询或者指定鉴定人进行鉴定。专家和鉴定人可以是中国或外国的机构或公民……(三) 专家报告和鉴定报告的副本应送达给双方当事人,给予双方当事人对专家报告和鉴定报告提出意见的机会。任何一方当事人要求专家或鉴定人参加开庭的,经仲裁庭同意后,专家或鉴定人可以参加开庭, 并在仲裁庭认为必要和适宜的情况下就他们的报告作出解释。"前述规定仅将专家报告当作仲裁庭了解案件特定问题的一种辅助证明手段,未对专家报告的认定标准或条件作出规定。另外可以参考的是最高人民法院《关于民事诉讼证据的若干规定》(以下简称《证

---

① 《仲裁条例》第 2GB(9)条之规定。
② 《仲裁条例》第 2GB(7)(c)之规定。
③ 《仲裁条例》第 2GC(3)条之规定。
④ 参见莫石、郑若骅:《香港仲裁实用指南》,法律出版社 2004 年版,第 46 页。

据规定》)(法释〔2001〕33 号)第 61 条有关专家辅助人的规定。第 61 条规定:"当事人可以向人民法院申请由一至二名具有专门知识的人员出庭就案件的专门性问题进行说明。人民法院准许其申请的,有关费用由提供申请的当事人负担。审判人员和当事人可以对出庭的具有专门知识的人员进行询问。经人民法院准许,可以由当事人各自申请的具有专门知识的人员就有关案件中的问题进行对质。具有专门知识的人员可以对鉴定人进行询问。"前述规定同样没有正式确立"专家证言"的证据属性。即便不考虑证据属性,该规定也没有明确这个"具有专门知识的人员"的意见依据何等判断标准或条件会被法庭采信,到底会在多大程度上体现在判决中。我们在执业中常遇到的问题是:当事人支付高额费用,聘请了专家到庭,发表了专家意见。可最终在判决中丝毫没有体现,不采信专家意见的理由也没有只言片语。

第四节　仲裁庭调查取证

一、仲裁庭调查取证之困境

在仲裁程序中,证据主要由当事人收集和提供。但仲裁庭在法律规定的特定情况下仍然会依职权调查收集证据。《仲裁法》第 43 条第 2 款规定:"仲裁庭认为有必要收集的证据,可以自行收集。"对于哪些证据属于仲裁庭认为有必要收集的证据,《仲裁法》未作规定。一些学者认为可以参考《证据规定》中关于人民法院调查取证的规定。根据《证据规定》第 15 条的规定,涉及可能有损国家利益、社会公共利益或者他人合法权益的事实,以及涉及依职权追加当事人、中止诉讼、终结诉讼、回避等与实体争议无关的程序事项,属于人民法院认为审理案件需要收集的证据。在仲裁实践中,仲裁庭可以参考这一规定,对上述证据认为有必要时可以自行收集。

贸仲《仲裁规则》(2005 版)第 37 条对仲裁庭自行调查也做了规定:"(1) 仲裁庭认为必要时, 可以自行调查事实,收集证据。(2) 仲裁庭自行调查事实、收集证据时,认为有必要通知双方当事人到场的,应及时通知双方当事人到场。经通知而一方或双方当事人不到场的,仲裁庭自行调查事实和收集证据不受其影响。(3) 仲裁庭自行调查收集的证据,应经仲裁委员会秘书局转交双方当事人,给予双方当事人提出意见的机会。"北仲《仲裁规则》(2008 版)第 31 条规定:"(1) 当事人申请或者仲裁庭认为必要时,仲裁庭可以自行调查事实、收集证据。仲裁庭调查事实、收集证据时,认为有必要通知双方当事人到场的，应当及时通知。经通知，一方或双方当事人未到场，不影响仲裁庭调查事实和收集证据。（2）当事人可以对仲裁庭收集的证据提出质证意见。”

我国《仲裁法》关于仲裁庭调查取证的规定缺少强制执行力的支持。《仲裁法》第 43 条第 2 款直接赋予仲裁庭收集证据的权力，其实是简单套用《民事诉讼法》第 64 条的结果。这一立法规定存在理论与实践上的双重不足。从理论上讲，仲裁权与审判权在性质上存在本质差异，审判权具有天然的强制力，而仲裁权并不具有该种属性，其民间性的特点决定了仲裁仅对双方当事人有约束力，对案外第三人没有强制约束力。《仲裁法》赋予仲裁庭自行收集证据的权力与仲裁的性质相违背。从实践上讲，由于仲裁庭的民间性、不具有强制力等特点，其自行调查取证也很难得到相关单位或人员的积极配合，并不比当事人自行取证容易，在实际操作中往往受到阻碍。

为解决这一问题，当事人在仲裁程序中常常通过证据保全手段，对第三人进行调查取证。当事人将证据保全申请经由仲裁委员会转递法院，申请法院对第三人持有的证据采取证据保全措施。从目前的司法实践看，法院对这一问题已经十分警惕，应对方法也格外慎重。如果确实符合证据保全条件的，法院会采取保全措施。但如果是以证据保全之名，行调查取证之实，法院通常会予以拒绝。

二、解决仲裁庭调查取证难的法律制度设计建议

为解决仲裁庭调查取证困难，建议在《仲裁法》的修改中，借鉴国外先进立法，增加法院支持仲裁庭调查取证的制度安排。

《示范法》第 27 条规定：“The arbitral tribunal or a party with the approval of the arbitral tribunal may request form a compenent court of this State assistance in taking evidence. The court may execute the request within its competence and according to its rules on taking evidence.”根据前述规定，仲裁庭或者获得仲裁庭许可的当事人可以向管辖法院提出协助取证申请。法院可以依职权及取证规则提供取证协助。《示范法》的前述制度设计较为宽泛，主要是为了防止过于细节的规定与各国现行法律制度有冲突。但前述基本规定体现了世界各国仲裁专家对法院支持仲裁庭调查取证的一致观点。

1996 年《英国仲裁法》第 43、44 条详细规定了法院如何支持仲裁庭调查取证。其中，第 43 条 Securing the attendance of witnesses 规定：

“(1) A party to arbitral proceedings may use the same court procedures as are available in relation to legal proceedings to secure the attendance before the tribunal of a witness in order to give oral testimony or to produce documents or other material evidence.

(2) This may only be done with the permission of the tribunal or the agreement of the other parties.

(3) The court procedures may only be used if—

(a) the witness is in the United Kingdom, and

(b) the arbitral proceedings are being conducted in England and Wales or, as the case may be, Northern Ireland.

(4) A person shall not be compelled by virtue of this section to produce any document or other material evidence which he could not be compelled to produce in legal proceedings."

第44条 Court powers exercisable in support of arbitral proceedings 规定:

"(1) Unless otherwise agreed by the parties, the court has for the purposes of and in relation to arbitral proceedings the same power of making orders about the matters listed below as it has for the purposes of and in relation to legal proceedings.

(2) Those matters are—

(a) the taking of the evidence of witnesses;

(b) the preservation of evidence;

(c) making orders relating to property which is the subject of the proceedings or as to which any question arises in the proceedings—

(i) for the inspection, photographing, preservation, custody or detention of the property, or

(ii) ordering that samples be taken from, or any observation be made of or experiment conducted upon, the property;

and for that purpose authorising any person to enter any premises in the possession or control of a party to the arbitration;

(d) the sale of any goods the subject of the proceedings;

(e) the granting of an interim injunction or the appointment of a receiver.

(3) If the case is one of urgency, the court may, on the application of a party or proposed party to the arbitral proceedings, make such orders as it thinks necessary for the purpose of preserving evidence or assets.

(4) If the case is not one of urgency, the court shall act only on the applica-

tion of a party to the arbitral proceedings (upon notice to the other parties and to the tribunal) made with the permission of the tribunal or the agreement in writing of the other parties.

(5) In any case the court shall act only if or to the extent that the arbitral tribunal, and any arbitral or other institution or person vested by the parties with power in that regard, has no power or is unable for the time being to act effectively.

(6) If the court so orders, an order made by it under this section shall cease to have effect in whole or in part on the order of the tribunal or of any such arbitral or other institution or person having power to act in relation to the subject-matter of the order.

(7) The leave of the court is required for any appeal from a decision of the court under this section."

1996 年《英国仲裁法》的前述规定更为细致,更具可操作性,更值得我们借鉴。建议在修改我国《仲裁法》时增加以下制度设计:

第一,仲裁庭调查取证应首先尊重仲裁协议以及当事人在仲裁程序之前或过程中达成的一致意见。比如,如果当事人协商一致只需证人的书面证言,不需要证人出庭,仲裁庭就不应当要求证人出庭,更无需动用法院的力量强迫证人出庭。

第二,防止当事人滥用法院协助调查取证的制度,拖延仲裁程序。为解决这一问题,无论是《示范法》还是 1996 年《英国仲裁法》都规定,寻求法院调查取证之协助应由仲裁庭提出。如果是当事人提出,则当事人的申请须首先征得仲裁庭的同意。

第三,受理协助调查取证申请以后,法院有权对申请的合法性进行审查。但审查尺度应尽量宽松,以体现对仲裁的支持。法院认为不符合协助调查取证条件的,可以不予协助。当事人对此不应再有正式的上诉程序,但可以申请复议。

第四,情况紧急的,应允许当事人直接向法院提出协助取证申请。但法院应严格审查是否满足情况紧急的条件。

第五,法院应根据不同的证据形式制定不同的取证规则。

第五节　文件的特定披露

在内地仅有很少的仲裁委员会的仲裁规则有类似"文件的特定披露"的

规定，但程序远不完善。以北仲《仲裁规则》(2008 版)为例。北仲《仲裁规则》(2008 版)第 34 条第(六)项规定："有证据证明一方当事人持有证据无正当理由拒不提供，如果对方当事人主张该证据的内容不利于证据持有人，可以推定该主张成立。"前述规定的目的是确保特定文件能够披露。但该规定过于粗糙，没有说明一方当事人在何时、以何种方式提出文件披露申请；没有规定仲裁庭如何审理该等文件披露申请；没有规定如果仲裁庭审理认为应当披露，仲裁庭应出具何种形式的文书，或是否可以直接口头告知对方需披露特定文件；没有规定被申请披露文件的一方以何种方式表达自己的意见；也没有规定是否对某些文件享有不予披露的特权。

相比之下，在 HKIAC 仲裁，文件披露制度要完善得多。在 HKIAC 仲裁，一旦开始书面陈述，仲裁程序的下一个仲裁步骤，是文件披露和审查。在一些仲裁中，没有必要进行文件的披露和审查，因为所有的文件都已附在书面陈述中。在另一些仲裁中，进一步披露和审查文件仅限于当事人特别要求的文件。[①] 披露这些特别要求的文件就是文件的特定披露。根据香港《仲裁条例》第 2GB(1)(c)条，仲裁庭有权指令进行文件披露。但需注意，仲裁员没有义务这样做。有几类文件享有法定特权，不必提供给对方审查。[②] 最常见的三种特权是：(1) 法律专业特权，涵盖律师与客户间为获得或给予法律意见进行的通讯；(2) 诉讼特权，涵盖为了诉讼或仲裁，或预见到诉讼或仲裁而制备的文件；(3) 不损害权利特权，涵盖争议各方出于善意，为协商解决争议而进行的通讯。[③]

文件披露常常是仲裁程序中争论最激烈的。"特定披露"申请常常不可避免。某类文件是否与案件有关，以及一方主张的特权能否成立，常有激烈的争论。一方指责另一方隐藏本应披露的文件的情形很常见。这些问题要由仲裁庭解决。在解决这些问题时，仲裁庭会听取双方的辩论(通常是书面陈述，但如有必要，也可以中期开庭，作口头辩论)，然后作出指令，要求一方或各方进一步提供文件。[④]

---

① 参见莫石、郑若骅：《香港仲裁实用指南》，法律出版社 2004 年版，第 41 页。

② 参见香港《仲裁条例》第 2GB(8)条。

③ 参见莫石、郑若骅：《香港仲裁实用指南》，法律出版社 2004 年版，第 42 页。

④ 同上。

第十七章　庭审

第一节　仲裁地点和庭审程序

在中国内地，仲裁庭组成以后，仲裁委员会的秘书处会向各方当事人签发《组庭通知》。经与仲裁庭协商确定开庭时间后，秘书处向各当事人签发《开庭通知》。中国内地仲裁机构的仲裁庭很少在正式开庭之前召开程序会议。或许大家觉得没有必要多此一举，一般问题都可以在正式庭审程序中解决。这大概与内地仲裁机构对程序问题未予充分重视，并未给予当事人或其代理人充分尊重有关。

而在 HKIAC 仲裁，仲裁庭组成（或指定了独任仲裁员）后，通常会由仲裁庭和当事人各方或其代理人召开一个程序会议。需要开庭的案件，通常要召开程序会议；仅进行书面审的案件，通常不用。程序会议通常在当事各方交换陈述前召开。目的有三个：首先，仲裁员得以与当事人见面，当面确认其已被恰当地指定。其次，仲裁庭可以与当事人商讨程序诸事项及仲裁程序的时间表。再者，仲裁庭可以与当事人确定：根据《仲裁条例》和《示范法》，当事人没有相反约定才可由仲裁庭行使的各项权力，哪些应交予仲裁庭。会后，仲裁庭会发出"指示"。除其他事项外，指示会列出整个程序中各步骤的时间表，直至作出裁决。应注意，仲裁会议要解决的只是程序问题。除解释争议的性质和考虑管辖权问题外，程序会议不是当事人用来讨论或争论实体问题的场合。[①] 程序会议充分体现了仲裁程序对各方当事人在程序问题、时

① 参见莫石、郑若骅：《香港仲裁实用指南》，法律出版社 2004 年版，第 38 页。

间安排等各方面的充分尊重。

第二节　书面审理

在我国，书面审理的仲裁案件比例较低，一方面是因为当事人及其代理人更倾向于开庭审理，感觉这样更能把意见表达清楚。另一方面是仲裁庭也希望通过庭审这一程序更好地了解案情，了解当事人。

《仲裁法》第 39 条规定："仲裁应当开庭进行。当事人协议不开庭的，仲裁庭可以根据仲裁申请书、答辩书以及其他材料作出裁决。"根据前述规定以及各仲裁委员会的仲裁规则，书面审理的法定条件是当事人同意，否则程序违法，构成撤销仲裁裁决的理由。台湾桦庆塑胶制品有限公司申请撤销中国国际经济贸易仲裁委员会作出的〔2002〕贸仲裁字第 0039 号裁决一案极为典型。

附 17-1

最高人民法院《关于撤销中国国际经济贸易仲裁委员会〔2002〕贸仲裁字第 0039 号裁决一案的请示》的复函①(〔2002〕民四他字第 44 号)

北京市高级人民法院：

你院 2002 年 11 月 21 日京高法〔2002〕307 号《关于撤销中国国际经济贸易仲裁委员会〔2002〕贸仲裁字第 0039 号裁决一案的请示》收悉。经研究，答复如下：

根据《中国国际经济贸易仲裁委员会仲裁规则》第 32 条的规定，仲裁庭应当开庭审理案件。但经双方当事人申请或者征得双方当事人同意，仲裁庭也认为不必要开庭审理的，仲裁庭可以只依据书面文件进行审理并作出裁决。仲裁庭在审理台湾桦庆塑胶制品有限公司与烟台开发区塑料制网有限责任公司合作经营合同纠纷一案中，未经双方当事人同意即对台湾桦庆塑胶制品有限公司提出的反请求进行书面审理，违反了仲裁规则的规定，属于《中华人民共和国民事诉讼法》第 260 条第 1 款规定的"仲裁程序与仲裁规则不符"的情形，依法应当予以撤销。

此复。

最高人民法院

2003 年 3 月 10 日

---

① 万鄂湘主编：《中国涉外商事海事审判指导与研究》2003 年第 3 卷，人民法院出版社 2004 年版，第 122 页。

附 17-2

北京市高级人民法院《关于撤销中国国际经济贸易仲裁委员会〔2002〕贸仲裁字第0039号裁决一案的请示》(京高法〔2002〕307号)

最高人民法院：

我市第二中级人民法院立案受理了申请人台湾桦庆塑胶制品有限公司申请撤销中国国际经济贸易仲裁委员会作出的〔2002〕贸仲裁字第0039号裁决一案，拟撤销该仲裁裁决，并向我院请示。经研究，现将该案有关情况报告并请示如下：

一、案件基本事实

1999年11月16日，华瑞公司与桦庆公司签署了《中外合作企业烟台大正塑胶网业有限公司合同》(以下简称合作合同)以及合作公司章程，约定双方共同投资设立烟台大正塑胶网业有限公司。合作合同与合作公司章程于1999年11月19日经政府主管部门批准，合作公司于1999年11月26日领取了营业执照。在合作合同履行过程中，双方当事人发生纠纷，协商不成，华瑞公司于1999年11月16日，依据《中外合作企业烟台大正塑胶网业有限公司合同》向中国国际经济贸易仲裁委员会提请仲裁。

二、仲裁情况

华瑞公司仲裁请求为：要求被申请人承担相关费用和赔偿经济损失。1. 承担公司开办费人民币23.80万元；2. 承担开办费利息人民币3.37万元；3. 赔偿经济损失人民币76.25万元；4. 偿还借款(34.10万元)的利息5.19万元；5. 被申请人承担全部仲裁费用。

桦庆公司向仲裁庭提出仲裁反请求为：要求1. 合作公司开办费34.1万元人民币，由被反申请人承担50%，计人民币17.05万元；2. 由被反申请人赔偿设备损失金人民币60.7万元；3. 本案全部仲裁费用由被反申请人承担。

2002年9月15日，中国国际经济贸易仲裁委员会〔2002〕贸仲裁字第0039号仲裁裁决：1. 被申请人赔偿申请人经济损失计人民币35万元；2. 驳回申请人的其他仲裁请求；3. 驳回被申请人的全部反请求；4. 本案的仲裁费由申请人承担30%，由被申请人承担70%；5. 本案的反请求仲裁费全部由被申请人承担。

三、双方当事人的主要理由

(一) 申请人桦庆公司申请撤销仲裁裁决的主要理由

1. 仲裁程序与仲裁规则不符。本案开庭时只开了一个头，因我方提出反请求而休庭。在这次开庭中，我方未有机会对本案所涉的问题全面陈述意见。涉及本案的大部分证据都未在庭上举证，特别是关于中方投资的审计报告、工业产权投资的评估报告和专利投资的权属转移材料等都没有当庭举证。我方未能见到这些证据材料的原件，无法辨别这些重要证据材料的真伪。关于质证，我方未见到中方提供全部证据的原件，不能正常行使质证权。虽然对仲裁庭转递的复印材料发表了一些书面意见，但这些意见是受限制的。关于相互辩论,本案根本未进行这一程序。根据以上存在的问题,2001 年 11 月 19 日仲裁开庭是不完整的,与正常的仲裁程序差距甚大。我方在 2001 年 11 月 19 日开庭后一直在等待再次开庭,以便详细陈述意见和行使权利,但未能得到这个机会。

2. 我方的反请求未开庭审理。根据 2000 年《中国国际经济贸易仲裁委员会仲裁规则》(以下简称仲裁规则)第 32 条的规定,仲裁庭应当开庭审理案件。本案仲裁庭虽正式受理了我方提出的反请求,但在双方当事人均未申请书面审理的情况下,未开庭审理即全部驳回我方反请求的做法与仲裁规则不符。

3. 关于中方以无效专利权出资的问题。双方争议焦点之一是关于中方作为出资到位依据的一项专利技术是否有效的问题。我方两次书面告知仲裁庭,国家知识产权局专利复审委员会已立案审查该专利技术的效力,其审查结果对本案裁决有着至关重要的影响,仲裁庭应慎重考虑我方关于该专利权无效的主张,但仲裁庭对我方的请求不予理睬。在仲裁庭作出裁决后一个月,国家专利复审委员会于 2002 年 3 月 21 日下达宣告该专利权无效的决定。现在的裁决结果不公,与事实不符,仲裁委应当依据该专利复审结果重新裁决。

(二) 华瑞公司答辩的主要理由

1. 该仲裁案仲裁程序符合仲裁规则。(1) 关于庭审程序。庭审中双方都进行了充分的陈述,进行了举证和质证;对台方的反请求进行了辩论。庭后补交了答辩状、反请求书和对我方提交材料的异议书等。(2) 关于举证、质证。仲裁规则没有规定有关证据一定要在庭上举证或质证。(3) 仲裁庭未再次开庭并不违反仲裁规则。仲裁规则只规定仲裁庭应当开庭审理案件,并没有规定开几次庭。

2. 关于台方的反请求未开庭审理的问题。仲裁规则只规定仲裁庭应当开庭审理案件,对仲裁过程中双方提出的个别问题,包括反请求,仲裁规则并没有规定一定要单独开庭审理,是否进行单独开庭审理完全由仲裁庭根据实际情况决定。对于台方的反请求,仲裁庭在正式开庭时已进行过初步审理。开庭后,台方补交了反请求书,仲裁庭及时转给我方,我方根据实际情况提交了对台方反请求书的异议,并提交有关证据材料,仲裁庭对双方意见进行了详细审查。仲裁庭对台方的反请求未开庭审理即予以驳回并不违反仲裁规则。

3. 关于中方以专利权出资问题。关于专利效力问题是仲裁案的实体问题,台方以此作为撤销裁决的理由不符合《中华人民共和国民事诉讼法》第 260 条第 1 款的规定,应被驳回。

四、我院审查意见

(一) 关于桦庆公司主张仲裁程序与仲裁规则不符的撤销理由

经查,仲裁委受理本案后将申请人华瑞公司的仲裁申请书及相关证据材料均向被申请人桦庆公司作了送达。开庭时,华瑞公司与桦庆公司分别就案件涉及的主要问题发表了自己的意见，并回答了仲裁庭提出的问题。在庭审过程中，桦庆公司并未要求华瑞公司出示中方投资的审计报告等证据材料的原件。

鉴于本案系涉外仲裁案件，仲裁规则并未规定当事人必须当庭出示证据原件进行质证，亦未规定仲裁庭审的辩论程序，故本案的仲裁庭审程序与仲裁规则并不相悖，故该撤销理由不成立，本院不予支持。

（二）关于桦庆公司主张其反请求未开庭审理的撤销理由

经查，桦庆公司在仲裁开庭时当庭提交了《反请求延长申请书》，仲裁庭经评议后同意延长桦庆公司提出反请求的期限。庭后，桦庆公司在仲裁庭规定的期限内提交了仲裁反请求书及相关证据，华瑞公司收到仲裁庭转递的上述材料后，提交了对台方反请求书的异议书及相关证据。仲裁庭对双方的意见进行了书面审查，并根据案件的实际情况和有关的证据材料驳回了桦庆公司的反请求。

根据《仲裁规则》第32条规定，"仲裁庭应当开庭审理案件。但经双方当事人申请或者征得双方当事人同意，仲裁庭也认为不必要开庭审理的，仲裁庭可以只依据书面文件进行审理并作出裁决。"本案双方当事人均未申请对反请求书面审理，仲裁庭亦未征得双方当事人同意即对桦庆公司庭后提出的反请求进行书面审理的做法与仲裁规则的规定不符。根据《中华人民共和国民事诉讼法》第260条第1款第（三）项的规定，涉外仲裁裁决有"仲裁庭的组成或者仲裁的程序与仲裁规则不符的"情形，裁定撤销。故桦庆公司该撤销理由成立，本院予以支持。

（三）关于桦庆公司主张华瑞公司以无效专利权出资的问题

该问题属于仲裁庭实体认定的问题，不属于仲裁法规定的人民法院撤销仲裁裁决审查的范围，故该撤销理由不成立，本院不予支持。

该案仲裁程序对被申请人的反请求未经当事人同意或申请径行书面审理的做法，与仲裁规则不符，属于《中华人民共和国民事诉讼法》第260条第1款规定之情形，应予撤销。根据《中华人民共和国仲裁法》第70条之规定，我院拟同意北京市第二中级人民法院裁定撤销中国国际经济贸易仲裁委员会作出的〔2002〕贸仲裁字第0039号裁决。妥否请批示。

北京市高级人民法院

2002年11月21日

第十八章　裁决

第一节　裁决书的送达

裁决书的送达,是指仲裁机构按照法定程序和方式,将仲裁裁决书送交当事人的仲裁行为。裁决书的送达是仲裁活动中一项重要的法律行为。

裁决书的送达方式是送达的重要内容,《仲裁法》对此并未明确规定。各仲裁委员会根据其仲裁规则送达裁决书。一般而言,直接送达和邮寄送达是各仲裁委员会普遍采用的送达方式。

直接送达,又称交付送达,是指仲裁机构将裁决书直接送交受送达人签收。直接送达是最基本的送达方式,也是实践中最常见的送达方式。邮寄送达是指仲裁机构将裁决书通过邮寄、快递、传真、电子邮件等方式向受送达人送达。贸仲《仲裁规则》(2005 版)第 68 条规定:"有关仲裁的一切文书、通知、材料等均可以派人或以挂号信或特快专递、传真、电传、电报……发送给当事人……"

裁决书的送达还有两种值得关注的送达方式,即公告送达和留置送达。

一、公告送达的保留与废除

裁决书的公告送达是我国民事诉讼文书送达的重要形式之一。在仲裁程序中进行公告送达带有浓厚的民事诉讼色彩。目前我国很多仲裁机构的规则中仍然保留公告送达。如《上海仲裁委员会仲裁规则》第 83 条规定:"仲裁文书、通知和其他材料可以直接发送当事人或其代理人,也可以以挂号信、特快专递、传真、电报、公告等方式发送当事人或其代理人。"

也有仲裁委员会取消了公告送达,如贸仲和北仲。北仲在解释其2008版《仲裁规则》时解释说:取消公证和公告送达是仲裁规则关于送达方式规定的重要变化。鉴于商事仲裁"送达企图"的国际通行惯例能否适用于国内案件当时争议较大,2004年规则参照民事诉讼中的留置和公告送达方式,采用了这种暂时的变通措施解决有关国内案件的送达问题。这种送达方式在实践中逐渐受到置疑,认为可能违反仲裁保密性原则,而且浪费人力物力,导致仲裁程序拖延,有违仲裁的经济、高效原则。本会早在1999年仲裁规则修改时就建议采用"送达企图"的规定,但出于各种原因没有实施。2004年规则首先对于国际商事案件的送达规定采用"送达企图"规定,即:"经合理查询不能找到受送达人的营业地点、经常居住地或者其他通讯地址而以邮寄、专递的方式或者能提供投递记录的其他任何方式投递给受送达人最后一个为人所知的营业地点、经常居住地或者其他通讯地址,即视为已经送达。"2008年规则进一步将这种送达方式扩展适用到所有案件。这种规定也有利于促进当事人之间的诚信合作,提示当事人提供准确的联系方式,否则将可能承担送达不利的后果。

二、留置送达

留置送达是指受送达人拒绝接受仲裁裁决书时,送达人依法将裁决书留置在受送达人的住所,即视为送达。《上海仲裁委员会仲裁规则》第83条第2款规定"当事人拒绝接受仲裁文书的可以留置送达"。贸仲和北仲在其仲裁规则中都未规定留置送达。实际上两仲裁委员会仲裁规则中有关"送达企图"的规定已经足以替代留置送达。

第二节　仲裁费用的承担

仲裁费用的承担,是指仲裁费用由哪方当事人承担以及如何承担。仲裁费用的承担对双方当事人的利益有着直接影响,因此是一个比较重要的仲裁法问题。

首先,仲裁费用的承担是由仲裁庭来决定的。仲裁庭应当在仲裁裁决书或调解书中写明双方当事人最终应当支付的仲裁费用。世界上大部分国家的仲裁法及仲裁机构的仲裁规则都作了此规定。例如我国《仲裁法》第54条规定:"裁决书应当写明仲裁请求、争议事实、裁决理由、裁决结果、仲裁费用的负担和裁决日期……"英国《1996年仲裁法》第61条第1款规定:"在不违背当事人约定的前提下，仲裁庭可在当事人之间裁决仲裁费用的分担。"德国《民事诉讼法》第10编第1057条规定："（1）除非当事人另有约定，仲裁庭应以裁决的方式决定仲裁费用在当事人之间的分担……"等等。

其次，需要明确的是，对于仲裁机构收取的费用，包括仲裁机构管理费、仲裁员报酬及其他实际费用等，仲裁庭应当依职权作出由哪一方承担的决定，而不论当事人是否提出了此项请求。对于当事人自己支出的费用，主要是律师费，当事人必须提出请求，包括具体金额和相应证据。没有提出此项请求，将被视为放弃该请求权，仲裁庭对此种仲裁费用不会予以考虑。例如瑞典《仲裁法》第42条规定："除非当事人另有约定，经一方当事人请求，仲裁庭可以命令对方当事人补偿该方当事人的费用……"

再次，关于仲裁费用的具体承担问题。关于仲裁费用的承担，国外有如下几种模式：

1. 英国模式

以英国为代表的国家遵循"费用依附于结果"（Costs Follow the Event）的原则。根据这一原则，败诉方通常要承担胜诉方全部的包括律师费在内的仲裁费用。这一原则能够使胜诉方在纠纷解决中所支出的费用得到最大限度的补偿，从而实现自然正义。英国《1996年仲裁法》第61条规定："……（2）除非当事人另有约定，仲裁庭应裁决承担仲裁费用的一般原则是：仲裁费用的承担应符合案件结果，除非仲裁庭认为根据具体情况一方当事人承担全部或部分仲裁费用是不合适的。"这一模式可以称为败诉方承担原则，德国、法国、加拿大、澳大利亚等国在其民事立法中都采用了这一原则，例如德国《民事诉讼法》第十编第1057条规定："（1）仲裁庭应遵照其遵循义务的裁量权作出决定且考虑到案件的具体情况，特别是仲裁的结果……"此种"费用依附于结果"原则是世界大多数国家仲裁法采用的一项原则。

2. 美国模式

美国的做法是主张当事人各自承担各自的包括律师费在内的仲裁费用。采纳这一原则的原因是：（1）诉讼的结果通常是不确定的，让败诉方遭受费用惩罚是不公平的；（2）面对承担对方律师费的风险，经济力量弱小者会因这种担心而放弃仲裁，其合法权益得不到保护；（3）"费用依附于结果"原则将增加仲裁成本，当事人的费用支出会大大增加。[①] 因此，在没有当事人约定或仲裁规则规定的情况下，仲裁庭不会裁决仲裁费用的承担问题。不过有

---

① 参见叶青主编：《中国仲裁制度研究》，上海社会科学院出版社2009年版，第224页。

学者经研究认为,"近年来美国仲裁的实践和各州法院的判例显示,这一规则正在悄然发生变化。有些州允许在国际仲裁中裁决律师费的承担……在一些州,即使仲裁庭未裁决律师费用,当事人仍可以向法院起诉要求仲裁的败诉方承担。……此外,美国的国际仲裁中允许仲裁庭具备裁决费用的权力。"①

以上是对国际上关于仲裁费用承担问题的介绍。我国关于仲裁费用的承担的规定与国际通行规则基本类似,具体有以下几个原则:

1. 仲裁庭决定原则

对于仲裁费用中的案件受理费和案件处理费,仲裁庭应依职权作出由哪一方承担的决定。而对于仲裁费用中当事人实际支出的其他费用,包括律师费等,当事人必须提出请求,并提供相应的证据,仲裁庭才会就此项请求作出裁决。否则仲裁庭不应主动作出裁决。贸仲《仲裁规则》(2005 版)第 46 条规定:"(1) 仲裁庭有权在仲裁裁决书中裁定当事人最终应向仲裁委员会支付的仲裁费和其他费用。(2) 仲裁庭有权根据案件的具体情况在裁决书中裁定败诉方应当补偿胜诉方因办理案件而支出的合理的费用……"北仲《仲裁规则》(2008 版)第 45 条规定:"(1) 仲裁庭有权在裁决书中确定双方当事人应当承担的仲裁费用和实际发生的其他费用……(3) 仲裁庭有权根据当事人的请求在裁决书中裁定败诉方补偿胜诉方因办理案件支出的合理费用。"

2. 败诉方承担原则

仲裁费用原则上由败诉方承担,这是世界各国仲裁法普遍采用的一项原则,也是我国仲裁费用承担的最基本原则。我国《仲裁委员会仲裁收费办法》第 9 条规定:"仲裁费用原则上由败诉的当事人承担。"此项原则体现了补偿胜诉方、惩罚败诉方的功用。败诉方被仲裁庭确定为违约方,由于违约方的违约行为致使纠纷发生,因此法律上规定仲裁费用由败诉方承担,符合公平正义理念。

3. 按比例承担原则

仲裁实践中,许多案件并没有完全的胜诉方或败诉方,而是双方当事人的诉求都有一定的合理性,也都有违约情形,都要承担一定的责任。在此类案件中,就不能简单采用败诉方承担仲裁费用原则,而是应按照双方各自责任所占的比例来进行分配。我国《仲裁委员会仲裁收费办法》第 9 条规定:"……当事人部分胜诉、部分败诉的,由仲裁庭根据当事人各方责任大小确定

---

① 姚俊逸:《论仲裁费用》,载《民商法论丛》第 28 卷,法律出版社 2003 年版。

其各自应当承担的仲裁费用的比例。当事人自行和解或者经仲裁庭调解结案的，当事人可以协商确定各自承担的仲裁费用的比例。”北仲《仲裁规则》第45条作了相同规定。

4. 申请人预付原则

类似于诉讼费用，仲裁费用采取的是先收费后服务的模式，以保障仲裁员处理案件付出劳动能获得报酬。虽然仲裁费用最终由败诉方承担或按比例承担，但是在仲裁裁决作出之前，并不能确定双方当事人的责任负担。而由申请人和被申请人共同负担的做法也不现实。因此，绝大部分仲裁机构都采取的是申请人预付仲裁费用的做法。例如我国《仲裁委员会仲裁收费办法》第4条规定：“申请人应当自收到仲裁委员会受理通知书之日起15日内，按照仲裁案件受理费用的规定预交案件受理费。被申请人在提出反请求的同时，应当按照仲裁案件受理费用的规定预交案件受理费。”

第三节　仲裁庭对裁决的解释

无论是中国仲裁法、最高人民法院的司法解释，还是贸仲、北仲的仲裁规则，都没有规定仲裁庭对仲裁裁决的解释权力或者义务。这是中国仲裁法及仲裁实务有待进一步完善之处。

相比之下，其他国家或者地区就仲裁庭对裁决进行解释都普遍做出明确的规定。比如：在HKIAC进行仲裁，根据《示范法》第33(b)之规定，仲裁庭可就仲裁裁决进行解释。《示范法》第33条“裁决的改正和解释；追加裁决”之(b)规定：“如果当事人各方有此协议，当事人一方可以在通知当事人另一方后请求仲裁庭对裁决书的具体一点或一部分作出解释。如果仲裁庭认为此种请求合理，它应在三十天内作出改正或加以解释。解释应构成裁决的一部分。”根据前述规定，仲裁庭对裁决作出解释应满足以下条件：1. 当事人有协议，约定可以在裁决作出后要求仲裁庭就特定问题进行解释。2. 当事人一方需通知另一方，其将依据当事人之间的协议请求仲裁庭对特定文件进行解释。3. 当事人一方需向仲裁庭提出申请，请求对仲裁裁决的具体一点或一部分作出解释。4. 仲裁庭认为当事人一方关于解释仲裁裁决的具体一点或一部分的请求合理。

同样，《瑞士国际仲裁规则》第35条也对仲裁庭解释仲裁裁决做出明确规定。该条规定：“1. 在收到裁决后的三十天内，当事人任何一方，可请求仲裁庭对裁决予以解释，并通知对方当事人。仲裁庭可以设定通常不超过三十日的期限以便对方当事人对此请求发表意见。2. 解释需在收到请求后的四十五日内以书面形式做出。该解释构成裁决的组成部分并适用本规则第三十二条第二款至第六款的规定。”

第四节　漏裁、文字及计算错误的处理

《仲裁法》第 56 条规定：“对裁决书中的文字、计算错误或者仲裁庭已经裁决但在裁决书中遗漏的事项，仲裁庭应当补正；当事人自收到裁决书之日起三十日内，可以请求仲裁庭补正。”这是《仲裁法》关于漏裁、文字及计算错误的处理规定。

《仲裁法》对漏裁、文字及计算错误的前述规定较为简单。贸仲和北仲的《仲裁规则》对《仲裁法》第 56 条作了更为细化的规定。但两机构的仲裁规则在这方面也有所不同。

贸仲《仲裁规则》第 47 条“裁决书的更正”规定：“任何一方当事人均可以在收到裁决书之日起 30 天内就裁决书中的书写、打印、计算上的错误或其他类似性质的错误，书面申请仲裁庭作出更正；如确有错误，仲裁庭应在收到书面申请之日起 30 天内作出书面更正。仲裁庭也可以在发出裁决书后的合理时间内自行以书面形式作出更正。该书面更正构成裁决书的一部分。”第 48 条“补充裁决”规定：“ 如果裁决有漏裁事项，任何一方当事人可以在收到裁决书之日起 30 天内以书面形式请求仲裁庭就裁决中漏裁的仲裁事项作出补充裁决；如确有漏裁事项，仲裁庭应在收到上述书面申请之日起 30 天内作出补充裁决。仲裁庭也可以在发出裁决书后的合理时间内自行作出补充裁决。该补充裁决构成原裁决书的一部分。”贸仲《仲裁规则》的前述规定较《仲裁法》第 56 条更为细致，主要体现在仲裁庭作出更正和补充裁决的期限上。《仲裁法》并未规定仲裁庭应当在何时完成更正和补充裁决。对如此重要事项，交由法律层面规定要比留给仲裁规则更妥。

北仲《仲裁规则》第 46 条“裁决补正、补充”规定：“（一）对裁决书中的文字、计算错误或者仲裁庭意见部分对当事人申请仲裁的事项已经作出判断但在裁决主文遗漏的，仲裁庭应当补正。裁决书对当事人申请仲裁的事项遗漏的，仲裁庭应当作出补充裁决。（二）当事人发现裁决书中有前款规定情形的，可以自收到裁决书之日起 30 日内，书面请求仲裁庭补正或者作出补充裁决。（三）仲裁庭作出的补正或者补充裁决，是原裁决书的组成部分。”

比较贸仲和北仲以上规则，我们会发现两者的细微区别：对于仲裁裁决遗漏的事项，贸仲的《仲裁规则》规定仲裁庭应当作出补充裁决。而北仲《仲裁规则》将遗漏事项分为两种，“仲裁庭意见部分对当事人申请仲裁的事项已经作出判断但在裁决主文遗漏的”，仲裁庭应当补正；“裁决书对当事人申请仲裁的事项遗漏的”，仲裁庭应当作出补充裁决。

最高人民法院在《关于是否裁定撤销承德仲裁委员会仲裁裁决的请示的复函》中明确，如果仲裁裁决书中有遗漏事项，仲裁庭无权撤销已经生效的原裁决。仲裁庭应当作出补充裁决，该补充裁决是原裁决书的组成部分。

附 18-1

最高人民法院《关于是否裁定撤销承德仲裁委员会仲裁裁决的请示》的复函（〔2005〕民四他字第 51 号）

河北省高级人民法院：

你院〔2005〕冀立民函字第 89 号“关于撤销承德仲裁委员会承仲裁字〔2000〕第 33 号、承仲裁补字〔2000〕第 1 号仲裁裁决的请示”收悉。经研究，答复如下：

本案属于申请撤销我国仲裁机构作出的涉外仲裁裁决案件。根据你院请示报告及所附卷宗反映的情况，承德仲裁委员会就北京鹏华经济技术发展公司与英属韦津群岛好运有限公司之间的纠纷于 2000 年 12 月 26 日曾经作出了承仲裁字〔2000〕第 33 号仲裁裁决，但又于同年 12 月 28 日作出承仲裁补字〔2000〕第 1 号仲裁裁决，撤销了承仲裁字〔2000〕第 33 号裁决。《中华人民共和国仲裁法》第 56 条规定：“对裁决书中的文字、计算错误或者仲裁段已经裁决但在裁决书中遗漏的事项，仲裁庭应当补正；当事人自收到裁决书之日起三十日内，可以请求仲裁庭补正。”《承德仲裁委员会仲裁规则》第 46 条第 3 款规定：“仲裁庭作出的补正或者补充裁决，是原裁决书的组成部分。”有关法律与仲裁规则仅授权仲裁委员会可以就程序和遗漏事项作出补充裁决，没有授权仲裁委员会撤销其已经作出、送达且生效的仲裁裁决。承德仲裁委员会在对同一纠纷已经作出仲裁裁决的情况下，又作出撤销原裁决的补充裁决缺乏法律依据，也不符合《承德仲裁委员会仲裁规则》的规定，属于《中华人民共和国民事诉讼法》第 260 条第 1 款第（三）项规定的“仲裁庭的组成或者仲裁的程序与仲裁规则不符”的情况，人民法院可以依据《中华人民共和国仲裁法》第 70 条的规定撤销仲裁裁决。

鉴于本案仲裁裁决存在的主要问题是仲裁程序违反法定程序，这种对程序的违反（以补充裁决撤销原裁决）对当事人权利的影响可以以通知仲裁庭重新仲裁的方式纠正。根据本案所涉仲裁裁决的实际情况，应当根据《中华人民共和国仲裁法》第 61 条的规定，通知仲裁庭在一定期限内重新仲裁，并裁定中止撤销程序。仲裁庭拒绝重新仲裁的，应当裁定恢复撤销程序，依法一并撤销该两仲裁裁决。

此复。

最高人民法院
2006年1月24日

附18-2

河北省高级人民法院《关于撤销承德仲裁委员会承仲裁字〔2000〕第33号、承仲裁补字〔2000〕第1号仲裁裁决的请示》(〔2005〕冀立民函字第89号)

最高人民法院民四庭:

按照你院〔2004〕民四他字第45号函的要求,承德市中级人民法院于2005年4月25日依法受理并公开开庭审理了申请人北京鹏华经济技术发展公司(以下简称鹏华公司)与被申请人英属韦津群岛好运有限公司(以下简称好运公司)申请撤销仲裁裁决一案,后形成如下处理意见:

好运公司在承德仲裁委员会申请仲裁时,未向仲裁机构提供该公司依法存在的证明,其公司的法定代表人身份证明亦未经我国驻港外交机构的认证;在我院开庭审理期间,该公司未在我院规定的期限内向我院提供上述证明文件,故根据《民事诉讼法》及最高法院关于涉外、涉港诉讼文书及送达问题的批复,好运公司在仲裁及诉讼中不具备主体资格。另承德仲裁委针对鹏华公司与好运公司之间的争议作出承仲裁字〔2000〕第33号裁决后,又以承仲裁补字〔2000〕第1号裁决撤销了该第33号裁决,违反了《仲裁法》的相关规定及承德仲裁委的仲裁规则,该补充裁决应视为违法。遂决定撤销承德仲裁委承仲裁字〔2000〕第33号、承仲裁补字〔2000〕第1号裁决。

针对承德市中级人民法院的报送意见,经认真审查,本院认为该院对本案认定事实清楚,适用法律正确,同意对承德仲裁委承仲裁字〔2000〕第33号、承仲裁补字〔2000〕第1号裁决予以撤销。依照你院《关于人民法院撤销涉外仲裁裁决有关事项的通知》的规定,特报请你院审定。

妥否,请批示。

河北省高级人民法院
2005年11月23日

第十九章　仲裁裁决的执行

第一节　国内仲裁裁决和涉外仲裁裁决的执行

一、管辖法院

近些年国内仲裁和涉外仲裁裁决执行的法院管辖经过了两次比较重大的调整。1991 年《民事诉讼法》规定了国内仲裁裁决的地域管辖，即国内仲裁裁决由被执行人住所地或者被执行财产所在地人民法院管辖。[①] 对国内仲裁的级别管辖则语焉不详。与之相对应，1991 年《民事诉讼法》明确了涉外仲裁裁决的地域管辖和级别管辖，即由被申请人住所地或者财产所在地的中级人民法院申请执行。[②] 国内仲裁裁决的执行曾因法律未明确级别管辖出现过混乱。彼时，基层法院和中级法院曾出现过相互推诿均不受理的情况，也出现过不分执行标的金额都可以受理的情况。

为解决这一问题，最高人民法院在 1998 年《关于人民法院执行工作若干问题的规定》(法释〔1998〕15 号)第 10 条作了澄清："仲裁机构作出的国内仲裁裁决、公证机关依法赋予强制执行效力的公证债权文书，由被执行人住所地或被执行的财产所在地人民法院执行。前款案件的级别管辖，参照各地法院受理诉讼案件的级别管辖的规定确定。"前述司法解释明确了国内仲裁裁决执行案件的级别管辖，解决了 1991 年《民事诉讼法》关于国内仲裁裁决地

---

① 1991 年《民事诉讼法》第 207 条第 2 款。
② 1991 年《民事诉讼法》第 259 条。

域管辖规定不明引发的管辖混乱问题。

第二次仲裁裁决管辖的调整出现在2006年。2006年9月8日施行的《仲裁法解释》重新确定了仲裁裁决执行的管辖问题。《仲裁法解释》第29条规定:“当事人申请执行仲裁裁决案件,由被执行人住所地或者被执行的财产所在地的中级人民法院管辖。”该条规定统一了国内仲裁裁决和涉外仲裁裁决的地域管辖和级别管辖。这次调整是为解决撤销与不予执行仲裁裁决的冲突。[①] 1991年《民事诉讼法》第217条规定了执行法院享有在执行程序中对仲裁裁决进行司法审查的权利。如果出现法定情形,执行法院有权裁定不予执行仲裁裁决。实务中,执行仲裁裁决的法院可能是基层法院,也可能是中级法院,有时甚至是高级人民法院。而《仲裁法》第58条则规定了申请撤销仲裁裁决的法院是仲裁委员会所在地的基层人民法院。“实践中经常会出现这种情况,有当事人向仲裁委员会所在地的中级人民法院提出撤销仲裁裁决,法院根据《仲裁法》第58条的规定作出驳回申请的裁定。裁定作出后,被申请人不自觉履行仲裁裁决所确定的义务,申请人向基层法院申请强制执行,被申请人又提出不予执行仲裁裁决的申请,经该基层法院执行机构审查认为,依照《民事诉讼法》第217条第2款的规定,裁定对该仲裁裁决不予执行。”[②]《仲裁法解释》第29条统一了仲裁裁决执行的级别管辖,与撤销仲裁裁决的法院管辖级别一致。结合该司法解释第26条之规定(当事人向人民法院申请撤销仲裁裁决被驳回后,又在执行程序中以相同理由提出不予执行抗辩的,人民法院不予支持。),该司法解释防止了基层人民法院重复审查中级人民法院有关撤销仲裁裁决的理由,符合一般审级设置原理。[③]

综上,目前无论是国内仲裁还是涉外仲裁,无论其仲裁裁决涉及标的额多高,其裁决均由被执行人住所地或者被执行财产所在地的中级人民法院管辖。

二、申请执行文件

当事人申请强制执行国内仲裁裁决或者涉外仲裁裁决,应向管辖法院提交下列文件:

---

① 沈德咏、万鄂湘主编:《最高人民法院仲裁法司法解释的理解与适用》,人民法院出版社2007年版,第251、252页。

② 同上,第253页。

③ 同上,第254页。

1. 申请执行书。申请执行书中应当写明申请执行的理由、事项、执行标的,以及申请执行人所了解的被执行人的财产状况。[①] 在执行实务中,由于被执行人的财产信息可能随时增减变化,而再因此变更申请执行书又不实际。所以,我们通常建议当事人随申请执行书一并提交一份财产线索清单,列明被执行人财产状况。随着被执行财产的增减变化,可以进一步补充提交财产线索清单。

2. 生效仲裁裁决书的副本及其复印件。

3. 申请执行人的身份证明。如果申请人是中国内地公民,应当出具居民身份证复印件;如果申请人是中国内地法人,应当提交法人营业执照副本复印件并加盖公章;如果申请人是中国内地其他组织,应当提交营业执照副本复印件和主要负责人身份证明。如果申请人是境外个人的,应向法院提交申请人的护照。如果申请人是境外机构的,应提交经公证、认证的申请人境外设立及存续的登记证明文件,以及申请人的法定代表人身份证明书。如申请人所属国家或者地区实行法定代表人制度,应提交业已登记的法定代表人的身份证明。如果申请人所属国家或者地区不实行法定代表人制度,应由申请人的权力机构指定一位自然人为申请人的法定代表人,代表申请人全权处理强制执行程序的全部事宜。

4. 继承人或权利承受人申请执行的,应当提交继承或承受权利证明文件。

5. 申请人委托代理人代理执行程序的,应提交授权委托书。授权委托书应当由委托人签章,并写明代理人的权限。委托代理人代为放弃、变更民事权利,或代为进行执行和解,或代为收取执行款项的,应当有委托人的特别授权。如果该授权委托书系境外形成的,需办理公证、认证。

三、申请执行的期限

根据《民事诉讼法》(2007 年)第 215 条之规定,申请执行的期间为两年。申请执行时效的中止、中断,适用法律关于诉讼时效的中止、中断的规定。申请执行的期间从仲裁裁决书规定履行期间的最后一日起算;仲裁裁决书规定分期履行的,从规定的每次履行期间的最后一日起计算;仲裁裁决书未规定履行期间的,从仲裁裁决书生效之日起计算。

执行申请人在申请执行期间内要求被执行人履行仲裁裁决确定的义务的,或者被执行人承诺履行债务的,仲裁期间中断,并重新计算。如果超过了

① 最高人民法院《关于人民法院执行工作若干问题的规定(试行)》第 20 条。

强制执行的期间,法院将不予受理强制执行申请。仲裁裁决所确定的被执行人的债务将称为没有法院强制执行力的债权。

附 19-1

荷兰国际运输合同管理公司申请强制执行英国劳氏委员会仲裁裁决案(广州海事法院民事裁定书,〔1997〕广海商字第 53 号)

申请人:荷兰国际运输合同管理公司(International Transport Contractors Management B. V.)。

法定代表人:E. H. E. Habbe,董事长。

委托代理人:许光玉,广东海事律师事务所律师。

委托代理人:刘韶红,广东海事律师事务所律师。

被申请人:汕头经济特区广澳商贸总公司。

法定代表人:陈庆生,总经理。

委托代理人:陈达军,该公司业务部经理。

委托代理人:孙海华,北京博慧经济法律咨询公司经理。

1. 申请人申请称:1994 年 9 月 8 日,根据被申请人发出的"南珠"轮遇难的通知,救助船"西蒙"轮(M. V. Simoon)驶往香港外海蓝水油码头和瓦瑞克堤坝之间"南珠"轮漂泊的海域。同日,申请人与船方签订了 1990 年格式的劳氏标准救助合同。经申请人施救,"南珠"轮脱险被拖至香港。英国劳氏委员会仲裁庭根据救助协议中的仲裁条款作出裁决。申请人请求责令被申请人履行该裁决书中明确的付款义务,向申请人支付 1 004 752. 64 美元及自 1996 年 7 月 1 日起至付款之日止的利息。

2. 被申请人异议称:申请人申请承认执行的仲裁裁决于 1995 年 8 月 29 日作出,而向法院申请承认与执行的时间为 1997 年 4 月 23 日。我国法律规定的申请执行的期限为六个月。申请人的申请超出了申请期限,依法不应保护。申请人申请承认和执行的仲裁裁决未列明被申请人。被申请人未得到仲裁申请书和开庭通知书,未能出庭、应诉、答辩及上诉。第三,申请人申请承认和执行的仲裁裁定显失公平。公平原则是我国民法的基本原则,任何违反公平原则的民事行为应认定为无效。第四,申请人推定被申请人为仲裁裁决所指的货主,事实上被申请人不是货主。综上,请求法院驳回申请人的申请,不予承认和执行申请人提出的仲裁裁决。

广州海事法院经公开审理查明:1994 年 9 月 8 日世界时 10 时 30 分,申请人指示其所属救助船"西蒙"轮(M. V. Simoon)前往 126 海里外的遇难船"南珠"轮(M. V. Southern Pearl)。同日,代表"南珠"轮所有人、货物及船载燃料利益的金先生(Mr. K. S. Kin)与代表申请人的瓦尔先生(O. VANDER WALLE)签订了劳合社 1990 年标准格式的救助协议。协议约定:救助人应尽最大的努力救助"南珠"轮和轮船上货物、燃料、物料和任何其他财产并将它们运至一安全地点;救助人的报酬应当依照规定的方式在伦敦仲裁确定,而本合同所发生的或根据本合同所引起的任何其他争议应以同样的方式提交仲裁;救助人应在(救助)服务结束后或早于此刻将其要求每个所有人提供担保的金额(包括各种费用、开支和利息)及时通知劳氏委员会(COUNCIL OF LLOYD'S),如果可行,也通知所有人;不论担保是否已提供,只要请求指定仲裁员的任何一方当事人按委员会的要求,承担向委员会和/或任何仲裁员或上诉仲裁员支付合理酬金和开支,委员会则应在收到信件、电传、传真或任何其他永久性方式的关于指定仲裁员的申请后,指定一名仲裁员;上诉通知,如果有的话,应在委员会公布裁决和/或临时裁决之日后十四日内(不包括星期六、星期天或其他劳合社的通常节假日)向委员会提出。

9 月 9 日,"西蒙"轮靠上"南珠"轮,并开始救助作业。16 日,"南珠"轮脱险并被拖往香港。10 月 12 日,"南珠"轮船舶所有人接受还船。10 月 14 日,"西蒙"轮驶离"南珠"轮。

1994 年 8 月 22 日,中国太平洋保险公司汕头分公司接受被申请人投保,为"南珠"轮所载 2 999.91 吨桶装棕榈油承保海运货物一切险附加战争险,并出具了 PST41/GA94027(I)号保险单。

1994 年 10 月 24 日,英士(香港)律师行(INCE&CO. HONGKONG,下称香港英士行)传真劳氏救助仲裁委员会(LLOYD'S SALVAGE ARBITRATION BRANCH, LONIXN),告知其已被指示代表"南珠"轮的货物所有人,正在商讨直接向救助人提供担保的可能性。11 月 11 日,塞德委克海运货物有限公司(SEDGWICK MARINE & CARGO LTD.,下称塞德委克公司)代中国太平洋保险公司向申请人和劳氏委员会出具 80 万美元的担保。17 日,代表申请人的英国伦敦希尔律师行(HILL TAYLOR DICKINSON)传真仲裁委员会,告知塞德委克公司代表中国太平洋保险公司提供的担保是符合要求的。

1995 年 2 月 15 日,英国伦敦希尔律师行传真仲裁委员会,请求指定一名仲裁员。2 月 16 日,仲裁委员会通知香港英士行,就"南珠"轮救助案,已指定特尔先生(NIGELJOHN MARTIN TEARE)为独任仲裁员。3 月 29 日,特尔先生就申请人与"南珠"轮所载货物的所有人(THE OWNERS OF GARGO LATELY LADEN ON BOARD THE SHIP "SOUTHERN PEARL")之间的仲裁一事向代表申请人的希尔律师行及自称代表货物所有人的英国伦敦英士律师行(INCE&CO.)(下称英士行)发出传票,要求双方在 5 月 19 日或之前交换文件,并将聆讯时间定为 7 月 10 日。

1995 年 4 月 14 日,中国太平洋保险公司汕头分公司传真广州居民林一华,确认同意委托香港英士行全权处理"南珠"轮救助仲裁案。5 月 18 日,特尔先生分别通知英国伦敦希尔律师行和英士行,将聆讯时间更改为 7 月 24 日,并预留 7 月 25 日备用。

1995 年 7 月 25 日,特尔先生对仲裁案进行聆讯。英国伦敦希尔律师行代表申请人,英士行代表货物所有人参加聆讯。8 月 29 日,仲裁员作出仲裁裁决:"'南珠'轮所载货物的所有人须为已提供的救助服务向合同方(即救助人)支付 1 457 453.50 美元,并依据劳氏标准救助合同 1990 年格式第 5 条第 3 款第 2 项的规定支付 10 500 美元,以及上述款项从 1994 年 10 月 15 日起至本裁决由劳氏委员会公布之日止以年利率 8.16% 所计算的利息,本人进一步裁决,任何根据本裁决应支付的利息,根据《救助协议》第 10 条第 2 项的规定,应以年利率 10% 计算,本裁决的有关费用将按照本裁决的附件所规定的方式承担。"9 月 4 日,仲裁委员会向英士行发出仲裁裁决书。11 日,英士行向仲裁委员会提出上讯。27 日,太平洋保险公司汕头分公司将仲裁裁决书传真被申请人。11 月 29 日,英士行通知劳氏委员会撤回上诉。

1995 年 12 月 20 日,仲裁委员会根据英国伦敦希尔律师行的要求,向塞德委克公司发出通知,要求其履行担保义务,执行仲裁裁决。

1996 年 2 月 5 日,英士行传真英国伦敦希尔律师行,告知其当事人为中国太平洋保险公司。16 日,香港英士行传真太平洋保险公司汕头分公司,称:在过去的几个星期里,英士行收到救助人的律师的数份传真,要求英士行确认"南珠"轮所载货物的所有人身份,英士行在数个场合中,告知救助人的律师,因他们并不知道货物所有人的身份,仅接到货物保险人的指示,英士行无法回应救助人律师的要求。

英士行通知劳氏委员会撤回上诉通知后,申请人于 1995 年 12 月 1 日请求上诉仲裁员作出披露货物所有人的命令。12 月 4 日,英士行主张上诉已被撤回,仲裁员已无权对本案进行审理。1996 年 1 月 30 日,申请人的律师对要求代表货物利益方的律师披露其客户的身份向仲裁员申请聆讯。2 月 16 日,进行了聆讯,英士行未参加,仅以传真方式主张仲裁员已无权审理该申请。上诉仲裁员认为,其享有对申请人的申请的审理权,遂于 19 日作出命令,要求英士行提供其所代表的货物所有人的名称和地址,披露身份。在上述命令所附的理由中,上诉仲裁员称:中国太平洋保险公司指示英士行代表货物所有人参加仲裁,英士行并未直接从货物所有人得到指示,货物所有人的身份尚未披露。

因申请人取得的救助担保的金额不足以支付仲裁裁决书所确定的款项,申请人于 1997 年 4 月 24 日向本院申请承认特尔先生所作的裁决,以执行未履行的部分。

1997 年 6 月 3 日,在本院对申请人的申请进行公开审理的过程中,要求申请人提供仲裁员将仲裁程序、聆讯时间以适当方式通知了被申请人的证据,以及英士行代表货物所有人参加仲裁程序是得到被申请人授权的证据。随后,申请人要求英士行提供货物所有人授权其参加仲裁的有关文件以及货物所有人名称等材料,英士行拒绝提供。申请人递向英国高等法院申请法院传票。英国高等法院准许申请人的申请,于 8 月 2 日向英士行发出传票,要求英士行在七日内披露在其掌握之下的有关货物所有人指示其参加仲裁的所有文件,并在七日内向申请人提供一份宣誓词,内容包括英士行所代表的货物所有人的名称和地址及有权代表货物所有人的授权(包括英士行声称据以取得授权的保险单的条款)、有关货物保险人中国太平洋保险公司签订的保险合同的任何情况。

12月15日,本院收到申请人递交的英士行的合伙人大卫·迈克尔·西翰(DAVIDMICHAEL SHEEHAN)于1997年10月22日向英国高等法院所作的宣誓词。该宣誓词称:在救助服务完成后,通常,货物保险人直接或通过第三人提供担保以使被救助货物不被留置。一旦担保被提供,关心劳氏救助合同仲裁结果的是货物保险人,而不是货物所有人,救助人通常也不会对货物所有人的身份有兴趣,因救助人认为,裁决是针对担保执行的。因此,对于那些被指示代表货物保险人对救助报酬索赔进行抗辩的律师行来说,他们在接受这种指示时,当然地认为就保险人需从被保险人处获得授权这一点来说,他们已获得这种授权;委托人已默示保证,货物保险人具有所要求的授权。按照中国太平洋保险公司提供的救助担保的条款,英士行或香港英士行从来没有被要求与被保险人发生任何与救助报酬仲裁有关的业务关系,也没有中国太平洋保险公司为在劳氏救助合同仲裁中进行抗辩而取得授权性质的来往文件,但如果太平洋保险公司没有从他们的被保险人得到授权,他们是不会发出进行抗辩的指示的。英士行或香港英士行没有任何有关货物所有人指示其参加仲裁的文件,无任何与货物所有人身份有关的文件,也没有任何中国太平洋保险公司收到的从货物所有人发出的指示文件。

申请人提交了英国南安普顿大学格兰姆教授(ROBERTPETER GRIME)和肖研究员(RICHARD ARTHUR ASHCROFT SHAW)所作的法律意见书,该意见书称,根据英国法律,仲裁裁决在向各当事人公布之后即生效,应在合理的时间内支付裁决确定的款项。

上述事实有下列证据证明:

1. 经公证认证的仲裁裁决书;
2. 救助合同;
3. 还船证书;
4. 货物方的担保函;
5. 英士律师行的传真;
6. 希尔律师行的传真;
7. 劳氏委员会的传真;
8. 中国太平洋保险公司汕头分公司的传真;
9. 英士律师行律师的宣誓词;
10. 英国专家的法律意见书;
11. 庭审笔录。

广州海事法院认为:对申请人承认和执行特尔先生于1995年8月29日作出的仲裁裁决的申请,首先应依照中国参加的《承认及执行外国仲裁裁决的国际公约》(下称

《纽约公约》)的规定对是否承认该裁决予以审查。

申请人申请执行的特尔先生的裁决所确定的支付救助费用的义务人为"南珠"轮所载货物的所有人,而不是具体的某一公司,也就是说,被裁决承担付款义务的主体是不确定的。在裁决书未明确承担支付救助费用的义务主体的情况下,上述裁决是不可执行的。

依据救助合同,本案申请人向劳氏委员会提请仲裁,要求"货物所有人"承担支付救助费的义务,特尔先生所进行的仲裁程序的确将"货物所有人"列为被诉人,整个仲裁程序也是对"抽象的"货物所有人而进行的,直至仲裁程序结束,无任何证据可以证明,仲裁员在仲裁过程中确定了货物所有人的具体名称和地址。相反,直至在向本院提出执行仲裁裁决的申请后,申请人还在向英国法院要求英士行披露货物所有人的名称及地址。在作为被诉方的货物所有人的身份一直未明确的情况下,仲裁员不可能对实际的货物所有人发出仲裁通知。仲裁程序开始的通知是向香港英士行发出的,英士行自称代表货物所有人,参加了仲裁程序。申请人提供的英士行西翰先生所做的宣誓词清楚地表明,自称代表货物所有人参加仲裁的香港英士行只是得到货物保险人的委托,而并未得到过货物所有人的任何指示,甚至连货物所有人的身份都不了解,货物保险人中国太平洋保险公司也没有得到货物被保险人授权的文件。被申请人在整个仲裁过程中,未实际收到任何仲裁通知,未实际行使权利,未能在仲裁程序中行使任何抗辩权。被申请人请求拒绝承认和执行该裁决,符合《纽约公约》第5条第1项第(二)目关于拒绝承认和执行的条件:"作为裁决执行对象的当事人,没有被给予指定仲裁员或者进行仲裁程序的适当通知,或者由于其他情况而不能对案件提出意见。"应予支持。

依据中国法律,申请执行的期限,双方是法人的为六个月,从法律文书规定履行期间的最后一日计算。即使本院承认本案所涉及的裁决书的效力,被申请人也被认定为应履行付款义务,但在英士行于1995年12月29日撤回上诉后,仲裁裁决发生效力,此后的两到三个月应为被申请人安排付款的合理期间。申请人于1997年4月24日提起申请时,已超过了申请执行的期限,申请人的申请应予以驳回。

广州海事法院根据《中华人民共和国民事诉讼法》第219条、《纽约公约》第5条第1项第(二)目的规定,作出如下裁定:

驳回申请人荷兰国际运输合同管理公司的申请,对劳氏委员会仲裁员NIGEL JOHNMARTIN TEARE先生于1995年8月29日对"南珠"轮救助纠纷所作出的仲裁裁决不予承认和执行。

申请费3000美元,由申请人负担。

审判长　王　榕

审判员　黄伟青

审判员　熊绍辉

2000年8月1日

附 19-2

泛洋航运贸易公司申请强制执行仲裁裁决案(中华人民共和国广州海事法院民事裁定书,〔1997〕广海法深字第 93 号)

申请执行人:泛洋航运贸易公司(PAN PACIFIC SHIPPING & TRADING S. A.)。住所地:RM3702,37/F,WEST TOWER,SHUN TAK CENTER,168—200CONNAUGHTROAD CENTRAL,HONG KONG。

法定代表人:张杰清,总经理。

委托代理人:雷正卿,海信律师事务所律师。

委托代理人:陈志南,广东岭南律师事务所律师。

被执行人:万事达实业有限公司。住所地:深圳市蛇口新街石云阁 608 室。

法定代表人:刘春霖,总经理。

委托代理人:孙德兵,深圳益洋船务工程有限公司办公室主任。

申请执行人泛洋航运贸易公司与被执行人万事达实业有限公司租船合同(1995 年 4 月 26 日签订)纠纷一案,伦敦海事仲裁协会仲裁员 TIMOTHY RAYMENT 先生于 1996 年 4 月 23 日作出仲裁裁决。根据该裁决,被执行人应赔付申请执行人 108 449. 25 美元及其从裁决之日起,年利率为 8. 5% 的利息;立即偿付申请执行人仲裁费 925. 00 英镑。裁决书没有规定被执行人履行债务的期限。因被执行人不履行,申请执行人于 1997 年 9 月 9 日向本院申请承认和执行该裁决。本院受理后,依法组成合议庭进行审查,并通知了被执行人。被执行人以申请执行人的申请已超过申请执行的时效为由,提出异议。

经审查,本院认为,申请执行人向中华人民共和国法院申请承认和执行外国仲裁裁决,应在《中华人民共和国民事诉讼法》规定的申请执行期限内提出申请,该裁决没有规定义务的履行期限,因此裁决一生效,权利人就可以、也应该主张权利。因此该裁决申请执行的期限,应从裁决之次日,即 1996 年 4 月 23 日起算。申请执行人在 1997 年 9 月 9 日向本院提出执行申请,已超过了《中华人民共和国民事诉讼法》规定的六个月申请执行的期限。根据《中华人民共和国民事诉讼法》第 219 条,裁定如下:

对申请执行人泛洋航运贸易公司申请强制执行的伦敦海事仲裁协会仲裁员 TIMOTHYRAYMENT 先生作出的裁决本院不予承认和执行。

申请执行费 626 美元由申请执行人泛洋航运贸易公司承担。

本裁定为终审裁定。

审 判 长　覃伟国
审 判 员　王　榕
代理审判员　龚　婕
2000 年 9 月 7 日
书 记 员　赖煜康

附 19-3

塞浦路斯瓦塞斯航运有限公司申请强制执行英国伦敦仲裁庭裁决案(中华人民共和国天津海事法院民事裁定书,〔2004〕津海法确字第1号)

申请人:塞浦路斯瓦塞斯航运有限公司(VYSANTHI SHIPPING COMPANY LIMITED)。住所地:1,C. Pantclides Ave. ,P. O. Box2313,尼科西亚,塞浦路斯。

法定代表人:Mrs. Katina Voutiras,董事和副总裁。

委托代理人:徐捷,上海浩英律师事务所律师。

委托代理人:方国庆,嘉德律师事务所律师。

第一被申请人:中国粮油饲料有限公司(原中国饲料进出口公司)。住所地:北京市东城区安定门外大街208号。

法定代表人:许纯超,总经理。

委托代理人:毛树菁,上海市汇盛律师事务所律师。

第二被申请人:中国人民财产保险股份有限公司河北省分公司(原中国人民保险公司河北分公司)。住所地:河北省石家庄市裕华西路499号。

负责人:栗建国,总经理。

委托代理人:董雁翔,女,中国人民财产保险股份有限公司河北省分公司职员。

委托代理人:陈新路,男,中国人民财产保险股份有限公司河北省分公司职员。

第三被申请人:中国人保控股公司(原中国人民保险公司)。住所地:北京市宣武门东河沿街69号。

法定代表人:唐运祥,总经理。

委托代理人:董雁翔,女,中国人民财产保险股份有限公司河北省分公司职员。

委托代理人:陈新路,男,中国人民财产保险股份有限公司河北省分公司职员。

申请人塞浦路斯瓦塞斯航运有限公司于2004年1月17日向本院提出申请,请求承认和执行英国伦敦仲裁庭所作的仲裁裁决。本院受理后,依法组成合议庭,于2004年6月8日公开开庭进行了听证。申请人的委托代理人方国庆律师、第一被申请人的委托代理人毛树菁律师以及第二、第三被申请人的共同委托代理人董雁翔、陈新路到庭参加了听证。本案现已审理终结。

申请人称:申请人与第一被申请人之间的签发日为1996年6月28日的关于“JOANNA V”轮提单纠纷于2001年3月14日由伦敦仲裁庭作出裁决。裁决裁定:申请人有权获得共同海损分担367 136.86美元以及滞留损失28 500美元;申请人有权按年利率7%获得前述款项的利息;滞留损失28 500美元的利息自1996年8月1日起算,共同海损分担367 136.86美元的利息起算日由申请人和第一被申请人协商(协商不成由该仲裁庭裁决),并均计算至第一被申请人实际支付申请人之日止。6月20日,伦敦仲裁庭对该海损利息做出裁决,起算日为1996年7月12日,并裁定第一被申请人应承担申请人的两次仲裁费用。2002 年 2 月 13 日，伦敦仲裁庭再次就第一被申请人应向申请人支付仲裁费用作出了裁决，裁定第一被申请人承担申请人为纠纷支付的费用。3 月 28 日，第一被申请人和作为保证人的第二被申请人共同向英国高等法院王座商业法庭提起诉讼，请求法院撤销伦敦仲裁庭于 2001 年 3 月 14 日所作出的裁决。7 月 10 日，法庭作出终局判决，判令二被申请人执行伦敦仲裁庭的裁决。申请人向本院请求承认和执行伦敦仲裁庭所作的裁决，裁定被申请人支付如下费用及利息：1. 2001 年 3 月 14 日仲裁裁决的船舶滞留损失 28 500.00 美元；2. 共同海损分担 367 136.86 美元自 1996 年 7 月 12 日起至 2003 年 9 月 15 日止的年利率为 7% 的利息；3. 滞留损失 28 500.00 美元自 1996 年 8 月 1 日至今的年利率为 7% 的利息；4. 申请人为伦敦仲裁和抗辩第一和第二被申请人在英国高等法院提起诉讼产生的全部费用及自费用产生之日至全部支付之日止的年利率为 7% 的利息；5. 申请人为执行仲裁裁决产生的全部仲裁和诉讼费用及自费用产生之日至全部支付之日止的年利率为 7% 的利息。

三个被申请人提出了基本一致的答辩意见：1. 本案申请执行的期限已经超过我国法律规定的六个月期间，应依法裁定不予执行。英国高等法院判决不能成为被异议人延长申请执行期限的理由。2. 申请人提出的第 2、4 项的请求事项并非三份伦敦仲裁裁决的内容，仲裁裁决外的请求事项没有承认及执行的依据。3. 第一被申请人与申请人从未有就双方关于“JOANNA V”轮救助费用分摊等纠纷事宜提交伦敦仲裁机构裁决的合意，申请人单方申请仲裁没有法律依据。4. 仲裁的当事人为申请人和第一被申请人，裁决书并未涉及第二、第三被申请人，不能将案外人作为被申请人。

经审理查明：1996 年 6 月 28 日，申请人塞浦路斯瓦塞斯航运有限公司所属的“JOANNA V”轮在阿根廷圣劳伦斯港的 Parana 河 Nidera 泊位装载 29 900 吨散装豆粕，准备运往中国港口。签发的两份提单经转让由中国粮油饲料有限公司持有。船舶驶离装货码头 200 米处搁浅。经救助公司救助脱浅，救助报酬 175.00 万美元，并要求申请人和中国粮油饲料有限公司共同提供担保。经伦敦劳合社仲裁，救助报酬为 115.00 万美元及利息和费用，由申请人和中国粮油饲料有限公司予以分摊支付。

船舶抵达宁波港后，中国粮油饲料有限公司在宁波海事法院申请扣押该轮，并于 1996 年 10 月 24 日起诉塞浦路斯瓦塞斯航运有限公司，要求赔偿饲料公司分摊的救助费用。之后，中国人民财产保险股份有限公司河北省分公司支付保险赔款后，代位作为该案的原告继续诉讼。2001 年 9 月 28 日，宁波海事法院作出判决，认为船舶装货过多，申请人未谨慎处理使船舶适航，判决本案申请人向中国人民保险公司河北省分公司支付分摊救助费用 880 464.21 美元及利息，以及律师费、担保加保费等。该案双方都没有上诉。

1999 年 10 月 19 日，塞浦路斯瓦塞斯航运有限公司作为申请人依据提单仲裁条款，在伦敦仲裁庭提起对中国粮油饲料有限公司仲裁。由于中方没有指定仲裁员，最终由唐纳德戴维斯担任独任仲裁员审理。2001 年 3 月 14 日伦敦仲裁庭作出裁决：申请人作为船东对于船舶搁浅没有过失,有权从中国粮油饲料有限公司获得共同海损分担367 136.86美元以及滞留损失28 500.00美元,以及按年利率7%获得前述款项的利息。2001年6月20日,伦敦仲裁庭再次对该海损367 136.86美元的利息起算作出裁决,起算日为1996年7月12日,并裁定中国粮油饲料有限公司应承担申请人的两次仲裁费用。2002年2月13日,伦敦仲裁庭第三次作出裁决,确定中国粮油饲料有限公司应向申请人支付律师、差旅、文件、电话费等149 641.00英镑以及仲裁费和利息。

2002年3月28日,中国粮油饲料有限公司和中国人民财产保险股份有限公司河北省分公司共同向英国高等法院王座商业法庭提起诉讼,请求英国高等法院撤销伦敦仲裁庭于2001年3月14日所作出的裁决,执行宁波海事法院的判决。2003年4月10日,英国高等法院作出判决,称宁波海事法院作出判决前,伦敦仲裁庭已经作出裁决,根据已决案件不再诉的原则,判决执行伦敦仲裁庭的裁决,不予执行宁波海事法院判决。

本院认为:我国和英国均系1958年纽约《承认及执行外国仲裁裁决公约》的缔约国,在符合公约和我国相关法律规定的情况下,应当承认和执行英国仲裁庭所作的裁决。《中华人民共和国民事诉讼法》第219条第1款规定:"申请执行的期限,双方或者一方当事人为公民的为一年,双方是法人或者其他组织的为六个月"。本案中伦敦仲裁庭的三份裁决分别是在2001年3月14日、2001年6月20日、2002年2月13日作出,本院于2004年1月17日收到申请人申请承认和执行仲裁裁决的书面材料。虽然三份仲裁裁决均未明确履行期限,且送达时间不明,但本案中中国粮油饲料有限公司和中国人民财产保险股份有限公司河北省分公司向英国高等法院提出诉讼的时间,表明三份仲裁裁决书已于2002年3月28日前送达给两被申请人,同时也可以证明该仲裁裁决书在该日前也已向本案申请人进行了送达。申请人向本院提出承认和执行仲裁裁决已经超出《中华人民共和国民事诉讼法》规定的六个月申请执行期间。英国高等法院对仲裁裁决异议案件的审理及裁决不构成申请人申请承认和执行仲裁裁决期限中断或延长的理由。

据此,依据《中华人民共和国民事诉讼法》第140条第1款第9项和第219条第1款的规定,裁定如下:

对申请人塞浦路斯瓦塞斯航运有限公司提出的英国伦敦仲裁庭2001年3月14日、2001年6月20日、2002年2月13所作三份仲裁裁决不予承认和执行。

案件受理费人民币500元,由申请人塞浦路斯瓦塞斯航运有限公司承担。

本裁定为终审裁定。

审　判　长　石福新

助理审判员　贾　明

助理审判员　杨　玲

2004年10月29日

书　记　员　陈建鹏

第二节　港、澳、台地区仲裁裁决的执行

一、执行香港地区仲裁裁决的管辖法院

根据最高人民法院《关于内地与香港特别行政区相互执行仲裁裁决的安排》第1条、第2条的规定，以及最高人民法院《关于涉外民商事案件诉讼管辖若干问题的规定》第3条、第5条之规定，在中国内地受理香港地区仲裁裁决强制执行的管辖法院是被执行人住所地或者被执行财产所在地的享有涉外案件管辖权的中级人民法院。被执行人的住所地或者财产所在地，既在内地又在香港特区的，申请人不得同时分别向两地有关法院提出申请，只有一地法院执行不足以偿还其债务时，才可就不足部分向另一地法院申请执行。两地法院先后执行仲裁裁决的总额，不得超过裁决数额。

二、申请执行香港地区仲裁裁决应提交的文件

申请人向中国内地管辖法院申请执行香港地区仲裁裁决，应当提交：

1. 执行申请书；
2. 仲裁裁决书；
3. 仲裁协议。

执行申请书的内容应当载明下列事项：

1. 申请人为自然人的情况下，该人的姓名、地址；申请人为法人或者其他组织的情况下，该法人或其他组织的名称、地址及法定代表人姓名；
2. 被申请人为自然人的情况下，该人的姓名、地址；被申请人为法人或者其他组织的情况下，该法人或其他组织的名称、地址及法定代表人姓名；
3. 申请人为法人或者其他组织的，应当提交企业注册登记的副本。申请人是外国籍法人或者其他组织的，应当提交相应的公证和认证材料；
4. 申请执行的理由与请求的内容，被申请人的财产所在地及财产状况。

执行申请书应当以中文文本提出，裁决书或者仲裁协议没有中文文本的，申请人应当提交正式证明的中文译本。

三、申请执行香港地区仲裁裁决的期限

在中国内地申请强制执行香港地区仲裁裁决的期限适用《民事诉讼法》（2007年）第215条期限为两年之规定。同中国国内仲裁裁决的申请强制执

行期间一致,不再赘述。

四、认可和执行澳门地区仲裁裁决的管辖法院

执行澳门地区仲裁裁决的管辖法院是被执行人住所地、经常居住地或者被执行财产所在地的享有涉外案件管辖权的中级人民法院。但与香港地区仲裁裁决的执行不同的是,当事人可以分别向两地法院提出申请,且如果提出此申请的,两地法院都应当依法进行审查。予以认可的,采取查封、扣押或者冻结被执行人财产等执行措施。澳门地区法院应当先进行执行清偿;内地法院在收到澳门地区法院关于经执行债权未获清偿情况的证明后,可以对申请人未获清偿的部分进行执行清偿。两地法院执行财产的总额,不得超过依据裁决和法律规定所确定的数额。①

五、认可和执行澳门地区仲裁裁决需提交的文件

申请人向中国内地管辖法院申请认可和执行仲裁裁决的,应当提交以下文件或者经公证的副本:

1. 申请书;
2. 申请人身份证明;
3. 仲裁协议;
4. 仲裁裁决书或者仲裁调解书;
5. 澳门地区法院关于经执行债权未获清偿情况的证明。②

上述文件没有中文文本的,申请人应当提交经正式证明的中文译本。

申请书应当包括下列内容:

1. 申请人或者被申请人为自然人的,应当载明其姓名及住所;为法人或者其他组织的,应当载明其名称及住所,以及其法定代表人或者主要负责人的姓名、职务和住所;申请人是外国籍法人或者其他组织的,应当提交相应的公证和认证材料;

2. 请求认可和执行的仲裁裁决书或者仲裁调解书的案号或识别资料和生效日期;

3. 申请认可和执行仲裁裁决的理由及具体请求,以及被申请人财产所在地、财产状况及该仲裁裁决的执行情况。

---

① 最高人民法院《关于内地与澳门特别行政区相互认可和执行仲裁裁决的安排》第3条。

② 如果仅申请承认澳门地区仲裁,无需提交该证明。

六、认可和执行澳门地区仲裁裁决的期限

在中国内地，除针对《纽约公约》项下外国仲裁的认可和执行的期限有规定外，对其他国际仲裁裁决的申请认可和执行的期限没有单独规定。而根据最高人民法院《关于内地与澳门特别行政区相互认可和执行仲裁裁决的安排》第6条之规定，在中国内地申请认可和执行澳门仲裁裁决，应适用中国内地关于申请认可和执行期限的法律规定。如何理解前述规定？我们认为应当参考适用《纽约公约》下外国仲裁裁决的申请认可和执行期限。

最高人民法院《关于执行我国加入的〈承认及执行外国仲裁裁决公约〉的通知》第5条规定："申请我国法院承认及执行的仲裁裁决，仅限于《1958年纽约公约》对我国生效后在另一缔约国领土内作出的仲裁裁决。该项申请应当在民事诉讼法（试行）第169条规定的申请执行期限内提出。"而《民事诉讼法（试行）》第169条则规定："申请执行的期限，双方或者一方当事人是个人的为一年；双方是企业事业单位、机关、团体的为六个月。"前述期限就是国内诉讼判决或国内、涉外仲裁裁决的申请执行期限。《民事诉讼法》（2007年）第215条将申请执行的期限调整为两年，且申请执行的时效的中止、中断，适用关于诉讼时效的规定。

因此，申请认可和执行澳门仲裁裁决的期限是两年。但申请认可和执行国际仲裁裁决与申请执行国内仲裁裁决毕竟不同。申请认可和执行国际仲裁裁决是使国际仲裁裁决获得中国内地法律强制执行力，并进一步行使债权的途径。而申请强制执行国内仲裁裁决就是当事人行使债权的一种方式。因此，申请认可和执行澳门仲裁裁决的期限是两年，但该期限不适用民事诉讼时效中断的规定。以上观点尚待最高人民法院通过司法解释或判例的形式加以确证。

七、在中国大陆申请认可和执行台湾地区仲裁裁决的法律依据

大陆和台湾地区并未像内地和港、澳地区就相互执行仲裁裁决签署协议。大陆和台湾地区以各自制定相应规定的形式实现仲裁裁决的相互认可和执行。目前，确定大陆对台湾地区仲裁裁决认可和执行的规定是最高人民法院《关于人民法院认可台湾地区有关法院民事判决的规定》（下称《认可台湾地区民事判决规定》）。《认可台湾地区民事判决规定》第19条规定："申请认可台湾地区有关法院民事裁定和台湾地区仲裁机构裁决的，适用本规定。"最高人民法院在《第二次全国涉外商事海事审判工作会议纪要》第72条中再次明确按照《认可台湾地区民事判决规定》处理台湾地区仲裁的认可和执行。这样，

台湾地区仲裁机构的仲裁裁决在内地的执行就有了框架性的安排。

八、不予认可和执行台湾地区仲裁裁决的法定情形

《认可台湾地区民事判决规定》主要是为落实台湾地区的判决在内地认可和执行的。而仲裁裁决和法院判决毕竟不同。《认可台湾地区民事判决规定》关于认可台湾地区仲裁在大陆的认可和执行程序,以及哪些仲裁裁决不予承认和执行则语焉不详。这实际上影响了大陆对台湾仲裁的认可和执行的司法实践。

《认可台湾地区民事判决规定》第 9 条规定了不予承认和执行台湾地区判决的以下法定情形:

1. 申请认可的民事判决的效力未确定的;

2. 申请认可的民事判决是在被告缺席又未经合法传唤或者在被告无诉讼行为能力又未得到适当代理的情况下作出的;

3. 案件系人民法院专属管辖的;

4. 案件的双方当事人订有仲裁协议的;

5. 案件系人民法院已作出判决,或者外国、境外地区法院作出判决或境外仲裁机构作出仲裁裁决已为人民法院所承认的;

6. 申请认可的民事判决具有违反国家法律的基本原则,或者损害社会公共利益情形的。

套用以上不予承认和执行台湾地区判决的法定情形,不予承认和执行台湾地区仲裁裁决的法定情形为:

1. 申请认可的仲裁裁决的效力未确定的;

2. 作为裁决执行对象的当事人,没有得到指定仲裁员或者有关仲裁程序的适当通知,或者由于其他情况而不能对案件提出意见的;

3. 案件系大陆人民法院专属管辖的;

4. 案件系大陆人民法院已作出判决,或者外国、境外地区法院作出判决或境外仲裁机构作出仲裁裁决已为人民法院所承认的;

5. 申请认可的民事判决具有违反国家法律的基本原则,或者损害社会公共利益情形的。

比照《纽约公约》、内地与香港、澳门地区相互执行仲裁裁决的安排,不予承认和执行台湾地区的仲裁裁决的情形还应包括以下情形:

1. 当事人之间没有仲裁协议或者仲裁协议无效的;

2. 裁决涉及的异议是仲裁协议没有提到的,或不属于提交仲裁条款规

定的情况;或者裁决内含有提交仲裁条款范围以外事项的决定;

3. 仲裁庭的组成或仲裁程序同当事人间的协议不符,或者当事人间没有这种协议时,同台湾地区的法律规定不符;

4. 依照内地法律规定,裁决的争议事项不可以用仲裁方式解决。

如果大陆法院在对台湾地区仲裁的司法审查时发现上述四种情形,应如何适用法律作出不予承认和执行的裁定呢?这个实际操作中的问题待最高人民法院针对台湾地区的仲裁裁决的认可和执行作出专门的司法解释方能得以顺利解决。

九、认可和执行台湾地区仲裁裁决的程序和申请文件

《认可台湾地区民事判决规定》第 17 条规定:“申请认可台湾地区有关法院民事判决的,应当在该判决发生效力后一年内提出。”根据前述规定,申请认可和执行台湾地区仲裁裁决应当在仲裁裁决生效后一年以内向大陆法院提出申请。虽然《民事诉讼法》(2007 年)对申请执行的期限做了调整,但最高人民法院并未明确变更申请认可台湾地区民事判决的时限。所以,我们认为申请认可和执行台湾地区仲裁裁决的期限仍适用一年期限。

认可和执行台湾地区仲裁裁决的申请应向大陆申请人住所地、经常居住地或者被执行财产所在地的中级人民法院提出①,而且前述中级人民法院应享有涉外案件管辖权。需注意的是:前述管辖法院与港、澳地区仲裁裁决在内地执行法院不同。香港地区仲裁裁决在内地执行的管辖法院是被申请人住所地或被执行财产所在地的享有涉外案件管辖权的中级人民法院。② 澳门地区仲裁裁决在内地执行的管辖法院是被申请人住所地、经常居住地或者财产所在地的有涉外案件管辖权的中级人民法院。③

申请人应向管辖法院提交认可和执行台湾地区仲裁裁决的申请书,并附有裁决书正本或核对无误的副本、证明文件。申请书应记明以下事项:

1. 申请人姓名、性别、年龄、职业、身份证件号码、申请时间和住址(申请人为法人或者其他组织的,应记明法人或者其他组织的名称、地址、法定代表人姓名、职务);

2. 当事人受传唤和应诉情况及证明文件;

---

① 《认可台湾地区民事判决规定》第 3 条。

② 最高人民法院《关于内地与香港特别行政区相互执行仲裁裁决的安排》第 1 条。

③ 最高人民法院《关于内地与澳门特别行政区相互认可和执行仲裁裁决的安排》第 2 条。

3. 请求和理由；

4. 其他需要说明的情况。申请人委托他人代理申请认可台湾地区有关法院民事判决的，应当向人民法院提交由委托人签名或盖章并经当地公证机关公证的授权委托书。

管辖法院受理申请后，由审判员组成合议庭审查是否应予认可和执行。如法院认为不应认可和执行的，应按照逐级上报制度报请最高人民法院批复。逐级上报制度请阅第二十五章第四节。

第三节　根据纽约公约申请认可和执行外国仲裁裁决

一、中国对《纽约公约》的“互惠保留”和“商事保留”

《纽约公约》于 1987 年 4 月 22 日对中国内地生效。在加入《纽约公约》时，中国做了互惠保留声明和商事保留声明。所谓“互惠保留”是指我国只承认和执行在缔约国领土内作出的仲裁裁决。“商事保留”是指我国只承认和执行属于契约和非契约性商事法律关系争议作出的仲裁裁决。[①] 根据最高人民法院《关于执行我国加入的〈承认及执行外国仲裁裁决公约〉的通知》，所谓“契约性和非契约性商事法律关系”，具体的是指由于合同、侵权或者根据有关法律规定而产生的经济上的权利义务关系，例如货物买卖、财产租赁、工程承包、加工承揽、技术转让、合资经营、合作经营、勘探开发自然资源、保险、信贷、劳务、代理、咨询服务和海上、民用航空、铁路、公路的客货运输以及产品责任、环境污染、海上事故和所有权争议等，但不包括外国投资者与东道国政府之间的争端。

凡不属以上互惠保留和商事保留情形的，仲裁当事人有权依照《纽约公约》的规定，向中国内地有管辖权的法院申请承认和执行成员国内作出的国际商事仲裁裁决。

二、《纽约公约》项下外国仲裁裁决认可和执行的管辖法院

根据最高人民法院《关于执行我国加入的〈承认及执行外国仲裁裁决公约〉的通知》第 3 条之规定，在中国内地申请法院承认和执行在另一缔约国领土内作出的仲裁裁决，由仲裁裁决的一方当事人提出。对于当事人的申请应

---

① 参见韩德培主编：《国际私法新论》，武汉大学出版社 1997 年版，第 789 页。

由下列地点的中级人民法院受理：(1) 被执行人为自然人的，为其户籍所在地或者居所地；(2) 被执行人为法人的，为其主要办事机构所在地；(3) 被执行人在我国无住所、居所或者主要办事机构，但有财产在我国境内的，为其财产所在地。

就前述管辖法院的规定，需注意以下两点：第一，根据最高人民法院《关于涉外民商事案件诉讼管辖若干问题的规定》第 3 条之规定，前述受理《纽约公约》项下承认和执行外国仲裁裁决的申请的管辖法院必须享有涉外案件管辖权。第二，前述管辖法院有选择次序。只有当申请人在中国内地没有住所、居所或者主要办事机构的，才应由被执行财产所在地的法院管辖。这与中国内地的仲裁裁决或法院判决确定管辖法院的原则不同。

三、仲裁员不得直接申请仲裁员费用

外国仲裁裁决当事人向仲裁员支付仲裁员费用的，因仲裁员不是仲裁裁决的当事人，其无权申请承认与执行该裁决中有关仲裁员费用的部分，但有关仲裁员可以单独就仲裁员费用以仲裁裁决为依据向有管辖权的人民法院提起诉讼。①

四、申请承认和执行仲裁裁决应提交的文件

根据《纽约公约》第 4 条之规定，当事人申请承认和执行外国仲裁裁决，应向管辖法院提交以下文件：(1) 经正式认证的裁决正本或经正式核对的副本；(2) 仲裁协议正本或经正式核对的副本；(3) 如果仲裁裁决或者仲裁协议不是用中文作成，申请承认和执行裁决的当事人应该提交中文译文。译文应该由官方或宣过誓的译员或外交或领事代理人核实。

在仲裁实务中，申请人还需提供中文的认可和执行仲裁裁决申请书、申请人的身份证明文件。申请书应当包括下列内容：(1) 申请人或者被申请人为自然人的，应当载明其姓名及住所；为法人或者其他组织的，应当载明其名称及住所，以及其法定代表人或者主要负责人的姓名、职务和住所；申请人是外国籍法人或者其他组织的，应当提交相应的公证和认证材料；(2) 请求认可和执行的仲裁裁决书或者仲裁调解书的案号和生效日期；(3) 申请认可和执行仲裁裁决的理由及具体请求，以及被申请人财产所在地、财产状况及该仲裁裁决的执行情况。

---

① 最高人民法院《第二次全国涉外商事还是审判工作会议纪要》第 84 条。

五、申请承认与执行仲裁裁决的期限

最高人民法院《关于执行我国加入的〈承认及执行外国仲裁裁决公约〉的通知》第5条规定:"申请我国法院承认及执行的仲裁裁决,仅限于《1958年纽约公约》对我国生效后在另一缔约国领土内作出的仲裁裁决。该项申请应当在民事诉讼法(试行)第一百六十九条规定的申请执行期限内提出。"而《民事诉讼法(试行)》第169条则规定:"申请执行的期限,双方或者一方当事人是个人的为一年;双方是企业事业单位、机关、团体的为六个月。"前述期限就是国内诉讼判决或国内、涉外仲裁裁决的申请执行期限。《民事诉讼法》(2007年)第215条将申请执行的期限调整为两年,且申请执行的时效的中止、中断,适用关于诉讼时效的规定。因此,申请承认和执行外国仲裁裁决的期限是两年。但我们倾向于认为申请承认和执行的期限不适用诉讼时效中断的规定。

超过申请承认和执行期限的,中国内地法院将不予受理承认和执行的申请。在塞浦路斯瓦赛斯航运有限公司与被申请人中国粮油饲料有限公司、中国人民财产保险股份有限公司河北省分公司、中国人保控股公司申请承认和执行英国伦敦仲裁庭作出的仲裁裁决案①中,最高人民法院认为:在裁决作出后,英国高等法院对仲裁裁决异议案件的审理与裁决不构成申请人申请承认和执行仲裁裁决期限中断或延长的理由,申请执行人申请执行英国仲裁裁决的期限已经超过了六个月,应不予承认和执行。

对于仲裁裁决中没有规定履行期限的,最高人民法院在麦考·奈浦敦有限公司申请承认和执行仲裁裁决一案②以及瑞士邦基有限公司申请承认和执行英国仲裁裁决一案中认为:如果国际仲裁裁决中没有关于履行期限的内容,应当给当事人一个合理的履行期限,故从仲裁裁决书送达当事人第二日起计算较为合理,而不应从仲裁裁决作出之日起计算承认及执行的期限。

对于在强制执行申请期限内提出申请,而申请人提供的资料不齐的情况,最高人民法院在山西天利实业有限公司申请不予执行国际商会仲裁院

---

① 万鄂湘主编:《涉外商事海事审判指导》2005年第1辑,人民法院出版社2005年版,第74页。

② 万鄂湘主编:《中国涉外商事海事审判指导与研究》2001年第1卷,人民法院出版社2001年版,第56页。

10334/AMW/BWD/TE 最终裁决案①中认为:在申请强制执行期限内申请强制执行国际仲裁,如果提交的资料不完备,法院不应直接裁定拒绝承认和执行,而应明确告知当事人,并限定一个合理的时间让其补正,如其在限定的合理期限内拒绝补正,则应考虑以其申请不符合立案条件为由驳回其申请。

第四节　非公约裁决或非商事关系仲裁裁决的承认和执行

一、承认和执行非公约裁决或非商事关系仲裁裁决的途径

由于中国在加入《纽约公约》时已经作了“互惠保留”和“商事保留”,《纽约公约》成员国内作出的非商事仲裁,或在《纽约公约》成员国以外的国家作的仲裁都不适用《纽约公约》规定,而应适用《民事诉讼法》。

根据《民事诉讼法》(2007 年)第 266 条之规定,如果一份外国仲裁裁决不适用《纽约公约》,则根据中国与仲裁裁决作出地国家之间缔结的双边或多边司法协助协议办理;如果没有缔结该等协议的则按照互惠原则审查和承认外国仲裁裁决。

二、管辖法院

《民事诉讼法》(2007 年)第 268 条规定:“国外仲裁机构的裁决,需要中华人民共和国人民法院承认和执行的,应当由当事人直接向被执行人住所地或者其财产所在地的中级人民法院申请,人民法院应当依照中华人民共和国缔结或者参加的国际条约或者互惠原则办理。”根据前述规定,非公约裁决或非商事关系仲裁裁决的承认和执行的管辖法院应为被执行人住所地或被执行人财产所在地的享有涉外案件管辖权的中级人民法院。这与《纽约公约》项下的管辖法院不同。

三、申请承认和执行仲裁裁决应提交的文件和申请执行期限

非公约裁决或非商事关系仲裁裁决的承认和执行申请文件及申请期限与前面的《纽约公约》项下承认和执行仲裁裁决的申请文件、申请期限一致,不再赘述。

---

① 万鄂湘主编:《涉外商事海事审判指导》2004 年第 3 辑,人民法院出版社 2005 年版,第 59 页。

第五节　执行措施和执行期限

一、执行措施

执行过程中进行的财产保全措施也属于执行措施，与本书第十二章中的财产保全措施一致，此处不再赘述。

在此简单介绍执行过程中的扣划、拍卖、变卖、以物抵债和对到期债权的执行。

对被执行人在银行或其他金融机构账户内的款项，执行法院可以直接划拨至法院账户。再由法院账户向申请执行人发放执行案款。

对被执行人非现金的动产或不动产的变现处置，法院应当委托拍卖机构进行拍卖。被执行财产无法拍卖、不适于拍卖或者当事人双方同意不需要拍卖的，法院可以交由有关单位变卖或自行组织变卖。[①] 法院对拍卖、变卖的财产应当先委托资产评估单位进行评估。被执行人也可以申请对被执行财产自行变卖，法院可以准许，但应当监督被执行人按照合理价格在指定期间内进行，并控制变卖的价格。

如果被执行财产经拍卖、变卖等方式仍不能变现的，人民法院可以准许将被执行财产进行以物抵债。如果申请执行人不同意以物抵债，又无其他可供执行财产的，法院有权终结本次执行。

被执行人不能清偿债务，但对本案以外的第三人享有到期债务的，人民法院可以依申请执行人或被执行人的申请，向第三人发出履行到期债权通知书，履行通知必须直接送达第三人。第三人对履行到期债权有异议的，应当在收到履行通知后 15 日内向执行法院提出。第三人在履行通知指定的期间内提出异议的，人民法院不得对第三人强制执行，对提出的异议不进行审查。

二、执行期限

人民法院执行生效法律文书的期限是 6 个月，即法院应当在执行立案之日起 6 个月内执行结案。但中止执行的期间应当扣除。确有特殊情况需要

---

① 最高人民法院《关于人民法院执行工作若干问题的规定(试行)》第 46 条。

延长的，由本院院长批准。[①] 在执行实务中，法院超过执行期限结案的情况很常见。为了加强法院执行监督，《民事诉讼法》(2007 年)第 203 条规定："人民法院自收到申请执行书之日起超过六个月未执行的，申请执行人可以向上一级人民法院申请执行。上一级人民法院经审查，可以责令原人民法院在一定期限内执行，也可以决定由本院或者指令其他人民法院执行。"对前述规定中的"未执行"不应理解为"没有开始执行"，而应当理解为"未依法实施相应的执行行为"或"未依法采取相应执行措施"，例如，查明被执行人有可供执行的财产后，法院不依法及时予以查封，查封后不依法及时进行拍卖，等等。诸如上述这些应当在执行程序中依法实施的执行行为，人民法院未及时实施超过六个月期限的，申请执行人就可以向上一级人民法院申请执行。[②]

① 最高人民法院《关于人民法院执行工作若干问题的规定(试行)》第 107 条。

② 参见黄松有主编：《〈中华人民共和国民事诉讼法〉修改的理解与适用》，人民法院出版社 2007 年版，第 136 页。

第二十章　仲裁的司法审查

第一节　司法审查标准法定

司法审查标准法定指法院对国内仲裁、涉外仲裁、国际仲裁的司法审查标准只能依照公约、法律规定的标准进行。中国法律并没有赋予当事人约定撤销仲裁裁决审查标准的权利。法院不得依照当事人事先约定的对国内仲裁、涉外仲裁或国际仲裁裁决的标准进行司法审查,也不得依照当事人约定适用的仲裁规则中规定的司法审查标准进行审查。

仲裁司法审查标准法定最经典的案例是香港七好(集团)有限公司申请部分撤销深圳仲裁委员会〔2002〕深仲裁字第641号裁决案。[①] 在该案中,深圳市中级人民法院倾向于认为:仲裁当事人约定由深圳仲裁委员会仲裁。而《深圳仲裁委员会仲裁规则》第五章第76条规定了撤销仲裁事由,其中包括伪造证据、隐瞒重要证据。由此推断,当事人约定对涉外仲裁司法审查标准包括审查是否伪造证据、隐瞒重要证据。法院应尊重当事人的意思表示,审查当事人是否存在伪造证据、隐瞒重要证据。

广东省高级人民法院不同意深圳市中级人民法院的意见。遂请示最高人民法院。最高人民法院在《关于香港七好(集团)有限公司申请部分撤销〔2002〕深仲裁字第641号裁决一案的请示的复函》〔2004〕民四他字第26号中回复:"对仲裁裁决进行司法审查是我国法律赋予人民法院的职责。我国

---

① 万鄂湘主编:《涉外商事海事审判指导》2004年第3辑,人民法院出版社2005年版,第65页。

法律没有赋予当事人约定撤销仲裁裁决审查标准的权利,因此,人民法院对是否应当撤销有关仲裁裁决进行审查应当严格依照法律规定进行,不能以当事人选择的仲裁规则中有关撤销仲裁裁决范围的规定,进而认定当事人选择了撤销有关仲裁裁决的审查标准,并以该标准对仲裁裁决进行审查。"最高人民法院通过该案例明确了仲裁司法审查标准法定这一观点。

附 20-1

最高人民法院《关于香港七好(集团)有限公司申请部分撤销〔2002〕深仲裁字第 641 号裁决一案的请示》的复函(〔2004〕民四他字第 26 号)

广东省高级人民法院:

你院〔2003〕粤高法民四他字第 14 号《关于香港七好(集团)有限公司申请部分撤销〔2002〕深仲裁字第 641 号裁决一案的请示》收悉。经研究,答复如下:

对仲裁裁决进行司法审查是我国法律赋予人民法院的职责。我国法律并没有赋予当事人约定撤销仲裁裁决审查标准的权利,因此,人民法院对是否应当撤销有关仲裁裁决进行审查应当严格依照法律规定进行,不能以当事人选择的仲裁规则中有关于撤销仲裁裁决范围的规定,进而认为当事人选择了撤销有关仲裁裁决的审查标准,并以该标准对仲裁裁决进行审查。本案所涉仲裁裁决为涉港仲裁裁决,应当参照我国《民事诉讼法》第 260 条的规定予以审查。本案反请求人金乌公司在仲裁庭开庭过程中虽然撤回了其提交的"索赔清单"中"(7) 办衣、面辅料采购、成衣加工的费用 4 070 854 元"的证据,但其并未表示变更其反请求事项以及具体的请求数额,因此,仲裁庭最终裁定七好公司向金乌公司赔偿实际损失中包括"办衣、面辅料采购、成衣加工的费用 4 070 854 元"没有超出仲裁协议约定的仲裁事项的范围和金乌公司仲裁反请求的范围,不构成超裁。本案应当裁定驳回七好公司撤销深圳仲裁委员〔2002〕深仲裁字第 641 号仲裁裁决的申请。

此复。

最高人民法院

2004 年 9 月 14 日

附 20-2

关于香港七好(集团)有限公司申请部分撤销〔2002〕深仲裁字第 641 号裁决一案的请示(〔2003〕粤高法民四他字第 14 号)

最高人民法院:

深圳市中级人民法院于 2003 年 11 月 25 日受理了申请人香港七好(集团)有限公

司申请部分撤销深圳仲裁委员会〔2002〕深仲裁字第641号裁决一案后，就该院对深圳仲裁委作出的涉外仲裁裁决能否进行部分实体审查以及本案仲裁裁决是否存在超裁及能否就超裁部分予以撤销的问题向我院请示。其中，关于对深圳仲裁委作出的涉外仲裁裁决能否进行部分实体审查，即能否对证据、事实进行审查的问题。深圳中院倾向认为，对涉外仲裁裁决，在司法实践中，原则上只进行程序审查。但对深圳仲裁委作出的涉外仲裁裁决的审查则存在特殊性。《深圳仲裁委员会仲裁规则》第七章关于涉外仲裁第86条规定：一方或双方为外国当事人的纠纷的裁决，适用本章的规定；本章没有规定的，适用本规则其他有关规定。该章对涉外裁决的撤销事由虽然没有特别规定，但该规则第五章第76条规定了撤销事由，包括伪造证据，隐瞒重要证据。根据该会的仲裁规则，上述撤销事由适用于涉外裁决。而且，仲裁制度的本质和基础是当事人意思自治，双方选择了仲裁规则，就等于双方同意撤裁也应按规则进行，也就是说双方约定的撤裁标准，不违反法律的禁止性规定即可，《民事诉讼法》第260条第1款规定审查的一般标准(默认标准)，并非强制性的规定，当事人可以放弃或者变更。如果坚持只能按《民事诉讼法》第260条第1款进行审查则违背了当事人共同的意思表示，否定了当事人正当的程序选择权。因此，对深圳仲裁委作出的仲裁裁决应当根据仲裁规则和当事人的约定进行实体审查，即审查是否存在伪造证据、隐瞒重要证据的事实。就此问题也有少数意见认为，仲裁裁决的司法审查标准只能是法定的，仲裁规则和当事人的约定不能改变法定的审查标准。关于仲裁裁决超裁问题。深圳中院认为，被申请人撤回了部分反请求所直接依据的证据，就视为撤回了部分反请求，仲裁庭无权再裁决支持该部分反请求。因此仲裁裁决第(四)项裁决的损失应减去被申请人撤回的部分。

我院经审查认为：(1) 关于对深圳仲裁委作出的涉外仲裁裁决能否进行部分实体审查，即能否对证据、事实进行审查的问题。根据《中华人民共和国民事诉讼法》和《中华人民共和国仲裁法》的相关规定，人民法院对申请撤销的涉外仲裁裁决只能进行程序审查，不能进行实体审查，包括部分实体审查。涉外仲裁裁决的司法审查标准只能是法定的，与仲裁规则及有关当事人约定无关。本案中不存在依深圳仲裁规则就是否伪造证据及隐瞒重要证据实体审查的情由。另外，仲裁规则的规定应该符合《中华人民共和国民事诉讼法》和《中华人民共和国仲裁法》的规定。综上，我院倾向认为不应对该仲裁裁决作实体审查。(2) 关于仲裁裁决超裁的问题。被申请人金乌公司在仲裁过程中撤回了部分反请求所直接依据的证据，应当视为撤回了部分反请求，仲裁庭无权再裁决支持该部分反请求，故我院的倾向性意见是，对于该超裁部分应当予以撤销。

依据钧院《关于人民法院撤销涉外仲裁裁决有关事项的通知》第1条的规定，特向钧院请示，请予批示。

广东省高级人民法院

2004年6月6日

第二节　仲裁司法审查的法律依据

目前,在中国法院进行仲裁司法审查根据仲裁属于国内仲裁、涉外仲裁还是国际仲裁的不同,分别适用不同的司法审查标准。现分别归纳如下。

一、国内仲裁司法审查的法律依据

国内仲裁司法审查主要依据《仲裁法》第58条关于撤销仲裁裁决的规定、《民事诉讼法》第213条第2款关于不予执行仲裁裁决的规定。

《仲裁法》第58条规定:"当事人提出证据证明裁决有下列情形之一的,可以向仲裁委员会所在地的中级人民法院申请撤销裁决:

(一)没有仲裁协议的;

(二)裁决的事项不属于仲裁协议的范围或者仲裁委员会无权仲裁的;

(三)仲裁庭的组成或者仲裁的程序违反法定程序的;

(四)裁决所根据的证据是伪造的;

(五)对方当事人隐瞒了足以影响公正裁决的证据的;

(六)仲裁员在仲裁该案时有索贿受贿,徇私舞弊,枉法裁决行为的。

人民法院经组成合议庭审查核实裁决有前款规定情形之一的,应当裁定撤销。

人民法院认定该裁决违背社会公共利益的,应当裁定撤销。"

《民事诉讼法》第213条第2款规定:"被申请人提出证据证明仲裁裁决有下列情形之一的,经人民法院组成合议庭审查核实,裁定不予执行:

(一)当事人在合同中没有订有仲裁条款或者事后没有达成书面仲裁协议的;

(二)裁决的事项不属于仲裁协议的范围或者仲裁机构无权仲裁的;

(三)仲裁庭的组成或者仲裁的程序违反法定程序的;

(四)认定事实的主要证据不足的;

(五)适用法律确有错误的;

(六)仲裁员在仲裁该案时有贪污受贿,徇私舞弊,枉法裁决行为的。

人民法院认定执行该裁决违背社会公共利益的,裁定不予执行。裁定书应当送达双方当事人和仲裁机构。

仲裁裁决被人民法院裁定不予执行的,当事人可以根据双方达成的书面仲裁协议重新申请仲裁,也可以向人民法院起诉。"

需要注意的是:《仲裁法》第58条第1款第(四)、(五)项,《民事诉讼法》第213条第2款第(四)、(五)项都是法院对国内仲裁案件进行案件实体审查的规定。法院这种宽泛的司法审查权已经严重危及仲裁的权威性和一裁终局制度,因而广受诟病。

二、涉外仲裁司法审查的法律依据

涉外仲裁司法审查主要依据《仲裁法》第70条关于撤销涉外仲裁裁决的规定、第71条关于不予执行涉外仲裁裁决的规定,以及《民事诉讼法》第258条关于涉外仲裁不予执行的规定。

《仲裁法》第70条规定:"当事人提出证据证明涉外仲裁裁决有民事诉讼法第二百六十条①第一款规定的情形之一的,经人民法院组成合议庭审查核实,裁定撤销。"

《仲裁法》第71条规定:"被申请人提出证据证明涉外仲裁裁决有民事诉讼法第二百六十条②第一款规定的情形之一的,经人民法院组成合议庭审查核实,裁定不予执行。"

《民事诉讼法》第258条规定:"对中华人民共和国涉外仲裁机构作出的裁决,被申请人提出证据证明仲裁裁决有下列情形之一的,经人民法院组成合议庭审查核实,裁定不予执行:

(一)当事人在合同中没有订有仲裁条款或者事后没有达成书面仲裁协议的;

(二)被申请人没有得到指定仲裁员或者进行仲裁程序的通知,或者由于其他不属于被申请人负责的原因未能陈述意见的;

(三)仲裁庭的组成或者仲裁的程序与仲裁规则不符的;

(四)裁决的事项不属于仲裁协议的范围或者仲裁机构无权仲裁的。

人民法院认定执行该裁决违背社会公共利益的,裁定不予执行。"

将国内仲裁的司法审查标准和涉外仲裁的司法审查标准相比较可知,法院在对涉外仲裁案件进行的司法审查仅是程序性审查,不做实体审查。

三、国际仲裁司法审查的法律依据

国际仲裁的司法审查标准主要适用《纽约公约》第5条关于拒绝承认和

---

① 此处的"民事诉讼法第二百六十条"在2007年新修订的《中华人民共和国民事诉讼法》中变为第258条。

② 同上。

执行外国仲裁裁决的规定。

《纽约公约》第5条规定:“一、被请求承认或执行裁决的主管机关,只有在作为裁决执行对象的当事人提出有关下列情况的证明时,才可以根据该当事人的要求,拒绝承认和执行该裁决:

(一)第二条所述的协议双方当事人,根据对他们适用的法律,当时处于某种无行为能力情况之下;或者根据双方当事人选定适用的法律,或在没有这种选定的时候,根据作出裁决的国家法律,有关协议是无效的;

(二)作为裁决执行对象的当事人,没有得到指定仲裁员或者有关仲裁程序的适当通知,或者由于其他情况而不能对案件提出意见;

(三)裁决涉及的异议是仲裁协议没有提到的,或不属于提交裁仲条款规定的情况;或者裁决内含有提交仲裁条款范围以外事项的决定;但是,对于提交仲裁条款范围以内的事项作出的决定,如果可以和提交仲裁条款范围以外的事项作出的决定分开,那么,就提交仲裁条款范围以内的事项作出的决定仍然可予以承认和执行;

(四)仲裁庭的组成或仲裁程序同当事人间的协议不符,或者当事人间没有这种协议时,同进行仲裁的国家法律不符;

(五)裁决对当事人还没有约束力,或者裁决已经由作出裁决的国家或据其法律作出裁决的国家的主管机关撤销或停止执行。

二、被请求承认和执行仲裁裁决的国家主管机关如果查明有下列情况,也可以拒绝承认和执行:

(一)有关异议的标的,依照这个国家的法律,不可以用仲裁方式解决;

(二)承认或执行该项裁决将与该国的公共秩序相抵触。”

四、中国内地法院对香港特别行政区仲裁机构作出的国际仲裁司法审查的法律依据

中国内地法院对香港特别行政区仲裁机构作出的国际仲裁的司法审查主要适用《关于内地与香港特别行政区相互执行仲裁裁决的安排》第7条关于不予执行仲裁裁决的规定。

《关于内地与香港特别行政区相互执行仲裁裁决的安排》第7条规定:“在内地或者香港特区申请执行的仲裁裁决,被申请人接到通知后,提出证据证明有下列情形之一的,经审查核实,有关法院可裁定不予执行:

(一)仲裁协议当事人依对其适用的法律属于某种无行为能力的情形;或者该项仲裁协议依约定的准据法无效;或者未指明以何种法律为准时,依

仲裁裁决地的法律是无效的；

（二）被申请人未接到指派仲裁员的适当通知，或者因他故未能陈述意见的；

（三）裁决所处理的争议不是交付仲裁的标的或者不在仲裁协议条款之内，或者裁决载有关于交付仲裁范围以外事项的决定的；但交付仲裁事项的决定可与未交付仲裁的事项划分时，裁决中关于交付仲裁事项的决定部分应当予以执行；

（四）仲裁庭的组成或者仲裁庭程序与当事人之间的协议不符，或者在有关当事人没有这种协议时与仲裁地的法律不符的；

（五）裁决对当事人尚无约束力，或者业经仲裁地的法院或者按仲裁地的法律撤销或者停止执行的。

有关法院认定依执行地法律，争议事项不能以仲裁解决的，则可不予执行该裁决。

内地法院认定在内地执行该仲裁裁决违反内地社会公共利益，或者香港特区法院决定在香港特区执行该仲裁裁决违反香港特区的公共政策，则可不予执行该裁决。”

第三节　涉外仲裁条款有效性司法审查适用的法律

《仲裁法解释》第 16 条规定：“对涉外仲裁协议的效力审查，适用当事人约定的法律；当事人没有约定适用的法律但约定了仲裁地的，适用仲裁地法律；没有约定适用的法律也没有约定仲裁地或者仲裁地约定不明的，适用法院地法律。”涉外仲裁条款的法律适用问题，最高人民法院在诸多复函及会议纪要中都反复强调。在前述最新的司法解释中又再次作了明确规定。

涉外仲裁条款的法律适用有三个问题值得关注：第一，合同中约定的法律适用不能理解为仲裁条款的法律适用，除非缔约方已明确申明。第二，不应通过最密切联系地原则确定涉外仲裁条款所适用的法律。第三，当事人约定的涉外仲裁条款所适用的法律不受《合同法》第 126 条第 2 款规定的限制。现将三个问题简要分析如下：

第一，合同中约定的法律适用不能理解为仲裁条款的法律适用，除非缔约方已明确申明。这一点在最高人民法院《第二次全国涉外商事海事审判工作会议纪要》第 58 条中规定得特别明确。该条规定：“当事人在合同中约定的适用于解决合同争议的准据法，不能用来确定涉外仲裁条款的效力。当事人在合同中明确约定了仲裁条款效力的准据法的，应当适用当事人明确约定的法律；未约定仲裁条款效力的准据法但约定了仲裁地的，应当适用仲裁地国家或者地区的法律。只有在当事人未约定仲裁条款效力的准据法亦未约定仲裁地或者仲裁地约定不明的情况下，才能适用法院地法即我国法律作为确认仲裁条款效力的准据法。”

第二，不应通过最密切联系地原则确定涉外仲裁条款所适用的法律。经常出现的错误是法院或当事人通过最密切联系原则确定涉外商事合同适用的某国法律，并以该国法律判断仲裁条款的效力。最高人民法院对此一点数次发表意见。最高人民法院《第二次全国涉外商事海事审判工作会议纪要》第 49 条规定：“人民法院按照最密切联系原则确定的涉外商事合同应适用的法律，是指有关国家及地区的实体法规范，不包括冲突规范和程序法规范。”同样观点又在以下文件中出现：2005 年 8 月 17 日最高人民法院《关于张伟诉福建省福大包装设备厂买卖合同纠纷一案人民法院能否受理的请示的复函》〔2005〕民四他字第 36 号，以及 2005 年 9 月 9 日最高人民法院《关于日中经济信息投资咨询公司诉宁波奇峰企业有限公司加工合同纠纷一案人民法院能否受理的请示的复函》〔2005〕民四他字第 40 号。

第三，《合同法》第 126 条第 2 款的规定与仲裁条款的关系。《合同法》第 126 条第 2 款规定：“在中华人民共和国境内履行的中外合资经营企业合同、中外合作经营企业合同、中外合作勘探开发自然资源合同，适用中华人民共和国法律。”当事人约定的仲裁条款所适用的法律是否受前述规定的限制？张家港星港电子公司与博泽国际公司中外合作经营合同纠纷案[①]中，最高人民法院在《关于确认仲裁协议效力请示的复函》〔2006〕民四他字第 1 号中就仲裁条款的法律适用与《合同法》第 126 条第 2 款规定作了解释：“《合同法》第一百二十六条第二款规定的‘在中华人民共和国境内履行的中外合资经营企业合同、中外合作经营企业合同、中外合作勘探开发自然资源合同，适用中华人民共和国法律’，是对解决合同实体争议的准据法作出的规定，并非对认定合同仲裁条款效力的准据法作出的规定。我国法律并未强制规定在确认中外合资经营合同中仲裁条款的效力时必须适用我国的法律作为准据法。”

---

① 万鄂湘主编：《涉外商事海事审判指导》2006 年第 1 辑，人民法院出版社 2006 年版，第 82 页。

附 20-3

最高人民法院《关于张伟诉福建省福大包装设备厂买卖合同纠纷一案人民法院能否受理的请示》的复函(〔2005〕民四他字第36号)

浙江省高级人民法院:

你院〔2005〕浙告他字第15号关于张伟诉福建省福大包装设备厂买卖合同纠纷一案人民法院能否受理的请示报告收悉。经研究,答复如下:

本案当事人在合同中约定了仲裁条款,即“本协议未尽事宜双方应友好协商解决。解决不了提请有关部门仲裁”,但并未明确约定认定该仲裁条款效力的准据法,亦未明确约定仲裁地点,因此,本案应当根据法院地法即中国法律的规定认定该仲裁条款的效力。根据我国《仲裁法》第16条的规定,仲裁协议应当具备以下内容:(1)请求仲裁的意思表示;(2)仲裁事项;(3)选定的仲裁委员会。本案所涉仲裁条款没有明确约定仲裁机构,当事人之间亦未就仲裁机构达成补充协议。我国《仲裁法》第18条规定:“仲裁协议对仲裁事项或者仲裁委员会没有约定或者约定不明确的,当事人可以补充协议;达不成补充协议的,仲裁协议无效。”因此,本案所涉仲裁条款应当认定无效。浙江省金华市中级人民法院作为合同履行地的人民法院,对本案享有管辖权。

同意你院的处理意见。但你院关于适用我国法律认定本案仲裁条款效力的理由不当,在此一并指出。

此复。

最高人民法院

2005年8月17日

附 20-4

最高人民法院《关于日中经济信息投资咨询公司诉宁波奇峰企业有限公司加工合同纠纷案人民法院能否受理的请示》的答复(〔2005〕民四他字第40号)

浙江省高级人民法院:

你院〔2005〕浙告他字第12号关于日中经济信息投资咨询公司诉宁波奇峰企业有限公司加工合同纠纷一案人民法院能否受理的请示报告收悉。经研究,答复如下:

本案当事人在合同中约定了仲裁条款,即“解决争议的方式:本协议发生纠纷时,当事人双方应协商解决。协商不成提交第三国仲裁”,但并未明确约定认定该仲裁条款效力的准据法,亦未明确约定仲裁地点,因此,本案应当根据法院地法即中国法律的规定认定该仲裁条款的效力。根据我国《仲裁法》第16条的规定,仲裁协议应当具备以下内容:(1)请求仲裁的意思表示;(2)仲裁事项;(3)选定的仲裁委员会。本案所涉仲裁条款没有明确约定仲裁机构，当事人之间亦未就仲裁机构达成补充协议。我国《仲裁法》第18条规定："仲裁协议对仲裁事项或者仲裁委员会没有约定或者约定不明确的，当事人可以补充协议；达不成补充协议的，仲裁协议无效。"因此，本案所涉仲裁条款应当认定无效。浙江省宁波市中级人民法院作为被告住所地的人民法院，对本案享有管辖权。

同意你院的处理意见。但你院关于适用我国法律认定本案仲裁条款效力的理由不当，在此一并指出。

此复。

最高人民法院

2005年9月9日

附20-5

最高人民法院《关于确认仲裁协议效力请示》的复函（〔2006〕民四他字第1号）

江苏省高级人民法院：

你院〔2005〕苏民三立终字第0039号"关于张家港星港电子公司与博泽国际公司中外合资经营合同中涉外仲裁条款效力问题的请示"收悉。经研究，答复如下：

本案双方当事人在合资合同中约定："凡因解释或执行本合同所发生争议，双方应首先通过友好协商予以解决。如果双方在协商开始后的六十天内无法达成和解，任何一方可以将该争议按照《国际商会调解和仲裁规则》提交仲裁。仲裁应在瑞士苏黎世进行。仲裁员应使用本合同的英文版。任何这样的仲裁的全部程序应用英文进行，有关仲裁情况应每天用英文记录。仲裁应由三名仲裁员来进行，仲裁员应使用流利的英语，双方可各委派一位仲裁员，第三位仲裁员由仲裁院委派，该仲裁员为该仲裁庭主席。仲裁裁决是终局的，对双方均有约束力，双方同意遵守并执行。仲裁费用应由败诉方承担，除非在仲裁裁决中另有规定。"根据多年的司法实践以及本院《第二次全国涉外商事海事审判工作会议纪要》所确定的原则，当事人在合同中约定的适用于解决合同争议的准据法，不能用来确定涉外仲裁条款的效力。当事人在合同中明确约定了仲裁条款效力的准据法的，应当适用当事人明确约定的法律；未约定仲裁条款效力的准据法但约定了仲裁地的，应当适用仲裁地国家或者地区的法律。只有在当事人未约定仲裁条款效力的准据法亦未约定仲裁地或者仲裁地约定不明的情况下，才能适用法院地法即我国法律作为确认仲裁条款效力的准据法。本案当事人双方虽然在合同中约定"合同的订立、生效、解释和执行受中国现行和公布的有关法律的管辖"，但该约定是当事人对解决合同争议的准据法作出的选择，而不是对认定合同中仲裁条款效力的准据法作出的选择。《中华人民共和国合同法》第126条第2款规定的"在中华人民共和国境内履行的中外合资经营企业合同、中外合作经营企业合同、中外合作勘探开发自然资源合同,适用中华人民共和国法律”,是对解决合同实体争议的准据法作出的规定,而并非对认定合同中仲裁条款效力的准据法作出的规定。我国法律并未强制规定在确认中外合资经营合同中仲裁条款效力时必须适用我国的法律作为准据法。由于本案当事人未明确约定仲裁条款效力的准据法,故应适用当事人约定的仲裁地瑞士的法律,对仲裁条款的效力作出认定。你院关于确定本案仲裁条款的效力应当适用我国法律的意见缺乏根据。根据瑞士的相关法律规定,本案仲裁条款有效。依照《中华人民共和国民事诉讼法》第 257 条第 1 款、《中华人民共和国仲裁法》第 5 条的规定,本案纠纷应根据当事人的约定,通过仲裁方式解决,人民法院对该纠纷无管辖权。苏州市中级人民法院〔2004〕苏中民三初字第 064 号民事裁定对本案的处理意见是正确的。

此复。

最高人民法院

2006 年 3 月 9 日

附 20-6

江苏省高级人民法院《关于张家港星港电子公司与博泽国际公司中外合资经营合同中涉外仲裁条款效力问题的请示》(〔2005〕苏民三立终字第 0039 号)

最高人民法院:

我省苏州市中级人民法院受理的原告张家港星港电子有限公司诉被告博泽国际有限公司中外合资经营合同纠纷一案,博泽国际有限公司就本案的管辖权提出异议后,苏州市中级人民法院于 2005 年 9 月 15 日作出〔2005〕苏中民三初字第 064 号民事裁定,驳回张家港星港电子有限公司的起诉。张家港星港电子有限公司不服,向我院提起上诉。我院经对该管辖异议上诉案件审理后,认为当事人在合同中订立的仲裁条款无效,根据你院法发〔1995〕18 号《关于人民法院处理与涉外仲裁及外国仲裁事项有关问题的通知》第 1 条的规定,特报请你院审批。现将本案有关情况及我院审查意见报告如下:

当事人的基本情况

上诉人(原审原告):张家港星港电子有限公司(简称星港公司)。住所地:中华人民共和国江苏省张家港市城西路 17 号。

法定代表人:谢志刚,董事长。

被上诉人(原审被告):博泽国际有限公司(BroseIntemational CmbH,简称博泽公司)。住所地:德国科堡申道夫路 38-50 号,邮政信箱 1353 号。

法定代表人:Kurt Sauemheimer,总经理。

一、案件基本情况

1995 年 10 月 4 日，星港公司与博泽公司签订一份《张家港星港电子有限公司和Brose 国际有限公司合资经营公司合同》（简称《合资经营合同》），合同约定双方合资成立张家港博泽汽车部件有限公司，生产汽车配件。合资公司注册资本 850 万德国马克，其中博泽公司出资额为 510 万德国马克，占注册自本的 60%；星港公司出自额为340 万德国马克，占注册自本的 40%。《合资经营合同》第 93 条约定："本合同的订立、生效、解释和执行受中国现行和公布的有关法律的管辖，如果中国无相关的法律，应适用国际法律和商务惯例。"第 94 条约定："如果在本合同签订后，中国修订了法律，或新颁法律，适用于公司或双方的经营。"第 95 条约定："凡因解释或执行本合同所发生争议，双方应首先通过友好协商予以解决。"第 96 条约定："如果双方在协商开始后的六十天内无法达成和解，任何一方可以将该争议按照《国际商会调解和仲裁规则》提交仲裁。仲裁应在瑞士苏黎世进行。仲裁员应使用本合同的英文版。任何这样的仲裁的全部程序应用英文进行，有关仲裁情况应每天用英文记录。仲裁应由三名仲裁员来进行，仲裁员应使用流利的英语，双方可各委派一位仲裁员，第三位仲裁员由仲裁院委派，该仲裁员为该仲裁庭主席。仲裁裁决是终局的，对双方均有约束力，双方同意遵守并执行。仲裁费用应由败诉方承担，除非在仲裁裁决中另有规定。"

2004 年 7 月 12 日，星港公司向原审法院提起诉讼，请求判令博泽公司停止其违约行为，赔偿损失 39 631 356. 17 元人民币，并继续履行合资经营合同等。星港公司起诉时就双方合同中的仲裁条款提出：根据《合资经营合同》的约定，本合同的订立、生效、解释和执行受中国现行公布的有关法律的管辖，如果双方在协商开始后的六十天内无法达成和解，任何一方可以将该争议按照《国际商会调解和仲裁规则》提交仲裁。仲裁应在瑞士苏黎世进行。然而，根据《中华人民共和国仲裁法》的有关规定，仲裁协议应当具有下列内容：(1) 请求仲裁的意思表示；(2) 仲裁事项；(3) 选定的仲裁委员会。仲裁协议对仲裁事项或者仲裁委员会没有约定或者约定不明确的，当事人可以补充协议；达不成补充协议的，仲裁协议无效。该《合资经营合同》仅约定了仲裁地点，却没有约定选定的仲裁委员会，而且在签约时就已经存在三个可以在瑞士苏黎世受理本案纠纷的仲裁机构，即意大利瑞士商会、苏黎世商会仲裁院、国际商会国际仲裁院，故该《合资经营合同》所约定的仲裁条款无效。

原审法院受理案件后，博泽公司在答辩期内就本案的管辖权提出异议称，根据《民事诉讼法》第 257 条的规定，涉外经济贸易中发生的纠纷，当事人在合同中订有仲裁条款，约定将争议提交中华人民共和国涉外仲裁机构或者其他仲裁机构的，当事人不得向人民法院起诉。根据此规定，除非仲裁条款无效，否则人民法院对本案无管辖权。中国是《承认及执行外国仲裁裁决公约》的成员国，根据该公约第 5 条的规定，若协议当事人未对仲裁条款/仲裁协议的准据法作出约定，则适用仲裁地国的法律。本案中，虽然双方选择了中国现行法作为合资合同的准据法，但合资合同中包含的仲裁条款是一项独立于合资合同其他条款的协议,其效力不受该合资合同效力的影响,故对仲裁条款效力的审查有其自身的适用法律,应与合资合同的准据法相分离。据此,本案中双方选择的合资合同的适用法律不应被视作是仲裁条款的适用法律。由于双方未在合资合同中约定仲裁条款的准据法,因此仲裁条款的有效性应当根据双方选定的仲裁地国家的法律,即瑞士法来确定。根据瑞士法的相关规定,只要当事人明示或默示交换对订约意图,则该协议便有效。本案合资合同中的仲裁条款符合上述法定要求,因此其在瑞士法下是有效且可执行的。基于上述理由,本案的争议应提交根据国际商会仲裁规则在瑞士组成的仲裁庭进行仲裁,请求驳回星港公司的起诉。

原审法院经审查作出一审裁定,裁定的主要内容为:

根据《民事诉讼法》第 257 条的规定,"涉外经济贸易、运输和海事中发生的纠纷,当事人在合同中订有仲裁条款或者事后达成书面仲裁协议,提交中华人民共和国涉外仲裁机构或者其他仲裁机构的,当事人不得向人民法院起诉。"同时,我国参加的《承认及执行外国仲裁裁决公约》第 2 条第(3)项也明确规定:"如果缔约国的法院受理一个案件,而就这个案件所涉及的事项,当事人已经达成本条意义内的协议时,除非该法院查明该项协议是无效的,未生效的或不可能实行的,应该依一方当事人的请求,令当事人把案件提交仲裁。"因此,本案的关键是《合资经营合同》第 96 条的仲裁条款约定是否有效。如有效,本院对本案无管辖权,反之,本院有权管辖本案。

仲裁条款是一项独立于主合同权利义务关系的协议,其效力不受主合同效力的影响。故对仲裁条款效力的审查有其自身的适用法律,应与合同的准据法相分离。根据《纽约公约》第 5 条第 1 款第(1)项的规定,在认定仲裁协议效力时,应当适用当事人明确约定的法律。当事人没有约定仲裁条款准据法但约定了仲裁地的,适用仲裁地国的法律。

本案中,星港公司与博泽公司虽在《合资经营合同》第 94 条约定合同的适用法律为中国法律,但该条款仅是系争合同准据法的约定,而非对仲裁条款准据法的约定。由于双方当事人没有对仲裁条款适用的准据法作出约定,故应当适用仲裁地国家的法律来审查仲裁条款的效力,即瑞士的有关法律规定确定。

根据《瑞士联邦国际私法》第 278 条第(1)项规定,"如果仲裁协议是书面的,通过电报、电传或传真方式签署,或者是能有文本证明的任何其他通讯形式签署的,该仲裁协议是有效的。"该条第(2)项规定,"如果仲裁协议符合双方当事人选择的法律,或者管辖争议标的事项的法律,特别是管辖主合同的法律,或者符合瑞士法律,该仲裁协议是有效的。"根据上述规定,在瑞士,认定一项仲裁条款的效力必须符合一定的形式要求和实质要求。本案中双方当事人在《合资经营合同》中达成了仲裁条款,显然属于书面达成的仲裁条款,符合该法第 178 条第(1)项的形式要件。对于实质要件,只要符合双方约定的法律,或者管辖主合同的法律,或者瑞士法律中的任一项法律即可。根据《瑞士债法典》第 1 条规定,"对于待订立的合同,要求有双方当事人相互同意的意思表示。该表示可以是明示的，也可以是暗示的。”本案中双方均认可存在仲裁条款的事实可以证明双方对仲裁达成了一致的意思表示，符合瑞士实体法律的规定。

综上，仲裁条款符合《瑞士联邦国际私法》第178条第(1)项、第(2)项的形式要求和实质要求，是有效和可执行的。《国际商会调解和仲裁规则》是否变更为《国际商会仲裁规则》不影响对仲裁条款效力的影响，故本院对《合资经营合同》补充协议的效力不作认定。双方因履行《合资经营合同》而发生的纠纷，应当通过仲裁程序解决。据此，依照《民事诉讼法》第257条第1款、《承认及执行外国仲裁裁决公约》第2条、第5条第1款第1项、《瑞士联邦国际私法》第178条第(1)项、第(2)项、《瑞士债法典》第1条的规定，裁定驳回星港公司的起诉。

二、上诉人的上诉理由

一审裁定后，星港公司不服，向本院提起上诉。其上诉的主要理由为：

本案所涉及的仲裁条款应适用中国法律，该仲裁条款未约定选定的仲裁委员会，是不可能实行的，应属无效。原审法院对于双方签约时，在瑞士苏黎世就已经存在三个可以受理本案纠纷的仲裁机构的重大事实未作认定，是对与本案的裁判有着重要关系的法律事实认定的遗漏，本案所涉仲裁条款符合《国际商会调解和仲裁规则》第7条规定，应属于无仲裁协议的情况。原审法院适用我国参加的《承认及执行外国仲裁裁决公约》第2条第(三)项规定时，仅仅选择审查了该条款中除外条款中的第一种情况，即“除非该法院查明该项协议是无效的、未生效或不可能实行的”第一种情况，但对于仲裁协议的是否生效或是否不可能实行未作审查。原审裁定适用《民事诉讼法》第257条第1款属于法律适用不当。请求依法撤销原审裁定，确认原审法院对本案具有管辖权。

三、我院审查意见

我院经审查认为，双方当事人在合同中订立的涉外仲裁条款无效。理由如下：

1. 确定本案仲裁条款的效力应当适用我国法律。本案所涉《合资经营合同》第93条约定：“本合同的订立、生效、解释和执行受中国现行和公布的有关法律的管辖，如果中国无相关的法律，应适用国际法律和商务惯例。”本案双方当事人约定我国法律是管辖该《合资经营合同》的法律，就应当适用我国法律来确定仲裁协议的效力。更为重要的是，本案为中外合资经营合同纠纷，我国《合同法》第126条第2款已作出规定：“在中华人民共和国境内履行的中外合资经营企业合同、中外合作经营企业合同、中外合作勘探开发自然资源合同，适用中华人民共和国法律。”据此规定，经济贸易、运输或海事等一般涉外合同的当事人可以选择适用解决合同争议的法律，但涉及在我国境内履行的包括中外合资经营企业合同等三类合同，应当适用我国法律，当事人无权选择，排除了其他国家法律的适用。该条规定体现了国家主权原则，为我国法律的强制性规定，属于对合同当事人意思自治原则的限制或例外。上述三类合同，当事人即使选择了其他国家的法律，或者没有选择适用的准据法，仍然必须适用我国法律。本案是在履行中外合资经营合同过程中发生的纠纷,根据这一规定,所涉合同的准据法应当适用我国的法律,对于确定合同中订立的仲裁条款的效力也应当适用我国法律。

2. 凡是我国《民事诉讼法》和其他法律规定由我国法院专属管辖的民事案件,包括因不动产提起的诉讼,港口作业中发生的诉讼、因登记发生的诉讼,以及在我国境内因履行中外合资经营企业合同、中外合作经营企业合同和中外合作勘探开发自然资源合同引发的诉讼,外国法院或者我国港澳地区法院无权管辖,当事人也不得约定由我国境外的法院管辖。根据我国《民事诉讼法》、《合同法》,和《仲裁法》的有关规定,涉外合同中订有仲裁条款或者当事人另有仲裁协议,约定将合同争议提交仲裁机构仲裁的,只要该仲裁条款或仲裁协议合法有效,当事人因合同争议向我国法院提起诉讼时,我国人民法院应不予受理。但对仲裁条款或仲裁协议的有效性的审查,应当依据我国法律的有关规定。《承认及执行外国仲裁裁决公约》第2条第(三)项关于由缔约国法院查明仲裁协议是否无效、未生效或不可能实行的规定,《瑞士联邦国际私法》第178条第(2)项关于对国际仲裁协议效力的认定,规定可以适用管辖主合同的法律,同时该条还规定了可以适用其他法律对仲裁协议的效力作出认定,包括法院地法、瑞士法以及当事人共同选择的法律,均表明本案可适用我国法律对合同仲裁条款的效力作出认定。

3. 从法律规范的效力应遵循的原则看,我国《民事诉讼法》与《合同法》是同一立法机关以相同程序先后制定的两个法律规范,在法律效力上"后法优于前法"。我国《仲裁法》与《民事诉讼法》,则在同一主体于某一领域既有一般性立法,又有不同于一般性立法的特殊立法时,根据"特殊优于一般"的原则,在效力上特殊立法优于一般性立法。因此,在本案的法律适用上,除民事诉讼法外,还应适用作为后法和特殊法的合同法及仲裁法的有关规定,作为确定我国法院对本案是否具有管辖权的法律依据。

4. 在确定应当适用我国法律决定仲裁条款的有效性的前提下,则应根据我国《仲裁法》的有关规定,对本案合同所涉仲裁条款的效力进行审查。我国《仲裁法》第16条第2款规定:"仲裁协议应当具有下列内容:(一) 请求仲裁的意思表示;(二) 仲裁事项;(三) 选定的仲裁委员会。"第18条规定:"仲裁协议对仲裁事项或者仲裁委员会没有约定或者约定不明确的,当事人可以补充协议;达不成补充协议的,仲裁协议无效。"因本案所涉《合资经营合同》中的仲裁条款仅约定了仲裁地点,没有选定仲裁委员会,在双方签约时已经存在三个可以在瑞士苏黎世受理本案纠纷的仲裁机构,即意大利瑞士商会、苏黎世商会仲裁院、国际商会国际仲裁院的情况下,难以确定由哪一个仲裁机构对本案进行仲裁,导致该仲裁条款无法实际执行,且双方在事后也未就选定仲裁机构达成补充协议,故应确认合同约定的仲裁条款无效。

5. 从维护国家主权原则角度,根据我国法律和国际条约的规定,凡是应当由我国法院管辖的案件,人民法院都必须行使司法管辖权。本案合同所涉仲裁条款因约定内容不明确而被确认无效后，一方当事人就中外合资经营合同纠纷提起的诉讼，依照我国《民事诉讼法》第246条的规定："因在中华人民共和国履行中外合资经营企业合同、中外合作经营企业合同、中外合作勘探开发自然资源合同发生纠纷提起的诉讼，由中华人民共和国人民法院管辖。"本案合同履行地在星港公司所在地，原审法院作为合同履行地人民法院，对本案应当具有管辖权。

综上，原审裁定适用法律不当，应予纠正。上诉人的上诉理由成立，我院拟予采纳，并撤销原裁定，裁定本案由原审法院审理。现根据你院的有关规定，报请你院审批。

特此报告。请示复。

江苏省高级人民法院
2004年12月19日

第四节　涉外和国际仲裁司法审查的逐级上报制度和审限制度

一、涉外和国际仲裁司法审查的逐级上报制度简介

涉外和国际仲裁裁决的司法审查最早出现在1989年1月31日最高人民法院颁布的《关于建立经济纠纷大案要案报告制度的通知》中。根据该通知的规定，凡有国际影响的案件、涉外、涉台案件及涉港、澳的重大典型案件或者诉讼标的在人民币二百万元以上的案件，各高级人民法院均需将受案和审结情况上报至最高人民法院。

最高人民法院通过司法解释的形式第一次明确提出涉外仲裁及国际仲裁司法审查的逐级上报制度是1995年8月28日的法发〔1995〕18号最高人民法院《关于人民法院处理与涉外仲裁及外国仲裁事项有关问题的通知》。其后，最高人民法院又通过1998年4月23日最高人民法院《关于人民法院撤销涉外仲裁裁决有关事项的通知》、2000年4月17日法〔2000〕51号最高人民法院《关于审理和执行涉外民商事案件应当注意的几个问题的通知》进一步明确、强调了涉外仲裁及国际仲裁司法审查逐级上报制度。2007年11月《全国法院涉港澳商事审判工作座谈会纪要》第28条专门规定了香港、澳门特别行政区内作出的仲裁裁决在内地申请承认和执行程序中应遵守逐级上报制度。

根据前述司法解释的规定，目前中国对涉外及国际仲裁的司法审查逐级

上报制度要求如下：

1. 法院受理涉外、涉港、澳、台商事、海事案件，如果发现当事人在合同中订有仲裁条款或者事后达成仲裁协议，法院认为该仲裁条款或者仲裁协议无效、失效或者内容不明确无法执行的，在决定受理起诉之前，必须报请本辖区所属高级人民法院进行审查；如果高级人民法院同意受理，应将其审查意见报最高人民法院。在最高人民法院未作答复前，可暂不予受理。

2. 一方当事人向法院申请确认仲裁协议、仲裁条款无效，如受案法院依照法律规定，拟裁定涉外合同仲裁协议无效的，应先逐级呈报最高人民法院，待最高人民法院答复同意后才可以确认仲裁协议无效。

3. 各级人民法院凡拟适用民事诉讼法和有关国际公约规定，不予执行涉外仲裁裁决、撤销涉外仲裁裁决或拒绝承认和执行外国仲裁机构的裁决的，均应逐级呈报最高人民法院审查，在最高人民法院答复前，不得制发裁定。

4. 当事人向人民法院申请执行内地仲裁机构作出的涉港、澳仲裁裁决或者申请认可和执行香港特别行政区、澳门特别行政区仲裁机构作出的仲裁裁决或者临时仲裁庭在香港特别行政区、澳门特别行政区作出的仲裁裁决，人民法院经审查认为裁决存在依法不予执行或者不予认可和执行的情形，在作出裁定前，应当报请本辖区所属高级人民法院进行审查；如果高级人民法院同意不予执行或者不予认可和执行，应将其审查意见报最高人民法院，待最高人民法院答复后，方可作出裁定。

在中国各级、各地区法院审判水平参差不齐的情况下，涉外及国际仲裁司法审查的逐级上报制度使得涉外及国际仲裁的既判力得到了有效的保护，法院对仲裁司法审查的标准也趋于统一。这是涉外及国际仲裁司法审查逐级上报制度的积极作用。

但我们也注意到，受案法院在逐级上报时如何描述案件实际情况可能影响上一级法院的判断。这中间可能存在瞒报、虚报的风险值得关注。

二、涉外和国际仲裁司法审查的审限制度简介

1998 年 4 月 23 日最高人民法院《关于人民法院撤销涉外仲裁裁决有关事项的通知》除了重申涉外、国际仲裁的逐级上报制度外，还规定了审限制度，即“受理申请撤销裁决的人民法院如认为应予撤销裁决或通知仲裁庭重新仲裁的，应在受理申请后三十日内报其所属的高级人民法院，该高级人民法院如同意撤销裁决或通知仲裁庭重新仲裁的，应在十五日内报最高人民法

院,以严格执行仲裁法第六十条的规定。”

上述审限制度有利于保证法院对仲裁司法审查的效率,防止司法审查的拖延导致仲裁权威性受到不当影响。

附 20-7

最高人民法院关于人民法院处理与涉外仲裁及外国仲裁事项有关问题的通知

各省、自治区、直辖市高级人民法院,解放军军事法院:

为严格执行《中华人民共和国民事诉讼法》以及我国参加的有关国际公约的规定,保障诉讼和仲裁活动依法进行,现决定对人民法院受理具有仲裁协议的涉外经济纠纷案、不予执行涉外仲裁裁决以及拒绝承认和执行外国仲裁裁决等问题建立报告制度。为此,特作如下通知:

一、凡起诉到人民法院的涉外、涉港澳和涉台经济、海事海商纠纷案件,如果当事人在合同中订有仲裁条款或者事后达成仲裁协议,人民法院认为该仲裁条款或者仲裁协议无效、失效或者内容不明确无法执行的,在决定受理一方当事人起诉之前,必须报请本辖区所属高级人民法院进行审查;如果高级人民法院同意受理,应将其审查意见报最高人民法院。在最高人民法院未作答复前,可暂不予受理。

二、凡一方当事人向人民法院申请执行我国涉外仲裁机构裁决,或者向人民法院申请承认和执行外国仲裁机构的裁决,如果人民法院认为我国涉外仲裁机构裁决具有民事诉讼法第二百六十条情形之一的,或者申请承认和执行的外国仲裁裁决不符合我国参加的国际公约的规定或者不符合互惠原则的,在裁定不予执行或者拒绝承认和执行之前,必须报请本辖区所属高级人民法院进行审查;如果高级人民法院同意不予执行或者拒绝承认和执行,应将其审查意见报最高人民法院。待最高人民法院答复后,方可裁定不予执行或者拒绝承认和执行。

附 20-8

最高人民法院《关于人民法院撤销涉外仲裁裁决有关事项的通知》(法〔1998〕40 号)

各省、自治区、直辖市高级人民法院,解放军军事法院:

为严格执行《中华人民共和国仲裁法》(以下简称仲裁法)和《中华人民共和国民事诉讼法》(以下简称民事诉讼法),保障诉讼和仲裁活动依法进行,现决定对人民法院撤销我国涉外仲裁裁决建立报告制度,为此,特作如下通知:

一、凡一方当事人按照仲裁法的规定向人民法院申请撤销我国涉外仲裁裁决,如果人民法院经审查认为涉外仲裁裁决具有民事诉讼法第二百五十八条第一款规定的情形之一的,在裁定撤销裁决或通知仲裁庭重新仲裁之前,须报请本辖区所属高级人民法院进行审查。如果高级人民法院同意撤销裁决或通知仲裁庭重新仲裁,应将其审查意见报最高人民法院。待最高人民法院 答复后，方可裁定撤销裁决或通知仲裁庭重新仲裁。

二、受理申请撤销裁决的人民法院如认为应予撤销裁决或通知仲裁庭重新仲裁的，应在受理申请后三十日内报其所属的高级人民法院，该高级人民法院如同意撤销裁决或通知仲裁庭重新仲裁的，应在十五日内报最高人民法院，以严格执行仲裁法第六十条的规定。

1998 年 4 月 23 日

第五节　有关仲裁条款存续的案例分析

是否存在仲裁条款是法院进行仲裁司法审查的重点。在最高人民法院公布的案例中，有五宗典型案例因不存在仲裁条款或仲裁协议而被撤销或不予执行。这五宗案例案情如下：

韩进船务有限公司申请承认和执行英国仲裁员罗伯特·嘉仕福特（Robert Gaisford）作出的仲裁裁决案。[①] 在本案中，最高人民法院认为：本案所涉提单虽然在证明载明了“与租船合同一并适用”，且在背面条款中载明了“提单证明所注明的租船合同中的所有条件、条款、权利和除外事项，包括法律适用和仲裁条款，都并如本提单”，但韩进船务有限公司不能证明其提交的包运合同就是提单所载明的租船合同，而且该包运合同的当事人并非韩进船务有限公司，因此认定该包运合同没有并入提单，包运合同文本中的仲裁条款也没有并入提单，韩进船务有限公司与广东富虹油品有限公司之间不存在书面仲裁协议或者仲裁条款，韩进船务有限公司提出承认和执行仲裁裁决的请求不符合《纽约公约》第 2 条的相关规定，拒绝承认与执行英国仲裁员罗伯特·嘉仕福特（Robert Gaisford）于 2004 年 12 月 6 日在英国作出的仲裁裁决。

新加坡益得满亚洲私人有限公司申请承认及执行外国仲裁裁决案。[②] 最高人民法院认为：当事人双方虽通过往来传真表示了购买货物的意愿，但一方没有在另一方签妥的合同文本上签章。当事人一方签署的合同上的仲裁条款不构成当事人双方之间的仲裁条款。

---

① 万鄂湘主编：《涉外商事海事审判指导》2006 年第 2 辑，人民法院出版社 2007 年版，第 75 页。

② 万鄂湘主编：《中国涉外商事海事审判指导与研究》2003 年第 3 卷，人民法院出版社 2004 年版，第 97 页。

中国人民财产保险股份有限公司深圳市分公司诉广州远洋运输公司案。[①] 最高人民法院认为：缔约双方订立运输合同，其中有有效的仲裁条款。合同一方与保险人订立保险合同。保险事故发生后，保险人进行理赔，并行使代位求偿的权利。由于保险人不是运输合同协商订立仲裁条款的当事人，在保险人与运输合同另一方之间不存在仲裁协议。

青岛华翔精密技术有限公司与青岛华强达工贸有限公司、青岛恒运物流有限公司（第三人）股东不履行出资义务纠纷案。[②] 最高人民法院认为：合营合同仲裁条款不约束合营企业。

高福忠申请撤销中国国际经济贸易仲裁委员会〔2002〕贸仲裁字第0237号仲裁裁决案。[③] 最高人民法院认为：仲裁协议一方当事人吊销，该一方当事人的开办单位以自己名义提起仲裁。应认定开办人与另一方当事人之间不存在仲裁协议，仲裁裁决应予撤销。

另外，代理人代为订立合同的情形应予注意：在中国外运南京公司申请不予承认及执行伦敦最终仲裁裁决案[④]中，最高人民法院认为：代理人代本人与另一方当事人缔结的仲裁条款对本人有约束力，仲裁条款有效。

最后，仲裁裁决一方虽不是仲裁协议的一方当事人，但其自始至终参加了整个仲裁程序，并未就不存在仲裁协议问题提出异议。此时，应认定该一方当事人接受了仲裁庭的管辖。在清华同方股份有限公司、清华同方光盘股份有限公司申请撤销〔2002〕贸仲裁字第0095号仲裁裁决案[⑤]中，清华同方光盘股份有限公司并非争议合同的一方当事人，但其以当事人的身份参加了整个仲裁程序，并进行了实体答辩，且至仲裁庭最终作出仲裁裁决也未就管辖权问题提出异议。最高人民法院认在此情况应认定清华同方光盘股份有限公司已经接受了仲裁庭对本案的管辖，且其已经丧失了在对仲裁庭管辖提出异议的权利。

---

① 万鄂湘主编：《涉外商事海事审判指导》2005年第2辑，人民法院出版社2006年版，第141页。

② 万鄂湘主编：《涉外商事海事审判指导》2005年第1辑，人民法院出版社2005年版，第82页。

③ 万鄂湘主编：《中国涉外商事海事审判指导与研究》2003年第2卷，人民法院出版社2003年版，第62页。

④ 万鄂湘主编：《中国涉外商事海事审判指导与研究》2002年第1卷，人民法院出版社2002年版，第133页。

⑤ 万鄂湘主编：《中国涉外商事海事审判指导与研究》2003年第2卷，人民法院出版社2003年版，第50页。

附 20-9

最高人民法院《关于对韩进船务有限公司申请承认和执行英国仲裁裁决一案请示》的复函(〔2005〕民四他字第 53 号)

广东省高级人民法院:

你院〔2005〕粤高法民四他字第 14 号《关于对韩进船务有限公司申请承认和执行英国仲裁裁决的请示》收悉。经研究,答复如下:

本案所涉提单虽然在正面载明了"与租船合同一并使用",且在背面条款中载明了"提单正面所注明的租船合同中的所有条件、条款、权利和除外事项,包括法律适用和仲裁条款,都并入本提单",但韩进船务有限公司不能证明其提交的包运合同就是提单所载明的租船合同,而且该包运合同的当事人并非韩进船务有限公司,因此应认定该包运合同没有并入提单,包运合同文本中的仲裁条款也没有并入提单,韩进船务有限公司与广东富虹油品有限公司之间不存在书面仲裁协议或者仲裁条款,韩进船务有限公司提出承认和执行仲裁裁决的请求,不符合《纽约公约》第 2 条的相关规定。

同意你院的倾向性意见,即拒绝承认与执行英国仲裁员罗伯特·嘉仕福特(Robert Gaisford)于 2004 年 12 月 6 日在英国作出的仲裁裁决。

此复。

最高人民法院

2006 年 6 月 2 日

附 20-10

广东省高级人民法院《关于对韩进船务有限公司申请承认和执行英国仲裁裁决一案的请示报告》(〔2005〕粤高法民四他字第 14 号)

最高人民法院:

广州海事法院于 2004 年 12 月 28 日受理了韩进船务有限公司申请承认与执行英国仲裁员罗伯特·嘉仕福特(Robert Gaisford)于 2004 年 12 月 6 日在英国作出的仲裁裁决一案(〔2005〕广海法他字第 1 号)。该院拟裁定驳回韩进船务有限公司的申请,拒绝承认与执行该仲裁裁决,并就此向我院请示。现将该案有关情况报告如下:

一、当事人的基本情况

申请人(原仲裁申请人):韩进船务有限公司(Hanjin Shipping Co. Ltd.)(以下简称韩进公司)。住所地:韩国首尔 YOUIDO-DONG,YONGDUNGPOGU,SEOUL,150-878,SOUTH KOREA。

被申请人(原仲裁被申请人):广东富虹油品有限公司(以下简称富虹公司)。住所地:广东省湛江市霞山区湖光路 5 号。

二、案件基本事实

2004年4月15日，富虹公司（作为买方）与路易达孚亚洲有限公司（Louis Dreyfus Asia Pte Ltd.）（作为卖方）签订销售合同约定：买方向卖方购买55000公吨（增减10%由卖方选择）散装巴西大豆，装运期为2004年5月5日至5月25日，价格参照芝加哥谷物交易所2004年7月的大豆期货价按合同约定的情形确定，价格条件为成本加运费（至中国湛江的1个安全港口的1个安全泊位），卖方不负责卸货（CFR FO），信用证方式付款，信用证应准许接受租船合同提单等。随后，富虹公司申请广东发展银行湛江分行开出以卖方为受益人的不可撤销的跟单信用证，信用证约定可接受租船合同提单。

2004年5月7日，韩进公司所属的"韩进大马"轮在巴西桑托斯港装运了富虹公司进口的57750吨大豆。同日，泛大西洋运输公司作为该轮船长金锡现（Gim, Seog Hyeon）的代理为该批货物签发了一式三份正本提单，该提单正面记载："本提单同租船合同一起使用（To be used with charter-parties）"。该提单没有载明承运人的名称，提单经托运人科迈实业公司背书后，由富虹公司持有。韩进公司在申请时向广州海事法院提供了一份包运合同（Contract of Affreightment）文本及其附录。但上述合同文本及其附录均没有载明合同所应适用的法律，也均无所涉当事人路易达孚公司与中散运输有限公司的签章。韩进公司没有提供证据证明上述合同文本及其附录的内容由所涉的上述双方当事人采用签章以外的其他方式一致确认。韩进公司提供的上述包运合同文本及其附录已经英国合法的公证人理查德·约翰·塞维黎（Richard John Saville）公证，并经中华人民共和国驻英国大使馆认证，公证人证明：该包运合同文本及其附录是2004年12月14日理查德·保罗·丁（Richard Paul Dean）在证词中提及的附件"PD-2"，但没有证明该文本是否为正本（原件）或者与正本相符的副本（复印件）。

2004年8月6日，在该轮卸货前，富虹公司经检验发现"韩进大马"轮第1至7舱的大豆部分霉变受损。8月25日，富虹公司向广州海事法院申请诉前扣押"韩进大马"轮，要求韩进公司提供500万美元的担保。同日，广州海事法院经审查裁定准许了富虹公司的财产保全申请，在湛江港扣押了该轮。9月2日，中国再保险（集团）公司为"韩进大马"轮的所有人向富虹公司及货物的保险人中国平安财产保险股份有限公司深圳分公司提供了一份担保函，但该担保函下的全部责任包括利息和费用不超过400万美元。同日，富虹公司接受了上述担保函，并申请广州海事法院解除扣押，广州海事法院亦于同日作出解除扣押船舶命令，解除了对"韩进大马"轮的扣押。

三、仲裁情况

2004年9月15日，韩进公司根据上述提单及租船合同文本中的仲裁条款，指定英国仲裁员罗伯特·嘉仕福特（Robert Gaisford）对其与富虹公司之间的上述货损争议进行仲裁。次日，韩进公司向富虹公司发传真通知富虹公司：其已指定仲裁员，富虹公司可在9月30日前指定第二名仲裁员。10月20日，富虹公司向仲裁员罗伯特·嘉仕福特发出传真，声明：富虹公司没有与韩进公司达成任何仲裁协议，该争议不应提交仲裁；富虹公司有权提起诉讼，并于8月18日向广州海事法院启动诉讼程序。10月23日，富虹公司通过传真向仲裁员罗伯特·嘉仕福特声明：富虹公司从未收到2002年1月15日的租船合同，不知仲裁条款，不会接受独任仲裁员。11月9日，仲裁员罗伯特·嘉仕福特通过传真向韩进公司与富虹公司表示：因富虹公司在规定时间内仍未指定一名仲裁员，该仲裁员接受担任独任仲裁员的指定，同时也注意到双方当事人有关于管辖权的争议。11月10日，罗伯特·嘉仕福特向双方当事人发传真表示：先由申请人韩进公司提交索赔请求，然后由被申请人富虹公司提交答辩和反索赔，被申请人答辩和反索赔的期限通常定为28天，有特殊困难或不可能时，可申请延长期限。11月15日，罗伯特·嘉仕福特收到韩进公司提交的英国法院的反诉禁令和该公司对广州海事法院受理富虹公司上述起诉所提出的管辖异议的英译本。11月24日，韩进公司书面申请罗伯特·嘉仕福特根据《英国1996年仲裁法》第30、31条的规定对管辖权问题作出临时裁决。11月27日，罗伯特·嘉仕福特告知双方当事人，其将在近期对管辖权问题进行裁决，并要求富虹公司在11月29日以前提交意见。11月29日，罗伯特·嘉仕福特通过传真通知双方当事人：该仲裁员在即日办公时间结束前未得到富虹公司的回应，特作出如下命令：申请人应在11月30日办公时间结束前提交；被申请人应在12月3日办公时间结束前提交；申请人应在12月7日办公时间结束前提交回复意见。11月30日，韩进公司提交了支持罗伯特·嘉仕福特行使仲裁管辖权的意见；富虹公司没有在12月3日前提交答辩意见。仲裁员罗伯特·嘉仕福特向富虹公司发出最终强制令，要求其在12月6日前提交意见书，否则，该仲裁员将以已提交的意见书和证据为依据作出裁决。富虹公司对此没有作出回应。

仲裁员罗伯特·嘉仕福特于12月6日裁决如下：日期为2004年5月7日的提单并入了日期为2002年1月15日的包运合同的条款，包括其中包含的谷物标准租船合同仲裁条款；该提单由英国法管辖；本人对提单下产生的一切争议有管辖权；本人保留对所有关于费用问题的仲裁权利，包括对本人费用2 750英镑的责任问题；该仲裁裁决对于所裁决事项是终局的，本人保留对该仲裁中所有其他问题和争议作进一步裁决的权利；该仲裁在英国进行。罗伯特·嘉仕福特作出上述裁决时附上了宣告仲裁的理由，该理由构成了裁决的一部分，表明：根据提单上关于日期为2002年1月15日的租船合同（包括仲裁条款）"并入"的措辞与申请人所提供的包运合同，断定提单并入了租船合同中的仲裁条款，收货人与船东必须将双方的争议提交伦敦仲裁解决，并且适用英国法；尽管收货人曾反驳称该包运合同没有签名，《英国1996年仲裁法》第5章规定：仲裁协议以书面形式达成（不管当事人签署与否）。12月8日，广东敬海律师事务所受韩进公司的委托向富虹公司邮寄了上述仲裁裁决书。

四、当事人的申请与抗辩理由

2004年12月23日，韩进公司申请广州海事法院承认与执行罗伯特·嘉仕福特于2004年12月6日在英国作出的仲裁裁决，并请求被申请人承担本案的案件受理费和执行费用。2005年4月7日，富虹公司申请广州海事法院拒绝承认和执行罗伯特·嘉仕福特于2004年12月6日在英国作出的仲裁裁决。其主要理由为：

1. 英国仲裁员罗伯特·嘉仕福特认定富虹公司与韩进公司之间存在仲裁协议证据不足。(1) 该仲裁员在仲裁时，仅说明《英国1996年仲裁法》不要求书面仲裁协议须由当事人签署，但没有充分说明其认定双方当事人之间存在仲裁协议的根据。该仲裁员在仲裁前已知道富虹公司声明没有收到任何包运合同，韩进公司也没有相应的举证，仲裁员认定富虹公司与韩进公司存在以包运合同中的仲裁条款为内容的仲裁协议，明显缺乏依据。(2) 韩进公司提供的"租船合同"(包运合同)载明的内容是路易达孚公司与中散运输有限公司之间的12个航次的运输，合同期限从2002年1月1日起至2003年1月30日止。本案货物运输为韩进公司从2004年5月7日开始履行的运输，明显与上述租船合同文本无关，该仲裁员不顾富虹公司的反对直接认定涉案提单并入的租船合同就是上述"租船合同"，同样没有依据。(3) 既然提单载明并入租船合同，所谓"合同"应是当事人就有关内容协商一致而成立的共同行为。韩进公司提供的租船合同文本没有经当事人签署，其也没有提供证据证明该合同文本由当事人通过其他方式协商一致。《英国1996年仲裁法》第5章虽然不硬性要求当事人须签署仲裁协议，但起码还是要求仲裁协议以书面达成。而韩进公司没有证明其所称的仲裁协议已达成。

2. 鉴于双方当事人之间实际上不存在仲裁协议，韩进公司没有，也不可能按照《纽约公约》第4条的规定提供书面仲裁协议的正本或经正式证明的副本。韩进公司提供的经公证认证的包运合同(租船合同)文本，以证明书面仲裁协议，但英国公证人证明：该包运合同文本是2004年12月14日理查德·保罗·丁(Richard Paul Dean)在证词中提及的附件"PD-2"，并没有证明该文本是否为正本(原件)或者与正本相符的副本(复印件)。因该包运合同文本上的文字均为打印文字，文本上没有签章，实际上也无法识别该文本是否为原本或与原本相符的副本。法院对于韩进公司提供的以包运合同文本为载体的所谓书面仲裁协议不应予以采信。

五、广州海事法院的审查意见

广州海事法院认为：本案系承认和执行外国仲裁裁决案件。韩进公司申请承认和执行的仲裁裁决为英国仲裁员在英国所作的仲裁裁决。中国和英国均系《纽约公约》的缔约国。根据《纽约公约》第2条第1、2款、第4条第1款的规定，为了使仲裁裁决获得承认和执行，请求承认和执行裁决的当事人应该在请求时提供：(1) 经正式承认的裁决正本或经正式证明的副本；(2) 双方当事人约定提交仲裁的书面协议的正本或经正式证明的副本。根据《纽约公约》的上述规定，法院须审查申请人提供的证据材料是否符合规定的条件。韩进公司申请时所提供的书面仲裁协议是提单上关于并入租船合同的记载和经公证认证的包运合同文本及其附录。英国公证人证明该包运合同文本及其附录是2004年12月14日理查德·保罗·丁(Richard Paul Dean)在证词中提及的附件“PD-2”,但没有证明该包运合同文本及其附录是否为正本(原件)或者与正本相符的副本(复印件)。因该包运合同文本及其附录上的文字均为打印文字,没有任何签章,无法识别该文本是否为原本或与原本相符的副本,韩进公司也没有进一步予以证明。被申请人富虹公司否认该文本的证据效力,对其合法性与真实性提出的质疑合理。韩进公司没有提供双方当事人之间书面仲裁协议的正本或经正式证明的副本,其没有按照《纽约公约》第4条第1款的规定提供证据材料,没有满足公约规定的使仲裁裁决获得承认和执行的条件。

此外,韩进公司称其所提供的包运合同文本及其附录就是富虹公司受让并持有的提单所并入的租船合同,其中的仲裁条款是双方当事人之间的仲裁协议,而富虹公司以其受让提单时未收到租船合同文本为由予以否认。韩进公司没有提供证据证明提单所注明并入的租船合同文本随提单转让给富虹公司,故应认定该租船合同文本没有随提单转让给富虹公司。合同是双方当事人意思表示一致的协议,合同的同一性主要体现为主体(当事人)与内容相同。韩进公司提供的“包运合同”文本没有所涉当事人路易达孚公司与中散运输有限公司的签章,韩进公司也没有提供证据证明“包运合同”文本的内容由所涉及的双方当事人采用签章以外的其他方式一致确认,故不能认定该“包运合同”文本的内容已由有关当事人协商一致而成立为合同。韩进公司没有提供充分的证据证明其所称的“包运合同”就是本案提单所并入的租船合同,故本案应认定该被告所称的“包运合同”并没有并入提单,该“包运合同”文本中的仲裁条款也没有并入提单。上述认定的事实已说明富虹公司与韩进公司没有就仲裁条款达成明示或默示的合意,该两当事人之间不存在仲裁协议。

综上,申请人韩进公司不能证明双方当事人之间存在书面仲裁协议,也不能按《纽约公约》第4条第1款的规定提供书面仲裁协议的正本或经正式证明的副本,其申请时所提供的证据材料不符合公约规定的使仲裁裁决得以承认与执行的条件。因此,根据《纽约公约》第2条第1、2款、第4条第1款的规定,广州海事法院拟裁定驳回韩进公司的申请,拒绝承认与执行罗伯特·嘉仕福特于2004年12月6日在英国作出的仲裁裁决。

六、我院的审查意见

经审查,我院倾向认为,应拒绝承认和执行罗伯特·嘉仕福特于2004年12月6日在英国作出的仲裁裁决。理由如下:我国和英国均为《纽约公约》的缔约国,因此,《纽约公约》是我国法院审查承认和执行英国仲裁裁决申请的法律依据。《纽约公约》第2条第1款规定:“当事人以书面协定承允彼此间所发生或可能发生之一切或任何争议,如关涉可以仲裁解决事项之确定法律关系,不论为契约性质与否,应提交仲裁时,各缔约国应承认此项协定。”第2款规定:“称‘书面协定’者,谓当事人所签订或在互换函电中所载明之契约仲裁条款或仲裁协定。”换言之,若申请人与被申请人之间没有达成书面仲裁协议或仲裁条款,则被申请国法院有权拒绝承认和执行外国仲裁裁决。本案中,作为承运人的申请人韩进公司自始无法证明其与作为提单持有人的被申请人之间曾达成书面仲裁协议或仲裁条款。申请人提出租约中的仲裁条款已经并入提单。经审查,提单正面确实记载:"本提单同租船合同一起使用(To be used with charter-parties)",并注明:日期为 2002 年 1 月 15 日的租船合同(Charter Party date 15 January 2002)。提单背面所载明的"运输条款(Conditions of Carriage)"第(1)条亦约定:"正面注明特定日期的租船合同中的所有条件、条款、权利和除外事项,包括法律适用和仲裁条款,都并入本提单。"但是,对于租约,申请人提供的仅仅是一份没有当事人签章的包运合同,被申请人对该份证据予以否认。仅凭提单中的记载和约定就确认租约仲裁条款已经并入提单,理由是不充分的。因此,本案现有的证据无法证明申请人与被申请人之间是否达成了书面仲裁协议或仲裁条款。申请人提供的证据不足以证明双方已经达成了符合《纽约公约》要求的书面仲裁协议,申请人应承担举证不能的不利后果。

其次,申请人在申请时没有提供双方当事人之间书面仲裁协议的正本或经正式证明的副本,其申请时所提供的证据材料不符合《纽约公约》第 4 条第 1 款的规定,没有满足公约规定的使仲裁裁决获得承认和执行的条件。

综上,我院倾向同意广州海事法院的处理意见,拒绝承认和执行罗伯特·嘉仕福特于 2004 年 12 月 6 日在英国作出的仲裁裁决。

依据钧院《关于人民法院处理与涉外仲裁及外国仲裁事项有关问题的通知》第 2 条的规定,特向钧院请示,请予批复。

广东省高级人民法院

2005 年 12 月 13 日

附 20-11

最高人民法院《关于新加坡益得满亚洲私人有限公司申请承认及执行外国仲裁裁决一案的请示》的复函(〔2001〕民四他字第 43 号)

江苏省高级人民法院:

你院 2001 年 11 月 9 日《关于新加坡益得满亚洲私人有限公司申请承认与执行外国仲裁裁决一案的请示》收悉。经本院审判委员会研究,答复如下:

仲裁条款或者仲裁协议独立生效的前提,是有关当事人就通过仲裁解决争议达成合意。本案中,根据新加坡益得满亚洲私人有限公司与无锡华新可可食品有限公司之间的来往传真,双方当事人之间未就购买可可豆事宜产生的争议达成通过仲裁解决的合意。英国伦敦可可协会以新加坡益得满亚洲私人有限公司单方拟定的仲裁条款仲裁有关纠纷缺乏事实和法律依据。依照《中华人民共和国民事诉讼法》第 269 条及我国参加的《承认及执行外国仲裁裁决公约》的有关规定,我国人民法院应拒绝承认与执行本案仲裁裁决。

此复。

最高人民法院

2003年6月12日

附20-12

江苏省高级人民法院《关于新加坡益得满亚洲私人有限公司申请承认及执行外国仲裁裁决一案的请示》(〔2001〕苏立民二他字第008号)

最高人民法院:

我省无锡市中级人民法院受理的新加坡益得满亚洲私人有限公司申请承认及执行外国仲裁裁决一案,经无锡市中级人民法院审查并经该院审判委员会讨论,决定拒绝承认及执行。无锡市中级人民法院根据你院《关于处理涉外仲裁及外国仲裁事项有关问题的通知》的规定,报我院审查。我院经审查,倾向性意见是拒绝承认及执行该外国仲裁裁决,并根据你院的上述规定,报你院审查决定。

一、当事人及其诉讼代理人的基本情况

申请人:新加坡益得满亚洲私人有限公司(以下简称益得满公司),住所地:新加坡048693邮递区商业点11-02/03飞利浦界3号。

委托代理人:翁冶中,南京中祥律师事务所律师。

被申请人:无锡华新可可食品有限公司(以下简称华新公司),住所地:无锡市东梁溪路28号。

法定代表人:吴洪良,董事长。

委托代理人:范凯洲,无锡恒佳达律师事务所律师。

二、简要案情

1999年1月12日,益得满公司经马来西亚婆罗州土产有限公司中介,传真给华新公司"业务的确认"(又译"商务询征")一份,内容为:此函确认益得满公司售予华新公司如下货物:沙巴SMC1A可可豆500公吨、SMC1B可可豆500公吨;到货质量:SABAH SMC1A标准、SABAH SMC1B标准;价格:每公吨1 450美元,条件:由卖方负责支付成本加运费,在上海交货;装船:1999年1月至2月装;重量:净运重量(1%免赔款);合同:按C. A. L规则;支付:有新加坡第一银行开立30天不可撤销信用证。另注明:完整合同随后等。同年1月13日益得满公司又传真给华新公司一份函件,内容为:对昨天所发业务确认函的进一步说明,请注意如下合同号:1. 合同S50502—500公吨沙巴SMC1A可可豆;2. 合同号S50503—500公吨SMC1B可可豆;并注明"全部合同的详细内容后述","根据你方指示,我们将安排装船前取样来分析FFA指标",此外还有关于要求华新公司开具信用证并告知装船指示等内容。同年1月14日华新公司王耀清分别在益德满公司12、13日发来的传真上签名，其中对1月12日的传真未作改动，对1月13日传真中的FFA取样分析（“我方将安排新加坡SGS对样品进行分析”）要约改为：“装船前取样和分析需由新加坡SGS进行操作，且FFA指标<1.75%。”并传真给中介公司马来西亚婆罗州土产有限公司（以下简称婆罗州公司），婆罗州公司当日将其传真给益德满公司。同日益得满公司收到传真后对FFA事宜答复：将保证装船前抽样试验FFA在1.75%左右，但仅能确定这批装船前所取得样品FFA指标水平；并通知华新公司：根据华新公司指示，益德满公司可装船将货物发往张家港，急请华新公司开具信用证和告知装船规程。同年1月15日益德满公司寄给华新公司已单方签字的关于两份合同的正式文本，华新公司18日收到后未签字即退回益德满公司。1月22日华新公司传真答复益德满公司：不仅要求装船前的抽样而且到货的抽样（由中国商品检验局检测）FFA都应<1.75%，但益德满公司仅能保证装船前抽样的FFA水平，因华新公司收到的合同与其意愿不一致，故不能接受此合同。1月26日益德满公司表示除只能保证发货前的抽样FFA<1.75%外，其他的要求都可接受，并再次将合同文本寄给华新公司。其后双方又在FFA水平和SGS检测机构以及付款条件及价格等问题上不断进行多次商谈，虽有中介公司居间斡旋，但未能取得一致意见。后双方为此发生争议，益德满公司要求华新公司赔偿因其不履行1月14日签字同意的商业确认书给其公司造成的损失，并表示将提起仲裁解决纠纷，而华新公司表示双方并未最终签订合同，索赔无从谈及，双方亦未约定仲裁。益德满公司遂向英国伦敦可可协会有限公司（即C.A.L，以下简称伦敦可可协会）提起仲裁，同年4月30日华新公司收到伦敦可可协会的仲裁通知后，于5月12日回复伦敦可可协会已收到寄来的有关仲裁资料，并表示双方未达成合同。同年7月13日伦敦可可协会作出仲裁裁决，裁决：买方（华新公司）和卖方（益得满公司）之间存在一项契约，此项契约对买方有拘束力，裁决买方应付卖方货物价差损失USD106 645美元及利息。由于华新公司未履行仲裁裁决，益得满公司向无锡市中级法院申请承认及执行该外国仲裁裁决。在无锡市中级法院审查期间，被申请人请求法院不予承认和执行。

三、无锡市中级法院审查意见

无锡市中级法院经审查并经审判委员会讨论后的倾向性意见为：

（一）关于本案的仲裁程序问题

经审查现有材料和听取双方的陈述，伦敦仲裁协会已送达给华新公司有关的仲裁材料，虽然未能提交送达的清单，但根据华新公司给伦敦协会的复函，可以推定文书已全部送达。整体的仲裁程序，华新公司未能提供相反证据证明，可以推定伦敦可可协会的仲裁程序没有违反国际仲裁的规定。华新公司认为伦敦可可协会未按国际仲裁规则送达文书、适用程序的理由不成立。

（二）关于仲裁的实体问题

1. 关于1999年1月14日益德满公司发出的业务确认函传真，虽经华新公司签字回复，但根据双方之后的传真往来，应当把 1 月 13 日传真合在一起考虑，它们仅仅属于是一种签订合约的意愿，不能理解为是一种真正意义上的合约。正是由于华新公司对 1 月 12 日的签字，双方才有签订合约的意思表示；正是由于华新公司对 1 月 13 日传真的改动，才会有后来双方之间在质量、价格的问题上不断往复要约、再要约，以至于益德满公司于 1 月 15 日、1 月 22 日两次寄交的正式合约未被华新公司签字。

2. 关于 FFA 指标和 SGS 检测机构问题的不断商议，应当理解为是双方之间在此问题上的一次又一次的要约和新要约。在本案所涉合同事务中，这是两项必要的内容，当然也是合约的必要组成部分。这两个问题未达成合意，当然也就不能说是合约已在 1 月 14 日成立了，同样也不符合合约订立的程序。而且，在价格上，双方同样也存在争议。

3. 由于合约未成立，所以，伦敦可可协会的仲裁也就缺少合约的根据。而且，1 月 14 日的业务确认函并未明确争议由伦敦可可协会仲裁解决。

（三）处理意见

依照国际惯例和我国民诉法的规定，对外国仲裁承认的审查，一般限定在仲裁程序的合法性方面，而不作实体上的审查。我国有些地方法院审查时，突破了这种限制，对外国仲裁实体的错误同样进行审查，并因此作出拒绝承认和不予执行的裁定（厦门中院，1994.4.《人民法院案例选》、深圳中院等）。我院意见：对于外国仲裁的实体错误，如果不作审查，那么就会发生错误的仲裁在我国被强制执行的情况，这是不符合我国的法律原则的（事实根据和法律依据）。在我国的司法实践中，错误的裁决、违法的裁决依法被纠正是众所周知的事情。而且，对证据不进行全面审查即作出的仲裁，不排除外国仲裁机构或人员在仲裁时对中国的歧视行为，这样的仲裁是不公正的裁决，会给当事人造成意外的损害。因此，审委会一致意见：在根本不存在合约事实的情况下，伦敦可可协会作出的关于合约纠纷的仲裁，不应得到承认和执行。

四、本院审查期间补充听证情况

在本院审查期间，承办人再次听证，进一步补充、核实了有关情况。听证主要侧重伦敦可可协会的仲裁有无违反程序的问题，即有无《1958 年纽约公约》第 5 条第 1、2 项所列情形。

被申请人代理人提出该仲裁在程序上的问题主要有：

1. 华新公司与益得满公司不存在仲裁协议。理由是根据《联合国国际货物销售公约》、国际惯例及承诺人所在地法律（即《中华人民共和国仲裁法》等）的规定，华新公司 1999 年 1 月 14 日的函件不构成对益得满公司 1 月 12 日及 1 月 13 日之函件的承诺，上述益得满公司致华新公司的函件中也无符合规定的仲裁条款。

2. 伦敦可可协会的仲裁严重违反其仲裁规则。理由是根据华新公司从互联网收集查阅的伦敦可可协会规则及《英国仲裁法》、《国际仲裁示范法》的规定：（1）伦敦可可协会规则中没有该仲裁裁决所称的第 23.3（d）条规定；且伦敦可可协会径行指定三名仲裁员不符合其规则规定;(2) 伦敦可可协会未根据《海牙公约》送达伦敦可可协会的文书,但其后又根据《海牙公约》的规定送达了仲裁裁决书;(3) 华新公司收到伦敦可可协会的材料后已致函表明与益得满公司未签订合同,益得满公司无权提起仲裁申请,但伦敦可可协会的仲裁裁决中未对此做任何交代,违反了《英国仲裁法》的规定;(4) 根据华新公司从互联网查询,伦敦可可协会的33名仲裁员中有5名系益得满公司人员,华新公司认为在此情形下,伦敦可可协会不具有充分的公正性。

对上述意见,益得满公司的代理人辩称:

1. 双方当事人之间的主合同成立与否,属实体问题,不是人民法院审查该仲裁裁决的内容。益得满公司与华新公司之间的合同成立问题,已经伦敦可可协会的仲裁裁决确认。主合同成立,且该合同中约定的"合同:按 C. A. L 规则"作为仲裁协议,也符合《国际商事仲裁示范法》第7条(2)"……在合同中提出参照载有仲裁条款的一项文件即构成仲裁协议,如果该合同是书面的而且这种参照足以使该仲裁条款构成该合同的一部分的话"的规定。

2. 伦敦可可协会的仲裁裁决不存在《1958年纽约公约》第5条第1、2项所列情形,亦不违反该协会规则的规定。(1) 根据益得满公司代理人提交的称其从伦敦可可协会获取的该协会规则(与华新公司从互联网上下载的不同),存在23.3(d)条款。该23.3(a)条规定,可以指派三名仲裁员,(d)条规定,任何一方对本公司指派的三名仲裁员有异议的,必须在两个工作日内提出;(2) 关于本案未按照《海牙公约》送达的问题,因仲裁行为不是司法行为,仲裁文件均不是司法文书,根据《海牙公约》第17条规定,非司法文书可以依司法文书规定的方法并按照本公约各条规定的方法送达,邮寄送达是该公约规定的一种方法;(3) 关于伦敦可可协会的仲裁裁决中未交代或表述被申请人提出的双方未签订合同,无权仲裁的问题,不构成《纽约公约》第5条所规定的人民法院应当拒绝承认及执行外国仲裁机构裁决的要件。

五、我院审查意见

综合上述情况,我院的审查意见如下:

对外国仲裁裁决的审查,根据我国《民事诉讼法》第269条的规定,应适用我国加入的《承认及执行外国仲裁裁决公约》(又简称《1958年纽约公约》)。本案审查的外国仲裁裁决,系在英国领土内由英国伦敦仲裁机构作出,我国与英国都是公约的参加国,本案的仲裁裁决系在《1958年纽约公约》对我国生效后作出的,其申请人、管辖法院及申请期限均符合最高人民法院《关于执行我国加入的〈承认及执行外国仲裁裁决公约〉的通知》中的规定。

根据最高人民法院《关于执行我国加入的〈承认及执行外国仲裁裁决公约〉的通知》第4条:"我国有管辖权的人民法院接到一方当事人的申请后,应对申请承认及执行的仲裁裁决进行审查,如果认为不具有《1958年纽约公约》第五条第一、二两项所列的情形,应当裁定承认其效力,并且依照民事诉讼法(试行)规定的程序执行;如果认定具有第五条第二项所列的情形之一的,或者根据被执行人提供的证据证明有第五条第一项所列的情形之一的,应当裁定驳回申请,拒绝承认及执行。”的规定,对本案的审查应按上述范围进行。同时该规定也表明,对该案申请,应只审查程序,不涉及实体。

1. 本案申请承认及执行的仲裁裁决不具有《1958 年纽约公约》第 5 条第 1、2 两项所列的情形

《1958 年纽约公约》第 5 条第 1、2 两项所列的情形为:“一、裁决唯有受裁决援用之一造向请承认及执行地主管机关提具证据证明有下列情形之一时,始得依该造之请求,拒于承认及执行:(甲) 第二条所称协定之当事人依对其适用之法律有某种无行为能力者,或该项协定依当事人作为协定准据之法律系属无效,或未指明以何法律为准时,依裁决地所在国法律系属无效者;(乙) 受裁决援用之一造未接获关于指定仲裁员或仲裁程序之适当通知,或因他故,致未能申辩者;(丙) 裁决所处理之争议非为交付仲裁之标的或不在其条款之列,或裁决载有关于交付仲裁范围以外事项之决定者,但交付仲裁事项之决定可与未交付仲裁之事项划分时,裁决中关于交付仲裁决定部分得于承认及执行;(丁) 仲裁机关之组成或仲裁程序与各造间之协议不符,或无协议而与仲裁地所在国法律不符者;(戊) 裁决对各造尚无拘束力,或业经裁决所在地国或裁决所依据法律之国家之主管机关撤销或停止执行者。二、尚声请承认及执行地所在国之主管机关认定有下列情形之一,亦担任拒不承认及执行仲裁裁决:(甲) 依该国法律,争议事项系不能以仲裁裁决者;(乙) 承认或执行裁决有违该国公共政策者。”根据案卷材料及补充听证的证据,被申请人对本案仲裁裁决在程序上提出的问题,均不是上述规定所列情形。

另:被申请人提出的第(1)点,认为伦敦可可协会违反了其规则(即 C. A. L 规则):一是该规则没有 23.3(d)条款;二是根据该规则不能直接指定三名仲裁员。对此,申请人提交了称其从伦敦可可协会获取的 C. A. L 规则,证实其中有 23.3(d)条款,且根据该规则可以指派三名仲裁员。由于被申请人提供的 C. A. L 规则系从互联网上下载,申请人对此质疑其真实性、正确性不能被证实;而申请人提交的 C. A. L 规则虽称其从伦敦可可协会获得,但未按法律规定经有关机构认证,故双方提供的证据效力均存疑,不能直接采信,只能参考。据此只能推定被申请人无充分证据证明该仲裁裁决违反 C. A. L 规则。对被申请人提出的第(2)点伦敦可可协会未按《海牙公约》送达仲裁有关材料的问题,申请人辩称仲裁材料系非司法文书。因目前对仲裁裁决的有关材料是司法文书还是非司法文书在理论学术上是有争议的,被申请人也无明确根据证明有关仲裁的材料文件就是司法文书,据此也只能推定被申请人无充分证据证明伦敦可可协会将仲裁的有关材料作为非司法文书邮寄送达是违反程序的。被申请人提出的第(3)、(4)点亦不在法院的审查范围,且被申请人也认为仅属于程序上的瑕疵问题。

2. 关于合同中有无明确的仲裁条款问题

根据《国际商事仲裁示范法》第7条(2)"……在合同中提出参照载有仲裁条款的一项文件即构成仲裁协议,如果该合同是书面的而且这种参照足以使该仲裁条款构成该合同的一部分的话"的规定,1月12日益得满公司的传真中"合同:按C.A.L规则"的条款可以作为仲裁条款。

3. 关于本案双方当事人之间有无仲裁协议的问题

此问题不属于《1958年纽约公约》第5条第1、2项所列情形之内。但此问题是双方当事人争议的焦点,且仲裁协议的有无直接影响到伦敦可可协会是否有权进行仲裁。但要审查有无仲裁协议,就势必涉及需要审查合同有无成立,因仲裁协议是合同的一个条款,如合同成立,则仲裁条款存在,合同不成立,也就不存在仲裁协议(此观点被申请人也同意)。

对本案合同是否成立的问题,我们基本同意无锡市中级法院的意见,即合同未成立。益德满公司于1999年1月12日、13日发出的两份业务确认函传真,客观上应当是一个整体的要约。从内容上看,1月13日传真所载内容是对1月12日传真内容的补充,因1月13日传真的内容是12日传真上未涉及的关于合同号和货物检测机构的内容。在买卖合同中,货物的购买方通常是对价格和货物的质量都有要求的,故对于货物买卖来讲质量要求及检测是不可缺少的合同条款;从华新公司对该要约的反应看,华新公司于1月14日签字回复,是将两份传真件一起回传的。华新公司对1月13日传真的改动是对货物质量标准的改动,符合《联合国国际货物销售合同公约》对要约的实质性变更的规定,故华新公司对13日传真的改动就是对益得满公司12、13日完整要约的变更,构成反要约。其后双方之间在质量(FFA指标)和检测机构问题上不断往复要约、再要约,一直未能取得一致意见,以至于益德满公司于1月15日、1月22日两次寄交的正式合约未被华新公司签字(因益得满公司1月12日、13日的传真上均有"完整合同随后"字样)。因此,华新公司与益得满公司之间的合同未成立。如果仅根据华新公司在益得满公司12日要约上的签字就认定构成承诺的话,就会出现益得满公司提供的货物品质达不到要求,但华新公司也必须购买的情形,而任何一个购货方显然都不可能进行这样的交易。所以,仅有1月12日的传真件,缺少13日传真的货物FFA指标要求,客观上是不可能形成双方当事人的意思表示一致的。

综上,本院在研究本案时有两种意见:一种意见是,如果严格按照最高人民法院《关于执行我国加入的〈承认及执行外国仲裁裁决公约〉的通知》第4条的规定进行审查,伦敦可可协会的仲裁裁决不具有《1958年纽约公约》第5条第1、2项规定的情形,且华新公司对益得满公司1999年1月12日传真的签字也确有疏忽,应对此承担责任。故对伦敦可可协会的仲裁裁决可予承认和执行。另一种意见是:应当对本案双方当事人之间有无仲裁协议进行审查,也就是需审查合同是否成立。倾向于认定合同不成立,双方当事人之间也就没有对仲裁事项达成的协议(条款)。则伦敦可可协会无权进行仲裁,其仲裁裁决应拒绝承认及执行。

我院倾向后一种意见。特报你院审查决定。

江苏省高级人民法院

2001 年 11 月 9 日

附 20-13

最高人民法院《关于中国人民财产保险股份有限公司深圳市分公司诉广州远洋运输公司海上货物运输合同货损纠纷一案仲裁条款效力问题的请示》的复函(〔2005〕民四他字第 29 号)

广东省高级人民法院:

你院粤高法民四他字第 7 号《关于中国人民财产保险股份有限公司深圳市分公司诉广州远洋运输公司海上货物运输合同货损纠纷一案仲裁条款效力问题的请示》收悉。经研究,答复如下:

本案提单仲裁条款是订立海上货物运输合同当事人为仲裁解决纠纷而订立的有效仲裁条款。作为保险人的中国人民财产保险股份有限公司深圳市分公司,依据保险合同在赔付被保险人即提单持有人深圳市华联粮油贸易有限公司提单项下的货物损失后,依法取得向作为承运人的广州远洋运输公司请求赔偿货物损失的代位求偿权利。由于保险人不是协商订立仲裁条款的当事人,仲裁条款并非保险人的意思表示,除非保险人明确表示接受,否则提单仲裁条款对保险人不具有约束力。本案争议发生后,保险人并未与承运人达成新的仲裁协议,因此本案提单仲裁条款不应拘束保险人。同意你院的倾向性意见。

此复。

最高人民法院

2005 年 10 月 9 日

附 20-14

广东省高级人民法院《关于中国人民财产保险股份有限公司深圳市分公司诉广州远洋运输公司海上货物运输合同货损纠纷一案仲裁条款效力问题的请示》(〔2004〕粤高法民四他字第 7 号)

最高人民法院:

广州海事法院在审理〔2004〕广海法初字第 84 号中国人民财产保险股份有限公司深圳市分公司诉广州远洋运输公司海上货物运输合同货损纠纷一案的过程中,就该案提单所载仲裁条款效力的认定问题,向我院请示。现将案件基本情况和处理意见报告如下：

一、案件基本情况

原告：中国人民财产保险股份有限公司深圳市分公司。住所地：广东省深圳市罗湖区罗芳路南方大厦22楼。

负责人：冯知杰。

被告：广州远洋运输公司。住所地：广东省广州市环市东路412号。

法定代表人：徐慧兴。

原告于2004年3月18日向广州海事法院提起诉讼，请求判令被告赔偿货损人民币2988453.57元及利息和公估费、证据保全费共计港币98223元、人民币13000元。

原告起诉称，被告作为M/VLIANG SHANV.41（“凉山”轮）的船东实际承运了一批鱼粉，从秘鲁到广州黄埔。泛远船务（香港）有限公司作为船东的代理人签发了涉案指示提单。货物于2003年4月11日抵达黄浦新港。在卸货过程中，发现大量货物发热、结块和变质。提单持有人即被保险人深圳市华联粮油贸易有限公司（以下简称“深圳华联”）向原告索赔。原告委托了香港南华公证行登轮检验，经理算，损失金额为人民币3031453.47元。原告向深圳华联实际赔付了人民币2988453.57元。原告行使代位求偿权，要求被告承担违约责任，赔偿损失。原告在起诉时未提供涉案提单的背面条款。被告于4月2日收到应诉通知书和起诉状之后，于4月20日提出管辖权异议。认为提单的背面条款记载涉案纠纷应当在伦敦仲裁，请求驳回原告的起诉。原告补充提交的涉案三分提单的背面均有仲裁条款：任何因本提单引起的托运人、承运人、承租人和/或收货人之间的争议，根据1979年《仲裁法》，由Mr Alan Burbidge独任仲裁员在伦敦仲裁。任何索赔需在卸货后12个月内提交仲裁。三份提单正面还记载：2003年1月8日签订的租约中的所有条款、条件、权利和除外责任以及仲裁条款和任何附件都并入本提单。所有因义务引起的争议，包括承运人和货主之间就提单项下的货损责任发生的争议，均适用2003年1月8日签订的租约中的条款。

广州海事法院于5月11日召开了庭前会议。会议中，被告确认涉案的三份提单均为其授权泛运船务（香港）有限公司签发。关于提单背面仲裁条款的效力，原告认为，在认定仲裁条款效力之前，首先应解决认定条款效力的准据法。由于该仲裁条款未载明应适用的法律，根据最密切联系原则，应适用中国法律。根据《中华人民共和国仲裁法》、《中华人民共和国民事诉讼法》的有关规定，由于涉案的仲裁条款未约定明确的仲裁机构，因此仲裁条款无效。被告认为，提单的持有人既然凭单提出了货物，就应该受提单条款的约束。但即使适用中国法律，《中华人民共和国仲裁法》、《中华人民共和国民事诉讼法》的规定只适用在中国进行的仲裁。本案约定的在伦敦仲裁的条款效力，应依据有关法理解决。双方当事人均没有提及提单正面的并入条款，也没有提供相应的租约。

二、广州海事法院的处理意见

（一）关于提单背面仲裁条款效力的准据法

根据国际私法的一般原则，当事人没有约定仲裁条款效力的准据法的，应按照当事人所约定的仲裁地的法律来确定仲裁条款的效力。且最高人民法院《关于人民法院处理涉外仲裁及外国仲裁案件的若干规定（征求意见稿）》第17条规定："仲裁协议的效力，适用当事人约定的法律。当事人没有约定仲裁协议准据法但约定了仲裁地点的，适用仲裁地国家或者地区的法律。没有约定仲裁地或者仲裁地约定不明的，适用法院地法律。"最高人民法院民四庭的《涉外商事海事审判实务问题解答》第74个问题也有类似的解答。本案提单背面仲裁条款约定在伦敦仲裁，在没有约定仲裁条款效力的准据法的情况下，应适用英国法律。

（二）关于提单背面仲裁条款的效力

该条款约定由Mr Alan Burbidge任独任仲裁员在伦敦仲裁，属临时仲裁，根据英国法律的规定，这样的约定是有效的。因此提单背面仲裁条款在提单签发人和托运人之间是有效的。

（三）提单背面仲裁条款能否约束非托运人的提单持有人

合议庭的倾向性意见是，提单背面的仲裁条款不应约束非托运人的提单持有人（以下所称提单持有人均为非托运人的提单持有人），理由如下：

1. 仲裁是以当事人的合意为基础，授权第三人以"一裁终局"的方式解决其相互间的民事纠纷。双方当事人的仲裁合意是仲裁启动的先决性条件。我国参加的1958年《承认及执行外国仲裁裁决的公约》第2条第1款规定："当事人以书面协定承允彼此间所发生或可能发生之一切或任何争议，如关涉可以仲裁解决事项之确定法律关系，不论为契约性质与否，应提交仲裁时，各缔约国应承认此项协定。"该条规定表明，公约将当事人之间的仲裁合意作为仲裁条款有效的必要条件。提单背面的仲裁条款均由提单持有人以外的人拟订，提单持有人在取得提单之前，对提单上是否记载仲裁条款以及仲裁条款的内容均不知情，更不可能参与仲裁条款的协商。因此提单背面的仲裁条款不体现提单持有人的仲裁意思表示，依据公约的规定，提单持有人不应受提单背面的仲裁条款的约束。

2. 我国《海商法》第78条第1款虽规定："承运人同收货人、提单持有人之间的权利、义务关系，依据提单的规定确定。"但该条规定在《海商法》的第四章海上货物运输合同中，因此该条款应解释为与货物运输的主旨有关的权利和义务的条款约束提单的持有人。仲裁条款作为争议的解决方式，不是与运输的主旨有关的条款，应被视为独立于合同其他部分的单独协议，并不当然约束提单持有人。

3. 从实践中来看，不承认提单仲裁条款对提单持有人的约束力，有利于平等保护提单持有人的利益。如果法院确认这类仲裁条款对提单持有人有约束力，由于仲裁地点通常是承运人的住所地或远离提单持有人的地方，在争议金额不大的情况下，提单持有人多数会选择放弃，而导致提单持有人的合法利益得不到平等保护。

此外，提单正面虽并入了租约的仲裁条款，但双方当事人均没有提供租约，无法查明租约仲裁条款的具体内容。结合上述理由，提单正面并入条款中关于仲裁的内容也不能约束提单持有人。

综上，因涉案提单持有人不受提单背面仲裁条款的约束，原告作为保险公司，向被告行使代位求偿权，也不受此仲裁条款的约束。因本案的运输目的地和被告住所地均在广东省，属广州海事法院的管辖范围，原告可以在本案对被告提起海上货物运输合同货损纠纷诉讼。

三、我院的倾向性意见

提单所载仲裁条款本身是否有效并不是该案的关键所在，即使依据准据法确定仲裁条款有效，但若在提单签发人（承运人）和保险人之间没有约束力，提单签发人和保险人之间的纠纷亦不能依据仲裁条款解决。因此，该案首先要解决提单所载仲裁条款在提单签发人和保险人之间是否有效的问题。就保险人和提单签发人之间的纠纷而言，当事人没有选择解决纠纷使用的法律，该案保险人和承运人的住所地均在中国内地，根据最密切联系原则，应当确定中国内地法律为解决该案的准据法。

我院倾向认为，仲裁条款系争议解决条款，其独立于合同的其他条款，体现的是合同当事人关于争议解决方式的意思表示，因此，在合同的权利义务主体发生变化的情况下，除新权利人或者新义务人依约定或者法律规定概括的承受合同所有权利义务外，仲裁条款原则上对新权利人或者新义务人没有约束力。当事人转让债权的，仲裁条款对债权受让人没有约束力，但是有充分证据证明当事人与受让人通谋规避仲裁条款的除外。我国《保险法》第 45 条规定："因第三者对保险标的的损害而造成保险事故的，保险人自向被保险人赔偿保险金之日起，在赔偿金额范围内代位行使被保险人对第三者请求赔偿的权利。"保险人由此获得代位求偿权在性质上属于债权让与，即被保险人将其对第三人的求偿权让与保险人。在该案中，没有证据证明当事人之间有通谋规避仲裁条款的情形。因此，该仲裁条款对债权受让人即保险人没有约束力。该案的被告广州远洋运输公司的住所地在广州市，广州海事法院对该案有管辖权。

该案因认定仲裁条款在提单签发人和保险人之间没有约束力，根据钧院《关于人民法院处理与涉外仲裁及外国仲裁事项有关问题的通知》第 1 条的规定，特向钧院请示，请予批复。

广东省高级人民法院

2005 年 5 月 27 日

附 20-15

最高人民法院《关于合营企业起诉股东承担不履行出资义务的违约责任是否得当及合资经营合同仲裁条款是否约束合营企业的请示》的复函(〔2004〕民四他字第 41 号)

山东省高级人民法院：

你院鲁高法〔2004〕203 号《关于合营企业起诉股东承担不履行出资义务的违约责任是否得当及合资经营合同仲裁条款是否约束合营企业的请示》收悉。经研究,答复如下：

根据你院请示报告认定的事实,青岛华翔精密技术有限公司(以下简称华翔公司)由青岛保税区华强国际贸易有限公司(以下简称华强公司)、日本国有限会社北条理化学研究所及日本国竹内铁工株式会社三方共同出资设立。合营企业成立后,华强公司将其在合营企业占有的 35% 股权全部转让给了青岛华强达工贸有限公司(以下简称华强达公司)。由于华强达公司未履行出资义务,合营企业华翔公司直接向华强达公司提起了诉讼,要求其按照合资经营合同的约定履行出资义务或者赔偿损失。我们认为:在合营企业成立之后,合资一方未按合资经营合同履行出资义务的行为,既损害了合资他方的权益,也损害了合资经营企业的权益。在合资他方未依约对违约方提请仲裁或者诉讼的情况下,合营企业有权以自己的名义提起诉讼,要求未履行出资义务的一方股东承担民事责任。因合营企业不是合资经营合同的签约主体,未参与订立仲裁条款,因此,合资经营合同中的仲裁条款不能约束合营企业。对于本案纠纷,合营企业华翔公司未依照合资经营合同的约定提请中国国际经济贸易仲裁委员会仲裁,而是直接向合营企业所在地的青岛市中级人民法院提起诉讼并不违反相关法律规定。同样,由于华强达公司是受让华强公司在合营企业中的股份之后作为股东进入合营企业的,各方当事人在进行股权转让时未明确约定是否受合资经营合同中仲裁条款的约束,因此,合资经营合同中的仲裁条款对受让方华强达公司没有法律约束力。华强达公司以合资经营合同含有有效的仲裁条款,本案应提交仲裁的主张没有法律依据,其管辖权异议依法不能成立,应予驳回。

此复。

最高人民法院

2004 年 12 月 20 日

附 20-16

山东省高级人民法院《关于合营企业起诉股东承担不履行出资义务的违约责任是否得当及合营企业合同仲裁条款是否约束合营企业的请示》(〔2004〕鲁高法 203 号)

最高人民法院：

山东省青岛市中级人民法院在审理原告青岛华翔精密技术有限公司(以下简称

华翔公司）与被告青岛华强达工贸有限公司（以下简称华强达公司）、第三人青岛恒运通物流有限公司（以下简称恒运通公司）股东不履行出资义务纠纷一案中，就合营企业华翔公司起诉股东华强达公司承担不履行出资义务的违约责任是否得当及合营企业合同仲裁条款是否约束合营企业问题，向我院请示。经研究，我院就上述问题存在不同认识，现将案件情况及处理意见报告如下：

一、案件基本情况

华翔公司诉称：1997 年 6 月，青岛保税区华强国际贸易有限公司（以下简称华强公司）与日本国有限会社北条理化学研究所（以下简称化学研究所）及日本国竹内铁工株式会社（以下简称竹内铁工）三方作为出资股东，共同成立合营企业华翔公司。合营企业合同约定，公司注册资本为 40 万美元，合营期限 15 年。

化学研究所出资 50%，以设备和美元现汇投入；华强公司出资 35%，以厂房、办公用房及宿舍投入，不足部分投入人民币现金折美元计算；竹内铁工出资 15%，全部现汇投入。1997 年 7 月 16 日合营企业注册登记成立。1998 年 3 月 13 日，青岛保税区审计师事务所出具验资报告，证明三方股东出资情况。2001 年 9 月 19 日，三方股东一致同意并经工商登记，将原华强公司所持有的华翔公司 35% 股份转让给华强达公司。2003 年 9 月 24 日，恒运通公司向华翔公司多次发出书面通知，声称华强达公司已将华翔公司使用的工业厂房及宿舍房出售，要求华翔公司及其工作人员搬迁。华翔公司认为华强达公司将作为出资的厂房及宿舍，未按照法律规定及合同的约定办理过户手续，已经构成严重违约，应承担违约责任。诉请判令：(1) 华强达公司立即办理出资厂房及宿舍的产权过户手续或者立即向华翔公司返还出资款人民币 1 147 831.30 元；(2) 华强达公司赔偿华翔公司人民币 11 万元；(3) 恒运通公司将华强达公司出售房屋的价款直接给付华翔公司。

华强达公司在答辩期内，提出管辖权异议称：华强公司、化学研究所、竹内铁工签订的合资合同第十九章第 38 条约定："凡因执行本合同所发生的或与本合同有关的一切争议，三方应友好协商解决，如协商不能解决，应提交中国国际贸易促进委员会国际贸易仲裁委员会，根据该会的仲裁程序、规则进行仲裁，仲裁是终局的，对三方都有约束力。"上述约定是合法有效的，根据仲裁法和国际惯例的规定，本案应提交仲裁。

华翔公司对华强达公司提出的管辖权异议答辩称：(1) 合营企业作为法人，有权对侵害其权益的行为选择适当的解决方式。原合营企业股东之间约定的纠纷处理方式，不能直接约束合营企业，该约定对合营企业是无效的。(2) 原三方股东中的中方股东已经发生了变更，因此，原三方股东约定的争议解决方式已经因股东的变更而失去效力，作为新股东的华强达公司不能以原股东间的合同约定，对抗合营企业行使诉讼权利。

二、青岛市中级人民法院请示的问题及处理意见

青岛市中级人民法院向我院请示两个问题：一是合营企业华翔公司起诉股东华强

达公司承担不履行出资义务的违约责任是否适当;二是华强达公司的管辖权异议是否成立,即合营企业合同约定的仲裁条款是否约束合营企业华翔公司及合营企业合同的受让方华强达公司。

关于第一个问题,青岛中院一致认为:最高人民法院发布的《关于审理公司纠纷案件若干问题的规定(一)》(征求意见稿)第9条规定:“股东出资不足或者出资存在瑕疵,公司及已适当履行了出资义务的股东可以向人民法院提起诉讼,请求判令其补足出资或者补正瑕疵,并支付利息。”上述规定虽未正式通过公布,但代表了最高人民法院的观点。另外股东针对出资不足或者存在瑕疵的股东提起的是违约之诉,依据的是合营企业合同。公司登记设立后,法律明确规定公司享有独立财产权并以其财产独立承担民事责任,公司完全可以依照法律规定追究出资不足或者存在瑕疵的股东责任。而且,从诉讼角度看,股东之间违约之诉的诉讼权益承受者并非守约股东本人,而是合营企业,从这一角度讲,公司完全可以独立的作为原告,向不履行出资义务致使侵害公司财产权的股东提起诉讼。

关于第二个问题,青岛中院存在两种处理意见:

一种意见是:本案争议的事项是股东对合营企业的出资义务,争议的事项属于合营企业合同约定的仲裁事项,仲裁条款不仅约束合营各方,也当然约束合营各方共同成立的合营企业。股权转让是概括转让,包括争议条款在内,因此,仲裁条款也约束华强达公司。故华强达公司的管辖权异议成立,本案应驳回华翔公司起诉。青岛中院倾向于此种意见。

另一种意见是:尽管本案争议的事项属于约定的仲裁事项,但仲裁条款约束的必须是订立仲裁条款的当事人,本案中受仲裁条款约束的只有最初参加合营的三方,并不当然约束合营企业,华翔公司不受合营企业合同仲裁条款的约束。合营企业成立后,合营企业应受公司章程的约束,公司章程中并没有约定仲裁条款,合营企业自然也不受仲裁条款的约束。而且仲裁条款具有独立性,股权转让并不意味争议解决方式的必然转让和继受,华强达公司受让股权后,须明示加入仲裁条款才受其约束还是只要不明示反对就必然受其约束,有待于明确。因此,华强达公司的管辖权异议不能成立,应予驳回。

三、我院的处理意见

对青岛中院请示的上述两个问题,经研究,我院审委会也有不同认识。

关于合营企业华翔公司起诉股东华强达公司承担不履行出资义务的违约责任是否适当的问题。我院有两种意见:一种意见同意青岛中院的意见。另一种意见认为:根据合营企业合同的约定,合营各方负有向合营企业认缴出资的义务,任何一方合营者未向合营企业履行认缴出资的义务,即构成违约,应对守约方承担违约责任;合营企业不是合营企业合同的当事人,依据合同相对性原理,其无权依据合营企业合同起诉未履行出资义务方承担违约责任;并且,《关于审理公司纠纷案件若干问题的规定》

(征求意见稿)不适用合营企业,故本案华翔公司诉华强达公司承担不履行出资义务的违约责任,没有法律依据,应驳回华翔公司的起诉。我院倾向于第一种意见。

在合营企业起诉股东承担不履行出资义务的违约责任成立的前提下,进一步探讨华强达公司的管辖权异议是否成立的问题。

关于合营企业合同约定的仲裁条款是否约束合营企业华翔公司。我院有两种意见。一种意见认为:涉案合营合同约定了仲裁条款,即因执行本合同所发生的或与本合同有关的一切争议,应提交仲裁解决。合营企业华翔公司诉股东华强达公司承担不履行出资义务的违约责任,该争议属于与合营合同有关的争议,因此,本案应提交仲裁解决,法院对该案无管辖权,华强达公司的管辖权异议成立。我院倾向于该种意见。另一种意见认为:合营合同约定的仲裁条款仅能约束合营合同各方当事人,不能约束合营企业,因此,合营企业诉股东承担违约责任,不受仲裁条款的约束,法院对案件具有管辖权,华强达公司的管辖权异议不成立。关于合营企业合同仲裁条款是否约束合同受让方华强达公司,我院一致认为:合营企业合同一方当事人华强公司将其权利义务全部转让给华强达公司,合同中的仲裁条款对受让方华强达公司具有约束力。

综上,我院的倾向性意见是:本案合营企业华翔公司可以起诉股东承担不履行出资义务的违约责任,但华强达公司的管辖权异议成立,法院对本案无管辖权,故应驳回华翔公司的起诉。

请指示。

山东省高级人民法院

2004 年 10 月 9 日

附 20-17

最高人民法院《关于对高福忠申请撤销中国国际经济贸易仲裁委员会〔2002〕贸仲裁字第 0237 号仲裁裁决一案的请示》的复函(〔2003〕民四他字第 5 号)

北京市高级人民法院:

你院京高法〔2003〕14 号《关于高福忠申请撤销中国国际经济贸易仲裁委员会〔2002〕贸仲裁字第 0237 号仲裁裁决一案的请示》收悉。经研究,答复如下:

仲裁条款是以协议双方的合意为前提的,只有仲裁协议的主体受仲裁协议的约束。虽然仲裁协议当事方龙桥宾馆被吊销营业执照,但龙桥宾馆作为企业法人尚未消灭,其在法律程序上仍具有主体资格。如果本案仅涉及《中外合作经营芜湖龙桥宾馆有限公司合同书》项下债权债务的纠纷,龙桥村委会作为龙桥宾馆的开办单位,为清理龙桥宾馆债权债务的目的,只能以龙桥宾馆或其清算组织的名义提起仲裁,以龙桥村委会自身的名义提起仲裁主体不适格。此外,不能依据《中外合作经营芜湖龙桥宾馆有限公司合同书》中的仲裁条款裁决其他合同引发的争议,不能超越仲裁条款解决争议的范围。

现高福忠向人民法院申请撤销中国国际经济贸易仲裁委员会仲裁庭就其与龙桥村委会之间的争议作出的〔2002〕贸仲裁字第0237号裁决，根据《中华人民共和国民事诉讼法》第260条第1款、《中华人民共和国仲裁法》第70条的规定，人民法院应当裁定予以撤销。

此复。

最高人民法院

2003年5月8日

附20-18

北京市高级人民法院《关于对高福忠申请撤销中国国际经济贸易仲裁委员会〔2002〕贸仲裁字第0237号仲裁裁决一案的请示》(〔2003〕京高法14号)

最高人民法院：

我市第二中级人民法院立案受理了高福忠申请撤销中国国际经济贸易仲裁委员会〔2002〕贸仲裁字第0237号裁决一案。经我院审查认为，该案所涉及的问题具有一定的代表性，故特向贵院请示。现将该案有关情况报告如下：

一、案件基本事实

1995年2月28日，芜湖市龙桥宾馆(以下简称龙桥宾馆)与高福忠(台湾省人)签订了《关于中外合作经营龙桥宾馆合同书》约定，龙桥宾馆提供其宾馆客房部餐饮部的8层楼、建筑面积7000平方米，以及水、电、通讯等全部配套设施，由高福忠统一管理、自主经营、自负盈亏，使用权10年。高福忠不论经营盈亏如何，确保向龙桥宾馆交纳经营管理费、折旧费、综合费，并约定了具体数额。1995年5月5日，双方进一步签订《中外合作经营芜湖龙桥宾馆有限公司合同书》，共同投资成立合作企业芜湖龙桥宾馆有限公司，利润分配、出资及经营方式等按照1995年2月28日合同约定办理。合作经营合同第17章规定："合营各方因执行本合同而发生争议，应本着友好精神协商解决，如协商不能解决，可提请中国国际贸易促进委员会对外经济贸易仲裁委员会按该地的仲裁程序进行仲裁。此裁决为终局裁决，各方应遵守执行。仲裁费用由败诉一方负责。"同日，双方签署了合作企业章程。

1995年5月12日，芜湖市对外经济贸易委员会批准成立芜湖龙桥宾馆有限公司，1995年5月16日，芜湖龙桥宾馆有限公司领取了营业执照。

1996年7月8日，龙桥宾馆的开办单位龙桥村委会与芜湖龙桥宾馆有限公司签订《协议书》，确认芜湖龙桥宾馆有限公司于1995年4月1日与龙桥村委会签订了投资改造龙桥宾馆承包经营合同，已经营1年有余，效益不理想。为进一步提高龙桥宾馆的设施水平，龙桥村委会在5年内向"龙桥宾馆"投资人民币100万元，投资方式从合作企业上交龙桥宾馆的折旧费中每年扣除人民币20万元。

1996年龙桥宾馆未办理企业法人年检。1997年11月7日，芜湖市工商行政管理局公告吊销龙桥宾馆营业执照。公告称：自公告之日起，其持有的营业执照不再具有法律效力，印章作废；债权债务由股东、主办单位依法处理。如有异议，应当在公告的15日内，以书面形式向我局提出，逾期不提视为认可。

1998年3月28日，龙桥村委会与高福忠签订《关于中外合作经营龙桥宾馆的补充合同书》，约定了双方进一步合作的事宜，并将该补充合同作为龙桥宾馆与高福忠1995年2月28日所签订的合作经营合同的补充，“与原合同具有同等的法律效力”。

1999年9月20日，龙桥村委会与龙桥宾馆有限公司签订《补充协议》，约定在原合同条款的前提下，下调高福忠上交的管理费数额。

二、仲裁情况

2001年8月31日，龙桥村委会根据《中外合作经营芜湖龙桥宾馆有限公司合同书》第17章的约定，以高福忠为被申请人，向中国国际经济贸易仲裁委员会提请仲裁。仲裁请求：(1) 裁决高福忠偿还拖欠经营管理等费用262万元(计算到2001年6月底，此后到裁决执行止，每月按10万元增加)；(2) 终止合作经营合同，收回龙桥宾馆及其全部配套设施的使用权；(3) 高福忠补偿龙桥村委会为办理本案支出费用25万元等。

高福忠对龙桥村委会的主体资格提出了异议，主张龙桥村委会不是合作企业的中方合作者，只有龙桥宾馆才有权申请仲裁。

针对龙桥村委会的主体资格，仲裁委员会于2002年1月18日作出〔2002〕贸仲字第0336号决定。认为：作为中方合作者的龙桥宾馆因未办理年检而被吊销营业执照后，其作为合作合同的当事人在合作企业中相应的权利义务应由龙桥村委会承担，龙桥村委会同时接受合作合同中仲裁条款的约束，有权根据合作合同中的仲裁条款提起仲裁。

2002年8月6日，仲裁庭作出了〔2002〕贸仲裁字第0237号裁决：(1) 被申请人向申请人偿付拖欠的经营管理等费用人民币3 385 000元；(2) 终止合作经营合同；(3) 被申请人向申请人支付人民币17万元以部分补偿申请人的办案费用；(4) 驳回申请人的其他仲裁请求；(5) 仲裁费分担(略)。

三、当事人申请撤销与抗辩理由

高福忠申请撤销仲裁裁决理由：

我与龙桥村委会之间没有签订任何具有合同或协议性质的法律文件，发生纠纷后也未达成书面的仲裁协议；虽然签订中外合作合同的中方当事人龙桥宾馆被吊销营业执照，但其在被申请人提起仲裁申请时并未办理注销登记，因此本案的当事人还应当是龙桥宾馆。

龙桥村委会主要答辩理由：

1. 龙桥宾馆被吊销营业执照后，因开办单位龙桥村委会没有对其债权债务进行清算，因此龙桥宾馆的合法债权已由龙桥村委会法定承受。

2. 龙桥宾馆在1996年停止办理年检后，高福忠与龙桥村委会三次签订继续履行合作合同的补充协议，多次把经营管理等费用上交龙桥村委会，龙桥村委会在提请仲裁之前还多次与高福忠协商，这都表明高福忠对龙桥宾馆在合作企业中合法债权已转移至龙桥村委会的确认。

3. 对本案主体资格及管辖权问题仲裁委员会早已作出了专门决定。

综上，龙桥村委会有权向仲裁委员会提请仲裁。

四、请示问题

本案需要请示的问题是，企业被吊销营业执照后成为清算法人，其上级主管作为清算主体清理被吊销营业执照企业的债权债务时，如果清算主体对原企业所签订的仲裁协议不持异议，能否不经过相对人同意，直接依据仲裁协议解决原企业与相对人之间的债权债务纠纷。

请指示。

北京市高级人民法院

2003年1月21日

第六节 仲裁协议无效与没有仲裁协议

《纽约公约》第5条第1款第1项规定，如果仲裁性协议无效，法院可以对外国仲裁裁决不予承认和执行。与此相反，中国《仲裁法》和《民事诉讼法》都未将仲裁协议无效作为撤销或不予执行仲裁的理由。

在招商银行申请不予执行杭州市经济合同仲裁委员会杭裁字〔1996〕第80号裁决案中，最高人民法院明确了仲裁协议无效并不等于没有仲裁协议，不得以仲裁协议无效作为撤销或不予执行裁决这一观点。该案案情如下：

申请人中国农业银行浙江省信托投资公司（现为中国农业银行杭州市延安路支行，以下简称农业银行）与被申请人深圳政华实业公司（以下简称政华公司）、招商银行深圳福田支行（以下简称招商银行）合作投资担保合同纠纷一案，杭州市经济合同仲裁委员会于1996年10月25日作出杭裁字〔1996〕第80号裁决书裁决：政华公司在裁决生效后10日内归还农业银行借款及利息人民币617万余元，招商银行承担连带偿付责任。在执行该仲裁裁决过程中，被执行人招商银行向深圳市中级人民法院申请不予执行该仲裁裁决。深圳市中级人民法院认为：由于当事人只约定了仲裁地点，未约定仲裁机构，且双方当事人事后又未达成补充协议，故仲裁协议无效，杭州市经济合同仲裁委员会无权对本案进行仲裁。因此，以〔1997〕深中法执字第10—15号民事裁定书裁定不予执行。

最高人民法院受理当事人对此裁定书的申诉后，在2002年6月20日复函最高人民法院《关于仲裁协议无效是否可以裁定不予执行的处理意见》中纠正指出："本案的仲裁协议只约定仲裁地点而没有约定具体的仲裁机构，应当认定无效，但仲裁协议无效并不等于没有仲裁协议。仲裁协议无效的法律后果是不排除人民法院的管辖权，当事人可以选择由法院管辖而排除仲裁管辖，当事人未向法院起诉而选择仲裁应诉的，应视为当事人对仲裁庭管辖权的认可。招商银行在仲裁裁决前未向人民法院起诉，而参加仲裁应诉，应视为其对仲裁庭关于管辖权争议的裁决的认可。本案仲裁庭在裁决驳回管辖权异议后作出的仲裁裁决，在程序上符合仲裁法和民诉法的规定，没有不予执行的法定理由。执行法院不应再对该仲裁协议的效力进行审查。执行法院也不能将'仲裁协议无效'视为'没有仲裁协议'而裁定不予执行。因此，深圳市中级人民法院裁定不予执行错误，本案仲裁裁决应当恢复执行。"

仲裁裁决一方虽不是仲裁协议的一方当事人，但其自始至终参加了整个仲裁程序，并未就不存在仲裁协议问题提出异议。此时，应认定该一方当事人接受了仲裁庭的管辖。在清华同方股份有限公司、清华同方光盘股份有限公司申请撤销〔2002〕贸仲裁字第0095号仲裁裁决案①中，清华同方光盘股份有限公司并非争议合同的一方当事人，但其以当事人的身份参加了整个仲裁程序，并进行了实体答辩，且至仲裁庭最终作出仲裁裁决也未就管辖权问题提出异议。最高人民法院认为在此情况下应认定清华同方光盘股份有限公司已经接受了仲裁庭对本案的管辖，且其已经丧失了在对仲裁庭管辖提出异议的权利。

《第二次全国涉外商事海事审判工作会议纪要》第68条规定："当事人约定争议可以向仲裁机构申请仲裁也可以向人民法院起诉的，仲裁协议无效。但一方向仲裁机构申请仲裁，另一方未在《中华人民共和国仲裁法》第二十条第二款规定的期间内提出异议的除外。"

《仲裁法解释》第27条对仲裁协议无效时的处理作如下进一步明确规定："当事人在仲裁程序中未对仲裁协议的效力提出异议，在仲裁裁决作出后

---

① 万鄂湘主编：《中国涉外商事海事审判指导与研究》2003年第2卷，人民法院出版社2003年版，第50页。

以仲裁协议无效为由主张撤销仲裁裁决或者提出不予执行抗辩的，人民法院不予支持。当事人在仲裁程序中对仲裁协议的效力提出异议，在仲裁裁决作出后又以此为由主张撤销仲裁裁决或者提出不予执行抗辩，经审查符合仲裁法第五十八条或者民事诉讼法第二百一十七条、第二百六十条规定的，人民法院应予支持。”

根据以上的规定、判例，我们可以总结仲裁协议无效对仲裁裁决的以下影响：

第一，仲裁协议无效，但当事人在仲裁程序中未就此提出异议的，视为接受仲裁庭对案件的管辖。法院不得以仲裁协议无效为由撤销仲裁裁决，或者在执行程序中不予执行仲裁裁决。

第二，仲裁协议无效，且当事人依照法定程序提出管辖异议的，在仲裁裁决作出后当事人仍以仲裁协议无效为由申请撤销仲裁裁决或不予执行仲裁裁决的，法院可以不予执行仲裁裁决或撤销仲裁裁决。

第三，对国际仲裁裁决案件，如果仲裁协议无效，法院不予承认和执行该仲裁裁决。

附 20-19

最高人民法院《关于仲裁协议无效是否可以裁定不予执行的处理意见》(〔1999〕执监字第 174-1 号)

广东省高级人民法院：

你院〔1999〕粤高法执监字第 65-2 号“关于中国农业银行杭州市延安路支行申请执行杭州市经济合同仲裁委员会杭裁字〔1996〕第 80 号裁决书一案”的报告收悉，经研究，答复如下：

申请人中国农业银行浙江省信托投资公司(现为中国农业银行杭州市延安路支行，以下简称农业银行)与被申请人深圳政华实业公司(以下简称政华公司)、招商银行深圳福田支行(以下简称招商银行)合作投资担保合同纠纷一案，杭州市经济合同仲裁委员会于 1996 年 10 月 25 日作出杭裁字〔1996〕第 80 号裁决书裁决：政华公司在裁决生效后十日内归还农业银行借款及利息人民币 617 万余元，招商银行承担连带偿付责任。在执行该仲裁裁决过程中，被执行人招商银行向深圳市中级人民法院申请不予执行该仲裁裁决。深圳市中级人民法院认为：由于当事人只约定了仲裁地点，未约定仲裁机构，且双方当事人事后又未达成补充协议，故仲裁协议无效，杭州市经济合同仲裁委员会无权对本案进行仲裁。因此，以〔1997〕深中法执字第 10-15 号民事裁定书裁定不予执行。

本院认为：本案的仲裁协议只约定仲裁地点而没有约定具体的仲裁机构，应当认定无效，但仲裁协议无效并不等于没有仲裁协议。仲裁协议无效的法律后果是不排除人民法院的管辖权，当事人可以选择由法院管辖而排除仲裁管辖，当事人未向法院起诉而选择仲裁应诉的，应视为当事人对仲裁庭管辖权的认可。招商银行在仲裁裁决前未向人民法院起诉，而参加仲裁应诉，应视为其对仲裁庭关于管辖权争议的裁决的认可。本案仲裁庭在裁决驳回管辖权异议后作出的仲裁裁决，在程序上符合仲裁法和民诉法的规定，没有不予执行的法定理由。执行法院不应再对该仲裁协议的效力进行审查。执行法院也不能将"仲裁协议无效"视为"没有仲裁协议"而裁定不予执行。因此，深圳市中级人民法院裁定不予执行错误，本案仲裁裁决应当恢复执行。

请你院监督执行法院按上述意见办理，在两个月内执结此案并报告本院。

此复。

最高人民法院

2002 年 6 月 20 日

附 20-20

最高人民法院《关于清华同方股份有限公司、清华同方光盘股份有限公司申请撤销〔2002〕贸仲裁字第 0095 号仲裁裁决一案的请示》的复函(〔2003〕民四他字第 2 号)

北京市高级人民法院：

你院京高法〔2003〕6 号关于清华同方股份有限公司、清华同方光盘股份有限公司申请撤销〔2003〕贸仲裁字第 0095 号仲裁裁决一案的请示报告收悉。经研究，答复如下：

一、关于本案的性质问题，同意你院请示报告中对该问题的第二种意见，即本案属于涉外仲裁案件。

本案一方当事人鱼谷由佳系旅日华侨，其经常居住地在日本，此类案件在性质上类似于涉及香港、澳门、台湾地区的当事人的案件，即当事人国籍虽然是中国国籍，但考虑到客观上存在涉外因素，应作为涉外案件处理。

二、对于清华同方光盘股份有限公司是否已经接受了仲裁庭的管辖问题，同意你院请示报告中对该问题的第二种意见，即应视为清华同方光盘股份有限公司接受了仲裁庭的管辖，其无权对仲裁庭的管辖权再提出异议。

本案中，清华同方光盘股份有限公司并非《赠予及相关领域合作合同》的当事人，《赠予及相关领域合作合同》中的仲裁条款对其并不当然产生约束力。但鱼谷由佳基于清华同方光盘股份有限公司承继了《赠予及相关领域合作合同》中的当事人清华大学光盘国家工程研究中心的权利义务，以清华同方光盘股份有限公司为被申请人提起仲裁，清华同方光盘股份有限公司作为当事人参加了仲裁，进行了实体答辩，且至仲裁庭最终作出仲裁裁决，其未就管辖权问题提出异议。根据上述事实以及《中国国际经济贸易仲裁委员会仲裁规则》第6条、第7条、第51条的规定，同时为了维护经济秩序稳定，减少当事人不必要的讼累，应该认定清华同方光盘股份有限公司接受了仲裁庭对本案的管辖，且其已丧失了再对仲裁庭管辖权提出异议的权利。

此复。

最高人民法院

2003年2月28日

附20-21

北京市高级人民法院《关于清华同方股份有限公司、清华同方光盘股份有限公司申请撤销〔2002〕贸仲裁字第0095号仲裁裁决一案的请示》(〔2003〕京高法6号)

最高人民法院：

我市第二中级人民法院受理了清华同方股份有限公司、清华同方光盘股份有限公司申请撤销中国国际经济贸易仲裁委员会〔2002〕贸仲裁字第0095号仲裁裁决一案。经我院审查认为，该案所涉及的问题属于司法实践中争议较大且具有一定的代表性，故特向贵院请示。现将该案有关情况报告如下：

一、案件基本事实

1999年3月6日，清华同方股份有限公司(以下简称同方股份)、清华大学光盘国家工程研究中心(以下简称光盘中心)与鱼谷由佳(旅日华侨，长居日本)三方签订《赠予及相关领域合作合同》，约定：三方在中国信息数字化、集约化领域开展广泛、深入的多种形式的合作，包括鱼谷由佳向同方股份、研究中心无偿赠送先进的科研开发、制作、生产和应用设备。合同约定，鱼谷由佳向研究中心赠送DVD制作及部分应用系统设备，向同方股份赠送DVD生产设备。合同第21条约定："本合同履行过程中发生争议，二方应通过友好协商解决。协商不成，任何一方可提交中国国际贸易经济仲裁委员会按照该会的《仲裁规则》进行仲裁解决。仲裁裁决是终局的，对各方具有约束力。在仲裁过程中，除有争议的部分外，本合同的其他内容应继续履行"；合同第26条第5款约定："甲方(鱼谷由佳)赠予乙方(光盘中心)的机器设备，在乙方改制建设成为清华同方光盘股份有限公司(以下简称光盘股份)后，视为甲方赠予清华同方光盘股份有限公司的机器设备。本合同中乙方所有的未尽事宜，由清华同方光盘股份有限公司继续完成。"

光盘中心是在国家"八五"期间，由国家计委批准投资，依托于清华大学的技术力量、隶属于清华大学的一所非法人性质的科研机构，成立于20世纪90年代初，至今仍然挂牌工作。

光盘股份系由清华大学、同方股份、北京印刷学院、北京电影学院、中国音像协会五发起人共同投资，于1999年7月8日成立的股份有限公司。根据中国审计事务所1999年3月30日出具的验资报告，光盘股份注册资本1亿元，其中清华大学出资4400万元，占出资比例的44%；同方股份出资5300万元，占出资比例的53%；其他三方各出资100万元，各占出资比例的1%。在清华大学的出资中，货币资金1100万元，实物资产2000万元，无形资产1300万元，实物资产和无形资产包括光盘中心的财产和技术。

二、仲裁情况

鱼谷由佳认为其履行了赠予义务后，同方股份、光盘中心以及承继光盘中心的光盘股份未按合同约定的内容履行赠予附加义务，已构成违约，于2001年2月23日以同方股份、光盘股份为被申请人，向中国国际经济贸易仲裁委员会申请仲裁。仲裁请求为：撤销对两被申请人的赠予，由被申请人返还财产，赔偿损失。

根据2000年10月1日起施行的《仲裁规则》，仲裁委员会主任指定王家福为首席仲裁员，鱼谷由佳选定仲裁员江平，同方股份、光盘股份选定仲裁员曹家瑞，于2001年5月25日组成仲裁庭，分别于2001年8月21日、11月1日两次开庭审理。期间，两被申请人均出庭答辩，并均未对仲裁庭的管辖权提出异议。

2003年3月29日，仲裁庭作出裁决：第一，撤销《赠予及相关领域合作合同》，由两被申请人返还申请人400万美元，其中第一被申请人返还申请人280万美元，第二被申请人返还申请人120万美元；第二，驳回申请人其他仲裁请求；第三，仲裁费负担（略）。

2002年4月15日，光盘股份针对上述裁决向仲裁庭提出补充裁决申请，认为仲裁裁决有漏裁事项，申请补充裁决鱼谷由佳未向光盘中心交付及赠予后又实际收回的设备、软件、面板式终端。仲裁庭对该申请未予答复。

三、申请撤销仲裁裁决及答辩的主要理由

申请人同方股份和光盘股份均提出撤销该仲裁裁决的申请，其共同的理由是：

1. 仲裁庭以突袭的方式剥夺了同方股份、光盘股份就案件的关键事实直接陈述主张的权利，使裁决书所依据的关键事实未经过任何审理、质证和辩论。在仲裁过程中，当事人始终是围绕《赠予及相关领域合作合同》的商业目的——设立数字媒体信息网络公司进行辩论的，仲裁庭从未要求当事人对《赠予及相关领域合作合同》的其他目的进行评述或发表意见。但在裁决书中，仲裁庭一方面认定设立数字媒体信息网络公司的商业目的有悖合同性质，并因此确认该行为不是同方股份、光盘股份的合同义务，否定了仲裁申请人将实施数字媒体信息网络公司计划作为合同目的的主张；另一方面，又认定同方股份和光盘股份因未履行合同约定的重要义务，即赠予附加义务，导致赠予目的落空，并据此裁决仲裁被申请人分别承担赔偿责任。显然，仲裁庭所称的“赠予目的”不是指仲裁被申请人所述的实施数字媒体信息网络计划。那么，裁决书所称的“落空的赠予目的”又是什么呢？仲裁庭就是在未确定或明示《赠予及相关领域合作合同》的目的究竟是什么，以及这个目的如何落空的情况下，裁决同方股份和光盘股份为此承担赔偿责任的。仲裁庭对据以确定民事责任的“其他目的”不予庭审而放任当事人无意义争论，在裁决书中又将“其他目的”作为确定民事责任唯一依据的做法属于“仲裁突袭”行为，该行为完全剥夺了同方股份、光盘股份对于“其他目的”的内容及是否落空这一关键事实所应享有的被告知、提供证据、进行辩论和提出主张的权利。

2. 仲裁庭对于仲裁申请人未主张的权利超范围裁决。仲裁申请人是基于商业合作关系而非赠予关系而要求同方股份承担违约责任，光盘股份承担连带责任的。除此之外，仲裁申请人没有提出要求仲裁被申请人承担任何其他违约责任的请求。但仲裁庭却裁决同方股份和光盘股份承担违反赠予关系中赠予附加义务的民事责任，因而属于超范围裁决，并在实质上剥夺了同方股份、光盘股份对于裁决所依据的事实进行陈述与辩论的权利。

另，申请人光盘股份单独提出的撤销仲裁裁决理由：

1. 在无仲裁协议的情况下，仲裁庭对光盘股份作出裁决。本案涉及的《赠予及相关领域合作合同》是鱼谷由佳与光盘中心、同方股份签订的合同，光盘股份不是合同的当事人。光盘股份与光盘中心是两个不同的主体，且合同签订时，光盘股份尚未成立，因而合同中的仲裁条款并不当然约束光盘股份。光盘股份从未与光盘中心、同方股份或鱼谷由佳签订过任何有关受让光盘中心在《赠予及相关领域合作合同》下的权利义务的协议、合同、备忘录或其他形式的文件。

2. 鉴于仲裁裁决对鱼谷由佳未交付的设备及鱼谷由佳已收回部分设备这一重大事实未作认定，但又裁决仲裁被申请人就该部分设备向鱼谷由佳支付借款，故光盘股份要求仲裁庭就漏裁事项补充裁决。按照2000年10月1日《仲裁规则》第62条的规定，仲裁庭应当自收到补充仲裁申请之日起30天内作出补充裁决，但至今仲裁庭仍未给予任何答复。

综上，同方股份、光盘股份请求依据《仲裁法》第58条第3款、第70条的规定，撤销〔2002〕贸仲裁字第0095号仲裁裁决。

被申请人鱼谷由佳的主要答辩理由：

1. 光盘股份所称仲裁庭在没有仲裁协议的情况下对光盘股份作出裁决的理由不能成立

（1）仲裁申请书中将光盘股份和光盘中心列为同一主体，并标明光盘股份原名为光盘中心。在仲裁申请书中已专门对二者为同一主体的理由进行了叙述，对此光盘股份在仲裁过程中未提出任何异议，并以光盘中心承继者的身份作为合同主体参加了仲裁全过程。

（2）光盘股份是光盘中心改制的产物，此点在有关改制文件中已有描述，光盘中心在《赠予及相关领域合作合同》第26条中也有明确的态度。同时光盘股份对《赠予合同》履行的态度和行为以及其多次向仲裁庭提交的答辩状也表明了光盘股份已确认了其承继光盘中心在《赠予及相关领域合作合同》中的权利义务。

(3) 在仲裁过程中,光盘股份从未对其作为仲裁当事人的身份提出过异议,并进行了实质性答辩,两次出庭参加仲裁审理。因而已实际接受了仲裁管辖。

(4)《仲裁法》规定,当事人对仲裁协议效力有异议的,应当在首次仲裁开庭前提出。《仲裁规则》第 7 条规定:"凡当事人同意将争议提交仲裁委员会仲裁的,均视为同意按照本仲裁规则进行仲裁";第 51 条规定:"一方当事人知道或者应当知道本仲裁规则或者仲裁协议中规定的任何条款或事由未被遵守,但仍然参加仲裁程序或者继续进行仲裁程序而且不对此不遵守情况及事由明示提出书面异议的,视为放弃提出异议的权利。"

2. 仲裁庭仲裁程序合法,并不存在任何违反仲裁规则、剥夺当事人陈述权利,致使其未能申辩的问题。双方当事人在仲裁庭审时已就赠予及相关领域合作的所有事实和法律问题进行了充分的陈述,对相关证据进行了质证,仲裁庭对当事人争执焦点进行了专门审理,庭后仲裁庭还要求双方当事人提交书面意见,裁决前仲裁庭还要求双方当事人提交最后陈述意见,因而申请人所言无事实根据。

3. 裁决未超出仲裁申请范围。《赠予及相关领域合作合同》是附义务的赠予合同,因光盘股份和同方股份违约,因而我方决定撤销赠予,由对方返还财产并赔偿损失。鉴于赠予物已无法返还,故要求对方偿还相应的价款。整个仲裁始终是围绕上述请求进行,并未超出仲裁协议和仲裁申请的范围。

四、我院审核意见

本案存在两个焦点问题:

1. 本案被申请人鱼谷由佳是持中国护照的自然人,经常居住地为日本东京,本案的性质是属于国内仲裁,还是涉外仲裁;

2. 光盘股份不是仲裁协议的签订人,但其自始至终参加了仲裁,对仲裁庭的管辖权未提出过异议,并向仲裁庭提出了补充仲裁申请,能否据此认定其已经接受了仲裁庭的管辖。

(1) 关于本案的性质

如何认定自然人属于国内主体、涉外主体。我院存在两种意见:

第一种意见认为,应当依据自然人国籍认定其主体性质。鱼谷由佳持中国护照,为中国国籍,本案属国内仲裁案件,应当依据《仲裁法》第 58 条的规定进行审查。

第二种意见认为,单纯依据国籍认定自然人主体性质有失偏颇。虽然鱼谷由佳持中国护照,但其经常居住地为日本东京,按照国际上通常的做法,本案属涉外仲裁案件,应当依据《仲裁法》第 70 条的规定进行审查。

(2) 光盘股份是否已经接受了仲裁庭的管辖

我院亦存在两种不同的意见:

第一种意见认为,仲裁协议必须是明示的。光盘股份不是仲裁协议的签订人,且光盘股份与光盘中心不是同一主体,因而不能以光盘股份参加了仲裁并未对仲裁管辖提出异议,就认定光盘股份已在事实上成为仲裁协议的一方当事人。故仲裁庭无权对光盘股份作出裁决。

第二种意见认为,在仲裁过程中,光盘股份从未对其作为仲裁协议的一方表示过任何异议,且在仲裁裁决后,光盘股份又向仲裁庭提出了补充裁决申请。光盘股份以其行为表明其在事实上已经接受了仲裁庭管辖,仲裁庭有权对光盘股份作出裁决。另,本案在合同签订时光盘股份虽未成立,但合同第26条第5款已约定,待合同签订人光盘中心改制成为光盘股份后,已赠予光盘中心的设备视为赠予光盘股份的设备,光盘中心所有未尽事宜由光盘股份继续完成。本案事实是,光盘股份实际接受了赠予,并以受赠人一方当事人的身份参加了仲裁。

上述两个问题在审判实践中均具有一定的代表性,且认识上存在较大分歧。故特向贵院请示。

北京市高级人民法院
2003年1月15日

附20-22

最高人民法院《关于不承认及执行伦敦最终仲裁裁决案的请示》的复函(〔2000〕交他字第11号)

湖北省高级人民法院:

你院鄂高法〔2000〕231号《关于不承认及执行伦敦最终仲裁裁决案的请示》收悉。经研究认为:

一、鉴于本案被申请人中国外运南京公司的所有活动都是通过其经纪人丸红公司进行的,因此应当认定丸红公司是被申请人的代理人,被申请人应当受丸红公司代其签订的租船合同的约束。

二、被申请人签发航次指令的行为是一种履行合同的行为,该行为表明被申请人与申请人之间有租船合同。

三、因为本案租船合同和租船概要中均含有仲裁条款,所以应当认定被申请人与申请人之间存在仲裁协议,本案仲裁裁决不具有不予承认和执行的情形。根据《中华人民共和国民事诉讼法》第269条和《承认及执行外国仲裁裁决公约》的规定,该仲裁裁决应当得到承认与执行。

此复。

最高人民法院
2001年9月11日

附 20-23

湖北省高级人民法院《关于武汉海事法院〈关于〔2000〕武海法执字第 76 号不承认及执行伦敦最终仲裁裁决案的请示〉的报告》(〔2000〕鄂高法 231 号)

最高人民法院:

武汉海事法院《关于〔2000〕武海法执字第 76 号不承认及执行伦敦最终仲裁裁决案的请示》,经本院审判委员会研究,同意武汉海事法院"驳回申请人奥特克公司的申请"的意见,现呈报钧院审批。

请批示。

湖北省高级人民法院

2000 年 9 月 12 日

附 20-24

武汉海事法院《关于〔2000〕武海法执字第 76 号不承认及执行伦敦最终仲裁裁决案的请示》(〔2000〕武海法 28 号)

湖北省高级人民法院:

根据最高人民法院《处理与涉外仲裁及外国仲裁事项有关问题的通知》(〔1995〕法发 18 号),现将本院不承认及执行德国鲁道夫 · A. 奥特克公司与中国外运南京公司航次租船合同纠纷一案的英国伦敦裁决案的有关情况汇报如下,请审批。

一、当事人基本情况

申请人:德国鲁道夫 · A. 奥特克公司(以下简称奥特克公司,Rudolf,Aoetker Germany),住所地:20457 Hamburg,Ost-West-StraBe,59-61,Germany。

法定代表人:罗迪格 · 索英,该公司经理。

委托代理人:高移风,中国 · 环球律师事务所律师。

被申请人:中国 · 中国外运南京公司(以下简称南京外运),住所地:中国 · 江苏南京白下路 257 号。

法定代表人:鲍瑞金,该公司总经理。

委托代理人:张源,该公司职员。

委托代理人:黄家宁,南京先锋律师事务所律师。

二、案件由来情况

1998 年 1 月 23 日,奥特克公司与南京外运租船合同争议案在英国伦敦作出终局裁决,7 月 21 日,申请人奥特克公司向本院提出承认并执行申请,7 月 22 日本院立案受理。

三、案件基本事实及仲裁经过

1995年7月14日，新加坡的租船经纪人 Raffles Shipbrokers（简称 Raffles）传真给申请人的经纪人 Shchiffahares and Befrachtungs gesellschaft Wagener & Gerg（GmbH & CO）KG（tuj tq Petromar）一份租约条款。该条款第一部分第7条规定："共同理算仲裁应于伦敦进行并适用英国法。"以此条款及 Asbatankvoy 租约格式第24条规定的油轮航次租船合同为基础。该合同条款除船舶要求、装货港、受载期等作了规定外，第一部分K条规定："共同海损理算地点和仲裁地点为伦敦/纽约（选择其一）"。1995年7月17日14时17分，Petromar 将租用船舶 TANJAJACOB（坦加杰克）号的意见和条件传真给新加坡的共同经纪人 Prates 租船合同概要。租船概要中载明了租船人为中国外运南京公司、装载条款等，另外载明了租约条款第1至32条进行修改/增加/变化，租船合同格式为 ASBATANKVDY（该格式条款第24条对仲裁事项作了规定）。同日，Raffles 将上述内容相同的条款和条件传真给被申请人南京外运的经纪人丸红国际石油公司（MIPCO，简称丸红公司）和申请人奥特克公司。7月18日，丸红公司将此租船概要传真给被申请人南京外运，船舶船东为申请人奥特克公司，船名"TANJAJACOB"号。7月19日，被申请人南京外运传真给丸红公司航次指令，内容包括：装货港 TG BELAYER 新加坡，商品 ISWR，数量140 000桶，供货人 BP 新加坡私营有限公司，托运人 BP 新加坡私营有限公司，承租人中国外运南京公司，卸货港代理南京外运船务代理公司（注，未涉及仲裁条款）。同日，丸红公司将此航次指令传真给 Raffles，Raffles 又将此航次指令传真给 Petromar 公司。其中包含了履行航次的细节，包括船名 TANJAJACOB 号，租船人南京外运等（注：未涉及仲裁条款）。7月20日，共同经纪人 Raffles 将一份正式租船合同送交 Petromar 公司，由 Petromar 交申请人奥特克公司签署。申请人奥特克公司签署了该租船合同（油轮航次租船合同），该合同规定承租人南京外运，船东为申请人奥特克公司，船名 TANJAJACOB 号，第一部分K条规定："共同海损理算地点和仲裁地点为伦敦。"第M条特别规定："随附的特殊规定 M1-515 应视为本租船合同的第一部分的一部分。"特别规定的 MI 条规定，文号为内燃机油轮"TANJAJACOB"号即丸红 95.7.17 租船合同，受载期为起始1995年7月20日，解约日1995年7月22日。合同上有申请人奥特克公司在船东处签字，丸红公司在承租人南京外运处签字。

1995年7月19日，申请人奥特克公司所属"TANJAJACOB"轮抵达新加坡，7月20日0时，船长发出书面准备就绪通知书。7月24日，租船人南京外运在新加坡的经纪人丸红公司通知船东的租船经纪人 Petromar 取消租船合同，有7月24日传真为证。7月31日，申请人奥特克公司改变租船计划同英国石油公司签订租船合同，替代该运输合同。申请人向被申请人提出书面索赔未果。

1995年9月1日，申请人奥特克公司在伦敦申请仲裁，并指定 John Schofield（约翰·阿伦·斯科非尔德）为仲裁员，同时通知被申请人在20天内指定仲裁员。被申请人在期限内未指定仲裁员，申请人根据 ASBATANKVOY 标准租约格式条款第 24 条规定，申请人遂指定 Bruce David lan Mckenzie（布鲁斯·大卫·伊安·麦肯西）为第二位仲裁员。该两位仲裁员共同指定 Alan R. Burbidge（阿伦·劳艾·伯尔比治）为第三位仲裁员，此三位仲裁员共同组成仲裁庭。1995 年 10 月 18 日，仲裁庭致被申请人函，阐明了仲裁程序，并将要求双方应提交书面驳辩。1996 年 1 月 11 日，仲裁庭通知被申请人如果未在允许的时间内（今后两周内）提出答辩要点，申请人即有权要求仲裁庭依据已有文件作出裁决。1996 年 4 月 17 日，申请人致被申请人函，要求被申请人对仲裁答复，被申请人未答复。5 月 2 日，申请人要求仲裁庭根据已有材料作出裁决。8 月 13 日，申请人致被申请人函，请被申请人在 28 天内提出答辩，同时要求仲裁庭在 28 天后制作裁决。1996 年 9 月 10 日，被申请人南京外运对仲裁庭的管辖权提出异议，认为南京外运未与申请人奥特克公司签订租船合同，仲裁条款对南京外运无约束力。在 MIPCO（丸红公司）的电传中没有提出仲裁条款，也没有提及同意使用"ASBATKVOY"格式的油轮租船合同，组成仲裁庭不合法。9 月 12 日，仲裁庭回复被申请人，根据英国法律租船合同有效，仲裁合法。9 月 13 日，被申请人告知仲裁庭，已委托律师处理此事。10 月 11 日，被申请人向仲裁庭再次主张该仲裁庭无管辖权。1997 年 7 月 2 日，申请人要求仲裁庭根据已提交材料进行裁决。1997 年 7 月 6 日，仲裁庭再次要求被申请人在 1997 年 7 月 31 日之前提交进一步意见。7 月 31 日，被申请人致函仲裁庭不存在任何有效租船合同，也不存在任何有效订租纪要，将该案提交仲裁不合法。8 月 1 日，仲裁庭通知被申请人，仲裁庭将作出裁决。11 月 21 日，申请人向仲裁庭提交了损失费用清单。同日，仲裁庭通知申请人和被申请人仲裁裁决即将作出。1998 年 1 月 23 日，英国伦敦仲裁庭对该案作出仲裁裁决。

四、仲裁结论及理由要点

结论：船东索赔完全胜诉。租船人应立即向船东支付 332 052.00 美元以及 1995 年 9 月 1 日起至裁决之日止按年利率 7.5% 的利息，租船人（南京外运）承担仲裁费 8 572.79 英镑及仲裁裁决费 2 830.00 英镑。

理由：

1. 租船合同使用 ASBATANKVOY 格式，特别条文第 7 条规定，争议将在伦敦仲裁；

2. 船舶（TANJAJACOB 号）于 7 月 19 日到达新加坡，并发出准备就绪通知书，而租船人的经纪人通知取消契约；

3. 船主和租船人之间的连带关系是：船主的经纪人是 Petromar，该经纪人又同新加坡的经纪人 Raffles 联系。Raffles 和在新加坡的丸红公司（MIPCO）联系，丸红公司又同南京外运取得联系。

4. 已提供的证据并没有显示丸红公司在成交租船契约上已经超出了他们的名义代理权，如果确实如此，这是租船人追究丸红公司的事情，但并不能说明租船人有权说他们不受代表他们成立的合同的约束。

5. 租船人不但完全知道协议条款,而且也完全知道成交书的条款,并且已经授权丸红公司成交。

6. 油船贸易的进行频繁,定好船只,进行航运,在稍后的一些时间才提交租船契约以便作为同意的条款的正式的证据,证据确认南京外运使用其他主要租船人的船主使用的接受电传形式的成交书,有约束力并按照其中包括的条款装货的同样的方式来定期地运作。

7. 租船人的有关没有有效合同的争论又进一步地和他们于7月19日给的航运指示事实相抵触,在这一航运指示中他们明确地把他们描述为租船人,双方之间有合同基础。

8. 本合同被同意受制于英国法律,通过一个书面的口信或口头承诺的交换而达成协议,是英国法律存在很久的原则,双方交换的信息成立了书面协议,并不能排除在英国法律下没有一个书面协议的可能性。

9. 船主已采取了合理的减少损失的行动,索赔成功。

五、被申请人异议要点

1. 南京外运与奥特克公司之间根本没有签订成立任何租船合同,也未签订成任何仲裁条款或协议,所以仲裁裁决对南京外运无约束力。丸红公司作为中间经纪人在未得到南京外运的授权及认可的情况下擅自使用异议人名义与申请人签订租船合同,对南京外运没有约束力,丸红公司冒用他人名义签订合同的后果应由自己承担。

2. 仲裁裁决所依据的仲裁条款无效

申请提供的ASBATANKVOY标准合同第24条关于仲裁地点写明的是伦敦或纽约,南京外运对此不知情,更谈不上与申请人签署确定仲裁地点,这份标准合同的仲裁地因无人在合同的第一部分给予确定而同时存在两个可选择仲裁地点即伦敦和纽约,这种有两个仲裁地的仲裁条款是一种"浮动仲裁条款",因而无效。仲裁庭无根据地变更标准合同第24条的规定随其心意在伦敦仲裁是不合法的。

3. 伦敦仲裁在仲裁程序上有严重不符合1958年《纽约公约》的情节,仲裁庭未向异议人提出仲裁员名册及有关资料,被申请人无从选择,剥夺了异议人对仲裁员挑选的权利。

4. 被申请人从未接到过开庭通知,从未同意过不开庭审理,剥夺了异议人参加庭审申辩的机会。总之被申请人未能收到仲裁庭关于指派仲裁员或仲裁程序之恰当通知,该裁决应不予承认及执行。

六、其他证据材料及理由

英国仲裁庭认为,依据英国法,除非当事各方在作出裁决前任何阶段,议定或要求进行口头开庭审理,否则,仲裁员有权依据文件对租船合同进行仲裁。作为英国公认的惯例,在当事各方未议定或要求口头开庭审理的情况下,应视为当事各方已同意仲裁应当在不进行口头开庭审理的情况下进行。仲裁庭或申请人律师多次给被申请人争取到了提出答辩或要求口头开庭审理的机会,租船人仍未要求口头开庭审理。仲裁庭推定,当事双方已同意仲裁庭在不进行口头开庭审理的情况下作出裁决,因此本案不进行口头开庭审理而进行裁决。

1. 英国皇家法律顾问尼古拉斯·汉布伦出具意见书认为,根据英国法律和实践,在双方已默示同意不必口头开庭的情况下,本案中当事人双方就已有这种默示同意,仲裁员不口头开庭而作出裁决是完全正确的。

2. 英国加的夫法学院商法教授罗伯特·默金先生出具法律意见书认为,本案仲裁庭未经口头开庭作出的裁决有效并具有约束力。

七、本院处理意见

驳回申请人奥特克公司的申请,理由:

1. 仲裁协议或仲裁条款具有独立性,仲裁条款与它所依据的合同是两个相互独立的合同,仲裁条款独立性原则已为各国仲裁立法与实践普遍接受,是具有法律约束的原则。构成合同一部分的仲裁条款应视为独立于合同其他条款以外的一项协议。

2. 本案中被申请人收到租船概要后,只是向经纪人丸红公司发出一份航次指令,该航次指定并未涉及仲裁事项,当事人在租船方面达成合意,并不等于就仲裁达成合意,所以从航次指令来看,被申请人发出航次指令至多只能证明同意租船,并不当然认定为被申请人同意该纠纷可进行仲裁。

3. 申请人奥特克公司只是与经纪人丸红公司签订航次租船合同,丸红公司作为被申请人的租船经纪人只是为委托人南京外运办理租船事宜,南京外运并未明确授权丸红公司可代替南京外运同意与租船公司订立具有独立性的仲裁条款,南京外运不对经纪人丸红公司的所有行为承担责任。

4. 丸红公司以南京外运名义与申请人奥特克公司签订租船合同时,既未出具南京外运的介绍信,也无其他委托证明来证明南京外运同意进行仲裁。同时,南京外运并不知道包括仲裁条款在内的租船合同详细条款,也不知道该租船合同并入 ASBA-TANKVOY 租约格式。故本案中丸红公司的签约行为所涉仲裁条款并不构成显见代理。

5. 1995 年 7 月 20 日,申请人才与丸红公司签订租船合同,而事实上,申请人所属船舶“JANJAJACOB”号已于 1995 年 7 月 19 日到达新加坡,船长于次日零时发出准备就绪通知书,即船舶到达新加坡后原申请人才与丸红公司签订租船合同,裁决认定 1995 年 7 月 17 日签订租船合同与事实不符。在船舶到达新加坡之前,丸红公司未与申请人奥特克公司签订租船合同,更谈不上被申请人接受了租船合同中的仲裁条款,而仲裁条款是仲裁庭进行仲裁的权力来源和首要条件,没有合法的仲裁条款,不能进行仲裁。

综上所述,本案中租船合同仲裁条款没有得到申请人南京外运的事先同意或事后认可,仲裁事项缺乏合意性,该仲裁条款对南京外运没有约束力,英国仲裁庭无权对该案进行仲裁,故该仲裁无效,应驳回申请人的申请。

根据1958年《纽约公约》、《承认及执行外国仲裁裁决公约》第5条第1款(C)项、《中华人民共和国民事诉讼法》第269条的规定驳回申请人奥特克公司的申请。

妥否,请示。

武汉海事法院

2000年5月27日

第七节　当事人不存续导致外国仲裁裁决不予承认和执行

因当事人不存续而导致外国仲裁裁决不予承认和执行极为罕见,但却偶有发生。这一不予承认和执行的理由很容易理解:既然被执行人不存在,仲裁的一方当事人就不存在,仲裁协议无效,仲裁程序违法,仲裁裁决自然也无效。这一方面典型的案例是赛百味国际有限公司申请承认和执行国际争端解决中心国际仲裁庭作出的50 114 T 00171 07号仲裁裁决一案。

附 20-25

最高人民法院《关于赛百味国际有限公司申请承认和执行国际争端解决中心国际仲裁庭作出的50 114 T 00171 07号仲裁裁决一案的请示》的复函(〔2008〕民四他字第47号)

北京市高级人民法院:

你院京高法〔2008〕348号《关于赛百味国际有限公司申请承认和执行国际争端解决中心国际仲裁庭作出的50 114 T 00171 07号仲裁裁决一案的请示》收悉。经研究,答复如下:

本案所涉仲裁裁决系外国仲裁裁决。根据《中华人民共和国民事诉讼法》第267条的规定,本案应当适用1958年订立于纽约的《承认及执行外国仲裁裁决公约》的有关规定进行审查。然而,根据北京市第二中级人民法院查明的事实,本案所涉被申请人北京萨伯威餐饮有限公司并未在我国工商行政管理机关注册登记,因此,我国法院无法根据《承认及执行外国仲裁裁决公约》的规定承认和执行本案所涉仲裁裁决。由于被申请人并不存在,因此,本案应当裁定驳回申请人赛百味国际有限公司的申请。

此复。

最高人民法院

2009年2月26日

附 20-26

北京市高级人民法院《关于赛百味国际有限公司申请承认和执行国际争端解决中心国际仲裁庭作出的50 114 T 00171 07 号仲裁裁决一案的请示》(京高法〔2008〕348号)

最高人民法院：

我市第二中级人民法院立案受理了申请人赛百味国际有限公司申请承认和执行国际争端解决中心国际仲裁庭作出的50 114 T 00171 07 号仲裁裁决一案，该院拟不予承认和执行并向我院请示。经研究，现将该案有关情况报告并请示如下：

一、当事人基本情况

申请人(仲裁申请人)：赛百味国际有限公司(Subway International B. V.)，住所地荷兰阿姆斯特丹(Prinsengracht13，1015DK Amsterdm)。

法定代表人：莫里斯·泽尔霍斯特(Maurice Selhorst)，常务董事。

被申请人(仲裁被申请人)：北京萨伯威餐饮有限公司。

二、申请人赛百味国际有限公司的申请理由

赛百味国际有限公司(以下简称赛百味公司)申请称：赛百味公司与北京萨伯威餐饮有限公司(以下简称萨伯威公司)特许经营加盟协议一案，业经美国仲裁协会国际争端解决中心的仲裁员 John A. Pappalardo 于2007年10月18日在美国纽约怀特普兰作出终局裁决。萨伯威公司拒不遵照裁决履行。根据《中华人民共和国民事诉讼法》第269条的规定及最高人民法院《关于执行我国加入的〈承认及执行外国仲裁裁决公约〉的通知》的规定，特申请对50 114 T 00171 07 号仲裁裁决予以承认和执行。申请执行的具体内容是：1. 执行仲裁裁决的第三项，萨伯威公司必须去除赛百味的标志并停止使用所有涉及赛百味公司三明治业务的商号、商标、服务标识、符号、色彩、构图、印刷品及广告形式，并按特许经营加盟协议第8(e)款的要求，将操作手册退还赛百味公司。2. 执行仲裁裁决的第四项，萨伯威公司应自2007年10月18日起，每天向赛百味公司支付250美元，至萨伯威公司实际履行仲裁裁决之日止。3. 执行仲裁裁决的第六项，萨伯威公司必须支付赛百味公司发生的所有合理的开支，包括但不限于仲裁费、诉讼费、律师费、管理层准备时间、证人费以及赛百味公司发生的差旅费。4. 执行仲裁裁决的第七项，萨伯威公司应当偿还赛百味公司1 250美元的仲裁管理费和仲裁员的报酬。

三、查明的事实

(一)国际争端解决中心国际仲裁庭的裁决内容

仲裁裁决的内容为：我，即在本裁决书下面签字的仲裁员，是根据上述双方当事人于2005年1月5日签订的仲裁协议所指定的仲裁员，在按美国仲裁协会规则规定，以电话和邮件方式正式通知了萨伯威公司，但其并未出席的情况下，本人经正式宣誓，并充分考虑了双方提供的证据及主张后，特此裁决如下：

1. 萨伯威公司违反了其与赛百味公司于2005年1月5日签订的特许经营加盟协议。

2. 日期为2005年1月5日的萨伯威公司特许经营加盟协议终止。

3. 萨伯威公司必须去除赛百味餐馆的标识，并停止使用所有涉及赛百味公司三明治业务的商号、商标、服务标识、符号、色彩、构图、印刷品及广告形式，并按特许经营加盟协议第8(e)款的要求，将操作手册退还赛百味公司。

4. 按特许经营加盟协议第8(e)款的规定，对于萨伯威公司在本裁决书签发之后继续使用涉及赛百味公司三明治业务的商号、商标、服务标识、符号、色彩、构图、印刷品及广告形式并且/或者使用操作手册，每使用一天向赛百味公司每日支付250美元。

5. 萨伯威公司必须遵守特许经营加盟协议第8(g)款中的下述规定：在距离现有的直营店或加盟店3公里范围内，在一年期间内，萨伯威公司不得以员工、所有者、股东、合伙人、代理人或高级职员的身份直接或间接地涉足或者参与任何三明治企业。此条款效力亦延伸至上一年内曾开过赛百味店的地点。如违反此款规定，该加盟商应在一年时间内，就限制区每个与其有关的餐馆向赛百味公司支付10 000美元，外加每个店销售总额的百分之八(8%)。

6. 萨伯威公司必须支付赛百味公司发生的所有合理的开支，包括但不限于仲裁费、诉讼费、律师费、管理层准备时间、证人费以及赛百味公司发生的差旅费[特许经营加盟协议第10(o)款]。

7. 国际争端解决中心的总额为750美元的管理费和开支，应该全部由萨伯威公司承担，而且总额为500美元的仲裁员报酬和开支也应该完全由萨伯威公司承担。因此，萨伯威公司应偿还赛百味公司1 250美元，此款即是赛百味公司此前付出的上述费用和开支。

8. 本裁决为终局裁决，立即生效，无需重审，可在任何有管辖权的法院得到认可。

本人特此证明，此终局裁决是为了承认和执行外国仲裁裁决的1958年《纽约公约》第1款的规定，于美国纽约怀特普兰作出。

（二）萨伯威公司的主体情况

2005年1月5日，刘丹梅以“北京萨伯威餐饮有限公司”的名义与赛百味公司签订特许经营加盟协议，刘丹梅向赛百味公司报批并被批准的店址为北京市朝阳区亚运村汇宾大厦B座2层。

二中院和我院查明，北京市工商行政管理局企业登记数据库没有“北京萨伯威餐饮有限公司”的注册登记记录。

在汇宾大厦1层有“北京百味妙思餐饮管理有限公司亚运村店”，负责人为刘丹梅。刘丹梅亦是北京百味妙思餐饮管理有限公司的法定代表人。

四、拟处理意见

（一）二中院拟处理意见

二中院认为，《承认及执行外国仲裁裁决公约》第1条规定："仲裁裁决，因自然人或法人间之争议而产生且在申请承认及执行地所在国以外之国家领土内作成者，其承认及执行适用本公约。本公约对于仲裁裁决经声请承认及执行地所在国认为非内国裁决亦适用之。"中华人民共和国境内并不存在萨伯威公司。美国协会国际争端解决中心的仲裁员John A. Pappalardo于2007年10月18日作出的裁决，对一个并不存在的主体作出了裁决，不符合上述规定，该裁决应不予承认和执行。

（二）我院拟处理意见

仲裁庭应当审查当事人的主体存在情况。本案萨伯威公司主体不存在，但仲裁庭未经审查，对一个并不存在的主体作出了裁决，应认定该裁决无法律拘束力，更不存在执行该裁决的问题。故我院同意二中院的意见，对本案仲裁裁决不予承认和执行。

以上处理意见妥否，请指示。

北京市高级人民法院

2008年12月3日

第八节　当事人缔约的行为能力对仲裁条款有效性的影响

《仲裁法》第17条规定："有下列情形的，仲裁协议无效……（二）无民事行为能力人或者限制民事行为能力人订立的仲裁协议……"《纽约公约》第5条1(a)规定："第二条所述的协议双方当事人，根据对他们适用的法律，当时处于某种无行为能力情况之下……"根据前述规定，如果一份国内或者涉外仲裁协议的缔约一方当事人无行为能力或限制行为能力，则该仲裁条款无效。而如果一份国际仲裁协议的缔约一方当事人无行为能力，则该仲裁条款无效。

在英国嘉能可有限公司申请承认和执行英国伦敦金属交易所仲裁裁决案①、及香港享进粮油食品有限公司申请执行香港国际仲裁中心仲裁裁决案②中，最高人民法院认为：自然人未经公司正当授权，擅自对外签约，应认定该自然人对签约一事无行为能力，其仲裁条款应属无效。

---

① 万鄂湘主编：《中国涉外商事海事审判指导与研究》2001年第1卷，人民法院出版社2001年版，第67页。

② 万鄂湘主编：《涉外商事海事审判指导》2004年第1辑，人民法院出版社2004年版，第36页。

附 20-27

最高人民法院《关于宜昌鸿兴实业开发公司申请撤销中国国际经济贸易仲裁委员会〔2006〕中国贸仲京裁字第 0348 号裁决一案的请示》的答复①(〔2008〕民四他字第 25 号)

北京市高级人民法院:

你院京高法〔2008〕146 号《关于宜昌鸿兴实业开发公司申请撤销中国国际经济贸易仲裁委员会〔2006〕中国贸仲京裁字第 0348 号裁决一案的请示》收悉。

经研究认为,本案属于当事人申请撤销内地仲裁机构作出的涉港仲裁裁决案件,应参照《中华人民共和国仲裁法》第 70 条和《中华人民共和国民事诉讼法》第 258 条的规定进行审查。

根据你院请示报告所反映的情况,吴亚伦虽然代表意大利工程有限公司与宜昌鸿兴实业开发公司签订了《宜昌通利房地产开发有限公司终止合营协议书》,但是吴亚伦个人与宜昌鸿兴实业开发公司之间并没有订立仲裁协议。同时,吴亚伦也不能证明其有合同当事人意大利工程有限公司申请仲裁的授权。宜昌鸿兴实业开发公司认为其与吴亚伦没有订立仲裁协议,不能向其交付财产。对于宜昌鸿兴实业开发公司申请撤销仲裁裁决的请求,应予支持。

鉴于中国国际经济贸易仲裁委员会〔2006〕中国贸仲京裁字第 0348 号裁决书存在《中华人民共和国民事诉讼法》第 258 条第 1 款第(一)项所指的"当事人在合同中没有订有仲裁条款或者事后没有达成书面仲裁协议的"情形,根据《中华人民共和国仲裁法》第 70 条的规定,应裁定撤销。

此复。

最高人民法院
2008 年 7 月 25 日

附 20-28

北京市高级人民法院《关于宜昌鸿兴实业开发公司申请撤销中国国际经济贸易仲裁委员会〔2006〕中国贸仲京裁字第 0348 号裁决一案的请示》(京高法〔2008〕146 号)

最高人民法院:

我市第二中级人民法院于 2006 年 10 月 8 日立案受理了宜昌鸿兴实业开发公司(以下简称鸿兴公司)申请撤销中国国际经济贸易仲裁委员会作出的〔2006〕中国贸仲

---

① 万鄂湘主编:《涉外商事海事审判指导》2008 年第 2 辑,人民法院出版社 2009 年版,第 125 页。

京裁字第0348号裁决一案,二中院审查后认为该裁决具有《中华人民共和国民事诉讼法》第260条第1款第(一)项规定的"当事人在合同中没有订有仲裁条款"的情形,应予撤销。经请示我院,我院拟同意二中院的意见。现将该案情况报告如下:

一、当事人基本情况

申请人(仲裁被申请人):鸿兴公司,住所地:湖北省宜昌市果园二路8号。

被申请人(仲裁申请人):吴亚伦,男,1946年6月16日出生,香港特别行政区居民。

二、主要争议事实和撤销裁决过程

(一)仲裁基本情况

2005年12月12日,吴亚伦向仲裁委员会申请仲裁,请求:确认吴亚伦与鸿兴公司于2004年9月25日签署的《宜昌通利房地产开发有限公司终止合营协议书》(以下简称《终止合营协议书》)合法有效;裁决鸿兴公司履行《终止合营协议书》约定的义务及责任,向吴亚伦支付应分得的资金人民币1680万元。

仲裁庭在裁决书中表述的意见如下:

1. 法律适用

本案吴亚伦提起仲裁依据的《终止合营协议书》中,对法律适用没有作出约定。鉴于本案是基于鸿兴公司与意大利工程有限公司合资成立宜昌通利房地产开发有限公司(以下简称通利公司)而产生的争议,故根据中外合资经营企业法的规定,本案在判断吴亚伦与鸿兴公司之间的法律关系时应适用中国内地的相关法律。本案同时涉及吴亚伦、吴翠薇与香港意大利工程有限公司、意大利工程有限公司之间的相互关系,鉴于这些公司与个人均属于香港公司或香港居民,故就吴亚伦、吴翠薇等个人和公司之间的相互关系,应适用香港法律和有关规定。

2. 关于本案争议的焦点

本案争议的焦点是,吴亚伦与鸿兴公司签订的《终止合营协议书》是否有效,吴亚伦是否可以取得1680万元人民币的债权。仲裁庭经查认定以下事实:

1992年12月31日,鸿兴公司(中方)与香港意大利工程有限公司(外方)签订了合同和章程,联合成立通利公司。在共同制定的章程中写明:甲方为宜昌鸿兴实业开发公司(在中国宜昌注册),法定代表人是成映模;乙方为香港意大利工程有限公司(在香港注册),法定代表人是吴亚伦。在双方签字处,乙方的署名是香港意大利工程有限公司,加盖的图章是意大利工程有限公司,签字人是吴亚伦。

1993年2月8日,宜昌市对外经济贸易委员会所作的《关于"宜昌通利房地产开发有限公司"合同、章程的批复》(宜市经贸字〔1995〕18号)写明:"一、宜昌鸿兴实业开发公司(甲方)与香港意大利工程有限公司(乙方),共同签署的合资经营宜昌通利房地产开发有限公司合同、章程符合我国法律、法规,同意双方合资经营宜昌通利房地产开发有限公司。"

1993 年 4 月 8 日填发的加盖“湖北省人民政府投资企业审批专用章”的外商投资企业批准证书(外经贸鄂审字〔1993〕2565 号)中明确填写:“乙方:香港意大利工程有限公司,注册地:香港地区”。在同时颁发的《企业法人营业执照》中写明:通利公司董事长是吴亚伦。

2002 年 3 月 8 日,由通利公司填报的 2001 年度联合年检报告书中投资者名称一栏,外方为吴亚伦。

在合营公司经营期间,吴亚伦通过其所在的公司向合营公司共注入资金 928 万元,这已为双方(吴亚伦和鸿兴公司)共同确认。

2004 年 9 月 25 日,在广州签署的《宜昌通利房地有限公司终止合营协议书》中,明确写明:“甲方:宜昌鸿兴实业开发公司;授权代表:田延树。乙方:香港意大利工程有限公司;授权代表:吴亚伦”。该协议签字处的签字同上。

从以上事实可以说明,本案鸿兴公司在合营期间,从开始成立到最后解散,始终是与吴亚伦及其公司联系、接洽、合作的,说明了中方承认吴亚伦及其公司是合营的外方代表。因此,双方自愿签订的《终止合营协议书》是合法有效的。

3. 关于“三个”意大利公司的关系和债权承接问题

仲裁庭在审理过程中注意到以下事实:1988 年 2 月 2 日,在香港注册成立了“意大利工程有限公司”,该公司登记的股东是林球和吴翠薇。吴亚伦曾任该公司的董事。2004 年 5 月 14 日,意大利工程有限公司在香港《宪报》刊登公告 3 个月后自动解散。2004 年 12 月 29 日,吴亚伦在香港注册成立了“香港意大利工程有限公司”。2005 年 2 月 4 日,吴翠薇在吴亚伦与中方鸿兴公司签订《终止合营协议书》约 5 个月后又在香港注册成立了“意大利工程有限公司”,后又更名为“意达利安工程有限公司”。仲裁庭还注意到,吴亚伦与鸿兴公司各自委托的香港律师提供的证词在解释香港法律上有着很大的矛盾和不同。根据以上事实和情况,仲裁庭认为,“三个”意大利公司的关系和债权承接问题,属于香港法律的管辖问题,应当由香港法律来解决,不属于本案仲裁庭审理的范围,本案仲裁庭对此不予认定。

4. 关于 1 680 万元被湖南法院划走的问题

根据鸿兴公司提供的证据,该笔款项 1 680 万元已于 2005 年 7 月 18 日被长沙市中级人民法院执行至该院。法院的裁定书中写明:“提取被执行人珠海市金利房地产开发股份公司在通利房地产开发有限公司投资权益置换金 1 680 万元”。尽管吴亚伦就是珠海市金利房地产开发股份公司的董事长,但是该笔款项的去向和现状并不影响对吴亚伦和鸿兴公司双方签订的《终止合营协议书》效力的认定。所以,该 1 680 万元被长沙市中级人民法院划走的问题与本案无关。

5. 关于吴亚伦的仲裁请求

2006 年 9 月 7 日,仲裁委员会作出裁决:吴亚伦与鸿兴公司双方于 2004 年 9 月 25 日签署的《终止合营协议书》合法有效;鸿兴公司应履行《终止合营协议书》约定的义务及责任,向吴亚伦支付应当分得的资金1680万元人民币。

(二) 申请人鸿兴公司的主要申请理由

鸿兴公司与吴亚伦之间并未订立仲裁协议,吴亚伦无权以个人名义提出仲裁申请;吴亚伦个人并非港方合资人,无权获取通利公司港方应分配的1680万元。请求法院依法撤销〔2006〕中国贸仲京裁字第0348号裁决。

(三) 被申请人吴亚伦的主要答辩意见

吴亚伦未到庭答辩。

三、处理意见

(一) 二中院审理情况

1. 1992年12月31日,鸿兴公司与意大利工程有限公司(1988年2月2日在香港注册成立,登记号209354,股东是林球和吴翠薇,吴亚伦曾于1993年10月3日至1997年3月1日任该公司董事)签订合同及章程,合资成立通利公司。在章程中写明:甲方为宜昌鸿兴实业开发公司(在中国宜昌注册),法定代表人成映模;乙方为香港意大利工程有限公司(在香港注册),法定代表人吴亚伦。在签字处,乙方的署名是香港意大利工程有限公司,加盖的印章是意大利工程有限公司,签字人是吴亚伦。

2. 1993年2月8日,通利公司经批准在宜昌市工商局登记注册,领取了企业法人营业执照。吴亚伦为董事长。

3. 2002年3月8日,由通利公司填报的2001年度联合年检报告书中投资者名称一栏,外方为吴亚伦。

4. 在合营公司经营期间,港方向合营公司共注入资金928万元,吴亚伦和鸿兴公司均无异议。

5. 2004年5月14日,香港《宪报》刊登公告,根据公司条例,意大利工程有限公司的名称从即日起3个月期满时,除非有相反因由提出,否则将从登记处剔除,公司亦予以解散。

6. 2004年9月24日,香港《宪报》刊登公告,根据公司条例,意大利工程有限公司的名称已从登记处剔除,公司亦予以解散。

7. 2004年9月25日,鸿兴公司与吴亚伦签署《终止合营协议书》,写明:甲方宜昌鸿兴实业开发公司,授权代表田延树;乙方香港意大利工程有限公司,授权代表吴亚伦。签字处,乙方授权代表吴亚伦签字。主要内容为:(1) 解散通利公司;(2) 乙方分配资产1680万元;(3) 自协议签订之日起9个工作日内,乙方授权代理人吴亚伦应保证向甲方提供符合中国内地法律及香港法律规定的关于乙方授权代表所持合法身份的一切法律文件,最终目的必须保证本协议的签字合法有效,否则本协议不生效。

8. 2004年9月28日,鸿兴公司与吴翠薇签署《终止合营协议书》。写明:甲方宜昌鸿兴实业开发公司,授权代表田延树;乙方香港意大利工程有限公司,授权代表吴翠薇。签字处,乙方代表吴翠薇签字,加盖了意大利工程有限公司印章。主要内容与鸿兴公司和吴亚伦签署的《终止合营协议书》内容基本相同。

9. 2004 年 12 月 29 日，吴亚伦在香港注册成立了“香港意大利工程有限公司”（吴亚伦承认该公司与“意大利工程有限公司”没有关系）。

10. 2005 年 2 月 4 日，根据吴翠薇的申请，香港高等法院下达命令，将意大利工程有限公司的名称恢复列入公司注册处的登记册。公司注册处在《宪报》上刊登通知，恢复了意大利工程有限公司的名称，并更名为“意达利安工程有限公司”，登记号为 209354。该公司现任董事是吴翠薇、胡秀娣、黎玉池。公司董事会决议证明显示，吴翠薇为董事长。

11. 2005 年 12 月 12 日，吴亚伦申请仲裁，请求确认吴亚伦与鸿兴公司于 2004 年 9 月 25 日签署的《终止合营协议书》合法有效；裁决鸿兴公司履行《终止合营协议书》约定的义务及责任，向吴亚伦支付应分得的资金人民币 1 680 万元。

12. 仲裁庭于 2006 年 4 月 6 日、5 月 23 日两次开庭审理，在仲裁庭制作并有当事人签字的“庭审要点”中，鸿兴公司均表示同意本案由仲裁委员会仲裁。

13. 在仲裁庭审理过程中，吴亚伦提供了吴翠薇于 1996 年 6 月 2 日出具的《确认股权证明书》，该证明书称：“确认关于香港意大利工程有限公司于 1993 年在湖北省宜昌市成立的通利公司是属吴亚伦先生的个人投资，所有投资的资金全部由吴亚伦先生注资，与香港意大利工程有限公司及我本人无关，一切的经济责任由吴亚伦先生承担。我代表意大利工程有限公司确认，(WOO WEE)和(LUM KHOW)是本公司授薪董事，自本公司成立之日起任职至今，并特此声明本公司的全部股权 100% 属于吴亚伦先生(NG ALAN)个人所有，因此吴亚伦先生可以对外以本公司法人代表身份签署任何法律文件及全权处理公司一切事务，因此而引起的一切法律责任均由本公司承担，有效期至公司终结。”对该证明书，作为证人的吴翠薇不予认可，但未提出鉴定要求。

14. 在仲裁庭审理过程中，吴亚伦出具香港吴少鹏律师的法律意见书，吴翠薇作为证人出具香港张蔼文律师的法律意见书，鸿兴公司出具香港梁达坚律师给其的函件。对吴亚伦能否代表意大利工程有限公司并取得 1 680 万元，各方律师的法律意见相冲突。

15. 在仲裁庭审理过程中，首席仲裁员和吴亚伦选定的仲裁员与仲裁委员会为鸿兴公司指定的仲裁员意见相左。

16. 仲裁庭最终以多数人的意见作出裁决，鸿兴公司委托仲裁委员会指定的仲裁员没有在裁决书上签字。

二中院处理意见为：仲裁委员会仲裁当事人之间纠纷的基础是在合同当事人之间存在仲裁协议，包括合同中订立的仲裁条款和以其他方式在纠纷发生前或者纠纷发生后达成的将纠纷交由仲裁委员会仲裁的协议。

本案中，《合营合同》、《终止合营协议书》港方签字人虽然是吴亚伦，但吴亚伦代表的是意大利工程有限公司,而并非吴亚伦个人。若吴亚伦能够承继意大利工程有限公司在《合营合同》、《终止合营协议书》中的权利和义务,应当经过相应的法律程序予以确定。对此,仲裁裁决没有作出明确判定,在回避此问题的基础上,即主观地裁决鸿兴公司依《终止合营协议书》向吴亚伦支付1 680万元款项。因此,该裁决在程序上具有明显错误,且可能导致实体错误。该院认为,中国国际经济贸易仲裁委员会〔2006〕中国贸仲京裁字第0348号裁决具有《中华人民共和国民事诉讼法》第260条第1款第(一)项规定的"当事人在合同中没有订有仲裁条款"的情形,根据《中华人民共和国仲裁法》第70条的规定,该裁决应予撤销。

(二) 我院拟处理意见

我院查明,在本案审理过程中,二中院承办人曾与仲裁委员会联系能否重新仲裁,仲裁委员会以首席仲裁员不同意重新仲裁为由拒绝重新仲裁。

另查明,2006年5月23日,仲裁委员会第二次庭审笔录显示:仲裁员安瑞询问:"请问被申请人,你方曾经提出过吴亚伦先生不能作为申请人,请问现在被申请人对仲裁委员会处理被申请人与吴亚伦先生之间的争议有无异议?"被申请人(撤销仲裁申请人)答:"无。"

本院拟处理意见为:仲裁委员会审理的是意大利工程有限公司与鸿兴公司之间关于解除合营公司而产生的合同争议,属于涉外合同纠纷,所作出的裁决属于涉外仲裁裁决,对该裁决的审查应当依据《中华人民共和国民事诉讼法》第260条的规定进行审查。根据本案事实,在吴亚伦无法提交其为意大利工程有限公司合法授权代表的前提下,不能证实鸿兴公司与吴亚伦之间存有仲裁协议,本案以重新仲裁为宜,但二中院经与仲裁委员会联系其拒绝重新仲裁,故我院拟同意二中院的意见,依据《中华人民共和国仲裁法》第70条、《中华人民共和国民事诉讼法》第260条第1款第(一)项之规定,拟裁定撤销中国国际经济贸易仲裁委员会〔2006〕中国贸仲京裁字第0348号裁决书。

妥否,请指示。

北京市高级人民法院

2008年5月4日

第九节　仲裁庭违反仲裁规则

仲裁庭是否违反仲裁程序是法院司法审查的另一个重点。如果发生仲裁庭违反仲裁规则的情形,法院有权撤销仲裁裁决、通知仲裁庭重新仲裁、不予执行仲裁裁决、不予承认和执行国际仲裁裁决。有关法律依据如下:

1.《仲裁法》第58条第(三)项、第61条之规定;

2.《民事诉讼法》第217条第2款第(三)项之规定;

3.《纽约公约》第5条1(d)之规定;

4. 最高人民法院《关于内地与香港特别行政区相互执行仲裁裁决的安排》第7条第(四)项之规定;

5. 最高人民法院《关于内地与澳门特别行政区相互认可和执行仲裁裁决的安排》第7条第(四)项之规定。

最高人民法院公布的以下典型案例对研究法院在仲裁庭违反仲裁规则问题上的司法审查尺度很有帮助:

1. 仲裁庭没有按照仲裁规则的要求,向当事人进行正当的送达。在黑龙江鸿昌国际货物运输代理有限公司申请撤销中国海事仲裁委员会仲裁裁决案①中,在被申请人工商注册地址已经变更,且仲裁庭用以送达仲裁文书的特快专邮在因收件人"迁移新址不明"被退回的情况下,仲裁庭仍向原地址进行送达,而未采取向工商行政管理机关查询这一最通常的合理查询方法,导致仲裁裁决在被申请人未得到仲裁通知的情况下作出,违反了仲裁规则,仲裁裁决被撤销。在河南联创置业有限公司申请撤销中国国际经济贸易仲裁委员会〔2003〕深国仲结字第05号裁决案②中,贸仲将仲裁规则、仲裁员名册、仲裁申请书及附件等仲裁文件送达至郑州市经三路63号。而该地址除联创公司之外,还有河南银通实业发展公司、河南德亿房地产开发有限公司等两家公司。前述仲裁文件被河南德亿房地产开发有限公司员工朱辉签收。法院认为由于朱辉在签收时未经联创公司授权,其签收行为亦未经联创公司追认,故该签收产生的法律后果不能由联创公司负担,即贸仲未将法定应当在一定期限内发送给被送达人的仲裁文件送达到适格的被送达人,即该送达不合乎有效送达的要件。最终,贸仲〔2003〕深国仲结字第05号裁决书被深圳市中级人民法院撤销。

2. 仲裁庭没有给予仲裁规则规定的答辩期。在大连水产集团有限公司申请撤销中国国际经济贸易仲裁委员会〔2003〕贸仲裁字第0398号裁决案③中,贸仲于2003年12月26日向大连水产公司函寄仲裁及组庭通知,确定本

---

① 万鄂湘主编:《涉外商事海事审判指导》2004年第1辑,人民法院出版社2004年版,第41页。

② http://www.lawyee.net/Case/Case_Display.asp? RID = 72415&KeyWord = ,2010年1月25日访问。

③ 万鄂湘主编:《涉外商事海事审判指导》2005年第2辑,人民法院出版社2006年版,第113页。

案适用2000年10月1日起施行的仲裁规则中的简易程序审理。但仲裁庭于同年12月30日作出裁决,并未完全遵守仲裁规则中关于简易程序的第66条"被申请人应在收到仲裁通知书之日起30日内向仲裁委员会提交答辩书及有关证据文件"之规定,影响了当事人答辩权利的行使。最高人民法院认为应重新仲裁。

3. 仲裁庭在未征询当事人同意的情况下径行书面审理,并作出仲裁裁决。台湾桦庆塑胶制品有限公司申请撤销中国国际经济贸易仲裁委员会〔2002〕贸仲裁字第0039号裁决[①]案:仲裁庭在审理台湾桦庆塑胶食品有限公司与烟台开发区塑料制网有限责任公司合作经济合同纠纷一案中,仲裁庭未经当事人同意即对台湾桦庆塑胶制品有限公司提出的反请求进行书面审理,违反了仲裁规则的规定。最高人民法院认为属于《民事诉讼法》第260条第1款规定的"仲裁程序与仲裁规则不符"的情形,依法应当予以撤销。

4. 申请人主张的法律关系的性质和民事行为的效力与仲裁庭的认定不一致时,仲裁庭径行裁决。在四川华航建设发展有限公司申请撤销与王忠诚之间的〔2003〕成仲案字第468号裁决案[②]中,在申请人主张的法律关系的性质和民事行为的效力与仲裁庭认定不一致时,仲裁庭未按照仲裁规则的规定告知当事人可以变更仲裁请求,而是直接自行代替当事人变更了请求并作出裁决,且未给被申请人重新指定举证期限。最高人民法院认为这属于仲裁程序与仲裁规则不符,应重新仲裁。

5. 仲裁庭违反仲裁规则所规定的审限。在日本信越化学工业株式会社申请承认与执行日本商事仲裁协会东京04-05号仲裁裁决案中,仲裁适用《日本商事仲裁协会商事仲裁规则》。前述《仲裁规则》第53.1条的规定:"仲裁庭认为仲裁程序已进行得完全充分,可以进行裁决并决定终结审理程序时,仲裁庭应在作出该决定之日起5周内作出仲裁裁决;如果因为案情复杂或其他原因,仲裁庭认为有必要时,可以适当延长该期限,但不得超过8周。"而本案实际情况是,2005年7月7日,仲裁庭决定接受日本信越化学工业株式会社变更仲裁请求的申请,并结束审理。2005年8月31日,仲裁庭宣布延后20天即2005年9月20日作出仲裁裁决,而实际作出仲裁裁决的日期

---

① 万鄂湘主编:《中国涉外商事海事审判指导与研究》2003年第3卷,人民法院出版社2004年版,第122页。

② 万鄂湘主编:《涉外商事海事审判指导》2005年第2辑,人民法院出版社2006年版,第125页。

为2006年2月23日，在决定结束审理之后，仲裁庭没有依照《仲裁规则》的规定按期作出仲裁裁决。另外，《仲裁规则》第53.2条规定："仲裁庭在前款审理终结时，应把将要作出裁决的期限通知当事人。"仲裁庭在宣布2005年9月20日作出仲裁裁决后，直至实际作出裁决的2006年2月23日，没有按照《仲裁规则》的规定再次决定延期并通知当事人。最高人民法院据此认为该仲裁程序构成了《纽约公约》第5条第1款(乙)项规定的"受裁决援用之一造未接获关于指派仲裁员或仲裁程序之适当通知，或因他故，致未能申辩者"的情形。

6. 仲裁庭违反一裁终局的规定。在江智锋申请撤销上海仲裁委员会〔2004〕沪裁(经)字第1068号裁决案[①]中，仲裁庭根据争议双方调解协议出具了调解书。其后，申请人又以调解书内容不全面，被申请人不积极履行等为由再次申请仲裁。仲裁庭又作出一份裁决。最高人民法院认为仲裁庭作出裁决的行为违反了《仲裁法》和《上海仲裁委员会仲裁规则》有关一裁终局的规定，也属于仲裁程序与仲裁规则不符的情形，裁决应予撤销。

7. 仲裁庭以补充裁决撤销原仲裁裁决。在北京鹏华经济技术发展公司与英属韦津岛好运有限公司申请撤销仲裁裁决案[②]中，仲裁庭在作出裁决后，又作出补充裁决，并以补充裁决撤销在先裁决。最高人民法院认定：有关法律与仲裁规则仅授权仲裁委员会可以就程序和遗漏事项作出补充裁决，没有授权仲裁委员会撤销其已经作出、送达且生效的仲裁裁决。仲裁庭以补充裁决撤销原裁决的做法违反了仲裁规则，应予撤销。

8. 仲裁庭指定的鉴定机构不具有鉴定资质。在克林顿公司申请强制执行佛山仲裁委员会〔1998〕佛仲字第04号仲裁裁决案[③]中，仲裁庭指定的鉴定机构既违反了双方当事人事先约定的对鉴定机构的要求，鉴定机构也没有鉴定资质。最高人民法院认定，在此情况下，可以认定仲裁的程序与仲裁规则不符，仲裁裁决应当不予执行。

---

① 万鄂湘主编：《涉外商事海事审判指导》2005年第2辑，人民法院出版社2006年版，第132页。

② 万鄂湘主编：《涉外商事海事审判指导》2006年第1辑，人民法院出版社2006年版，第73页。

③ 万鄂湘主编：《涉外商事海事审判指导》2005年第1辑，人民法院出版社2005年版，第50页。

附 20-29

最高人民法院《关于黑龙江鸿昌国际货物运输代理有限公司申请撤销中国海事仲裁委员会仲裁裁决案》的复函(〔2003〕民四他字第 32 号)

天津市高级人民法院:

你院津高法〔2003〕171 号《关于黑龙江鸿昌国际货物运输代理有限公司与福建省轮船总公司、美国连捷海运有限公司(TRANSMARINE INC)申请撤销仲裁裁决一案的请示报告》收悉。经研究,答复如下:

根据天津海事法院查明的事实,中国海事仲裁委员会于 2002 年 11 月 29 日受理福建省轮船总公司与美国连捷海运有限公司、黑龙江鸿昌国际货物运输代理有限公司(以下简称鸿昌公司)租金及滞纳金纠纷案,并于 2002 年 11 月 29 日将仲裁文件以特快专递方式向鸿昌公司进行送达,送达地址为哈尔滨市香坊区珠江路 31 号。但当时鸿昌公司已在工商行政管理机关将公司经营地址变更登记为哈尔滨市开发区嵩山路 38 号。在送达仲裁文件的特快专递被邮政部门因"迁移新址不明"退回的情况下,仲裁委员会仍委托送达人按原地址进行送达,而未采取向当地工商行政管理机关查询这一最通常的合理查询的方法。因此,本案仲裁文件的送达不符合《中国海事仲裁委员会仲裁规则》第 81 条"向当事人或其代理人发送的任何书面通讯,如经当面递交收讯人或投递至收讯人的营业地点、惯常住所或通讯地址,或者经合理查询不能找到上述任一地点而以挂号信或能提供作过投递企图的记录的其他任何手段投递给收讯人最后一个为人所知的营业地点、惯常住所或通讯地址"的规定,不能视为已经送达。中国海事仲裁委员会的仲裁裁决是在鸿昌公司没有得到指定仲裁员和进行仲裁程序通知的情况下作出的,属于不应由鸿昌公司负责的原因未能陈述意见的情况,符合《中华人民共和国民事诉讼法》第 260 条第 1 款规定的情形。根据《中华人民共和国仲裁法》第 70 条的规定,此仲裁裁决应予撤销。

此复。

最高人民法院

2003 年 12 月 10 日

附 20-30

天津市高级人民法院《关于申请人黑龙江鸿昌国际货物运输代理有限公司与被申请人福建省轮船总公司、美国连捷海运有限公司申请撤销仲裁裁决一案的请示》(津高法〔2003〕171 号)

最高人民法院:

天津海事法院以〔2003〕海商初字第 469 号《关于申请撤销涉外仲裁裁决案的请

示报告》,就申请人黑龙江鸿昌国际货物运输代理有限公司与被申请人福建省轮船总公司、美国连捷海运有限公司(TRANS MARINE INC)申请撤销仲裁裁决事宜报请本院审查。本院经研究,同意天津海事法院的意见,即拟裁定中止撤销程序,通知中国海事仲裁委员会重新仲裁。根据最高人民法院法〔2000〕51 号《关于审理和执行涉外民商事案件应当注意的几个问题的通知》的规定,现将该案呈报贵院审查,请予批复:

一、当事人的基本情况

申请人:黑龙江鸿昌国际货物运输代理有限公司(简称鸿昌公司)。住所地:黑龙江省哈尔滨市香坊区民航路 5 号。

法定代表人:霍士荣,董事长。

被申请人:福建省轮船总公司(简称轮船公司)。住所地:福建省福州市台江区中平路 79 号。

法定代表人:刘启闽,总经理。

被申请人:美国连捷海运有限公司(TRANS MARINE INC)(简称连捷公司)。

二、相关的事实

轮船公司于 2002 年 7 月 12 日依据"还款协议书"向中国海事仲裁委员会提出仲裁申请。请求:连捷公司、鸿昌公司支付拖欠的款项 USD 33814 及利息;

在该"还款协议书"中约定:(1) 连捷公司同意将所欠轮船公司租金 USD27814 及滞纳金于 6 月 30 日前支付给轮船公司;(2) 轮船公司收到全部付款后不得再向连捷公司主张与本次租船有关的任何权利;(3) 连捷公司应提供保证人,为本协议的履行提供连带责任担保,若连捷公司不能按本协议履行还款义务,轮船公司有权直接要求保证人代为偿还;(4) 若本还款协议无法正常履行,轮船公司仍保留按原租船合同向连捷公司索赔的权利;(5) 因本协议发生的争议由中国海事仲裁委员会仲裁解决。在该还款协议保证人一栏中有鸿昌公司公章。该协议签署日期是 2002 年 5 月 28 日。

中国海事仲裁委员会于 2002 年 11 月 29 日受理了该案,并于 2002 年 11 月 29 日以特快专递的方式向鸿昌公司进行了送达,送达的地址是哈尔滨市香坊区珠江路 31 号,但因"迁移新址不明"被邮局退回。仲裁委员会秘书处于 2002 年 12 月 18 日致函轮船公司,请其核查鸿昌公司的地址。但轮船公司未提供鸿昌公司的新地址。仲裁委员会根据《中国海事仲裁委员会仲裁规则》第 81 条"向当事人或其代理人发送的任何书面通讯,如经当面递交收讯人或投递至收讯人的营业地点、惯常住所或通讯地址,或者经合理查询不能找到上述任一地点而以挂号信或能提供作过投递企图的记录的其他任何手段投递给收讯人最后一个为人所知的营业地点、惯常住所或通讯地址,即应视为已经送达"之规定,委托北京市通商律师事务所宋迪煌律师向鸿昌公司再次送达仲裁通知及附件材料。以后本案所有仲裁文件均通过北京市通商律师事务所宋迪煌律师以平信方式邮寄给鸿昌公司,送达的地址仍然是哈尔滨市香坊区珠江路 31 号。鸿昌公司均未收到上述文件。仲裁委员会于 2003 年 4 月 18 日作出裁决:连捷公司给付轮船公司所欠租金及滞纳金USD33 814，并按同期银行贷款利率支付自2002年5月31日起至实际支付之日止的银行利息；鸿昌公司对上述给付事项承担连带责任。

黑龙江工商行政管理局出具证明：鸿昌公司2002年10月17日住所地址变更为哈尔滨市开发区嵩山路38号；2003年8月14日，住所地址变更为哈尔滨市香坊区民航路5号。

鸿昌公司在天津海事法院提出撤销仲裁裁决申请。主要理由：(1) 整个裁决过程鸿昌公司毫不知情，并且鸿昌公司从未收到中国海事仲裁委员会任何仲裁文件，直到黑龙江省延寿县人民法院执行庭执行鸿昌公司财产时方知所谓租金争议仲裁一案。(2) 仲裁裁决所依据的证据是伪造的。鸿昌公司从未与轮船公司、连捷公司签订过任何还款协议，更不用说协议提交仲裁。还款协议上鸿昌公司印章是虚假的，该还款协议也是无效的，因此不能作为仲裁所依据的证据使用。

天津海事法院认为：仲裁委员会先以特快专递形式向鸿昌公司送达，送达的地址是鸿昌公司的原办公地址哈尔滨市珠江路31号，而当时其已在工商行政主管机关登记变更的经营地址是哈尔滨市嵩山路38号。这种送达不符合《仲裁规则》第81条关于投递至收讯人的营业地点、惯常住所或通讯地址的规定。在特快专递被邮政部门明确"迁移新址不明"退回送达文书的情况下，仲裁申请人、仲裁庭及其委托送达人均未采用向当地工商行政主管机关查询这一最通常的可以合理查询的方法，仍按已变更前的地址以平信方式将该案所有文书向鸿昌公司寄送，这种送达方式也不符合《仲裁规则》第81条关于经合理查询不能找到上述任一地点而以挂号信或能提供作过投递企图的记录的其他任何手段投递给收讯人最后一个为人所知的营业地点、惯常住所或通讯地址的规定，不能视为已经送达。

根据《中华人民共和国民事诉讼法》第260条第1款第2项的规定，仲裁庭的送达应达到当事人能够得到通知的程度，如果被申请人没有得到指定仲裁员或者进行仲裁程序的通知，或者由于其他不属于被申请人负责的原因未陈述意见的，人民法院应予裁定撤销或通知仲裁庭重新仲裁。本案申请人鸿昌公司在迁址后向工商行政机关办理了变更登记，得不到仲裁庭的通知不属于鸿昌公司应负责的原因。中国海事仲裁委员会〔2003〕海仲裁字第002号裁决的程序显然不符合法律规定。

另外，鸿昌公司提出的裁决所依据的证据是伪造的问题，这一问题应在合法的审理程序中予以确认：申请人可以在仲裁委员会重新仲裁时，根据《仲裁规则》第4条规定的程序行使自己的权利。

综上，本案应裁定中止撤销程序，通知中国海事仲裁委员会重新仲裁。

三、天津市高级法院处理意见

天津高院经审查同意天津海事法院意见。

附 20-31

广东省深圳市中级人民法院〔2003〕深中法民二初字第 164 号民事裁定书(〔2003〕深中法民二初字第 164 号)

申请人:河南联创置业有限公司。住所地:河南省郑州市经三路 63 号。

法定代表人:陈东,该公司总经理。

委托代理人:胡守纯、黄国建,均为河南中州律师事务所律师。

被申请人:顺德亚加达中英文学校。住所地:广东省顺德市容奇镇振华大道。

法定代表人:谭铭章,董事长。

申请人河南联创置业有限公司(以下简称联创公司)与被申请人顺德亚加达中英文学校(以下简称亚加达学校)因经营合同纠纷一案,联创公司申请撤销中国国际经济贸易仲裁委员会〔2003〕深国仲结字第 05 号裁决书的裁决。本院受理后,依法组成合议庭进行了审查。现已审查完毕。

申请人联创公司申请称:申请人与被申请人之间存在经济纠纷,被申请人在提请中国国际经济贸易仲裁委员会(以下简称贸仲委)仲裁后,贸仲委作出〔2003〕深国仲结字第 05 号裁决书。申请人认为贸仲委此份裁决书的裁决存在依法撤销的法定事由,请求法院依法撤销。理由如下:(1) 仲裁依据的仲裁协议是无效的。联创公司与亚加达学校在双方签订的《协议书》中约定的仲裁条款是:“在履行本协议过程中发生争议时,应本着友好合作的精神协商解决;协商不成,可提交中国国际经济贸易仲裁委员会仲裁,仲裁的裁决对协议各方均有最终约束力。”申请人认为,这一约定不是唯一的排他性约定,发生争议可以提交仲裁,可以进行诉讼,也可以提交其他仲裁机构仲裁,应视为约定不明确,约定不明,双方又未达成补充协议,因此,应认定该仲裁协议无效。(2) 仲裁的程序违反法定程序。贸仲委在未向申请人送达仲裁规则、仲裁员名册、仲裁申请书及附件的情况下,径行决定开庭审理,违反了仲裁法及仲裁规则的规定。《中华人民共和国仲裁法》第 25 条规定:“仲裁委员会受理仲裁申请后,应当在仲裁规则规定的期限内将仲裁规则和仲裁员名册送达被申请人”。《中国国际经济贸易仲裁委员会仲裁规则》第 15 条规定:“仲裁委员会收到仲裁申请后……应立即向被申请人发出仲裁通知,并将申请人的仲裁申请书连同仲裁规则,仲裁人员名册发送给被申请人……”但事实却不然。申请人是在 2002 年 8 月 17 日得到贸仲委将于 2002 年 8 月 26 日开庭的通知的,在此之前,从未收到仲裁庭的任何文件。虽然贸仲委称深圳分会秘书处已于 2002 年 6 月 26 日将仲裁申请书及附件仲裁规则、仲裁员名册等仲裁文书邮寄给联创公司,但联创公司并未收到。2002 年 8 月 18 日,申请人的工作人员胡守纯先生向深圳分会秘书处打电话询问情况并要求传真仲裁申请,同月 22 日,申请人向贸仲委提出延期开庭申请和仲裁管辖权异议,声明从未签收过贸仲委的任何文书,没有时间选定仲裁员,也没有时间收集材料进行抗辩、答辩,显然难以使仲裁做到公平，故申请延期开庭。同月23日，贸仲委将仲裁申请书传真给胡守纯，同时对申请人提交的延期开庭审理申请和管辖权异议作出了不予准许的决定。申请人在此情况下于同月26日到庭参与了仲裁。事后，申请人通过调查，得知贸仲委邮寄的第一份仲裁文件被河南德亿房地产开发有限公司（以下简称德亿公司）员工朱辉签收，德亿公司与申请人在同一栋写字楼办公。朱辉签收该份文件后，未转交给申请人。因此，作为送达义务人的仲裁机构，未按法定程序向申请人送达重要的仲裁文书，属于未履行送达义务，实质上剥夺了申请人的合法权益。综上所述，申请人认为：贸仲委作出的〔2003〕深国仲结字第05号裁决书具备仲裁法规定的撤销条件，依法应予撤销。

被申请人亚加达学校答辩称：本案仲裁条款及仲裁程序均合法有效，联创公司关于撤销仲裁裁决的申请应予驳回。理由是：(1) 双方所签的仲裁条款，具备合法有效的全部要件，是具有约束力的有效条款。双方有请求仲裁的明确意思表示，选定的仲裁机构唯一、具体，且该条款无《中华人民共和国仲裁法》第17条规定的无效情形，且贸仲委已依程序对联创公司的管辖异议作出了裁决。(2) 仲裁过程并未违反法定程序。贸仲委按联创公司法定住所的邮寄送达是完全合法的送达。在仲裁庭开庭时，联创公司代理人只是恳请仲裁庭多开一次庭，未提及没有收到相关资料之事。联创公司未及时组织应诉是由于其他因素所致。

经审查，本院认为：联创公司与亚加达学校约定的仲裁条款有效，贸仲委有权对本案当事人之间的纠纷进行仲裁，但贸仲委在仲裁文书的送达程序上存在瑕疵，导致仲裁活动违反法定程序。送达是仲裁活动中的一项重要程序，仲裁机关合法有效送达仲裁文书，是对当事人仲裁权利的基本保障。对于当事人而言，仲裁机关对仲裁申请书、仲裁规则、仲裁员名册的有效送达，关系到当事人能否知悉仲裁权利义务，如选择仲裁员、提出回避申请等，亦关系到当事人能否及时收集证据、充分行使答辩权等。因此，仲裁机关对当事人进行送达应严格做到合法有效送达。本案中联创公司向本院提交证据证明法定地址为"郑州市经三路63号"的企业除联创公司之外，还有河南银通实业发展公司、河南德亿房地产开发有限公司等两家公司，客观上存在仲裁文书送达错误的可能，同时联创公司还提交了德亿公司员工朱辉未经联创公司授权于2002年6月28日签收仲裁申请书、仲裁员名册、仲裁规则的证明。由此可见，本案的争议焦点是2002年6月26日贸仲委对联创公司送达仲裁文书时，该文件由案外人德亿公司员工朱辉签收，是否属于有效送达，即朱辉是否能够代表联创公司对仲裁文书进行签收。由于朱辉在签收时未经联创公司授权，其签收行为亦未经联创公司追认，故该签收产生的法律后果不能由联创公司负担，即贸仲委未将法定应当在一定期限内发送给被送达人的仲裁文件送达到适格的被送达人，即该送达不合乎有效送达的要件。而贸仲委在2002年8月17日联创公司提出未收到仲裁文书的异议及延期开庭的申请后，仍然驳回联创公司的延期开庭申请，事实上是忽视了对是否有效送达的审查，剥夺了联创公司选择仲裁员的权利，更严重地损害到其答辩权的充分行使，故贸仲委的仲裁活动存在违反法定程序的情形。综上所述,联创公司申请撤销贸仲委〔2003〕深国仲结字第05号裁决书的第二项理由,符合法律规定,应予支持。依照《中华人民共和国仲裁法》第58条第1款第(三)项的规定,裁定如下:

撤销中国国际经济贸易仲裁委员会〔2003〕深国仲结字第05号裁决书的裁决。

案件受理费人民币50元,由顺德亚加达中英文学校负担。河南联创置业有限公司预交的受理费不予退回,顺德亚加达中英文学校承担之数应迳付给河南联创置业有限公司。

审判长　邱明演
审判员　李江明
审判员　尤武雄
2003年6月12日

附20-32

最高人民法院《关于通知中国国际经济贸易仲裁委员会对〔2003〕贸仲裁字第0398号案件重新仲裁的请示》的复函(〔2005〕民四他字第7号)

北京市高级人民法院:

你院京高法〔2004〕405号《关于通知中国国际经济贸易仲裁委员会对〔2003〕贸仲裁字第0398号案件重新仲裁裁决的请示》收悉,经研究,答复如下:

同意你院通知中国国际经济贸易仲裁委员会对〔2003〕贸仲裁字第0398号案件重新仲裁的意见。申请人大连水产集团有限公司(以下简称大连水产公司)与被申请人美国国际商品与投资有限公司(International commodity & Investment, INC.以下简称ICI公司)签订的《和解协议》约定:为表诚意和增强本《和解协议》的约束力,双方一致同意将本《和解协议》提交中国国际经济贸易仲裁委员会,请求该会按照现行有效仲裁规则,在北京提请仲裁;双方同意共同指定该仲裁委员会《仲裁员名册》中的穆子砺先生作为独任仲裁员组成独任仲裁庭,按照该会《仲裁规则》简易程序进行书面审理,并以快捷方式按照本《和解协议》的内容作出裁决。双方在随后签订的《〈和解协议〉补充修改协议》中又约定补充协议为《和解协议》的组成部分并受该协议中的仲裁条款约束。中国国际经济贸易仲裁委员会据此于2003年12月26日向大连水产公司函寄仲裁及组庭通知,确定本案适用2000年10月1日起施行的仲裁规则中的建议程序审理,但仲裁庭于同年12月30日作出裁决,并未完全遵守规则中有关简易程序第66条"被申请人应在接到仲裁通知之日起30日内向仲裁委员会提交答辩书及有关证据文件"之规定,影响了当事人答辩权利的行使。但结合本案的实际情况,本案仲裁中存在的程序瑕疵尚未严重到必须以撤销裁决的方式来对当事人予以救济的程度,该程序瑕疵可以通过通知仲裁庭重新仲裁的方式予以弥补。根据《中华人民共和国仲裁法》第61条的规定,本案裁定中止撤销程序,通知中国国际经济贸易仲裁委员会重新仲裁。

最高人民法院

2005年3月21日

附20-33

北京市高级人民法院《关于通知中国国际经济贸易仲裁委员会对〔2003〕贸仲裁字第0398号案件重新仲裁裁决的请示》(京高法〔2004〕405号)

最高人民法院:

我院收到北京市第二中级人民法院(以下简称二中院)《关于撤销中国国际经济贸易仲裁委员会〔2003〕贸仲裁字第0398号裁决的请示》后,经审查认为,仲裁委在案件审理过程中程序不当,该案裁决的作出存在《中华人民共和国民事诉讼法》第260条第1款第(二)、(三)项规定的情形,应予重新仲裁。现将具体情况向你院报告如下:

一、当事人基本情况

申请人(原仲裁被申请人):大连水产集团有限公司。住所地:辽宁省大连市西岗区通海街21号。

被申请人(原仲裁申请人):美国ICI公司(INTERNATIONAL COMMODITY & INVESTMENT, INC.)。住所地:4111 Carol Drive Suite I, Fullerton, CA92633, USA。

二、仲裁概况

(一)案情

2003年4月13日,美国ICI公司与大连水产公司签订《和解协议》,在该协议中约定:双方一致同意将本《和解协议》提交仲裁委员会,请求该会按照现行有效仲裁规则,在北京提请仲裁,双方共同指定该会穆子砺为独任仲裁员组成仲裁庭,按照该会仲裁规则中的简易程序进行书面审理,并以快捷方式按照本《和解协议》的内容作出裁决。

2003年4月15日,双方签订《〈和解协议〉补充修改协议》,将部分条款进行修改,并约定协议为2003年4月13日签订的《和解协议》的组成部分并受该协议中仲裁条款的约束。

2003年4月16日,大连水产公司出具致仲裁委员会的《同意函》,同意仲裁委员会以快捷的方式按照和解协议内容作出裁决。2003年12月17日,美国ICI公司向仲裁委员会提起仲裁申请,要求仲裁委员会按照双方签订的《和解协议》作出裁决。

2003年12月26日,仲裁委员会向大连水产公司发出仲裁通知及组庭通知,称:根据双方在《和解协议》中的约定,本案适用本会2000年10月1日起施行的仲裁规则中的简易程序,穆子砺接受双方的共同指定,成立仲裁庭,对本案进行书面审理,并将以快捷方式根据《和解协议》的内容作出裁决。

2003 年 12 月 29 日，美国 ICI 公司向仲裁委员会提交《关于和解转仲裁事》，请仲裁庭从速作出裁决。美国 ICI 公司同时提交加盖大连水产公司印章并有授权代表签字、落款日期为 2003 年 12 月 22 日的致仲裁委员会函件一份，大连水产公司在该函中称：我公司同意美国 ICI 公司依据双方签订的《和解协议》、《〈和解协议〉修改协议》提出的仲裁申请，并同意贵会依据协议内容作出裁决。

（二）仲裁委对案件的审理情况

仲裁庭经审理认为，《和解协议》及《补充修改协议》系当事人自愿签订，其内容合法有效，仲裁庭予以认可。根据双方的意愿及仲裁规则的规定，美国 ICI 公司的仲裁请求应予准许。2003 年 12 月 30 日，仲裁庭作出裁决：双方签订的《和解协议》及《补充修改协议》有效，双方应遵照执行。

三、申请人大连水产集团有限公司申请撤销仲裁裁决的理由

（一）仲裁庭未按仲裁规则的规定给我公司答辩期，使我公司未能陈述意见

2003 年 12 月 26 日，仲裁庭向我公司函寄了仲裁及组庭通知，12 月 30 日，就作出了裁决。违反了仲裁委员会《仲裁规则》第 66 条的规定。对裁决书中关于我公司“于 2003 年 12 月 22 日致函仲裁委员会美国 ICI 公司提出的仲裁请求”的表述，我公司认为：首先，我公司没有出具过也没有见过此函；其次，仲裁庭 2003 年 12 月 26 日才向我公司发出仲裁及组庭通知，我公司怎么可能在此之前知道被申请仲裁。即使这一情况出现了，也不能以此为由违反仲裁规则不让我公司答辩。《仲裁规则》规定在 30 天内提交答辩书是程序公正的起码要求，任何人都不得变更。

（二）仲裁庭未按规则规定适用简易程序

本案适用的是简易程序。理由是双方和解协议及其补充修改协议中有约定。但《和解协议》是 2003 年 4 月 13 日达成的，而仲裁则是在此之后发出的，根据《仲裁规则》第 64 条的规定，对争议金额不超过人民币 50 万元的案件，一方可申请适用简易程序，但无论事前有无约定都必须征得另一方书面同意后才能适用简易程序。仲裁庭未征求我公司的书面同意就直接适用简易程序违反仲裁规则的规定。

（三）仲裁庭上述程序错误导致其认定的内容未经质证而错误

本案的仲裁请求是依据《和解协议》作出裁决。显然，对《和解协议》的主体、内容等都须审查、确认。但仲裁庭未经审查就确认《和解协议》有效使本应无效的《和解协议》产生了法律效力。(1)《和解协议》的内容不属于双方依法有权自由处分的民事权利义务。《和解协议》的内容是我公司负有到期办结土地使用权出让手续的义务，和未履行该义务应赔偿损失 1 100 万美元。依据《城市房地产管理法》第 39 条规定，土地使用权出让手续应由受让方及美国 ICI 公司办理，《和解协议》却将之约定为是我公司的义务，依法应确认无效。(2)《和解协议》不是我公司自愿签订的。仲裁庭认为《和解协议》是我公司自愿签订的依据是韩仲苇个人的签字，但却忽略了一个重要事实：韩仲苇是否有权代表我公司签字。我公司是有限责任公司，签订赔偿他人 1 100

元美元的《和解协议》是公司的重大事项，只有董事会才有权决定。仲裁庭在未见到我公司董事会决议之前，仅凭一份没有加盖公章的协议就认定是我公司自愿签订的，是我公司未能陈述意见的结果，应予纠正。(3)《和解协议》的内容并不是合法有效。《和解协议》是2000年11月1日《搬迁改造及转让协议》的补充。根据《房地产管理法》第39条规定，转让划拨土地使用权应报相应的政府批准。鉴于我公司的土地是划拨土地，《转让协议》又未经政府批准，属《合同法》第44条规定的无效合同，作为其补充的《和解协议》当然也不应确认为合法有效。

四、我院处理意见

关于大连水产公司提出仲裁庭未给其答辩期，致使其未能陈述意见的撤销仲裁理由，本院认为，根据本案查明事实，仲裁委员会受理美国ICI公司仲裁申请后，确定本案适用2000年10月1日起施行的仲裁规则中的简易程序进行审理。但仲裁委员会在向大连水产公司发出的仲裁通知中未告知其有答辩的权利，大连水产公司在收到仲裁通知后亦未向仲裁庭表示放弃其答辩的权利，仲裁庭在此情况下径行作出裁决，致使大连水产公司未能陈述意见，仲裁的程序与《仲裁规则》第66条规定"被申请人应在收到仲裁通知之日起30日内向仲裁委员会提交答辩书及有关证据文件；如有反请求，也应在此期限内提出反请求书及有关证明文件"的规定不符。该仲裁裁决存在瑕疵。但由于双方签订的《和解协议》中一致同意按照该会仲裁规则中的简易程序进行书面审理，且以快捷方式按照本《和解协议》的内容作出裁决，故〔2003〕贸仲裁字第0398号裁决的程序瑕疵可以通过重新仲裁的方式弥补。据此，根据《中华人民共和国民事诉讼法》第260条第1款第(二)项、第(三)项的规定和《中华人民共和国仲裁法》第61条的规定，中国国际经济贸易仲裁委员应对该案重新仲裁。

关于大连水产公司提出仲裁庭未按规定适用简易程序的撤销仲裁理由，依照本案所适用的《仲裁规则》第64条规定："除非当事人另有约定，凡是争议金额不超过人民币50万元，或争议金额超过人民币50万元的，经一方当事人书面申请并征得另一方当事人书面同意，适用本简易程序。"根据本院查明事实，仲裁庭系根据当事人书面约定对本案适用简易程序进行审理符合仲裁规则的规定。大连水产公司此项撤销裁决的理由不成立，本院不予支持。

关于大连水产公司提出仲裁程序错误导致其认定的内容未经质证而错误地撤销仲裁理由，因仲裁庭对相关证据的认定不属于当事人申请撤销仲裁裁决的法定情形，故大连水产公司此项撤销裁决的理由本院亦不予采纳。

综上，根据最高人民法院《关于人民法院撤销涉外仲裁裁决有关事项的通知》规定，由于仲裁庭在审理本案的仲裁程序不当，我院不同意二中院撤销仲裁的意见。拟报由中国国际经济贸易仲裁委员对该案重新仲裁。

北京市高级人民法院
2004年12月17日

附 20-34

最高人民法院《关于四川华航建设有限公司申请撤销仲裁纠纷一案的请示》的复函（〔2005〕民四他字第 13 号）

四川省高级人民法院：

你院〔2005〕川立仲字第 1 号《关于四川华航建设有限公司申请撤销仲裁纠纷一案的请示》收悉。经研究，答复如下：

本案裁决为我国仲裁机构作出的涉及台湾当事人的仲裁裁决，根据司法实践，涉及该裁决的撤销问题，应参照适用我国关于涉外仲裁裁决的有关规定。

根据你院请示报告所述事实，在仲裁案件的申请人王忠诚主张的法律关系的性质和民事行为的效力与仲裁庭认定不一致时，仲裁庭未按照仲裁规则的规定告知当事人可以变更仲裁请求，而是直接自行代替当事人变更了请求并作出裁决，且未给被申请人重新指定举证期限，因此可以认定仲裁庭的裁决程序与仲裁规则不符。根据《中华人民共和国仲裁法》第 70 条和《中华人民共和国民事诉讼法》第 260 条第 1 款第（三）项的规定，此案裁决具有应予撤销的情形。但从仲裁庭违反仲裁规则的情况看，尚未严重到撤销该裁决的程度。你院可告成都中院，依照《中华人民共和国仲裁法》第 61 条的规定，通知仲裁庭重新仲裁并裁定中止撤销程序。若仲裁庭拒绝重新仲裁，则可以恢复撤销程序，以仲裁程序与仲裁规则不符为由，撤销该裁决。

此复。

最高人民法院

2005 年 6 月 15 日

附 20-35

四川省高级人民法院《关于四川华航建设有限公司申请撤销仲裁纠纷一案的请示》（〔2005〕川立仲字第 1 号）

申请人：四川华航建设发展有限公司。住所地：四川省成都市华航综合开发区。

法定代表人：方翔，董事长。

被申请人：王忠诚，男，1952 年 12 月 20 日出生，住台湾地区台北县永和市中溪 13 邻保畜路段 59 巷 20 号 7 楼。

成都市仲裁委员会于 2004 年 6 月 15 日作出〔2003〕成仲案字第 468 号仲裁裁决，该裁决已经发生法律效力。裁决后，四川华航建设有限公司（以下简称华航公司）不服，并以仲裁庭所作仲裁违反法定程序为由，向成都市中级人民法院申请撤销该项仲裁裁决。成都市中级人民法院审查后认为，成都市仲裁委作出的〔2003〕成仲案字第 468 号裁决违反法定程序，应予以撤销。根据最高人民法院《关于人民法院撤销涉外仲裁裁决有关事项的通知》规定，向我院请示。我院组成合议庭进行了审查，现已审查终结。

成都市中级人民法院审查认为，王忠诚与华航公司联营开发协议纠纷仲裁一案，成都仲裁委员会根据合同约定的仲裁条款受理了该案。王忠诚请求成都仲裁委员会依据双方签订的第0128号《联合开发协议书》的约定，裁决华航公司向其支付本金250万元、封顶利润166.8万元，并支付相关利息。成都仲裁委审理后，仲裁意见认为：由于双方当事人在协议中只约定了利润的分配，没有约定风险的承担，且在仲裁清理中，当事人就“风险”回答仲裁提问时，申请人王忠诚认为协议履行中双方有风险，申请人的风险在于超过166.8万元的利润时，不能收取。而被申请人认为申请人在约定的时间内足额投入不承担风险，没有在约定的时间内足额投入承担风险，即按该房产项目的利润分取利润。显然，双方当事人对在联营商事活动中风险的意思表示，不符合最高人民法院《关于审理联营纠纷案件若干问题的解答》第4条中“联营名分应遵循共负盈亏，共担风险的原则”的规定。因此，0128号协议书，其名义是“联合开发协议书”，约定由王忠诚注入资金于华航公司持有的第一期华航公司城市花园别墅小区项目进行联合开发，但该协议书实为借款协议。并根据该认定在开始审理后作出了裁决。

成都中院认为，本案被申请人王忠诚是台湾人，根据最高人民法院《关于贯彻执行〈中华人民共和国民法通则〉若干问题的意见》（试行）第178条以及《关于适用〈中华人民共和国民事诉讼法〉若干问题的意见》第304条的规定，本案为涉外民事案件。《成都仲裁委员会仲裁暂行规则》第47条规定，仲裁过程中，当事人主张的法律关系性质或者民事行为的效力与仲裁庭根据案件事实作出的认定不一致的，仲裁庭应当告知当事人可以变更仲裁请求，当事人变更仲裁请求的，仲裁庭应当重新指定举证期限。本案中王忠诚请求成都仲裁委裁决华航公司履行0128号《联合开发协议》，成都仲裁委根据查明的事实认定为借款性质的协议。在此情形下应该允许当事人在成都仲裁委员会对法律关系性质认定的基础上，变更仲裁请求，成都市仲裁委也有告知当事人变更仲裁请求的义务。而成都仲裁委在与当事人主张的法律关系性质认定不一致的情况下，并未告知王忠诚可以变更仲裁请求，违反了《成都市仲裁委员会仲裁暂行规则》第47条规定的法定程序。因此，根据最高人民法院〔1998〕40号《关于人民法院撤销涉外仲裁裁决有关事项的通知》，该院认为本案应撤销成都仲裁委员会〔2003〕成仲案字第468号裁决，并按程序报我院审查。

经本院审理查明，2002年1月28日，王忠诚与华航公司签订《联合开发协议书》，约定由王忠诚投入华航花园的开发资金250万元，华航公司保证在投入之日起6个月时支付本金及封顶利润166.8万元。到期后华航公司没有偿还资金及利润。2003年9月3日，王忠诚申请成都仲裁委进行仲裁。成都仲裁委以〔2003〕成仲案字第468号裁决书，裁决由华航公司偿还王忠诚本金250万元并偿还资金利息。成都市中院审查后认为，由于成都仲裁委裁决没有按照成都仲裁委的仲裁规则，属于违反了仲裁规定，应当撤销。

本院认为，本案的关键是成都仲裁委的裁决是违法法定程序。根据最高人民法院法〔1998〕40号《关于人民法院撤销涉外仲裁裁决有关事项的通知》规定，凡一方当事人依照《仲裁法》的规定向人民法院申请撤销我国涉外仲裁裁决，人民法院审查认为涉外裁决具有《民事诉讼法》第260条第1款规定之一的，才可以撤销。《中华人民共和国民事诉讼法》第260条第1款的规定是关于不予执行的四种情形：(1) 当事人在合同中没有订有仲裁条款或事后没有达成书面仲裁协议的；(2) 被申请人没有得到指定仲裁员或者进行仲裁程序的通知，或者由于其他不属于被申请人负责的原因未能陈述意见的；(3) 仲裁庭的组成或者仲裁的程序与仲裁规则不符的；(4) 裁决的事项不属于仲裁协议的范围或仲裁机构无权仲裁的。成都仲裁委员会《仲裁暂行规则》第47条规定仲裁过程中，当事人主张的法律关系的性质或民事行为的约束力与仲裁庭根据案件事实作出的认定不一致的，仲裁庭应当告知当事人可以变更仲裁请求。当事人变更仲裁请求的，仲裁庭应当重新指定举证期限。我院审查认为，由于在仲裁的过程中，申请人王忠诚没有对仲裁庭认定的性质提出异议，仲裁庭也没有告知王忠诚性质变更事项，被申请人华航公司答辩也没有对案件的性质作出答辩，成都仲裁委应违反了有关仲裁规定。根据最高人民法院〔1998〕40号《关于人民法院撤销涉外仲裁裁决有关事项的通知》第1条的规定：凡一方当事人按《仲裁法》的规定向法院申请撤销我国涉外仲裁裁决，如法院审查认为涉外裁决具有《民事诉讼法》第260条第1款规定的情形之一的，在裁定撤销裁决或通知仲裁庭重新仲裁之前，须报本辖区所属高级法院审查，如果高级法院同意撤销裁决或通告仲裁庭重新仲裁，应将审查意见报最高人民法院，待最高人民法院答复后，方可裁定撤销仲裁或通知重新仲裁。因此，本院同意成都市中级人民法院关于撤销成都仲裁委〔2003〕成仲案字第468号裁决的意见，须报你院答复。现将审查报告报给你院，请你院审批。

四川省高级人民法院

2005年2月22日

附 20-36

最高人民法院《关于不予承认日本商事仲裁协会东京04-05号仲裁裁决的报告》的复函(〔2007〕民四他字第26号)

江苏省高级人民法院：

你院〔2007〕苏民三他字第0002号《关于不予承认日本商事仲裁协会东京04-05号仲裁裁决的报告》收悉。经本院审判委员会讨论，答复如下：

本案系日本信越化学工业株式会社(以下简称信越会社)向我国法院申请承认

日本商事仲裁协会作出的仲裁裁决，中日两国均为《承认及执行外国仲裁裁决公约》（以下简称《纽约公约》）的缔约国，因此，应当依据《纽约公约》的有关规定进行审查。

从你院请示报告中反映的情况看，本案仲裁裁决在作出的期限及相关通知程序方面与《日本商事仲裁协会商事仲裁规则》（以下简称《仲裁规则》）和《日本仲裁法》的相关规定不符，存在《纽约公约》第5条第1款（乙）、（丁）项规定的情形。

首先，本案仲裁裁决在作出裁决的期限方面与《日本商事仲裁协会商事仲裁规则》（以下简称《仲裁规则》）不符。根据上述《仲裁规则》第53.1条的规定，"仲裁庭认为仲裁程序已进行得完全充分，可以进行裁决并决定终结审理程序时，仲裁庭应在作出该决定之日起5周内作出仲裁裁决；如果因为案情复杂或其他原因，仲裁庭认为有必要时，可以适当延长该期限，但不得超过8周。"2005年7月7日，仲裁庭决定接受日本信越化学工业株式会社（以下简称信越会社）变更仲裁请求的申请，并结束审理。2005年8月31日，仲裁庭宣布延后20天即2005年9月20日作出仲裁裁决，而实际作出仲裁裁决的日期为2006年2月23日，在决定结束审理之后，仲裁庭没有依照《仲裁规则》的规定按期作出仲裁裁决。当事双方在合同中约定：由本协议产生和与本协议相关的所有纠纷在双方无法协商解决的情况下，根据《日本商事仲裁协会商事仲裁规则》在日本东京进行仲裁。当事双方在合同中选择仲裁作为处理争议的方式，并明确约定了适用《日本商事仲裁协会商事仲裁规则》，因此，该《仲裁规则》中的有关内容已经成为当事人协议的一部分。上述仲裁庭违反《仲裁规则》以及《日本仲裁法》的行为构成了《纽约公约》第5条第1款（丁）项规定的"仲裁机关之组成或仲裁程序与各造间之协议不符，或无协议而与仲裁地所在国法律不符"的情形。

其次，《仲裁规则》第53.2条规定："仲裁庭在前款审理终结时，应把将要作出裁决的期限通知当事人"，仲裁庭在宣布2005年9月20日作出仲裁裁决后，直至实际作出裁决的2006年2月23日，没有按照《仲裁规则》的规定再次决定延期并通知当事人，构成了《纽约公约》第5条第1款（乙）项规定的"受裁决援用之一造未接获关于指派仲裁员或仲裁程序之适当通知，或因他故，致未能申辩者"的情形。

综上，同意你院的处理意见，本案仲裁裁决存在《纽约公约》第5条第1款（乙）、（丁）项规定的情形，不应予以承认。

此复。

最高人民法院

2008年3月3日

附 20-37

江苏省高级人民法院《关于不予承认日本商事仲裁协会东京 04-05 号仲裁裁决的报告》(〔2007〕苏民三他字第 0002 号)

最高人民法院:

日本信越化学工业株式会社依据《承认及执行外国仲裁裁决公约》(以下简称《纽约公约》),在我国民事诉讼法规定的期限内,向江苏省南通市中级人民法院(以下简称南通中院)申请承认日本商事仲裁协会作出的东京 04-05 号仲裁裁决(以下简称仲裁裁决)。南通中院拟依据《纽约公约》第 5 条第 1 款(丁)项的规定,拒绝承认该仲裁裁决。我院经审查,同意南通中院的意见。现报请贵院审查。

一、当事人概况

申请人:日本信越化学工业株式会社。住所地:日本东京千代田区大手町 2 丁目 6 番 1 号 100-0004 。

法定代表人:金川千寻,该株式会社董事长。

委托代理人:陈文伟、陆彤心,上海市小耘律师事务所律师。

被申请人:江苏中天科技股份有限公司。住所地:江苏省如东县河口镇。

法定代表人:薛济萍,该公司董事长。

委托代理人:郑杭斌、熊辉,江苏天豪律师事务所律师。

二、基本案情

江苏中天科技股份有限公司(以下简称中天公司)是我国光纤产品的主要生产厂商,日本信越化学工业株式会社(以下简称信越公司)是国际上向中国出口匹配型单膜光纤预制棒唯一厂商。2001 年 11 月 27 日,中天公司与信越公司签订买卖合同一份,约定中天公司自 2003 年 1 月 1 日起为期 5 年,以最高每克 70 日元的价格向信越公司购买匹配型单膜光纤预制棒。由本协议产生和与本协议相关的所有纠纷在双方无法协商解决的情况下,根据《日本商事仲裁协会商事仲裁规则》(以下简称《仲裁规则》)在日本东京进行仲裁。仲裁裁决应是终局的,对双方均有约束力。

2003 年 5 月 7 日,中国商务部收到长飞光纤光缆有限公司和江苏法尔胜光子有限公司代表国内非色散位移单模光纤(即常规单模光纤)产业正式提交的倾销调查申请,并发出 2003 年第 24 号公告,决定于 2003 年 7 月 1 日起对原产于美国、日本和韩国的进口常规单模光纤进行反倾销立案调查,确定倾销调查期为 2002 年 4 月 1 日至 2003 年 3 月 31 日,产业损害调查期为 2000 年 1 月 1 日至 2003 年 3 月 31 日。商务部 2004 年第 28 号公告初裁决定对上述三国的进口常规单模光纤征收保证金。2005 年 1 月 1 日,终裁决定对上述三国进口常规单模光纤征收 7%—46% 不等的反倾销税,其中对从日本进口的常规单模光纤全部征收 46% 的反倾销税。本案长期买卖合同标的,即为上述进口产品的原材料。2003 年中国国内光纤市场平均价格为每公里 119

元,2004 年则为 100 元。如果照此合同履行,中天公司生产光纤的总成本则分别达到每公里 175.46 元和 167.47 元。

鉴于光纤价格所发生的巨大变化,中天公司就价格问题要求信越公司作出修订,但双方未能达成一致意见,合同没有履行。

三、仲裁情况

2004 年 4 月 12 日,信越公司依据合同约定的仲裁条款向日本商事仲裁协会东京仲裁机构提出仲裁请求。

日本商事仲裁协会接受信越公司的仲裁请求后通知了中天公司,并提供了英文本的《仲裁规则》。中天公司随后即委托汪琦鹰律师作为仲裁代理人,同时申请延长协商仲裁员人数的期限,该协会于 2004 年 5 月 20 日通知不予延长。在中天公司又分别于 2004 年 5 月 31 日和 6 月 1 日两次提出请求组成三人仲裁庭后,该协会于 6 月 2 日再次拒绝了中天公司的请求。6 月 4 日,该协会又通知中天公司,因申请人同意仲裁员人数为 3 人,要求双方于 6 月 25 日前各自选任 1 名仲裁员。

组成合议制仲裁庭后,双方一致确定英语为仲裁用语。仲裁庭于 2004 年 12 月 20 日进行了第一次开庭,但没有向当事人提供庭审记录及录音。此后,信越公司于 2005 年 2 月 28 日提交了变更仲裁请求的申请,将索赔期限从 2004 年 1 月延长至 2005 年 3 月。仲裁庭于 2005 年 3 月 22 日发出通知,定于 2005 年 4 月 4 日及 5 日进行第二次庭审。

第二次庭审首先核对了新的出庭人员,但没有审查另一参与庭审人员木下显的身份。庭审开始后,仲裁庭首先给予双方各 15 分钟时间陈述意见。信越公司在陈述结束时向仲裁庭提出请求,要求在本次庭审结束后终结仲裁程序,并尽快作出裁决。在信越公司的整个陈述期间,仲裁庭没有就用时问题打断其陈述。当中天公司发表意见时,仲裁员在开始后不久即打断中天公司代理人的陈述,询问需要多长时间,中天公司明确表示根据规定信越公司的用时还有 20 分钟时,仲裁员却要求在 5 分钟内结束,称以后给予时间。在接着进行的质询证人木下显的程序中,首先由信越公司询问,仲裁员在问其需要多长时间后未就询问时间作出限制,直至信越公司的询问进行到当日下午时,仲裁员才再次询问还需要多长时间,信越公司回答会在 17:30 结束,后又表示还需要 45 分钟,仲裁员表示请尽量在 15:30 结束,否则 17:30 后没有翻译。而在中天公司代理人对证人木下显的质询中,仲裁庭在中天公司的质询开始不久即打断,询问能否在 10 分钟内结束,后又在当天庭审结束时宣布第二天的庭审是从 13:00 开始,上午不开庭。中天公司当即向仲裁庭询问能否有足够的时间陈述意见,仲裁庭限定半个小时时间,并表示这一时间是足够的。中天公司立即向仲裁庭表明,案件对自己非常重要,来日本不易,希望有足够的时间能够尽可能清楚地阐明自己的观点。仲裁庭表示对此理解。第二天即 4 月 5 日下午的庭审接着进行,中天公司首先表明 30 分钟是远远不够的,现只能按照半小时时间准备问题。而此时仲裁庭却又表示这不是限制性的，而是要求尽量在半小时内结束提问。在中天公司对证人木下显的质询中，信越公司代理人在快到30分钟时发言称中方时间只有5分钟了，仲裁庭当即表示赞同："好的，我们最好先完成对木下显的质询。"中天公司代理人当即指出，昨天信越公司用了4个小时进行质询，而给予中方的时间太短。在中天公司表明已经证明木下显作证不实，不应对其进行进一步质询时，信越公司又提出需30分钟再次质询木下显，仲裁庭立即同意，中方表示反对，明确指出：昨天申请人用时4个小时质询，中方只用了两个半小时表达本方观点，而今天只有半天，时间实在太短，中天公司从中国远道而来，希望能阐明事实并得到合理的结果，但是申请人在程序上用掉的时间太多了，导致中天公司没有足够的时间答辩。如果信越公司想把所有的时间用在法律程序、质询或纠正事实，或收回已经陈述的证言上，直至满意为止，这对中天公司是不公平的，也是中天公司所不能接受的。同时，中天公司代理人表示，由于仲裁庭昨天只给予30分钟时间，没有时间准备庭审的观点。然而，仲裁庭仍然允许信越公司再次提问的请求，中天公司认为这对其不公平，并认为证人木下显不诚实，不应由其继续说下去，并以退出仲裁表示抗议。在中方的强烈要求下，仲裁庭最终没有同意日本信越公司的再次质询，并在询问中方是否继续质询证人木下显后结束了质询程序。在听取各方最后10分钟的陈述意见后，仲裁庭宣布4月底终结全部仲裁程序，并向双方表明不得提交新证据。信越公司提出5月底终结比较合适，中天公司未发表反对意见，仲裁庭同意了这一要求，并最终宣布5月底审理终结，仲裁裁决将于审理终结日后8周内作出。仲裁庭就第二次庭审向双方提供了全部录音和英文记录。

2005年5月31日，信越公司再次向仲裁庭提出变更仲裁请求申请。6月21日，仲裁庭决定重新审理。6月28日，中天公司代理人向首席仲裁员发出关于《对申请人变更仲裁请求的法律意见》，明确反对这一不合理的请求，指出双方均已同意并已得到仲裁庭确认于5月底结束程序，这是根据《仲裁规则》具有法律约束力的决定，申请人的变更请求违反了《仲裁规则》，且明显超出了合理期间的范围，对被申请人是不公平的。后仲裁庭于2005年7月7日发出《关于承认申请人请求及结束仲裁程序的通知》，决定接受信越公司于2005年5月31日提出的关于变更要求救济和赔偿的请求（包括自2005年4月至2005年7月装船货物），并结束程序。从6月21日决定重新审理之日起至作出仲裁裁决，仲裁庭未就该案重新开庭。2005年7月29日，仲裁庭通知将于2006年8月底作出裁决，后又于2005年8月31日宣布延后20天即2005年9月20日作出仲裁裁决。此后再也没有发出过任何通知。

2006年2月23日仲裁庭作出裁决。裁决认为：长期协议的第4项不能直接适用于该案件；长期协议因情况确实发生改变使双方当事人根据最初条件履行协议变得不实际也很困难，双方不能对新的条件进行约定，彼此已经失去信心，这种长期协议所依赖的必需的信赖关系在经历了为解决问题所进行的谈判失败后，即在仲裁质证结束后被破坏殆尽。如果让申请人继续对其遭受的损失提出赔偿要求，这似乎是不公平的；

同时认为支持申请人要求弥补自2004年1月至2005年7月期间所遭受的损失是合理的，虽然长期协议的第4项不能直接适用于该案件，但可以假定根据申请人在其简述中和通过木下显先生证词所提出的主张，长期协议的第4项可以在本案中被用作清偿损失条款，没有任何证据表明以每克40日元作为清偿损失是不合理的。仲裁裁决驳回了申请人的其他请求，并得出最终结论：即中天公司向信越公司支付15.2亿日元，并支付自2004年4月12日至给付之日按年利率6%计算的银行利息；向信越公司支付3 173 283日元的仲裁费用。

该裁决另附沈四宝仲裁员的不同意见书，内容为："当我表示愿意签署最初的裁决方案之后，您于2006年1月5日送交我新的裁决书。当前这份新的裁决书完全推翻了最初的裁决方案，而最初的裁决方案曾被您认为是因执行了公正的程序并通过大家真诚讨论后取得的结果，并被您认为是最终的裁决。当前的裁决和最初的裁决方案区别在于：(1) 当前的裁决主张：'对于这种长期协议来说所必需的信赖关系在经历了为解决问题所进行的谈判宣告失败后，即大约在仲裁质证结束时（也就是2005年7月底）被破坏殆尽'（最初的裁决方案中为2004年4月12日）。(2) 当前的裁决主张：'我们认为让申请人寻求弥补自2004年1月至2005年7月期间所遭受的损失是合理的'（最初的裁决方案中的期间为自2004年1月至2004年3月）。(3) 当前的裁决删除了在最初的裁决方案中规定的：'然而，从上述数额中减去20%是公正和必要的，因为双方当事人有义务对合同的条件进行善意的重新协商，同时申请人也有义务减少损失'。(4) 裁决决定的赔偿数额从1.92亿日元猛增到了15.2亿日元，这是最初裁决方案所定数额的8倍，就我来说，这是明显不公平和不能接受的。我很难理解为什么在没有任何新的证据、没有再次开庭和举行讨论的情况下，在短短的一个月之内，这份新的裁决书完全推翻了最初的裁决方案，损失赔偿额也增至原来的8倍，但是最初的裁决方案却曾经被您认为是因执行了公正的程序并通过大家真诚讨论后取得的结果，同时您也曾认为它将是最终的裁决并准备签字。这是仲裁过程中的严重缺陷，由于上述原因我将不会同意当前的裁决决定。"

审查中，南通中院就仲裁裁决书所附沈四宝仲裁员的意见书涉及的相关事实进行了核实。沈四宝仲裁员向南通中院提供了一份其于2006年1月13日经过公证的发给首席仲裁员的函件，内容是就仲裁庭对仲裁内容所进行讨论的回顾，主要是：

2005年8月22日首裁要求两位仲裁员就裁决书的推理部分提出意见。在考虑了两位仲裁员的意见后，首裁于2005年9月6日将仲裁裁决书概要发给两位仲裁员。两位仲裁员分别于9月8日和9月9日将各自的意见回复首裁。首裁又于9月13日在考虑了两位仲裁员意见后将裁决书的最后一稿草案发给仲裁员。沈四宝仲裁员于9月20日向首裁提交了对此草案的意见，又于10月20日通知首裁和另一仲裁员表示不签署这一裁决书。此后，首裁于10月28日发给沈四宝仲裁员传真，认为裁决书对于两种意见来说是居中的，是公平程序和真诚讨论的结果，希望能够签署该裁决书。

10 月 31 日,沈四宝仲裁员回复表示仍坚持自己的观点是正确的。2005 年 12 月 9 日,首裁又发给两仲裁员传真,称计划再次起草仲裁裁决书,如果有任何意见,请于 2005 年 12 月 16 日之前传真回复。沈四宝仲裁员于 12 月 12 日回复首裁,认为没有必要重新起草裁决书,分歧仅在于申请人所受损失额,认为按照日本的商业标准来评估,表示同意签署原仲裁裁决。另一仲裁员也于 12 月 15 日作出了协议有效、协议第 4 条款适用于本案的回复。但首裁仍然于 2006 年 1 月 5 日发送了重新起草的裁决书。沈四宝仲裁员于 1 月 13 日复函首裁,表示其最终已经表明了签署原裁决书的意愿,希望回到原裁决书,但是如果首裁坚持新的裁决书,则正式要求依照商事仲裁规则的规定,在裁决书中详细说明其拒绝在新的裁决书签字的原因。

此外,在供给中天公司涉案产品的同时,信越公司还在同期以同样的价格与天津鑫茂公司和江苏法尔胜公司签订了长期买卖合同,其中天津鑫茂公司也被该仲裁协会裁决支付巨额赔偿。

四、当事人的申请与抗辩理由

裁决生效后,中天公司没有履行该裁决。由于日本和中国均为《纽约公约》的缔约国,信越公司遂依据该公约于 2006 年 5 月 26 日向南通中院提出申请承认该裁决,中天公司请求拒绝承认该裁决。中天公司的不予承认抗辩及信越公司的反驳意见如下:

(一) 关于仲裁庭超期裁决及通知的问题

中天公司认为:《仲裁规则》第 53 条规定:“1. 仲裁庭认为仲裁程序已进行得完全充分,可以进行裁决并决定终结审理程序时,仲裁庭应在作出该决定之日起 5 周内作出仲裁裁决;如果因为案情复杂或其他原因,仲裁庭认为必要时,可以适当延长该期限,但不得超过 8 周。2. 仲裁庭在前款审理终结时,应把将要作出裁决的期限通知当事人。”第 12.2 条规定:“在仲裁庭认为必要时,可以延长除第 65 条规定期限之外的本规则条款规定的任何期限(包括仲裁庭自身所决定的期限)。仲裁庭作出延长决定后,应及时通知双方当事人。”2005 年 7 月 7 日,仲裁庭决定接受信越公司变更仲裁请求的申请,并结束审理。2005 年 8 月 31 日,仲裁庭宣布延后 20 天即 2005 年 9 月 20 日作出仲裁裁决,而实际作出仲裁裁决的日期为 2006 年 2 月 23 日,即仲裁庭超过原定期限 5 个月才作出仲裁裁决。在原定期限届满后,仲裁庭既没有作出仲裁裁决,也没有再次决定延期并通知当事人。仲裁庭的这一做法严重违背《仲裁规则》的规定。

信越公司反驳认为:《仲裁规则》第 53 条的规定无非是为了防止拖延纠纷的解决而制定的一个努力目标,并不意味着超过期限就不得作出裁决或逾期作出的裁决的效力会受到影响。中国民事诉讼法也有类似规定,人民法院在未申请延期审理的情况下逾期作出判决时,该判决的效力不会因此被否定。据此,仲裁庭作出裁决超期不应成为拒绝承认该裁决的理由。

（二）关于仲裁庭作出仲裁裁决是否违反合议制度的问题

中天公司认为：仲裁裁决书所附的沈四宝仲裁员的意见书表明，本案仲裁在程序上存在严重瑕疵。在三位仲裁员均表示同意签署第一份裁决，且该裁决被认为是“公平程序和我们真诚讨论的结果”的“最终裁决”的情况下，首席仲裁员未经合议，在没有任何新证据、新的开庭和新的讨论的情况下，又作出了第二份仲裁裁决，而第二份仲裁裁决的赔偿金额竟然是原仲裁裁决赔偿金额的8倍多。因而有理由认为本案仲裁裁决的作出程序严重违反了《仲裁规则》的规定，严重扭曲了仲裁的公平、公正本质和三人合议制度。

信越公司则认为：首先，假设存在最初版本，该版本不过是草案，不具有任何效力；其次，本案裁决已有两名仲裁员签字，根据日本仲裁法规定，完全有效。沈四宝仲裁员的反对意见不影响仲裁裁决有效性；再次，裁决金额15.2亿日元的变更是因为仲裁请求变更所致，完全合法；最终裁决作出日为2006年2月23日，迟于预定的2005年9月20日，该逾期与裁决有效性没有任何关系。另外，信越公司在其《答辩状意见》第7页中声称，沈四宝仲裁员的反对意见是关于对本案裁决内容的反对意见，不得作为承认及执行本案仲裁裁决程序时审理判断的对象。

中天公司反驳认为：裁决金额的增加显然与仲裁请求的变更无关，因为最终的仲裁请求提出于2005年5月31日，仲裁庭于2005年7月7日接受了该变更并于同日结束审理。而2006年2月13日沈四宝仲裁员的反对意见表明，在2006年1月左右存在一份裁决金额仅为1.92亿日元的裁决书初稿。而2006年1月的裁决书初稿已在2005年7月7日之后的半年之久，显然与仲裁请求的变更毫无关系。沈四宝仲裁员的反对意见不仅仅是针对裁决内容的反对意见，更是对于本案仲裁裁决的作出程序提出了反对意见，即新的仲裁裁决是在未经合议、没有任何新证据、新的开庭和新的讨论的情况下所作出的，进一步表示“这是仲裁程序上的严重瑕疵”，因此其不会签署该裁决。

（三）关于重新开始审理是否违反《仲裁规则》第49条的问题

中天公司认为：《仲裁规则》第49条规定：“1. 仲裁庭认为仲裁程序已完备、充分，可以作出仲裁裁决时，可以决定结束审理。如果不是在开庭时作出该决定，必须给予适当的事先通知期限。2. 仲裁庭认为有必要时，可以重新开始审理。原则上，作出审理结束的决定之日起三周后，对案件的审理不应再重新开始。”本案中，仲裁庭在2005年4月5日第二次开庭结束时，已当庭宣布将于2005年5月底结束审理。因此，仲裁庭作出审理结束的决定之日为2005年4月5日。根据上述规定，即2005年4月26日后，对案件的审理不应再重新开始。2005年5月31日，信越公司再次提交变更仲裁请求的申请，已超出了这一期限规定，但仲裁庭于2005年6月21日决定再次展开仲裁程序的审理，又于2005年7月7日决定接受信越公司提出的变更仲裁请求的申请，并结束审理。仲裁庭这一重新开始审理的决定违反了《仲裁规则》的规定，并直接导致了信越公司仲裁请求金额的增加。信越公司则认为：中天公司的上述主张是基于对《仲裁规则》的错误翻译和理解，对于《仲裁规则》第 49 条第 2 款的正确翻译是"……原则上，重新审理不得在审理终结之日 3 周后进行"。因此，计算 3 周的起算点不是"作出审理结束的决定之日"而是"审理终结"之日。本案第一次审理终结之日为 2005 年 5 月 31 日，仲裁庭在其后 3 周内的 2005 年 6 月 21 日重新审理，符合仲裁规则的规定。

中天公司反驳认为：《仲裁规则》第 49 条第 2 款英文版的内容是："An examination shall, in principle, not be reopened after the lapse of three weeks from the date of decision to conclude the examination."据此，起算日为"the date of decision to conclude the examination"，即"作出审理结束的决定之日"。本案仲裁语言为英语，本案的裁决书，包括信越公司的仲裁请求变更等均使用英语，因此，应以英语版的仲裁规则为准。起算日应为"作出审理结束的决定之日"。2005 年 4 月 26 日后，对案件的审理不应再重新开始。

（四）关于信越公司证人木下显参加整个庭审是否违反《仲裁规则》第 40 条的问题

中天公司认为：

1. 信越公司方证人木下显一直参加第二次开庭全过程，违反了仲裁的不公开原则规定。《仲裁规则》第 40 条规定："(1) 仲裁程序及其记录不得向公众公开。(2) 仲裁员、协会工作人员、当事人及其代理人或协助人员都不得向公众披露与仲裁案有关的事实或通过仲裁案获知的事实，但法律或法院要求披露的除外。"据此，日本商事仲裁应为不公开审理的仲裁，能够参加仲裁程序的人员除了当事人的代理人之外，就是证人，而证人则在该出庭时才能参加庭审。仲裁庭允许木下显以证人身份自始参与庭审，违反了《仲裁规则》的上述要求。

2. 证人木下显没有独立、客观、公正地作出证言。证人应独立、客观、公正地作证，然而信越公司方的证人在庭审时一直坐在信越公司代理人一方的座位上，参加了全部庭审，了解了双方的观点和争议的焦点，必然会受到庭审争议的影响，其证词已无法保证独立、客观和公正。而且其作证时受信越公司代理人的指导，否认此前在仲裁庭所作的陈述，因此其所作的证言不能被采纳。

现有证据已充分表明信越公司方证人木下显在以下两个事实方面作伪证：

其一，关于长期购销合同第 4 条的问题。在 2005 年 4 月 4 日上午的开庭中，木下显承认他亲自向中天公司薛总解释了合同第 4 条。但是在 2005 年 4 月 5 日下午的庭审中，木下显推翻了其在前一天上午的证词，称当时即 2000 年 10 月 30 日其根本就没有参与谈判，根本不可能向薛总亲自解释合同第 4 条的内容，因为木下显与薛总于 2002 年 9 月才初次相识。所以，木下显的证词出尔反尔，前后矛盾。

其二，每克 70 日元的价格问题。木下显不承认他自己亲口说过每克 70 日元履行起来困难，而只是说，是中天公司说的按照70日元每克履行困难。中天公司于第二天即2005年4月5日的庭审中，出示了2003年11月10日在上海宝鼎会谈时的录音，证实木下显当时曾说过在2004年以每克70日元的价格来履行有一些困难，因此信越公司会给中天公司一定的优惠。证明木下显在这个问题上再次说谎。

3. 本案仲裁裁决采纳了木下显的证言，并大胆采取假设的方式，将伪证作为裁决的主要依据。信越公司安排的证人木下显的证词，已被中天公司证明系伪证。令人遗憾的是，仲裁庭不顾木下显作伪证，在仲裁裁决书中，一方面承认信越公司遭受的损失没有直接的证据，另一方面却采用假设的方式，假设第4条适用于本案。而假设的依据却是已被事实和证据充分证明是伪证的辩护状和证词。仲裁裁决先是认定第4条不适用于本案，后在假设的基础上又认定其在事实上的适用，自相矛盾，失去了仲裁裁决的严肃性、权威性、公正性。

信越公司认为：

1. 在本案仲裁裁决的承认及执行程序中，中天公司不得要求对本案仲裁裁决的实体内容是否合理进行审查。

2. 证人参与庭审、在庭审时与当事人的职员坐在一起，对此日本法没有明确的禁止性规定。

3. 木下显没有作伪证。对作为日本人的证人木下显的询问以日语进行是得到仲裁庭同意的，同时通过日语、英文及中文相互翻译进行的。在2005年4月4日庭审中，木下显本人没有参加2000年10月底在信越公司的总公司进行的面谈，而是在后来的部门会议中听说的(2005年4月4日庭审英语第2页)。在2005年4月5日的庭审中，木下显表示没有直接向薛总解释合同第4条(2005年4月4日庭审英语第4页)。这就印证了木下显本人没有当面给薛总解释合同第4条。由于对木下显的证人询问的英文抄本的错误(I did explain to him)，翻译成了木下显本人当面给薛总解释，中天公司的主张是对木下显证言的断章取义。

2003年11月10日，木下显只是从中天公司那里听到了如果按照长期买卖协议中规定的合同价格的话，中天公司履行有困难，信越公司只说了可以考虑为中天公司提供一个让步方案而已。因此，木下显2003年11月10日的发言与其在仲裁程序中的证言并不矛盾，且中天公司也从未向仲裁庭提交过录音。

4. 中天公司关于本案仲裁裁决“大胆采用假设的方式”、“将伪证作为裁决的主要依据”等主张，完全是因为翻译协会在翻译“assume”这个单词时的错误所致。从第4条的内容我们可以看到，其意思是如果不在上述限定情况内的话，是不允许中天公司要求减少购买量的，仲裁庭认为该条规定作为损害赔偿的约定条款适用于本案，支持了信越公司的请求。翻译协会在翻译仲裁裁决时，把“assume”翻译为“假设”而非“推认”，并没有准确地翻译出该句的正确意思，致使中天公司主张“假设”，此次，信越公司请了翻译协会的资深翻译对该句重新进行了翻译，给予该正确的翻译，中天公司采用的“大胆采用假设方式的主张”是不能成立的。

中天公司反驳认为：

首先，本案仲裁语言是英语，因此，应以英语为准，即便木下显以日语进行回答，也应以英语翻译为准。因为仲裁庭所听取的证言是英语，对案件作出判断也是基于英语。而木下显回答该问题的英语文本为“Yes, 1 did explain to him.”（是的，我确实向他解释了。）所以，根据英文文本，木下显的回答是：在2000年10月30日，是其亲自向薛总解释长期合同第4条。而中天公司已提供证据证明，木下显与薛总于2002年9月才初次相识。因此，木下显的证词明显属于伪证，其证词根本不能采信。

其次，仲裁庭早已将第二次开庭的庭审记录英语抄本寄送给了双方当事人，可是信越公司从来没有就英文文本提出过任何异议，应视为信越公司已接受了该英文文本，对此没有任何异议，现信越公司不应再对英文文本提出任何意见。

中天公司在庭审第二天即2005年4月5日，出示了2003年11月10日在上海宝鼎会谈时的录音，证实木下显当时曾说过在2004年以每克70日元的价格来履行有一些困难，因此信越公司会给中天公司一定的优惠（详见附件七2005年4月5日第二次庭审记录第3—4页、附件九录音材料），以证明木下显在这个问题上再次说谎，其证词不可信。

关于翻译问题，中天公司反驳称，信越公司向法庭提交的仲裁裁决的翻译中，也是将“assume”一词翻译成“假设”，与中天公司的翻译相同。可见两个独立的翻译机构在没有任何影响的情况下都将该词翻译成了同样的意思，因此该词的中文含义应为“假设”。而在收到中天公司的答辩状后，又专门将该词翻译成了“推认”，显然这是专门针对中天公司的答辩状进行的翻译，而且信越公司所请的是同一家翻译机构，因此，该翻译机构的独立、公正和权威已受到怀疑。即便是两种不同翻译，但这两者之间其实并不是实质的区别，无论是“假设”也好，“推认”也罢，都表明仲裁庭在首先确认长期合同第4条不适用本案的前提下，在没有任何其他证据支持的情况下，以已被充分证明是伪证的木下显先生的证词为基础，间接推断将长期合同第4条适用于本案。

（五）关于仲裁庭在庭审中未给中天公司平等待遇和充分时间答辩的问题

中天公司认为：《仲裁规则》第32.2条规定：“仲裁庭应当平等对待各方当事人，并且应当给予每方当事人充分的机会陈述、证明和答辩。”同时，《日本仲裁法》第25条规定：“1. 于仲裁程序中，应平等对待当事人；2. 于仲裁程序中，应给予当事人说明情况的充分机会”。仲裁庭未给予其与信越公司相一致的平等待遇，未给予说明理由的充分机会。理由是：

1. 在4月4日开庭开始时，仲裁庭要求双方解释一下自第一次开庭后，各自提交的文件和证据的内容，同时解释要证明和阐明的观点以及是否计划提交更多的意见、证据，规定双方各15分钟。信越公司在陈述中详细地发表了自己的观点以及对Omi教授文件的意见，共用时35分钟。仲裁庭并没有打断信越公司的陈述。但是当中天公司陈述了大约15分钟的时候,仲裁庭打断了中天公司的发言,并询问中天公司大概还要多久,中天公司回答,大概还需要20分钟,并明确提出因为信越公司花了35分钟,中天公司现在才说了15分钟,所以中天公司认为还有20分钟。但仲裁庭却要求中天公司在5分钟之内说完。

2. 在信越公司方证人木下显作证的时候,仲裁庭没有规定信越公司询问证人的时间,信越公司询问证人长达4小时,仲裁庭也没有制止。而对中天公司询问证人却加以限制,中天公司询问证人仅用了2个多小时。

3. 在木下显出庭作证中,当信越公司询问将要结束的时候,仲裁庭问信越公司代理律师:"大约还需要多久?"信越公司答可能还要45分钟。仲裁庭与信越公司商量:"如果你能在20到30分钟内说完,我们就不休息了。"信越公司坚持说:"不行,要45分钟。"于是,仲裁庭就宣布休息10分钟,并给予信越公司45分钟的时间,要求其在15:30前结束,中天公司在17:30前结束。而当中天公司询问证人进行到一半的时候,仲裁庭却打断中天公司的提问,明确要求中天公司在10分钟内结束。当中天公司提出因信越公司花了很长时间,而且中天公司的问题很重要,中天公司还需要一些时间时,仲裁庭没有给予中天公司更多的时间,却以没有翻译为由宣布结束当天的开庭,并明确规定在第二天下午继续举行的开庭中,要求中天公司在半小时内结束对证人的询问。

4. 当中天公司证明木下显作伪证时,信越公司代理律师要求再次向木下显提问,要花30分钟,仲裁庭却又立即同意。中天公司律师当庭提出抗议,直到中天公司提出要退出仲裁,仲裁庭才宣布结束对木下显的提问。

5. 仲裁庭书面通知的开庭时间为4月4日至5日,而在听证时却以信越公司指定的日本仲裁员有事为由,取消了5日上午的听证。全然不顾中天公司万里迢迢从中国来日本开庭的事实。由于取消了半天的听证时间,导致中天公司没有充分时间进行陈述和询问证人,致使中天公司在审理过程中,没有足够的机会进行答辩和表达自己的观点。上述事实亦违反了《日本仲裁法》的规定。

信越公司辩称:本案仲裁语言为英语,中天公司的代理人自始至终以中文进行仲裁。信越公司先用了15分钟英文陈述,由翻译将该陈述翻译成中文。所说的35分钟包括了翻译时间。中天公司的代理人用中文进行了陈述,所浪费的时间是将中文翻译成英文所需要的时间。虽然仲裁庭要求中天公司在5分钟之内说完,但在第二天给予了追加陈述的时间。信越公司陈述内容占7页纸,中天公司陈述内容占9页纸。中天公司询问证人有充分时间进行,由于中天公司代理人对木下显的询问必须把中文翻译成英文,而4月4日当天17:30后就没有翻译了,所以才不得不结束当天的开庭。虽然在4月4日庭审快结束时,仲裁员要求中天公司代理人第二天询问证人在半小时内结束,但在4月5日的开庭中仲裁员又表示半小时不是限制性的,而是尽量在半小时内结束。中天公司的代理人表明了没有其他问题之后,仲裁庭结束了反方询问。

中天公司反驳认为：

首先，在中天公司第一轮事实和观点的陈述过程中，当中天公司只陈述了大约15分钟时，仲裁庭打断了中天公司的陈述，这是事实，有庭审笔录为证。而信越公司的陈述是完整的，没有受到任何干扰和打断。

其次，虽然仲裁庭在第二天给予了中天公司补充陈述的机会，但是第二天仅有半天时间，同时又限定了中天公司的用时，因此，仲裁庭给予中天公司不平等待遇的事实是明显的。

再次，信越公司询问证人长达4小时，仲裁庭没有制止，而中天公司询问证人仅用了2个多小时。在取消了第二天上午的庭审后，仲裁庭又明确要求中天公司在2005年4月5日下午继续举行的开庭中在半小时内结束对证人的询问。信越公司认为仲裁庭的要求不是限制性的。但是通过庭审记录可以看出，仲裁庭的要求是明确的，“请在半小时内完成”（见答辩状附件六2005年4月4日第二次庭审记录第47页），至少仲裁庭这种要求是带有指导性的，对中天公司准备和开展询问证人必然产生重要的影响。中天公司已在庭审中明确指出，是根据仲裁庭给予的30分钟限制来准备发言内容的。

（六）关于当事人递交的书面证据是否进行了质证的问题

中天公司认为：《仲裁规则》第34.3条规定：“口头辩论和质证应当在开庭时进行”。但是在两次开庭过程中，仲裁庭根本没有安排质证程序，对双方提交的大量证明材料，没有安排双方就证据的真实性、关联性、合法性进行质证。因此，就质证程序而言，本次仲裁程序上存在严重瑕疵，违反了《仲裁规则》的规定。仲裁庭不应该将没有经过质证的证明材料作为支持裁决的证据使用。

信越公司认为：中天公司的主张实际上是没有完全理解日本法中质证的概念。按照日本法律，对书面证据的质证是指：仲裁员对于当事人提交的证据，决定是否允许提交，由仲裁员阅读该书面证据并判断该证据的合法性和证明力。根据日本法律，对证据发表异议应该由对方当事人主动向仲裁庭提出。

中天公司反驳认为：本案适用的《仲裁规则》中并没有信越公司主张的规定，日本仲裁法中也没有这样的规定。本案系仲裁争议，仅适用《仲裁规则》和仲裁法。

（七）关于承认本案仲裁裁决是否违背我国社会公共利益的问题

中天公司认为：双方长期买卖合同的履行期间，正值日本及美国、韩国向中国倾销单模光纤产品，已严重损害了中国的光纤产业，商务部对此已作出反倾销决定。如果承认本案的仲裁裁决，无异于助长了对中国光纤产业的损害，严重损害了国家利益。

在请求不予承认本案仲裁裁决赔偿结论的同时，中天公司认为该仲裁裁决就长期协议的约束力所作出的结论即长期协议不再继续有效是合理的，应当予以承认。

五、南通中院的审查意见

（一）关于超期裁决及通知问题

本案仲裁裁决的作出时间远远超出了《仲裁规则》确定的期限是不争的事实。仲裁庭在第二次通知延期作出裁决但仍未作出裁决后，也没有向当事人发出任何通知和说明。《仲裁规则》第53.1条规定："如果因为案情复杂或其他原因，仲裁庭认为有必要，可以适当延长该期限，但不得超过审理结束决定之日起8周。"这里的用词是"不得"，系强制性规定，不得违反。本案的裁决，从第二次延期通知的2005年9月20日起至实际作出裁决的2006年2月23日，逾期长达5个月，违反了《仲裁规则》的强制性规定。此外，在逾期之后又未通知当事人何时作出裁决，也同样违反了《仲裁规则》第53.2条关于"仲裁庭在前款审理终结时，应把将要作出裁决的期限通知当事人"之规定。因此，中天公司这一抗辩理由成立。

（二）关于本案裁决的作出是否违反合议制度问题

本案仲裁采用的是三人合议制，根据《仲裁规则》规定，仲裁裁决应根据多数意见作出。从沈四宝仲裁员提出的反对意见及其在最后送达首裁及另一仲裁员有关合议过程的函件中，可以认定在本案的裁决送达当事人之前，仲裁合议庭已就相关问题进行了充分的、真诚的合议，并已形成裁决方案。首裁表示准备签署并希望沈四宝仲裁员也签署，尽管沈四宝两次表示不签署该裁决，但在首裁给予的最后期限内，经权衡最终又于2005年12月12日同意签署该裁决，即此时裁决草案已为多数仲裁员签署，应当成为仲裁裁决结论。然而本案的仲裁裁决内容与原先讨论的裁决内容相比，出现了重大差异，这些差异又是在没有新的证据、没有重新开庭、更没有讨论的情况下出现的。该裁决出台前，沈四宝仲裁员也未得到另一仲裁员对这一新裁决的意见，因为合议制仲裁中每一个仲裁员的意见均应送达首裁并抄送另一仲裁员。因此，本案裁决违反合议制仲裁庭的议事规则是显而易见的。

（三）关于仲裁庭决定重新审理信越公司再次变更的请求是否合法的问题

这一争议存在着两个方面的问题：

其一是对《仲裁规则》的翻译。本案仲裁庭使用的语言为英文，且日本仲裁庭寄送给中天公司的《仲裁规则》也是英文本，应以英文本的意思认定，即在决定审理终结之日起3周后不应重新审理。合议庭也充分关注到另一事实，即中天公司早在2005年6月28日接到仲裁庭关于重新审理的通知后，就信越公司再次变更请求一事给仲裁庭的法律意见书中，已明确表示仲裁庭重新审理的决定已违反了《仲裁规则》。因此，可以认定仲裁庭同意信越公司再次变更仲裁请求而重新审理的决定，违反了《仲裁规则》。

其二，仲裁庭宣布5月底结束审理，并非基于其职权，而是基于仲裁双方当事人的合意。在第二次庭审开始时，信越公司即向仲裁庭提出在庭审后尽快宣布结束审理，对此中天公司并未反对。而在庭审结束时，当仲裁庭宣布将于4月底结束审理时，信越公司又提出希望在5月底结束审理，中天公司也未表示反对，最后仲裁庭即同意在5月底结束审理。因此，本案结束审理的时限是仲裁当事人的合意，仲裁庭未经另一方当事人同意在5月底之后决定重新审理，也讳背了当事人的合意。

综上所述，仲裁庭接受信越公司的再次变更请求并决定重新审理，违反了《仲裁规则》及当事人的合意。

（四）关于证人木下显一直参与庭审及作伪证的问题

是否允许证人在作证前参加所要作证案件的庭审，日本法律没有禁止性规定。但根据《仲裁规则》，仲裁是不公开进行的。根据庭审记录，仲裁庭在第二次庭审开始时，没有就参加庭审的木下显的身份进行审核，即在木下显作证前，其以什么理由参加仲裁庭审是不清楚的。也就是说仲裁庭让一个既非当事人又非代理人的不明身份人参加了仲裁庭审，违背了仲裁不公开原则。

就木下显的伪证问题，南通中院认为，庭审记录已清楚地表明木下显就同一事实分别在回答信越公司和中天公司时作出了不同的陈述，中天公司提供了录音证据加以证明。因此，木下显作伪证的事实能够得到确定。而本案仲裁裁决正是引用了木下显的伪证。但根据《纽约公约》的规定，木下显证词是否是伪证的问题不应成为法院审查外国仲裁裁决承认与否的事项。

（五）关于仲裁庭是否给予中天公司平等待遇、是否给予充分陈述申辩的机会问题

仲裁庭没有给予中天公司平等待遇和充分申辩的机会，主要表现在以下几个方面：

一是仲裁庭将大部分庭审时间分配给信越公司，致使中天公司没有充分时间申辩和询问证人。信越公司询问证人的时间从4日上午的庭审开始，一直延续到了15:30，而当天的庭审进行至17:30即结束，并宣布次日下午继续开庭，仅有半天时间。中天公司以案件对其影响重大且远道而来为由，要求给予足够时间陈述理由。仲裁庭在表示理解的同时，在明知信越公司已获得4小时足够陈述机会的情形下，却又明确限定次日下午庭审中天公司用时30分钟时间，并认为该时间足够了。因此，中天公司只能按照30分钟的时间准备问题，而30分钟的时间是远远不够的。在次日的庭审中，当中天公司已经表示是按照30分钟准备的问题提问时，仲裁庭却又称该用时并非限制性，出尔反尔。

二是在中天公司陈述时前后有3次出现仲裁庭打断中天公司发言并限制发言时间的情节，而对信越公司并不存在这样的限制。

三是在信越公司已有4小时陈述及质询机会，而中天公司在第一天庭审时仅获得2个小时的机会，第二天仅有半天庭审，又被限定仅30分钟，总共仅获得2小时30分钟机会的情形下，仲裁庭对于信越公司要求给30分钟再次对证人提问时却立即予以准许。

基于上述事实，仲裁庭在陈述和质询证人的用时方面给予中天公司的待遇明显有别于信越公司，违反了平等对待原则。也正是由于仲裁庭在给予中天公司在陈述和质询时的用时限制，使中天公司没有足够时间陈述理由。尽管仲裁庭在次日庭审开始后又表示用时规定并非限制性规定，但已造成了中天公司只能按照原给予的用时限制准备陈述内容的既成事实，已无法因仲裁庭的改变而作出更多、更全面的陈述意见。

（六）关于其他证据的辩论程序

虽然仲裁庭第二次庭审仅有对证人木下显和中天公司提供的专家意见的质证，并无就有关书证问题组织辩论和听证的记录，但并无证据证明在第一次庭审时亦未对有关书证问题组织辩论和听证。而从裁决书表述的仲裁过程来看，仲裁庭第一次庭审进行了材料提交和双方辩论。因此，南通中院倾向于认定中天公司关于仲裁庭未对有关书证问题组织辩论和听证的抗辩理由不成立。

（七）关于承认和执行本案仲裁裁决是否损害我国公共利益的问题

南通中院有两种意见：一种意见认为损害公共利益，理由是本案仲裁是在包括日本在内的光纤制造商向中国实施倾销的大背景下进行的，倾销事实已被中国政府确定存在。信越公司利用其光纤预制棒技术的优势地位，高价出售给中天公司及中国的另两家企业，并拒绝因情势变更而提出的修订要求。如果承认本案的仲裁裁决，则对中天公司造成重大损害。由于信越公司在同期同时向中国的数家企业出口，同一仲裁机构已作出类似裁决两份，中天公司作为我国国内生产光纤的主要厂商，对它的损害必然也会损及我国的光纤产业，无异于助长了受到制裁的日本、美国及韩国光纤产品企业对中国光纤产业的损害。从这一角度分析，可以认定如果承认并执行本案仲裁裁决，将有害于我国的公共利益。

另一种意见认为，公共利益要从严把握，本案仲裁裁决涉及的仅是个体，且又是光纤预制棒，并非成品，又没有证据证明信越公司与倾销行为有关，所以不宜以损害公共利益为由不予承认和执行。

（八）关于对仲裁裁决认定的长期协议不再继续有效是否予以承认的问题

南通中院有两种意见：一种意见认为，承认仲裁裁决是对裁决全部内容的承认，这一认定，显然有利于中天公司。与赔偿结论不同的是，就协议是否继续有效的争议并没有成为仲裁审理的事项，是仲裁庭独立作出的判断，同时也是仲裁裁决的一个结论。对赔偿结论的不予承认并不影响对协议不再继续有效认定的承认，可以单独承认此项内容。

另一种意见认为，对仲裁裁决的承认与执行，是对仲裁结论的承认与执行，本案已经从程序上存在违反仲裁规则和当事人合意而对整个仲裁裁决不予承认，不存在就此内容予以承认的单独理由。

综上所述，本案仲裁裁决存在如下方面违反《仲裁规则》的规定及当事人的合意：

1. 超期作出裁决，未就仲裁时间通知当事人；

2. 仲裁裁决违反合议制仲裁庭的议事规则；

3. 仲裁庭接受信越公司再次变更的仲裁请求，决定重新审理，违反《仲裁规则》关于重新审理的期限规定，同时与当事人合意不符；

4. 在决定重新审理后，没有重新开庭而直接作出本案仲裁；

5. 未就木下显的身份在庭审开始时审查，使其在以证人身份作证前一直参加庭审，违反了仲裁不公开的规则要求；

6. 未给予中天公司以平等待遇；

7. 未给予中天公司足够的陈述意见的机会。

根据上述理由，对本案仲裁裁决决定不予承认。

六、我院的审查意见

我院经审查认为，本案仲裁裁决存在《纽约公约》第5条第1款（丁）项和第2款（乙）项规定的情形，拟同意南通中院不予承认本案仲裁裁决的意见。

（一）本案仲裁裁决存在《纽约公约》第5条第1款（丁）项规定的情形

根据该项规定，如果被申请人有证据证明仲裁庭的组成或仲裁程序与各造之间协议不符，或无协议而与仲裁地所在国法律不符，则被请求承认国可以拒绝承认有关仲裁裁决。本案仲裁程序在以下两个方面与仲裁协议选择的《仲裁规则》及《日本仲裁法》不符：

首先，本案仲裁程序违背《仲裁规则》第32.2条和《日本仲裁法》第25条关于平等对待当事人的规定。《仲裁规则》第32.2条规定："仲裁庭应当平等对待各方当事人，并且应当给予各方当事人充分的机会陈述、证明和答辩。"《日本仲裁法》第25条规定："1. 于仲裁程序中，应平等对待当事人；2. 于仲裁程序中，应给予当事人说明情况的充分机会。"在原定2005年4月4日和5日两天的庭审中，仲裁庭将第一天的大部分庭审时间分配给信越公司陈述和询问证人，并且未给予任何限制。而在中天公司陈述和询问证人时，仲裁庭多次打断中天公司并在时间上予以限制。更为严重的是，在信越公司占用2005年4月4日的大部分时间充分陈述和询问证人之后，仲裁庭擅自取消2005年4月5日上午的半天听证时间，并将中天公司下午询问证人的时间限制在半个小时内。仲裁庭的上述不公正做法，导致中天公司没有充分时间进行陈述和询问证人，致使中天公司没有足够的机会进行答辩和表达自己的观点。

其次，仲裁庭严重违背了《仲裁规则》第53.1条、第12.2条关于作出仲裁裁决期限的规定。《仲裁规则》第53.1条规定："1. 仲裁庭认为仲裁程序已进行得完全充分，可以进行裁决并决定终结审理程序时，仲裁庭应在作出该决定之日起5周内作出仲裁裁决；如果因为案情复杂或其他原因，仲裁庭认为必要时，可以适当延长该期限，但不得超过8周。2. 仲裁庭在前款审理终结时，应把将要作出裁决的期限通知当事人。"第12.2条规定："在仲裁庭认为必要时，可以延长除第65条规定期限之外的本规则条款规定的任何期限（包括仲裁庭自身所决定的期限）。仲裁庭作出延长决定后，应及时通知双方当事人。”在本案中,2005 年 7 月 7 日,仲裁庭决定接受信越公司提出的变更仲裁请求的申请,并结束审理。2005 年 7 月 29 日,仲裁庭通知将于 2005 年 8 月底作出裁决。2005 年 8 月 31 日,仲裁庭又宣布延后 20 天即应在 2005 年 9 月 20 日作出仲裁裁决。但 2005 年 9 月 20 日仲裁庭既未作出仲裁裁决,也未作出再次延长作出仲裁裁决期限的决定并通知当事人,而是直到 2006 年 2 月 23 日才作出仲裁裁决。也就是说,2005 年 9 月 20 日之后,仲裁庭在没有再次决定延期作出仲裁裁决并通知当事人的情况下,在审理终结(2005 年 7 月 7 日)之后 7 个月、最后宣布的作出裁决日(2005 年 9 月 20 日)之后 5 个月,才作出仲裁裁决。仲裁庭的这一做法严重违背了《仲裁规则》第 53.1 条和第 12.2 条的规定。

仲裁庭一再拖延作出仲裁裁决不仅违背《仲裁规则》和《日本仲裁法》的规定,而且导致的后果是极为严重的。2005 年 9 月 13 日,首席仲裁员将在充分讨论基础上拟定的裁决书草案送达其他两位仲裁员签署。虽然沈四宝仲裁员认为该裁决书确定的赔偿数额过高,对中天公司不公平,但在首席仲裁员和另一名仲裁员均认为裁决书是公平程序和真诚讨论的结果的情况下,沈四宝仲裁员的反对意见并不会导致妨碍仲裁庭作出仲裁裁决的后果,即仅在有一名仲裁员不同意签署仲裁裁决的情况下,根据《日本仲裁法》第 37.2 条的规定,仲裁庭完全有权依据过半数仲裁员的意见在仲裁庭确定的日期(2005 年 9 月 20 日)之前作出仲裁裁决。但本案首席仲裁员并没有按照《日本仲裁法》的规定如期作出仲裁裁决,而是于 2006 年 1 月 5 日重新拟定了一个在沈四宝仲裁员看来对中天公司更加不公平的新的仲裁裁决草案。新的裁决书草案在信越公司没有提出新的仲裁请求、没有新的证据、仲裁庭没有再次开庭审理,甚至没有充分讨论的情况下,将中天公司的赔偿数额增加到原先裁决书草案确定的赔偿数额的 8 倍之多。在沈四宝仲裁员一再表示反对并同意回到原先裁决书的情况下,仲裁庭依据过半数仲裁员的意见,在 2006 年 2 月 23 日作出了本案仲裁裁决。显然,本案仲裁程序不仅违背《仲裁规则》和《日本仲裁法》的规定,而且已导致了严重的后果。

(二) 本案仲裁裁决存在《纽约公约》第 5 条第 2 款(乙)项规定的情形

根据该项的规定,倘申请承认及执行地所在国之主管机关认为承认或执行裁决有违该国公共政策者,亦得拒不承认及执行仲裁裁决。在本案合同签订之后,自 2002 年起,日本、美国、韩国企业向我国倾销常规单模光纤,极大损害了国内常规单模光纤产业。商务部经调查核实,决定自 2005 年 1 月 1 日起,对从上述三国的进口常规单模光纤征收 7%—46% 不等的反倾销税,其中对从日本进口的常规单模光纤全部征收 46% 的反倾销税。本案长期买卖合同标的,即为上述进口产品的原材料。2003 年,我国国内光纤市场平均价格为每公里 119 元,2004 年则为 100 元。如果照此合同履行,中天公司生产光纤的总成本则分别达到每公里 175.46 元和 167.47 元。显然,信越公司利用其在国际上生产和出售匹配型单膜光纤预制棒的垄断地位,以垄断高价向作为我国光纤产品主要生产厂商的中天公司出售原料,必然会导致中天公司光纤产品成本的巨额增加和市场竞争力的严重降低。除中天公司以外,我国光纤产品生产厂商天津鑫茂公司和江苏法尔胜公司也是信越公司垄断高价的受害者。因此,信越公司利用其在国际上生产和出售匹配型单膜光纤预制棒的垄断地位,以垄断高价出售涉案产品的行为与倾销成品具有同等的效果,同样会严重危及我国光纤产业的生存。在我国政府已决定对来自日本的常规单模光纤征收最高额反倾销税的情况下,执行本案仲裁裁决,无疑会抵消征收反倾销税的效果,从另一个方面助长日本企业损害我国光纤产业的利益。故承认本案仲裁裁决会违背我国公共政策。

综上,在本案仲裁程序中,仲裁庭一味偏袒信越公司,严重超期作出仲裁裁决的做法不仅违背《仲裁规则》和《日本仲裁法》的规定,而且导致了严重的后果。承认该仲裁裁决将会严重危及我国光纤产业的生存。依据《纽约公约》第 5 条第 1 款(丁)项和第 2 款(乙)项的规定,应拒绝承认该仲裁裁决。

上述意见当否,请贵院审查后明示。

江苏省高级人民法院

2007 年 5 月 25 日

附 20-38

最高人民法院《关于江智锋申请撤销仲裁裁决一案的请示》的复函(〔2005〕民四他字第 23 号)

上海市高级人民法院:

你院〔2005〕沪高民四(商)他字第 1 号《关于江智锋申请撤销仲裁裁决一案的请示》收悉。经研究,答复如下:

同意你院的请示意见。根据你院请示报告反映的事实,申请人江智锋于 2004 年 3 月 3 日与被申请人上海南阳建筑安装工程有限公司达成协议,约定:因 2003 年 6 月 26 日、7 月 16 日双方签订的工程协议及装潢装饰工程协议发生的一切纠纷,任何一方均可提请上海仲裁委员会装饰装修争议仲裁中心按其仲裁规则进行仲裁。同日,上海仲裁委员会受理了当事人的仲裁申请,并根据双方调解协议出具了〔2004〕沪裁(经)字第 1062 号调解书。后上海南阳建筑安装工程有限公司以上述调解书内容不全面、江智锋不积极履行等为由就同一纠纷申请仲裁,上海仲裁委员会于 2004 年 11 月 5 日作出〔2004〕沪裁(经)字第 1068 号裁决书。《中华人民共和国仲裁法》第 9 条第 1 款、《上海仲裁委员会装饰装修争议简易程序仲裁规则》(试行)第 8 条、第 9 条均规定,仲裁实行一裁终局的制度,调解书与裁决书具有同等法律效力。上海仲裁委员会在就本案所涉纠纷作出〔2004〕沪裁(经)字第 1062 号调解书之后,又就相同当事人之间的同一纠纷作出〔2004〕沪裁(经)字第 1068 号裁决书,违反了我国《仲裁法》和《上海仲裁委员会仲裁规则》有关一裁终局的规定,也属于仲裁程序与仲裁规则不符的情形。根据《中华人民共和国仲裁法》第70条和《中华人民共和国民事诉讼法》第260条第1款第(三)项之规定,本案应裁定撤销上海仲裁委员会〔2004〕沪裁(经)字第1068号仲裁裁决。

此复。

最高人民法院

2005年6月28日

附20-39

上海市高级人民法院《关于江智锋申请撤销仲裁裁决一案的请示》[〔2005〕沪高民四(商)他字第1号]

最高人民法院:

上海市第一中级人民法院就申请人江智锋请求撤销上海仲裁委员会〔2004〕沪裁(经)字第1068号仲裁裁决一案,报本院请示。经本院审查,拟同意撤销该仲裁裁决,特报你院请示。

一、当事人基本情况

申请人:江智锋,男,加拿大国籍。

被申请人:上海南阳建筑安装工程有限公司。住所地:上海市黄浦区外马路820号。

二、案件主要情况

申请人江智锋于2004年12月27日向上海市第一中级人民法院提起诉讼,请求撤销上海仲裁委员会〔2004〕沪裁(经)字第1068号仲裁裁决。其主要的事实理由为:(1)仲裁违反了一裁终局原则,且双方无仲裁协议。申请人与被申请人在发生纠纷后,于2004年3月3日签订过一份仲裁协议,该仲裁协议约定的争议事项已为〔2004〕沪裁(经)字第1062号调解书所解决,此后双方并未达成任何新的仲裁协议,仲裁庭将2004年3月3日的仲裁协议作为受理被申请人仲裁请求的依据,显然违反了法律规定。(2)仲裁庭认定事实的证据不足,并且严重违反仲裁程序。仲裁裁决书认定"又经查明,被申请人(即江智锋)自2003年6月26日至2004年1月8日先后七次向申请人(即上海南阳建筑安装工程有限公司)支付了工程款,共计170000元",该事实既没有当事人举证,也没有当事人的自认,属于证据不足。仲裁庭在受理上海南阳建筑安装工程有限公司的仲裁请求后,未向申请人江智锋送达仲裁申请书,对于仲裁庭的组成也没有征求申请人江智锋的意见,剥夺了申请人江智锋对仲裁员的选择权。

被申请人上海南阳建筑安装工程有限公司辩称:(1)〔2004〕沪裁(经)字第1062号调解书内容不全面,申请人江智锋又不积极履行,因此被申请人根据双方2004年3月3日签订的仲裁协议提出仲裁申请并无不当。(2)申请人收到了有关仲裁申请书,仲裁程序合法,裁决公正。故而请求驳回申请人的申请。

上海市第一中级人民法院经审理查明,2004 年 3 月 3 日,申请人江智锋与被申请人上海南阳建筑安装工程有限公司达成仲裁协议,约定因 2003 年 6 月 26 日、7 月 16 日双方签订的"工程协议及装潢装饰工程协议"发生的一切纠纷,任何一方均可提请上海仲裁委员会装饰装修争议仲裁中心按其仲裁规则进行仲裁。同日,根据江智锋的仲裁申请书,上海仲裁委员会组成独任仲裁庭,就江智锋与上海南阳建筑安装工程有限公司仲裁协议项下的纠纷进行了审理,并根据双方调解协议出具了〔2004〕沪裁(经)字第 1062 号调解书。调解书的主要内容为:双方于 2003 年 6 月 26 日签订的工程协议及 2003 年 7 月 26 日签订的装潢装饰工程协议终止履行;上海南阳建筑安装工程有限公司已将上述工程量的价款提请上海仲裁委员会指定的审价单位进行审价,工程款应以审价单位的审定价为结算依据,多退少补;审价费用先由双方各付一半,如审价结果高于 24 万元,审价费用由江智锋负担,审价费用低于 24 万元,审价费用由上海南阳建筑安装工程有限公司负担等。此后,上海南阳建筑安装工程有限公司以江智锋未履行调解书为由,依据 2004 年 3 月 3 日双方签订的仲裁协议,于 2004 年 4 月 13 日向上海仲裁委员会装饰装修争议仲裁中心提起仲裁申请,请求仲裁庭裁决:(1) 请仲裁庭指定委托审价单位对装潢工程进行审价;(2) 江智锋根据审价结果支付工程款和其他费用;(3) 审价鉴定费按〔2004〕沪裁(经)字第 1062 号调解书确定的原则承担。上海仲裁委员会装饰装修争议仲裁中心受理上海南阳建筑安装工程有限公司的仲裁请求后,仍由审理〔2004〕沪裁(经)字第 1062 号仲裁案件的仲裁员组成独任仲裁庭,适用简易程序对本案进行了仲裁,并于 2004 年 11 月 5 日作出〔2004〕沪裁(经)字第 1068 号裁决书,裁决江智锋支付上海南阳建筑安装工程有限公司工程款人民币 139 357 元、工程审价鉴定费人民币 2 000 元。

上海市第一中级人民法院认为,本案双方当事人就 2003 年 6 月 26 日、7 月 16 日的两份工程协议的相关争议,已依据 2004 年 3 月 3 日的仲裁协议由上海仲裁委员会进行调解,并于同日作出案号为〔2004〕沪裁(经)字第 1062 号调解书,根据《中华人民共和国仲裁法》第 9 条和第 51 条之规定,仲裁庭在双方因工程款纠纷通过仲裁调解作出处理的情况下,又再次受理了被申请人要求仲裁庭明确上述调解书中关于指定审价单位审价的仲裁申请,并作出本案争议的裁决书,违反了一裁终局的法律规定,属于重复仲裁,违反法定仲裁程序。该院拟根据《中华人民共和国仲裁法》第 70 条之规定,撤销〔2004〕沪裁(经)字第 1068 号裁决书。

三、本院审查意见

本院收到上海市第一中级人民法院的请示后,依法组成合议庭进行了审查。

本院认为,〔2004〕沪裁(经)字第 1068 号仲裁裁决,是由上海仲裁委员会装饰装修争议仲裁中心作出的具有涉外因素的仲裁裁决,对于该仲裁裁决是否应予撤销,应当依据《中华人民共和国仲裁法》第 70 条之规定进行审查决定。根据该条之规定,当事人提出证据证明涉外仲裁裁决有《中华人民共和国民事诉讼法》第260条第1款规定的情形之一的,经人民法院组成合议庭审查核实,裁定撤销。本案中,上海仲裁委员会装饰装修争议仲裁中心就双方当事人之间的同一个纠纷,在已经通过仲裁调解审理完毕,并出具仲裁调解书之后,又根据一方当事人的申请,再次受理并作出〔2004〕沪裁(经)字第1068号裁决书,显然违反了该仲裁中心的仲裁规则《上海仲裁委员会装饰装修争议简易程序仲裁规则》(试行)第8条、第9条关于"调解书和裁决书具有同等法律效力"、"仲裁庭的裁决是终局的"等规定。因此,〔2004〕沪裁(经)字第1068号裁决书在仲裁程序上与仲裁规则不符,根据《中华人民共和国仲裁法》第70条、《中华人民共和国民事诉讼法》第260条第1款第(三)项之规定,该仲裁裁决应予撤销。

本院拟同意撤销〔2004〕沪裁(经)字第1068号仲裁裁决。

妥否,请审批。

上海市高级人民法院

2005年5月12日

附20-40

最高人民法院《关于不予执行佛山仲裁委〔1998〕佛仲字第04号仲裁裁决报请审查的请示》的复函(民四他字〔2004〕第16号)

广东省高级人民法院:

你院〔2002〕粤高法执请复字第35号"关于不予执行佛山仲裁委〔1998〕佛仲字第04号仲裁裁决报请审查的请示"收悉,经研究,答复如下:

本案系涉港纠纷案件,CLINTON ENGINEERING LIMITED(以下简称克林顿公司)与广州市东峻房地产有限公司(以下简称东峻公司)根据双方签订的《机电工程协议书》中的仲裁条款,将纠纷提交佛山仲裁委员会进行仲裁,对于是否应当执行该仲裁裁决的审查应当参照适用《民事诉讼法》第260条的规定。

东峻公司与克林顿公司在仲裁委员会委托鉴定机构之前,对鉴定机构的选定有明确的要求,即:不同意选择广州以及佛山的鉴定机构。在仲裁委员会委托注册地在佛山辖区之内的广东德正会计师事务所之后,东峻公司对该情况及鉴定资质曾经提出了异议。现有证据显示:德正会计师事务所不具备工程质量与工程造价项目的鉴定资质。《仲裁法》第44条、《佛山仲裁规则》第56条均规定:仲裁庭对案件涉及的专门性问题认为需要鉴定的,可以交由当事人约定的鉴定部门鉴定;也可以交由仲裁庭指定的鉴定部门鉴定。在双方当事人共同委托仲裁庭指定鉴定机构时,仲裁庭可以依法以及依照仲裁规则作出指定,但该指定有一个基本的前提与限制:仲裁庭必须在对相关项目有鉴定资质的鉴定机构中进行选择。鉴定机构资质方面的要求,有关法律、仲裁规则虽未明确加以限定,但却是有关法律以及仲裁规则对鉴定结论作为证据形成程序合法性方面的隐含的必然要求。在鉴定机构缺乏法定资质的情况下，可以认定裁决存在《民事诉讼法》第260条第1款第（三）项规定的“仲裁的程序与仲裁规则不符的”情形。根据《民事诉讼法》第260条第1款第（三）项、《仲裁法》第71条的规定，本案仲裁裁决应当不予执行。

此复。

最高人民法院
2004年8月30日

附20-41

广东省高级人民法院《关于不予执行佛山仲裁委〔1998〕佛仲字第04号仲裁裁决报请审查的请示》（〔2002〕粤高法执请复字第35号）

最高人民法院执行办：

广州中院向我院呈报《关于报请对不予执行佛山仲裁委〔1998〕佛仲字第04号仲裁裁决的意见》（详见广州中院的报告），认为佛山仲裁庭在委托评估的程序上，选定无资质的鉴定机构作出鉴定并作为定案的主要依据，程序违法和认定事实依据不足，该仲裁应不予执行，报请我院审查。我院经审查拟同意广州中院的意见，按照法定程序特报请钧院审查批准。现将本案审查情况报告如下：

一、当事人的有关情况

申请执行人：CLINTONE NGINEERING LIMITED（以下简称克林顿公司）。住所地：香港特别行政区北角英皇道510号港运大厦510室。

被申请执行人：广州市东峻房地产有限公司（以下简称东峻公司），住所地：广东省广州市东风东路836号东峻广场四座36号楼。

二、本案争议焦点问题

该仲裁是否违反法定程序，是否符合仲裁法关于涉外仲裁中程序违法应裁定不予执行的情形？

三、我院的审查意见

（一）仲裁庭作出的仲裁的主要事实依据

1998年7月，克林顿公司（香港公司）与东峻公司就双方之间的工程款及工程质量纠纷提交佛山仲裁委员会仲裁。在案件审理过程中，仲裁庭于1999年6月就工程质量和造价鉴定问题指定了德正会计师事务所作鉴定并出具《鉴定评估报告》，其后依据该《鉴定评估报告》认定的事实作出了〔1998〕佛仲字第04号《裁决书》，该报告即为仲裁的主要事实依据。

（二）关于《鉴定评估报告》相关问题的查明事实

根据建设部1996年3月6日起施行的《工程造价咨询单位资质管理办法（试

行)》、2000 年 3 月 1 日起施行的《工程造价咨询单位管理办法》,广东省人民政府制定并于 1998 年 7 月 1 日施行的《广东省建设工程造价管理规定》等规定,为规范工程造价中介组织行为,自 1996 年 3 月 6 日起,凡在我国境内从事工程造价咨询活动的单位,须取得《工程造价咨询单位资质证书》,并在资质证书核定的范围内从事工程造价咨询活动。上述规定明确对工程造价咨询单位的资质认定和管理工作由建设行政部门负责。因此,自 1996 年 3 月 6 日起,从事工程造价咨询活动的单位,须向建行政部门申报并经审核符合条件获得《工程造价咨询单位资质证书》后,才具备从事工程造价咨询活动的资格。

广州中院执行庭举行的听证会证实,广东德正会计师事务所虽是经广东省财政厅批准成立、广东省工商行政管理局注册登记而合法设立的机构,但其营业范围仅限于对企业整体资产评估和某类单项资产评估,只具备对其营业范围内的资产进行评估的资格。对工程造价的评估鉴定不是广东德正会计师事务所的营业项目,其不具备对工程造价进行评估鉴定的资格。广东省建设工程造价管理总站证实:广东德正会计师事务所没有申报及取得省建设厅颁发的《工程造价咨询单位资质证书》,不能从事有关的工程造价评估鉴定活动。

(三) 关于仲裁庭裁决程序违法问题的认定

仲裁庭指定广东德正会计师事务所这家没有工程质量和造价鉴定的机构进行工程质量和造价鉴定违反《民事诉讼法》第 260 条第 1 款第(三)项、《仲裁法》第 44、71 条、《佛山仲裁委员会仲裁暂行规则》(以下称《佛山仲裁规则》)第 56 条的规定,仲裁程序违法并违反仲裁规则。理由如下:

1.《仲裁法》第 44 条、《佛山仲裁规则》第 56 条均规定:仲裁庭对案件涉及的专门性问题认为需要鉴定的,可以交由当事人约定的鉴定部门鉴定;也可以交由仲裁庭指定的鉴定部门鉴定。以上是对鉴定部门如何选定的规定。在双方当事人共同委托仲裁庭指定鉴定机构时,仲裁庭当然可以依法和依照仲裁规则作出指定,但该指定有一个基本前提和限制:仲裁庭必须在对需要鉴定项目有鉴定资质的鉴定机构之中进行选择并确定其中一个,而不是随意的任何鉴定机构。在此范围内,仲裁庭是有指定鉴定机构的自由权的。

2. 仲裁庭在指定鉴定机构时,负有审查所指定的鉴定机构是否具有特定资质的审查义务。该审查是程序法上的审查,即审查鉴定机构是否具有从事特定鉴定活动的资格。如仲裁庭未尽必要审查义务而导致指定了不具备需要鉴定事项所需资质的鉴定机构,仲裁庭就出现程序违法的情形。所谓必要审查义务,是指仲裁庭只需对鉴定单位进行表面审查,审查其营业范围是否包括鉴定项目及是否具备鉴定项目所需的资质证书。仲裁过程中需要鉴定机构的介入,原因是案件认定的事实涉及专门性问题,其专业性知识是一般常识的人不能掌握和判断的。鉴定机构专业鉴定资质的取得是须经过法定的程序而不是自然取得的,鉴定机构必须经过行业主管部门审核、颁发有关资质证书后赋予鉴定资格。仲裁庭指定了没有工程质量和工程造价资质的广东德正会计师事务所作为对工程质量和工程造价的鉴定机构,是根本违反《仲裁法》第44条、《佛山仲裁规则》第56条的规定和原则的。

3. 对指定的鉴定机构是否具备相关资质、是否具备鉴定资格的审查,是程序法上的、形式上的审查;而对于具备鉴定资质和鉴定资格的鉴定机构作出的《鉴定评估报告》是否客观公正、是否伪造变造、是否依据充足从而决定对其结论和意见是否采纳,则是实体法上的、实质上的审查。《佛山仲裁规则》第57条赋予了仲裁庭对鉴定机构作出的《鉴定评估报告》实体审查的权力:专家报告、鉴定报告和咨询意见是否采纳,由仲裁庭决定。

这如同《民事诉讼法》是程序法,《民法通则》是实体法,两法各从程序与实体方面作出规范一样。《民事诉讼法》第108条规定了起诉的条件:(1) 原告是与本案有直接利害关系的公民、法人和其他组织;(2) 有明确的被告;(3) 有具体的诉讼请求和事实、理由;(4) 属于人民法院受理民事诉讼的范围和受诉人民法院管辖。符合上述条件的,人民法院应予受理。法院对起诉的审查是程序上的、形式上的、表面的审查,其中包括对原、被告双方主体资格的审查(主体资格是存在或是消灭,如单位则是否有法人资格等),该审查着重在当事人行使其诉讼权利、提起诉讼主张而对其起诉是否事实理由充分、能否支持等实体问题不予审查。《民法通则》作为实体法,承担的是对法律关系的产生、变更、消灭,权责义务的确定等实体审查的责任。由此可见,程序公正是实体公正的重要前提。

4. 仲裁庭选定广东德正有限责任会计师事务所作为东峻广场机电工程的质量和造价的鉴定评估机构的过程是仲裁庭在仲裁程序中的取证程序,是属于仲裁程序的组成部分之一。仲裁庭在选定鉴定评估机构的过程中,由于其未对鉴定评估机构是否具有"工程造价咨询单位资质证书"进行审查,致使发生了选定"广东德正有限责任会计师事务所"这家没有"工程造价咨询单位资质证书"的鉴定评估机构来从事该工程质量和造价的鉴定业务,这就发生了仲裁程序过程中的取证程序的违法情形。虽然《仲裁法》第44条和《佛山仲裁规则》第56条规定,仲裁庭可以指定鉴定部门,但仲裁庭的这种指定不能违法。仲裁庭选定德正会计师事务所这家没有资质的鉴定部门进行鉴定,就发生了取证程序的违法,取证程序是仲裁程序的组成部分之一,即也就是仲裁程序违法。

综上所述,我院认为,仲裁庭未尽审查义务指定了没有工程质量和工程造价鉴定资质的鉴定机构从事工程质量和工程造价项目的鉴定,并对没有鉴定资格的广东德正会计师事务所作出的《鉴定评估报告》的鉴定结果予以采纳作为认定事实的依据,严重违反了《仲裁法》第44条、《佛山仲裁规则》第56条、建设部《工程造价咨询单位资质管理办法(试行)》第10、11条《工程造价咨询单位管理办法》第2、3条、《广东省建设工程造价管理规定》第20、21条的规定,属于《民事诉讼法》第260条第1款第(三)

项、《仲裁法》第71条规定的对涉外仲裁不予执行的情形，据上，拟同意广州中院的意见并报请钧院审查。

特此报告，请予审批。

广东省高级人民法院

2004年4月12日

第十节 超裁

超裁即仲裁庭审理、裁决的事项超出了当事人约定的仲裁争议解决范围。仲裁中超裁主要体现在两个方面：第一，裁决了当事人之间约定提交裁决争议以外的争议；第二，裁决了当事人与第三人的争议。最高人民法院公布的以下案例对理解超裁很有帮助：

1. 仲裁裁决了当事人之间约定提交裁决争议以外的争议。在捷华实业有限公司申请撤销其与江阴庆玛曼汽车塑件有限公司之间〔2004〕中国贸仲沪裁字第177号仲裁案①中，当事人签署了三份合同，其中有一份合同订有仲裁条款。而仲裁庭就三份合同均进行了审理，并作出裁决。最高人民法院认为该项裁决属于超裁，应予撤销。

2. 仲裁裁决了当事人与第三人的争议。在美国GMI公司申请承认执行英国伦敦金属交易所仲裁裁决案②中，经审查，英国伦敦金属交易所仲裁裁决将仲裁协议以外的第三人列为被申请人之一，且裁决其承担责任。最高人民法院认为属于超裁，超裁部分不予承认和执行。在罗定市供电局与辉恩中国投资有限公司合作合同纠纷仲裁案③中，仲裁庭本来仅应审查合作合同纠纷，而仲裁庭对于合作一方向合作公司提供的股东借款纠纷进行了审查和裁决。最高人民法院认为对股东借款问题的裁决属于超裁，该部分裁决裁定撤销。

---

① 万鄂湘主编：《涉外商事海事审判指导》2006年第1辑，人民法院出版社2006年版，第105页。

② 万鄂湘主编：《涉外商事海事审判指导》2004年第1辑，人民法院出版社2004年版，第30页。

③ 万鄂湘主编：《涉外商事海事审判指导》2006年第1辑，人民法院出版社2006年版，第58页。

附 20-42

最高人民法院《关于是否裁定撤销中国国际经济贸易仲裁委员会上海分会仲裁裁决的请示》的复函(〔2006〕民四他字第 7 号)

上海市高级人民法院:

你院〔2005〕沪高民四(商)他字第 3 号《关于捷华实业有限公司申请撤销仲裁裁决一案的请示》收悉。经研究,答复如下:

本案系一方当事人向人民法院申请撤销我国仲裁机构作出的涉外仲裁裁决,因此,应当根据《中华人民共和国仲裁法》第 70 条和《中华人民共和国民事诉讼法》第 260 条的规定进行审查。

本案中,江阴庆玛曼汽车塑件有限公司(以下简称江阴公司)与捷华实业有限公司(以下简称捷华公司)于 1996 年 3 月 24 日签订的"购买轿车保险杠自动涂装生产线及空气压缩机和空气净化设备合同"(以下简称 96 合同)中约定了有效的仲裁条款,因 96 合同引发的一切争议即应当通过仲裁解决。江南模具塑化有限公司与捷华公司、日本岩田株式会社于 1999 年 10 月 9 日签订的"购买水洗和火焰处理设备合同"(以下简称 99 合同)以及江阴模塑集团有限公司与捷华公司、日本岩田株式会社于 2001 年 2 月 6 日签订的"购买底漆烘干炉合同"(以下简称 01 合同)中均没有仲裁条款;且该两份合同完全独立于 96 合同,因此,因该两份合同引发的争议不受 96 合同中仲裁条款的约束。仲裁庭在审理江阴公司与捷华公司 96 合同纠纷的过程中认为,"不能因为上述三份合同之间的互相独立性而否认该三份合同之间存在关联性的事实",仍需将 99 合同和 01 合同的订立与履行过程作为与系争合同当事人的权利义务有关的事实加以审理,并在仲裁裁决书主文第一项中裁决"被申请人应向申请人支付补充设备的损失人民币 500 000 元、日元 119 000 000 元……"实际上处理了江南模具塑化有限公司、江阴模塑集团有限公司及日本岩田株式会社的合法权益,应认定超出了仲裁庭有权审理的范围。申请人提出的其他撤销本案所涉仲裁裁决的理由均不能成立。因此,本案应当根据《中华人民共和国仲裁法》第 70 条和《中华人民共和国民事诉讼法》第 260 条第 1 款第(四)项的规定,裁定撤销中国国际经济贸易仲裁委员会上海分会于 2004 年 12 月 17 日作出的〔2004〕中国贸仲沪裁字第 177 号仲裁裁决第一项中的超裁部分,即"被申请人应向申请人支付补充设备的损失人民币 500 000 元、日元 119 000 000 元"。

此复。

最高人民法院

2006 年 3 月 16 日

附 20-43

上海市高级人民法院《关于捷华实业有限公司申请撤销仲裁裁决一案的请示》（〔2005〕沪高民四（商）他字第 3 号）

最高人民法院：

上海市第二中级人民法院就申请人捷华实业有限公司请求撤销中国国际经济贸易仲裁委员会上海分会（以下简称仲裁委）〔2004〕中国贸仲沪裁字第 177 号仲裁裁决一案，报本院请示。经本院审查，拟同意撤销该仲裁裁决，特报你院请示。

一、当事人基本情况

申请人：捷华实业有限公司（以下简称捷华公司，系在香港特别行政区注册的企业）。

被申请人：江阴庆玛曼汽车塑件有限公司（以下简称江阴公司）。

二、案件主要情况

申请人捷华公司于 2005 年 1 月 24 日向上海市第二中级人民法院提起诉讼，以仲裁裁决严重超裁为由请求撤销仲裁委〔2004〕中国贸仲沪裁字第 177 号仲裁裁决。认为江阴公司与捷华公司于 1996 年签订的《买卖合同》（以下简称 96 合同）中载有仲裁条款，江阴公司系据此提起仲裁。江南模具塑化有限公司（以下简称江南公司）与捷华公司、日本岩田株式会社（以下简称日本公司）于 1999 年签订的《买卖合同》（以下简称 99 合同），以及江阴模塑集团有限公司（以下简称江阴集团）与捷华公司、日本公司于 2001 年签订《买卖合同》（以下简称 01 合同）中没有仲裁条款，买方也分别是江南公司和江阴集团。但江阴公司把 99 合同和 01 合同的总货款 50 万元人民币和 1.19 亿日元作为自己的经济损失，仲裁庭对此却予支持，明显超出了 96 合同的仲裁范围，处分了案外人的权利义务。

被申请人江阴公司则认为，仲裁裁决认定事实清楚，程序合法，请求驳回捷华公司的撤裁申请。

2005 年 2 月 16 日及同年 5 月，仲裁委两次复函上海市第二中级人民法院，称捷华公司撤销仲裁裁决的申请缺乏事实和法律依据。仲裁庭在仲裁裁决书中已经明确，审理范围仅限于有仲裁条款的 96 合同。鉴于 99 合同、01 合同与 96 合同的关联性，仲裁庭将两份关联合同的订立和履行过程，作为与 96 合同当事人的权利义务相关的印证事实加以认定，但不涉及对两份合同当事人权利义务的审理和评判。尽管 99 合同和 01 合同的货款是仲裁申请人江阴公司的关联公司支付的，但当这两项补充设备完全被用于 96 合同项下设备的改造以实现合同目的时，在仲裁申请人未提出其他计取损失赔偿的衡量标准或衡量依据时，仲裁庭参照两项补充设备的实际购买价格加以衡量，并不构成超裁。即仲裁庭引用 99 合同和 01 合同的货款金额，考虑的仅仅是确定 96 合同项下捷华公司违约赔偿责任基础的合理性，而非对两份合同的实体审理。这属于仲裁庭确定损失赔偿额的一种方法，是完全公平合理的。据此认为法院应驳回捷华公司的撤裁申请。

上海市第二中级人民法院经审理查明，1996 年 3 月 24 日，江阴公司与捷华公司签订购买轿车保险杠自动涂装生产线设备（以下简称生产线）的 96 合同，约定价格为 348 万美元；仲裁条款载明"凡有关本合同或执行本合同而发生的一切争执，应通过友好协商解决。如不能解决，则应提交中国国际经济贸易仲裁委员会上海分会按照仲裁规则和程序在上海进行仲裁。"江阴公司支付了货款，捷华公司交付了生产线，生产商日本公司进行安装调试。江苏省商检局出具《品质检验证书》，认为生产线喷出的产品存在质量缺陷，系因为生产线设计不当所致。为整改生产线，江南公司与捷华公司、日本公司签订"购买水洗和火焰处理设备"的 99 合同，价格为 50 万元人民币和 5 000 万日元。为继续整改生产线，江阴集团与捷华公司、日本公司签订"购买底漆烘干炉"的 01 合同，价格为 6 900 万日元。此后，江阴公司认为三个合同项下的设备均未通过验收，捷华公司已构成严重违约，遂于 2003 年 10 月 28 日向仲裁委提起仲裁，请求裁决：捷华公司对江阴公司购买的设备予以退货；如不能退货，捷华公司应赔偿江阴公司全部经济损失约 2 950 万元人民币。仲裁委受理江阴公司的仲裁请求后，组成仲裁庭对本案进行了仲裁，并于 2004 年 12 月 17 日作出〔2004〕中国贸仲沪裁字第 177 号仲裁裁决：一、捷华公司应向江阴公司支付补充设备的损失 50 万元人民币、1.19 亿日元和油漆损失 1 052 066.03 元人民币。二、驳回江阴公司的其他仲裁请求。

该院审委会多数意见认为：(1) 江阴公司仲裁请求的事实和理由中包括了 99 合同和 01 合同。在仲裁中，江阴公司主张自己分别委托江南公司和江阴集团签订了 99 合同和 01 合同，江阴公司实际是 99 合同和 01 合同的买方；其在提交的《损失明细表》中，也将 99 合同和 01 合同中的货款合计 50 万元人民币和 1.19 亿日元作为自己的直接损失。(2) 仲裁庭认定江阴公司发生了 50 万元人民币和 1.19 亿日元经济损失的结论，缺乏事实依据。既然仲裁庭认定了涉案三份合同在合同主体等方面不相同，构成相互独立的法律关系，99 合同和 01 合同的货款是江南公司和江阴集团支付的，那么也就否定了江阴公司委托购买的事实，即否定了江阴公司支付了 50 万元人民币和 1.19 亿日元的事实，故仲裁庭不应该得出江阴公司发生了 50 万元人民币和 1.19 亿日元经济损失的结论。(3) 仲裁庭虽然在裁决书中界定了仲裁范围仅限于 96 合同，但该界定和其所认定的事实和引用的法律之间存在诸多的矛盾。其裁决的 50 万元人民币和 1.19 亿日元，不仅在金额上与 99 合同和 01 合同的总金额相同，在币种上也完全相同，故该裁决内容应被理解为事实上处理了 99 合同和 01 合同的货款。由于这两个合同没有仲裁条款，所以裁决实质上已构成超裁。拟依照《中华人民共和国仲裁法》第 70 条、《中华人民共和国民事诉讼法》第 260 条第 1 款第（四）项之规定，裁定撤销〔2004〕中国贸仲沪裁字第 177 号仲裁裁决。

该院审委会少数意见认为，仲裁庭仅是把 99 合同、01 合同的货款作为在确定江阴公司的经济损失的考量,而非对该两份合同的权利义务的处理;99 合同、01 合同的签约当事人可以按照合同的约定提起诉讼或仲裁等。因此,仲裁庭的裁决不构成超裁。

该院审委会倾向性意见:〔2004〕中国贸仲沪裁字第 177 号仲裁裁决已构成超裁,应予撤销。

三、本院审查意见

本院审委会多数意见同意上海市第二中级人民法院审委会多数意见,认为:〔2004〕中国贸仲沪裁字第 177 号裁决系具有涉外因素的仲裁裁决,对于该仲裁裁决是否应予撤销,应当依据《中华人民共和国仲裁法》第 70 条之规定进行审查决定。根据该条之规定,当事人提出证据证明涉外仲裁裁决由《中华人民共和国民事诉讼法》第 260 条第 1 款规定的情形之一的,经人民法院组成合议庭审查核实,裁定撤销。经审查,江阴公司仲裁请求的事实和理由中,包括了 99 合同和 01 合同的内容,且在向仲裁庭明确经济损失的具体构成时,将这两个合同的货款总额计 50 万元人民币和 1.19 亿日元作为其直接经济损失,可见江阴公司欲将三个合同一并仲裁解决的意图是明显的。仲裁庭既认定三份合同是相互独立的法律关系,又将 99 合同和 01 合同项下的货款作为确定 96 合同经济损失的依据,显然自相矛盾。反之,如果仲裁庭认为其将 99 合同和 01 合同的货款损失作为衡量江阴公司因 96 合同而遭受的经济损失的做法是正确的,那么,只能理解为仲裁庭事实上审理了 99 合同和 01 合同,并处理了这两个合同所涉及的货款. 实现了江阴公司将三个合同一并仲裁解决的意图,因此构成了超裁。根据《中华人民共和国仲裁法》第 70 条、《中华人民共和国民事诉讼法》第 260 条第 1 款第(四)项之规定,〔2004〕中国贸仲沪裁字第 177 号仲裁裁决应予撤销。

本院审委会少数意见同意上海市第二中级人民法院审委会少数意见,认为仲裁庭仅是把 99 合同和 01 合同的货款作为确定 96 合同的经济损失的考量,而非对两份合同权利义务的处理。客观上说,仲裁庭没有严格审查江阴公司是否遭受了经济损失,以及经济损失的实际数额,其裁决结果可能是不公平的,但这是仲裁中的实体问题,并非法院在审查申请撤裁案件时应该考虑的因素,即涉外仲裁裁决实体错误不构成撤裁的理由。因此,该仲裁裁决不应撤销。

本院审委会倾向性意见:同意撤销〔2004〕中国贸仲沪裁字第 177 号仲裁裁决。

妥否,请审批。

上海市高级人民法院

2006 年 1 月 4 日

附 20-44

最高人民法院《关于美国 GMI 公司申请承认英国伦敦金属交易所仲裁裁决案》的复函(〔2003〕民四他字第 12 号)

安徽省高级人民法院:

你院〔2002〕皖民二他终字第 10 号《关于对美国 GMI 公司申请承认英国伦敦金属交易所仲裁裁决一案的审查意见》收悉,经研究,答复如下:

你院请示报告对于争议的焦点问题归纳准确,对于当事人争议的 GMI 公司提出申请的期限问题、芜湖冶炼厂称已丧失履行能力裁决不应执行问题、芜湖冶炼厂是否得到指派仲裁员及仲裁程序通知的问题等,请示报告中均依据充分的事实和法律作出了清晰的分析,本院同意你院对上述问题的分析意见。

本案仲裁庭根据美国 GMI 公司与芜湖冶炼厂签订的买卖合同中的仲裁条款受理案件,就仲裁范围而言,仲裁庭只能对 GMI 公司与芜湖冶炼厂之间的买卖合同纠纷作出裁决,但其却根据 GMI 公司的申请,将与 GMI 公司之间没有仲裁协议的芜湖恒鑫铜业集团有限公司列为仲裁被申请人,对所谓的 GMI 公司与芜湖冶炼厂及芜湖恒鑫铜业集团有限公司三方之间的纠纷作出了裁决,仲裁庭对 GMI 公司与芜湖恒鑫铜业集团有限公司之间所谓的买卖合同纠纷所作裁决,显然已经超出了本案仲裁协议的范围。

根据《纽约公约》第 5 条第 1 款(丙)项的规定,仲裁事项超出仲裁协议范围的,应不予执行,但如果仲裁庭有权裁决部分与超裁的部分是可分的,则有权裁决的部分是应该承认和执行的。本案中仲裁庭有权裁决部分和超裁部分是明确可以区分的。虽然仲裁庭在裁决书中多次使用"被申请人"的称谓,均未指明是芜湖冶炼厂还是芜湖恒鑫铜业集团有限公司,而从裁决书首部将芜湖冶炼厂和芜湖恒鑫铜业集团有限公司均列为被申请人看,裁决书在没有特别指明的情况下,其被申请人的含义应该既包括芜湖冶炼厂,也包括芜湖恒鑫铜业集团有限公司,但使用这种称谓,并不表明有权裁决部分和超裁部分是不可分的,从最终裁决结果看,有明确裁决芜湖冶炼厂单独承担责任的部分,就该部分裁决而言,仲裁庭有权裁决,而且与超裁部分是可分的,亦不存在其他不应予以承认和执行的情形,因此对于涉及芜湖冶炼厂单独承担责任部分的裁决应予承认和执行。而其他使用"被申请人"这个称谓表明应该承担责任部分的裁决,由于对于芜湖冶炼厂及芜湖恒鑫铜业集团有限公司承担的责任没有明确区分,因此,人民法院对于仲裁庭有权裁决部分和超裁部分亦无法区分,故对于无法区分部分的裁决不应予以承认和执行。

此复。

最高人民法院

2003 年 11 月 12 日

附 20-45

安徽省高级人民法院《关于对美国 CMI 公司申请承认英国伦敦金属交易所仲裁裁决一案的请示(摘要)》(〔2002〕皖民二他终字第 10 号)

最高人民法院:

美国 GMI 公司(Gerald Metals Inc)(以下简称 GMI 公司)申请承认英国伦敦金属交易所仲裁裁决一案,我院经审判委员会讨论,决定呈报钧院审查。现将此案的审查意见报告如下:

一、当事人的基本情况

申请承认人(原仲裁申请人):GMI 公司。住所地:美利坚合众国康州斯坦福市高岭公园街 6 号,06905 号。

法定代表人:Mr. Fabio Calia,高级副总裁。

被申请承认人(原仲裁被申请人):芜湖冶炼厂,住所地:中华人民共和国安徽省芜湖市褐山路。

法定代表人:周瑞庭,厂长。

被申请承认人(原仲裁被申请人):芜湖恒鑫铜业集团有限公司。住所地:中华人民共和国安徽省芜湖市褐山北路。

法定代表人:周瑞庭,董事长。

二、仲裁裁决要点

1. 仲裁协议

在 GMI 公司与芜湖冶炼厂签订的铜阴级买卖合同中,双方当事人在第 13 条约定了仲裁条款,即“由本合同引起的或本合同项下的任何纠纷应根据《伦敦金属交易所规则条例》在伦敦通过仲裁解决”。

2. 仲裁经过

GMI 公司以芜湖冶炼厂未完全交付货物给其造成损失为由,于 2001 年 12 月 7 日向英国伦敦金属交易所仲裁庭提交了仲裁申请书,并于 2002 年 2 月 20 日提出索赔,要求得到 5 222 318.48 美元的损失赔偿及相应的利息和费用。芜湖冶炼厂和芜湖恒鑫铜业集团有限公司未提交答辩书,也未出席庭审。

3. 仲裁结果

英国伦敦金属交易所仲裁庭根据 1996 年《英国仲裁法》以及《伦敦金属交易所规则条例》,于 2002 年 5 月 23 日作出仲裁裁决:“被申请人芜湖冶炼厂应在 2002 年 5 月 31 日英国夏时制下午 5 时之前向申请人 GMI 公司支付金额 5 725 613.46 美元(伍佰柒拾贰万伍仟陆佰壹拾叁美元零肆拾陆美分),加上自判决之日起至完全付款和最后解决本事项中向仲裁庭提出的所有索赔之日止按 6 个月的伦敦银行同业折息率加 2.5% 利率计算的该金额的利息”;并指示仲裁费用 8 765.06 英镑和 2 500.00 英镑保证金由被申请人(未指明芜湖冶炼厂还是芜湖恒鑫铜业集团有限公司,或是包括二者在内)支付,理由为“被申请人(亦未明指)有对索赔发表意见的一切机会,并且有提交答辩书的一切机会。双方当事人之间存在有效合同。申请人付款后被申请人(亦未明指)违约,给申请人造成了损失”。

三、当事人的申请及抗辩理由

芜湖冶炼厂于2003年1月27日向本院递交了对该仲裁裁决不予承认及执行的抗辩请求,其理由是:(1)芜湖冶炼厂在整个仲裁程序中没有得到指派仲裁员、关于仲裁程序的通知,更没有得到替自己申辩的机会,故符合《承认及执行外国仲裁裁决公约》(以下简称《纽约公约》)第5条之1款之(二)项之规定,应予以拒绝承认及执行。(2)伦敦金属交易所仲裁裁决书于2002年5月23日生效,该仲裁裁决的履行期限为2002年5月31日,GMI公司向法院请求承认及执行的日期已超过《民事诉讼法》规定的申请执行期限。(3)芜湖冶炼厂已丧失履行能力,因此,GMI公司向法院请求承认及执行仲裁裁决的申请不应支持。

芜湖恒鑫铜业集团有限公司于2003年1月27日向本院递交了异议书,认为:该公司不是本案的合格的被执行人,请求依法驳回GMI公司将该公司列为被执行人的申请。其理由是:该公司与GMI公司之间没有发生过货物买卖业务、从未发生过货物买卖纠纷、更未参与过仲裁活动。该公司与芜湖冶炼厂没有任何产权或股本关系,GMI公司将该公司列为被执行人没有法律和事实依据,系滥用诉权行为。

GMI公司于2003年2月11日向本院提交抗辩意见称:(1)在承认外国仲裁裁决时,法院只应对外国仲裁裁决进行形式审查,不应涉及案件的实体问题,该部分工作一般在进入执行程序后再进行认定和裁决。对芜湖冶炼厂针对仲裁程序提出的答辩意见,以及财务能力的陈述,无论是否成立,皆应在执行程序中再作认定和裁决。同样,对于芜湖恒鑫铜业集团有限公司提出的关于主体资格的意见,也应在执行程序中再作认定和裁决。在对外国仲裁裁决进行形式审查时,应暂不考虑两个被申请承认人提出的上述意见。(2)根据《中华人民共和国民事诉讼法》第219条的规定,本案申请承认及执行的期限为6个月,应自裁决规定的履行期限的最后一日,即2002年5月31日起开始计算,截至2002年11月底。GMI公司于2002年11月19日将申请材料交邮,安徽省高级人民法院立案庭于2002年11月25日出具收据,证明收到申请材料,故未超过法定申请期限。

四、审查意见及理由

本案系承认外国仲裁裁决的案件,根据最高人民法院法经〔1987〕5号《关于执行我国加入的〈承认及执行外国仲裁裁决公约〉的通知》(以下简称《通知》)规定,我院审判委员会审查研究认为:

1. 英国与中国均系《纽约公约》的缔约国,按照《纽约公约》的规定,在缔约国作出的仲裁裁决的一方当事人可以向我国法院提出承认及执行缔约国仲裁裁决的申请。

因此,GMI 公司向本院提出承认及执行缔约国英国伦敦金属交易所仲裁裁决的申请合法有据。

2. 被申请承认人住所地在安徽省高级人民法院辖区,省法院受理此案符合最高人民法院《通知》第 3 条以及《安徽省高级人民法院关于涉外民商事案件诉讼管辖若干问题的规定》第 2 条之规定。

3. 根据最高人民法院《通知》第 5 条之规定,申请承认及执行的期限为 6 个月,该期限应从法律文书规定的履行期限的最后一日起计算。本案英国伦敦金属交易所仲裁裁决的履行期限应在 2002 年 5 月 31 日英国夏时制下午 5 时之前,GMI 公司申请承认的日期是 2002 年 11 月 19 日,在申请承认期限内。

4. 对各方当事人抗辩意见的审查:

(1) 芜湖冶炼厂提出的"GMI 公司向法院请求承认和执行的日期已超过我国《民事诉讼法》规定的申请执行期限"的抗辩不能成立。对此,在审查意见及理由第(三)点中已作说明。

芜湖冶炼厂关于"其已丧失履行能力,因此,GMI 公司向法院请求承认及执行仲裁裁决的申请不应支持"的辩解不能成立。是否丧失履行能力并不属于《纽约公约》中应予以拒绝承认的事项,该辩解于法无据,不予采纳。

(2) 根据《纽约公约》的规定,申请地国法院在承认及执行外国仲裁裁决时有权对外国仲裁裁决是否存在《纽约公约》第 5 条第 1、2 款所规定的不予承认裁决的情形进行审查,因此,GMI 公司关于"两被申请承认人就仲裁程序的抗辩意见在承认阶段不予考虑"的观点不能成立。

(3) 芜湖冶炼厂提出的"在整个仲裁程序中没有得到指派仲裁员、关于仲裁程序的通知,更没有得到替自己申辩的机会"的抗辩是否成立是本案的关键之一。根据《纽约公约》的规定,芜湖冶炼厂应向法院提出证据证明其上述抗辩主张。在整个审查过程中,芜湖冶炼厂既未提供证据证明有关送达的证据系伪造或具有其他不应予以采信的情形,也未对接收地通信地址或传真号码提出异议,也未曾向法院提出调证、查证申请。根据最高人民法院《关于民事诉讼证据的若干规定》第 9 条之规定,GMI 公司所提供的证据系经有效公证文书所证明,芜湖冶炼厂未提供足够推翻上述事实的相反证据,因此,应确认 GMI 公司所提供的证据的证明力。根据 GMI 公司提供的 1996 年《英国仲裁法》及《伦敦金属交易所规则条例》,有关邮件送达事宜采取投邮原则,经过邮寄后的合理时间,邮件应视为已送达,传真传送结束时文件应视为已送达。既然仲裁协议当事人选择伦敦金属交易所为仲裁机构并约定适用英国法仲裁,就应受 1996 年《英国仲裁法》、《伦敦金属交易所规则条例》的约束。因此,芜湖冶炼厂上述抗辩不能成立。

(4) 芜湖恒鑫铜业集团有限公司是否是本案的适格主体。芜湖恒鑫铜业集团有限公司不是仲裁协议的当事人,但却被仲裁庭列为被申请人,同时裁决书也未说明将芜湖恒鑫铜业集团有限公司列为被申请人的事实和理由，而且GMI公司至今也未提供证据证明芜湖恒鑫铜业集团有限公司与芜湖冶炼厂为同一实体或存在某种关联关系，以至于能够将芜湖冶炼厂与GMI公司交易的行为视为芜湖恒鑫铜业集团有限公司的行为。在裁决书中，除“被申请人芜湖冶炼厂应在2002年5月31日英国夏时制下午5时之前向申请人GMI公司支付金额5 725 613.46美元（伍佰柒拾贰万伍仟陆佰壹拾叁美元零肆拾陆美分），加上自判决之日起至完全付款和最后解决本事项中向仲裁庭提出的所有索赔之日止按6个月的伦敦银行同业折息率加2.5%利率计算的该金额的利息”表明被申请人为芜湖冶炼厂外，裁决其他处所提到的“被申请人”均未指明是芜湖冶炼厂还是芜湖恒鑫铜业集团有限公司。由于该裁决书将芜湖冶炼厂和芜湖恒鑫铜业集团有限公司同时列为被申请人，义务主体又指代不明，而且，根据GMI公司提供的证据，并非所有仲裁程序上的通知均发往了芜湖恒鑫铜业集团有限公司，可以认定仲裁裁决超越了仲裁协议的范围，违反了《纽约公约》第5条第1款第3项规定，存在不予承认的情形。

鉴于我院拟裁定驳回GMI公司申请，拒绝承认英国伦敦金属交易所仲裁裁决，根据钧院《关于审理和执行涉外民商事案件应当注意的几个问题的通知》（法〔2000〕51号）的规定，现将该案呈报钧院审查，请予答复。

安徽省高级人民法院

附 20-46

最高人民法院《关于是否裁定撤销中国国际经济贸易仲裁委员会华南分会仲裁裁决的请示》的复函（〔2005〕民四他字第47号）

广东省高级人民法院：

你院〔2005〕粤高法民四他字第22号“关于罗定市供电局申请撤销仲裁裁决一案的请示”收悉。经研究，答复如下：

中国国际经济贸易仲裁委员会华南分会就罗定市供电局与辉恩中国投资有限公司之间的合作合同纠纷作出了〔2005〕中国贸仲深裁字第37号裁决。罗定市供电局以裁决事项超出合作合同仲裁协议范围、仲裁程序违反仲裁规则以及执行裁决违反社会公共利益等为由向深圳市中级人民法院申请撤销该仲裁裁决。因是否接受当事人的变更反请求系仲裁庭有权自行决定的事项，且罗定市供电局作为民事主体参与民事活动应当承担责任，故其有关仲裁程序违反仲裁规则及执行裁决违反社会公共利益的理由依法不能成立。但本案合作合同存在于罗定市供电局与辉恩中国投资有限公司之间，合作合同中的仲裁条款应仅约束该两当事人之间的合作合同纠纷，仲裁庭无权就辉恩中国投资有限公司与合作公司辉罗力有限公司之间的借贷合同纠纷以及与罗定市供电局之间的借贷担保合同纠纷进行仲裁。由于借贷合同及借贷担保合同约定的仲裁机构为广州仲裁委员会且该委已就借贷担保合同纠纷作出了〔2004〕穗仲案字第1692号仲裁裁决，因此，本案仲裁裁决第一项中有关股东借贷损失的内容，超出了合作合同仲裁条款约定的范围，应认定属于超裁。同意你院的请示意见，本案应撤销仲裁裁决第一项中的股东借贷损失部分。

此复。

最高人民法院

2006年3月1日

附20-47

广东省高级人民法院《关于罗定市供电局申请撤销仲裁裁决一案的请示》(〔2005〕粤高法民四他字第22号)

最高人民法院：

中国国际经济贸易仲裁委员会华南分会对罗定市供电局与辉恩中国投资有限公司(下称辉恩公司)合作合同争议一案，作出了〔2005〕中国贸仲深裁字第37号裁决。后罗定市供电局向深圳市中级人民法院提出撤销涉案仲裁裁决的申请。经审查，深圳市中级人民法院拟对涉案仲裁裁决予以部分撤销，并依规定就本案向我院进行请示。

深圳市中级人民法院认为，涉案仲裁裁决第一项是支持辉恩公司要求罗定市供电局支付赔偿金1 600万美元的请求，而辉恩公司是根据合作公司清算委员会出具的清算结束报告计算赔偿金的，清算报告确认辉恩公司损失注册资本金9 992 960美元、股东借贷损失余额12 839 188.87美元，合计损失22 832 148.87美元，辉恩公司要求罗定市供电局赔偿其损失总额的70%，即1 600万美元。股东借贷是指辉恩公司借给合作公司的款项，且双方签订了借贷协议，协议还约定了不同的仲裁机构解决争议。本案仲裁裁决将辉恩公司借给合作公司的款项也作为辉恩公司的损失，并裁决由罗定市供电局赔偿，超出了辉恩公司与罗定市供电局签订《合作合同》的仲裁条款的范围，不是双方合作合同项下的争议，因此，仲裁裁决事项超出了当事人仲裁条款约定的范围。根据《中华人民共和国民事诉讼法》第260条第1款第(四)项的规定，应当撤销中国国际经济贸易仲裁委员会华南分会〔2005〕中国贸仲深裁字第37号裁决第一项。

经审查，我院倾向认为，涉案仲裁裁决应当予以部分撤销。首先，涉案仲裁裁决部分超裁。第一，辉恩公司与罗定市供电局就合作建立辉罗公司签订了《合作合同》，《合作合同》第二十三章第23.1中约定了“凡因执行本合同所发生的或与本合同有关的一切争议，合作各方应通过友好协商解决；如果协商不能解决，应提交中国国际经济贸易促进委员会的仲裁委员会申请仲裁”的仲裁条款，该仲裁条款明确了《合作合同》仲裁的双方当事人是辉恩公司和罗定市供电局。第二，仲裁裁决第一判项中的股东借贷损失12 839 188.87美元是基于《贷款合同》、《再贷协议》、《确认书》确定的，其中

《贷款合同》中约定了就贷款纠纷提交广州市仲裁委仲裁的仲裁条款，广州市仲裁委也已经对此作出了裁决。后两份合同没有仲裁条款。上述三份合同均是罗定市供电局作为担保人，辉恩公司作为出借人，辉罗公司作为借款人，由辉恩公司作为股东借款给已经成立的合作公司辉罗公司。因此，股东借贷损失是基于三份股东借贷合同产生的，股东借贷纠纷的当事人是辉恩公司和辉罗公司，股东借贷纠纷这一法律关系主体有别于《合作合同》纠纷的法律关系主体。因此，股东借贷损失的争议不属于合作合同项下的争议，涉案仲裁裁决超出了仲裁条款约定的范围。中国国际经济贸易仲裁委员会华南分会对股东借贷纠纷没有管辖权，该仲裁裁决就借贷损失该部分的裁决属于部分超裁。其次，根据《中华人民共和国民事诉讼法》第 260 条第 1 款第（四）项的规定和法院法释〔1999〕第 16 号“我国仲裁机构作出的仲裁裁决，如果裁决事项超出当事人仲裁协议约定的范围，或者不属当事人申请仲裁的事项，并且上述事项与仲裁机构作出裁决的其他事项是可分的，人民法院可以基于当事人的申请，在查清事实后裁定撤销该超裁部分”的规定，本案股东借贷损失与注册资金损失是可分的不同事项，双方当事人就股东借贷损失的数额 12 839 188. 87 美元均表示认可，债权人辉恩公司对该损失仅请求 70%，即 12 839 188. 87 美元 ×70% =8 987 432. 209 美元，仲裁庭对该 8 987 432. 209 美元部分的裁决属于超裁，应当对 8 987 432. 209 美元部分的裁决予以撤销。

综上，我院倾向认为，部分撤销本案所涉仲裁裁决，即撤销中国国际经济贸易仲裁委员会华南分会〔2005〕中国贸仲深裁字第 37 号裁决第一判项中关于股东借贷损失的 70% 即 8 987 432. 209 美元部分。

但是，我们也注意到本案股东借贷纠纷的主体虽与《合作合同》纠纷的主体不同，但是修订的《合作合同》第 5. 2、5. 4 条规定，合作公司的投资总额包括注册资本和借贷资本，借贷资本指本案所涉及的外方借贷给合作公司的资金。《合作合同》补充条款中也约定，外方的债权和股权值大于设备值时，设备的处置权归外方所有。《合作合同》第 19. 2 条约定，如提前终止合作期限和解除合同，应分清责任。可见，《合作合同》也涉及对股东借贷及处理的约定，《合作合同》的上述约定是否属于《合作合同》第二十三章第 23. 1 约定的“……一切争议……”把握不大。

综上，依据法院《关于人民法院撤销涉外仲裁裁决有关事项的通知》第 1 条的规定，特向法院请示，请予批复。

广东省高级人民法院

2005 年 11 月 1 日

第十一节　违反可仲裁性

“可仲裁性是指依对其适用的法律，某一争议是否可以通过仲裁解决的问题,如果可以,该争议即具有可仲裁性,否则,即不具有可仲裁性。”①

《仲裁法》第3条规定了不能通过仲裁程序解决的争议,包括:婚姻、收养、扶养、监护、继承纠纷,以及应当由行政机关处理的行政争议。

在EXPERT ASSBGTS LIMITED和RESISTORTECHNOLOGY LIMITED申请撤销中国国际经济贸易仲裁委员会〔2004〕中国贸仲京裁字第0222号裁决案②中,最高人民法院认为:商务部批准的外资公司股东持股比例如需变更,应由权利人向商务部提出申请,通过行政程序进行变更;而仲裁庭直接裁决变更股东持股比例,则属于仲裁庭无权仲裁情形,该裁决应予撤销。

附20-48

最高人民法院《关于是否裁定撤销中国国际经济贸易仲裁委员会〔2004〕中国贸仲京裁字第0222号仲裁裁决请示》的复函(〔2006〕民四他字第2号)

北京市高级人民法院:

你院京高法〔2005〕332号《关于“EA公司”和“RT公司”申请撤销中国国际经济贸易仲裁委员会裁决一案的请示》收悉。经研究,答复如下:

中国国际经济贸易仲裁委员会就EXPERT ASSETS LIMITED(简称EA公司)、RESISTOR TECHNOLOGY LIMITED(简称RT公司)与江苏华源药业有限公司之间的合资合同纠纷作出了〔2004〕中国贸仲京裁字第0222号仲裁裁决书。该裁决书第四项所涉“97股权重组协议”,系合资公司江苏江山制药有限公司原四方股东靖江葡萄糖厂、江苏省医药保健品进出口(集团)公司、香港钟山有限公司与EA公司于1997年5月22日签订的“关于股份重组的协议”。根据商务部2003年4月4日印发的《关于江苏江山制药有限公司修改合同章程的批复》,现合资公司江苏江山制药有限公司的股东为江苏华源药业有限公司、江苏省医药保健品进出口(集团)公司、EA公司、RT公司及靖江市新兰生物化工有限公司,各自所占股份比例分别为42.05%、3.75%、28.6%、23.78%及2%。因此,靖江葡萄糖厂、香港钟山有限公司已经退出了合资公司江苏江山制药有限公司,且经商务部批准的股份比例亦与“97股权重组协议”确定的股份比例不同。由于本案所涉仲裁案件当事人为EA公司、RT公司及江苏华源药业有限公司三方,合资公司的另两个股东江苏省医药保健品进出口(集团)公司和靖江市新兰生物化工有限公司并未参加仲裁程序,上述仲裁裁决第四项对“97股权重组协议”的效力及执行作出认定并裁决已退出合资公司的靖江葡萄糖厂、香港钟山公司

① 矫镭、王晓琼:《国际商事仲裁司法审查中公共政策和可仲裁性问题探析》,载《涉外商事海事审判指导》2004年第3辑,人民法院出版社2005年版,第172页。

② 万鄂湘主编:《涉外商事海事审判指导》2006年第1辑,人民法院出版社2006年版,第90页。

仍按"97股权重组协议"前的股份比例持有合资公司的股份,不仅超出了仲裁当事人请求的范围,而且影响了案外人的合法权益。该裁项中有关BA公司与江苏华源药业有限公司股份比例的裁决,亦改变了国家审批机关批准的股份比例,属于仲裁庭无权仲裁的情形。

同意你院请示报告中的意见。本案应根据《中华人民共和国仲裁法》第70条及《中华人民共和国民事诉讼法》第260条第1款第(四)项之规定,撤销中国国际经济贸易仲裁委员会〔2004〕中国贸仲京裁字第0222号仲裁裁决书第四项裁决。

此复。

最高人民法院

2006年3月7日

附20-49

北京市高级人民法院《关于"EA公司"和"RT公司"申请撤销中国国际经济贸易仲裁委员会仲裁裁决一案的请示》(京高法〔2005〕332号)

最高人民法院:

我市第二中级人民法院于2004年9月27日立案受理了EXPERT ASSBTS LIMITED(以下简称EA公司)和RESISTORTECHNOLOGY LIMITED(以下简称RT公司)申请撤销中国国际经济贸易仲裁委员会作出的〔2004〕中国贸仲京裁字第0222号裁决一案,二中院审查后,拟裁定驳回EA公司和RT公司申请撤销中国国际经济贸易仲裁委员会京高法〔2004〕中国贸仲京裁字第0222号裁决的申请。经请示我院,我院认为应当支持EA公司和RT公司申请撤销中国国际经济贸易仲裁委员会〔2004〕中国贸仲京裁字第0222号裁决的申请。现将该案情况报告如下:

一、简要案情

仲裁申请人EA公司和RT公司于2003年8月11日依2003年合资合同中的仲裁条款向中国国际经济贸易仲裁委员会提出仲裁申请,要求被申请人江苏华源药业有限公司(以下简称江苏华源公司)依照2003年合资合同,对EA公司和BT公司之间的股权转让行为放弃优先收购权,并配合完成全部转让手续等。

江苏华源公司提出反请求认为由于EA公司没有增资到位1997年股权重组协议应予终止执行,EA公司的股权比例和注册资本应被依法作相应的扣减,请求按照实际出资情况确认双方的股权比例。

仲裁庭支持了申请人EA公司和BT公司的部分仲裁请求,认为:本案股权转让/放弃优先购买权条款是一合法有效条款,江苏华源公司应在董事会作出同意股权转让的决议后配合EA公司、RT公司完成有关转让的报批手续。

仲裁庭亦支持了江苏华源公司提出的部分仲裁反请求;裁决确认EA公司未增资

到位、其股权比例作相应扣减，依据实际出资情况确认各方当事人的股权比例。

EA公司、RT公司于2004年9月27日以〔2004〕中国贸仲京裁字第0222号《裁决书》第四项裁决内容无仲裁条款、超裁、违背仲裁程序、仲裁庭对行政机关已经变更的行为进行事实认定为由，向二中院提出撤销裁决书第四项的申请，裁决书第四项即仲裁庭受理的江苏华源公司在仲裁程序中提出的反请求内容。

二、北京市二中院意见

北京市二中院经审查认为，本案的仲裁裁决并无《中华人民共和国民事诉讼法》第260条规定的应当撤销的法定情形，故拟裁定驳回EA公司和RT公司申请撤销中国国际经济贸易仲裁委员会〔2004〕中国贸仲京裁字第0222号裁决第四项的申请。其理由为双方争议的内容均是2003年合资合同中规定的内容，合资合同中关于股东股权比例的规定来源于1997年股份重组协议，仲裁庭将其作为证据进行审查并认定该协议因事实上未生效而不予执行，并未超出仲裁审理范围。其主要理由如下：

（一）关于是否无仲裁协议的问题

经查，2003年合资合同第46条规定：凡因执行本合同所发生的或本合同有关的一切争议，四方应通过友好协商解决，如协商不能解决，应提交中国国际经济贸易仲裁委员会进行仲裁。EA公司和RT公司依据此仲裁条款向仲裁委提出仲裁申请，江苏华源公司的反请求是驳回EA公司、BT公司关于股权转让的请求，确认合资合同第13条第2款、章程第16条第2款的约定无效，江苏华源公司提交仲裁庭审理的亦是2003年合资合同项下的股权转让争议。仲裁庭将97股份重组协议作为证据进行了审查和认定，并无不当。

（二）关于是否超裁的问题

1. 关于是否超出了仲裁协议范围的问题

针对江苏华源公司的反请求，仲裁庭对EA公司16%增资是否应出资及出资是否到位的问题进行了审查。因BA公司享有28.6%股权明确规定在2003年合资合同中，但其增股行为发生于双方当事人于1997年签署的股份重组协议以及1997年修改的合资合同中，仲裁庭将其作为与本案股权转让争议有关的证据进行了审查、判断，但并未对江苏华源公司要求终止执行1997年股份重组协议的反请求作出实体裁决。

2. 关于是否处理了案外人权利的问题

江苏华源公司在仲裁反请求中提出由于EA公司没有增资到位，进而要求仲裁庭对EA公司和江苏华源公司在合资公司中享有的股权比例予以确认。仲裁庭经审理查明，EA公司增股16%是通过合资合同四方股东之间共同签署1997年股份重组协议以及97合资合同的形式进行的，由于EA公司未按照已批准生效的97合资合同规定的期限、数额交纳增股16%应支付的购股款和公积金，故其依法不享有该16%的股权，合资公司所有股东持有的股份比例均应维持其未转让之前的状态。上述表述是仲裁庭对EA公司是否增资到位所作的认定，并未涉及原三方股东各自应享有的股权比例。

3. 关于是否超出了主体(江苏华源公司)权限范围的问题

首先,该项撤销理由不属于《民事诉讼法》第260条第1款第(四)项规定的撤销涉外仲裁裁决的情形。其次,因江苏华源公司系由靖江葡萄糖厂改制而来,江苏华源公司承继了靖江葡萄糖厂在合资公司中的全部权利义务,其有权就江苏华源公司在合资公司中实际持有的股份比例向仲裁庭提出反请求,不受靖江葡萄糖厂改制时所持合资公司股份比例的限制。

4. 关于是否超出了反请求范围的问题

第一,裁决第四项是仲裁庭针对江苏华源公司在反请求中提出的EA公司没有增资到位的主张所作的认定,并未超出江苏华源公司反请求的范围。第二,江苏华源公司在其反请求中主张由于EA公司没有增资到位,EA公司的股权比例应被依法作相应的扣减认定。在此,EA公司"增资"指的是EA公司增加16%的股权。仲裁庭经审查认为,EA公司没有增资到位,其依法不享有16%的股权,扣减该16%的股权比例后,EA公司在合资公司中持有的股权比例应为12.60%。因此,仲裁庭有关EA公司的持股比例为12.60%裁决事项,亦未超出江苏华源公司的反请求范围。

(三)关于是否违反仲裁程序的问题

首先,根据《仲裁法》第27条和《中国国际经济贸易仲裁委员会仲裁规则》(2000年10月1日起施行)之规定,仲裁被申请人有权提出反请求。其次,EA公司、RT公司的仲裁请求和江苏华源公司的反请求同是基于2003年合资合同项下股权转让的法律关系提出的,两者具有关联性。仲裁庭合并审理符合《仲裁法》及有关仲裁规则规定。另,江苏华源公司于2004年2月4日向仲裁庭提交《答辩及反请求申请书》,明确提出了仲裁反请求。在仲裁庭开庭审理此案的过程中,双方当事人就各自的仲裁请求和反请求进行了陈述和答辩并对有关证据进行了质证,庭后,江苏华源公司根据仲裁庭要求作出的《关于我方反请求的规范性表述和说明》中对其反请求作了进一步的阐述和规范性表述,但在本质上并未变更或修改其仲裁反请求。

(四)关于是否违反了《仲裁法》第3条行政争议不能仲裁之规定的问题

本案双方当事人之间的股权转让争议属于合同纠纷,而非行政争议。根据我国中外合资经营企业法的规定,行政审批是合资合同及章程生效的条件,但并不影响仲裁庭对生效的民事合同是否履行的问题作出认定。

综上,北京市二中院认为申请人申请撤销的理由均不成立,依照《中华人民共和国仲裁法》第60条之规定,拟裁定驳回申请人的撤销申请。

三、我院意见

我院于2005年1月18日立案审查,经研究认为该仲裁裁决第四项应予撤销,具体理由如下:依据2004年最高人民法院公报上发布的一个案例,其裁判摘要指出:根据中外合资经营企业法的规定,中外合资经营企业股权变更必须报经有关主管机关部门审批，并应根据主管部门审批的结果确定股东的身份。当事人认为股权变更不当并要求变更审批结果的，应通过行政诉讼解决。当事人就此提起民事诉讼，请求人民法院变更其在中外合资经营企业中股权的，应按照《民事诉讼法》第 111 条第（一）项的规定（即“依照《行政诉讼法》的规定，属于行政诉讼受案范围的，告知原告提起行政诉讼”）处理。据此，江苏华源公司的反请求不应当在仲裁程序中解决，江苏华源公司应当以 EA 公司未按 1997 年审批的合资合同规定向合营公司支付增股价款为由直接向原审批机关提出申请，变更审批机关原审批的股权比例。故认为申请人关于裁决违反了《仲裁法》第 3 条行政争议不能仲裁之规定的撤销理由成立，裁决第四项应予以撤销。依据最高人民法院《关于人民法院撤销涉外仲裁裁决有关事项的通知》（法〔1998〕40 号）的规定现呈报贵院审批。

请指示。

北京市高级人民法院

2005 年 12 月 7 日

第十二节　违反公共政策

在对国际仲裁裁决进行司法审查时，常有当事人以仲裁裁决违反公共政策为由申请不予承认和执行仲裁裁决。最高人民法院在是否违反公共政策的认定上通过案例向我们传达两个明确的信息：（1）违反我国法律规定不必然认定为对公共政策的违反；（2）违反我国部门规章不必然认定是对我国公共政策的违反。

在日本三井物产株式会社申请承认与执行瑞典斯德哥尔摩商会仲裁院 060/1999 号仲裁案①中，最高人民法院认为：在未经国家外汇管理部门批准并办理外债登记手续的情况下，对外国公司直接承担债务，违反了我国关于外债审批及登记的法律规定和国家的外汇管理政策。但是，对于行政法规和部门规章中的强制性规定的违反，并不当然构成对我国公共政策的违反。

在 ED&F 曼氏（香港）有限公司申请承认和执行英国伦敦糖业协会第 158 号仲裁裁决案②中，最高人民法院认为：依照我国有关法律规定，境内企业未经批准不得擅自从事境外期货交易。当事人未经批准从事境外期货交

---

① 万鄂湘主编：《涉外商事海事审判指导》2005 年第 2 辑，人民法院出版社 2006 年版，第 109 页。

② 万鄂湘主编：《涉外商事海事审判指导》2004 年第 1 辑，人民法院出版社 2004 年版，第 12 页。

易的行为，依照我国法律无疑应当认定为无效。但违反我国法律的强制性规定不能完全等同于违反我国的公共政策。依据我国法律应认定合同无效，但国际仲裁裁决一方当事人依据合同赔偿另一方损失的，该等裁决仍不能拒绝承认和执行。

据统计，到目前为止，中国只有一份仲裁裁决因违反公共政策被不予执行。[①] 该案为美国制作公司和汤姆·胡莱特公司诉中国妇女旅行社演出合同纠纷仲裁裁决案。在该案中，最高人民法院认为：美方在演出活动中演员违背合同协议约定，不按报经我国文化部审批的演出内容进行演出，演出了不适合我国国情的"重金属歌曲"，违背了我国的社会公共利益，造成了很坏的影响。因而不予执行中国国际经济贸易仲裁委员会〔94〕贸仲字第 0015 号裁决。在本案中认定执行仲裁裁决将构成违反公共政策之理据有与当时的社会背景和意识形态相关。以现在的眼光看贸仲的仲裁裁决，即便执行了，也未必损害我国的社会公共利益。

在何种情况下可以认定为违反我国公共政策？以下标准可资参考[②]：

1. 对外国仲裁裁决的承认和执行违反我国《宪法》的基本精神，违背四项基本原则；

2. 对外国仲裁裁决的承认和执行有损于我国的主权和安全；

3. 对外国仲裁裁决的承认和执行违反我国法律的基本原则；

4. 对外国仲裁裁决的承认和执行违背我国缔结或参加的国际条约所承担的义务，或违反国际法上公认的公平正义原则。

附 20-50

最高人民法院《关于对海口中院不予承认和执行瑞典斯德哥尔摩商会仲裁院仲裁裁决请示》的复函（〔2001〕民四他字第 12 号）

海南省高级人民法院：

你院〔2001〕琼经复字第 1 号《关于对海口中院"瑞典斯德哥尔摩商会仲裁院第 060/1999 号仲裁裁决书不予承认和执行案意见的请示报告》收悉。经本院审判委员会研究，答复如下：

海南省纺织工业总公司作为国有企业，在未经批准并办理外债登记手续的情况

---

① 葛行军：《简述仲裁司法监督与仲裁制度的完善》，载《涉外仲裁司法审查》，法律出版社 2006 年版，第 12 页。

② 矫镭、王晓琼：《国际商事仲裁司法审查中公共政策和可仲裁性问题探析》，载《涉外商事海事审判指导》2004 年第 3 辑，人民法院出版社 2005 年版，第 172 页。

下，对日本三井物产株式会社直接承担债务，违反了我国有关外债审批及登记的法律规定和国家的外汇管理政策。但是，对于行政法规和部门规章中强制性规定的违反，并不当然构成对我国公共政策的违反。你院请示报告中所述的应当拒绝承认和执行本案仲裁裁决的理由依法均不成立，本案仲裁裁决不应以违反公共政策为由拒绝承认和执行。

此复。

最高人民法院

2005 年 7 月 13 日

附 20-51

海南省高级人民法院《关于对海口中院“瑞典斯德哥尔摩商会仲裁院第 060/1999 号仲裁裁决书不予承认和执行案”审查意见的请示报告》(〔2001〕琼经复字第 1 号)

最高人民法院：

日本三井物产株式会社申请承认与执行瑞典斯德哥尔摩商会仲裁 1999 号仲裁裁决案，依照你院〔1995〕18 号《关于人民法院处理与涉外仲裁及外国仲裁事项有关问题的通知》，我院已对“海口中院关于对瑞典斯德哥尔摩商会仲裁院第 060/1999 号仲裁裁决书不予承认和执行的请示报告”进行了审查。经我院审判委员会讨论，一致意见为：

同意海口中院拟裁定对斯德哥尔摩商会仲裁院第 060/1999 号仲裁裁决不予承认与执行。

理由是：除同意海口中院〔2001〕海中法认字第 1 号“审查报告”中的意见外，还强调和补充：

1. 适用《还款日元协议》的法律(准据法)是中国法律(广义上的)。依照当时中国法律的规定，上述协议必须报经国家外汇管理部门批准；对未获批准的协议，应为未生效或无效的协议。因此，依照准据法尚未有效成立的协议所确认的债务，是不能或难能成为准据法所在国的法律所承认与执行的执行标的的。

2. 在仲裁程序方面，双方在有关中国外汇管制的法律内容及其解释上存有争议，1999 年 12 月 8 日，首席仲裁员 lars Rahmn 致函省纺代理人称“仲裁庭将根据双方是否在法律内容和解释上或任何其他问题上存在争议及专家是否能协助仲裁庭解决这些问题，来考虑决定是否要依据《仲裁规则》第 27 条(注：除非当事人双方另有约定，仲裁庭可指定一名或多名专家就特定事项发表意见)来指定专家”。在当时的情况下，非常明显的是：双方对中国有关的法律内容和解释存在很大争议，该争议对仲裁结果可能产生实质影响；且指定专家就此争议发表意见，能够有助于仲裁庭全面、正确地理解与适用中国法律，“能够协助仲裁庭解决这些问题”，因此，Lars Rahmn 函称所指的一些条件或要求(如,存有争议,能协助解决问题)当时已经成就,仲裁庭应按照上述函的安排与承诺以及《仲裁规则》第 27 条来指定专家,就中国有关法律的内容与解释这一特定事项发表意见。但遗憾的是,2000 年 3 月 23 日,Lars Rahmn 再次致函省纺称“仲裁庭将不指定中国法律专家,对于中国法律的有关规定,双方可提交各方指定专家出具的书面证据或意见予以说明”。据此可以看出:仲裁庭这一前后不一致的做法,及其就此没有作出任何的说明或解释,违背了 Lars Rahmn 在 1999 年 12 月 8 日函中所作的承诺与安排以及《仲裁规则》第 27 条的规定。这也可能是导致三井公司出具的不够客观、全面、准确的中国法律问题专家的意见被采信的部分原因。仲裁庭(或 Lars Rahmn)在该函所指内容的条件成就或满足之后,未能按该函及《仲裁规则》第 27 条的规定去就特定事项(中国法律)指定专家发表意见,从程序意义上看,属于严重的程序问题,构成了《纽约公约》第 5 条第 1 款第 4 项规定的拒绝承认和执行国外仲裁裁决的法定事项。

3. 三井公司的中国法律问题专家的意见出具人参与了庭审过程并旁听了双方当事人的主张及分歧,尽管其对法律而非事实问题提出意见,但其角色相当于证人地位,证人是不得参与或旁听庭审过程的,这是程序公正的基本体现与要求,这也正是执行地法院对国外仲裁进行形式审查的重点之一。实际上,证人作证未能从程序上首先做到公正,可能是其出具的不够公正与片面的法律意见的部分原因。程序公正,应该是《纽约公约》和各国法律的基本原则,违反了程序公正,当然也违反了中国(即执行地所在国)的法律的基本原则,也就违反了执行地国的公共政策。值得注意和强调的是,在本案中,为三井公司出具专家意见的专家已是三井公司的代理人,身份已从中立的专家或证人身份变成了当事人的代理人,这已完全表明他代表的是三井公司及其利益,这不能不使我们认为仲裁庭在获取专家意见或证人作证这一仲裁程序问题上,偏离了公正的要求与方向。

4. 2001 年 3 月 9 日,我院已对省纺和涤纶厂之间的承包合同纠纷作出了〔2000〕琼经初字第 7 号民事判决,判决内容为:省纺与涤纶厂之间“承包合同”第 9 条有关“承包总金额为 2 436 974 970 日元及其规定的利息,440 480 港元及其规定的利息,分别以日元、港元支付”和“上述承包金日元总额之本息,经甲方(涤纶厂)委托,由乙方(省纺公司)代付给日本三井物产株式会社,港元承包金本息,经甲方委托,由乙方代付给香港立信洋行有限公司,分别按各自同意的时间返还”部分无效。虽然法院判决与仲裁裁决是两个问题,但是,因为还款日元协议是承包合同的附件,从债的成因与来源上看,承包合同第 9 条是确定省纺对三井公司负担的日元外债的前提与基础;既然第 9 条被法院判令无效,那么,在执行地法院看来,还款日元协议所确定的省纺所负担的债务就失去了合法性、正当性,省纺对承包合同第九条所约定的债务也就不具有任何法律上偿付的义务。由此看来,我们不应以法院的判决去否定国外仲裁裁决,但是我们不能不考虑的是:执行地法院去承认和执行一个已被执行地法院(生效)判决确认为无效的、国外仲裁裁决确定的债务,其合法性、正当性与基础是什么?显然,如果我们这么做,岂不与我国的司法主权、司法权威和判决的既判力相冲突吗?岂不与通过(生效)判决保护的民事关系所体现出的法律的基本原则相抵触吗?岂不有损于(生效)判决所确定的法律秩序吗?因此,承认与执行被执行地法院判决为无效或不存在的债务及其所导致的法律和社会后果,应被视为违反了执行地国的公共秩序,构成了《纽约公约》第5条第2款所指的拒绝承认与执行外国仲裁裁决的法定理由。

根据你院法释〔1998〕28号和〔1999〕13号规定,对本案的上述意见现报请你院审查。

海南省高级人民法院
2001年4月5日

附20-52

最高人民法院《关于ED&F曼氏(香港)有限公司申请承认和执行伦敦糖业协会仲裁裁决案》的复函(〔2003〕民四他字第3号)

北京市高级人民法院:

你院2003年1月15日京高法〔2003〕7号《关于对ED&F曼氏(香港)有限公司申请承认与执行伦敦糖业协会第158号仲裁裁决一案的请示》收悉。经本院审判委员会讨论决定,答复如下:

中国糖业酒类集团公司与ED&F曼氏(香港)有限公司于1994年12月14日签订的8008合同明确约定,因该合同引起的一切争议均需提交伦敦糖业协会依照该协会规则进行仲裁。双方当事人就履行8008合同发生争议后,伦敦糖业协会依照双方当事人的上述约定受理有关争议具有法律依据。经审查,伦敦糖业协会在仲裁本案过程中不存在1958年《承认及执行外国仲裁裁决公约》第5条第1款规定的任何情形。双方当事人因履行期货交易合同产生的纠纷,在性质上属于因契约性商事法律关系产生的纠纷,依照我国法律规定可以约定提请仲裁。依照我国有关法律法规的规定,境内企业未经批准不得擅自从事境外期货交易。中国糖业酒类集团公司未经批准擅自从事境外期货交易的行为,依照中国法律无疑应认定为无效。但违反我国法律的强制性规定不能完全等同于违反我国的公共政策。因此,本案亦不存在1958年《承认及执行外国仲裁裁决公约》第5条第2款规定的不可仲裁及承认与执行该判决将违反我国公共政策的情形。依照《中华人民共和国民事诉讼法》第269条及1958年《承认及执行外国仲裁裁决公约》第5条之规定,应当承认和执行本案仲裁裁决。

此复。

最高人民法院
2003年7月1日

附 20-53

北京市高级人民法院《关于对 ED&F 曼氏(香港)有限公司申请承认及执行伦敦糖业协会第 158 号仲裁裁决一案的请示》(京高法〔2003〕7 号)

最高人民法院:

我市第一中级人民法院于 2002 年 2 月 20 日立案受理了 ED&F 曼氏(香港)有限公司申请承认及执行英国伦敦糖业协会于 2001 年 8 月 6 日作出的第 158 号仲裁裁决一案。经我院审查认为,承认及执行该仲裁裁决,存在违反我国公共政策的情形,拟驳回 ED&F 曼氏(香港)有限公司的申请,拒绝承认及执行伦敦糖业协会第 158 号仲裁裁决。现将该案有关情况报告如下:

一、案件基本事实

1994 年 12 月 14 日,中国糖业酒类集团公司(以下简称中糖集团)与 ED&F 曼氏(香港)有限公司(以下简称曼氏公司)签订 8008 合同,约定:曼氏公司向中糖集团销售原糖,销售分为两部分,一部分为 7 500 公吨,5% 增\减,卖方选择。交货期为 1995 年 7—9 月,付款方式为以美元现金形式在香港议付,买方开立以卖方为受益人的不可撤销的、卖方可以接受的信用证;一部分为 10 万吨选择权,5% 增\减,卖方选择。交货期为 1995 年 10—12 月,选择权宣布日期不迟于 1995 年 9 月 15 日,付款方式为买方在选择权宣布后 4 天内开出信用证。两部分原糖销售价格均为每公吨 345 美元,C&FFO 中国主要港口。对于合同引起的一切争议将依照伦敦糖业协会条款的规定,提交伦敦糖业协会仲裁,合同的执行应遵守伦敦糖业协会条款的规定,无论买卖双方是否是成员或成员代表。

8008 合同中的 7 500 公吨部分,中粮公司受中糖集团委托,与曼氏公司签订进口合同,已履行完毕,无争议。

自 1995 年 6 月 14 日—1998 年 6 月 29 日,中糖集团与曼氏公司就 8008 合同签订了 19 个附件,其中 1996 年 4 月 9 日签订的附件 6 将 10 万吨原糖的交货期从 1996 年 3—5 月推迟至 1996 年 7—9 月(此时中糖集团已无进口配额);1998 年 7 月 29 日签订的附件 19 将 10 万吨原糖的交货期推迟至 1998 年 10 月—12 月 15 日。

曼氏公司专门为 8008 合同在纽约期货市场开立账户,就 10 万吨原糖进行期货炒作,从中盈利。中糖集团对此明知,并通过收取曼氏公司的补偿款或降低商品价格的形式从中牟利,且有通过委托曼氏公司代理交易,直接参与期货交易的行为。

中糖集团没有按照附件 19 开出信用证,曼氏公司也没有实际发货。曼氏公司于 1999 年 1 月 26 日给中糖集团发一传真称,终止 8008 合同。

二、仲裁情况

曼氏公司就 8008 合同及其附件引发的争端向伦敦糖业协会提起仲裁,要求中糖集团赔偿合同价与市场价之差额,对市场价的确定方法是"确定在原告供货的那一天或那几天的市场价格的最恰当的标准，应该是10月/11月和12月上半月期货交易价格水准的平均值”。

中糖集团和曼氏公司均参加了全部仲裁程序。

2001年8月6日，伦敦糖业协会作出158号仲裁裁决。裁决：一、中糖集团向曼氏公司支付14 162 505美元作为违反8008合同的赔偿金及2 508 533.70美元的利息（计算方法采纳了曼氏公司的主张）；二、中糖集团向曼氏公司支付以16 671 038.70美元为基础，按单价4.5%的年利率支付至付清为止时的利息；三、中糖集团支付伦敦糖业协会与裁决有关的费用156 434.00英镑；四、中糖集团向曼氏公司支付按标准基础评估的仲裁费用。

三、当事人的申请与抗辩理由

2002年1月22日，曼氏公司提出了承认与执行伦敦糖业协会作出的第158号仲裁裁决的申请，我市第一中级法院于2002年2月20日立案。

中糖集团于2002年3月1日提出拒绝承认和执行伦敦糖业协会第158号仲裁裁决的申请。其主要理由如下：

1. 依据中国法律，中糖集团在订立合同以及仲裁条款时，不具有缔约行为能力。(1) 中糖集团在与曼氏公司订立合同时，虽有经营进出口业务的资格，但在当时中国食糖属特种商品，中糖集团不具有进口食糖的特许外贸经营权，依据中国法律不具有行为能力；中糖集团在取得食糖对外贸易经营权后，不具有进口食糖配额，依据中国法律仍然属于无行为能力。(2) 中糖集团与曼氏公司订立的食糖进口合同属于期货交易合同，依据中国法律的规定，中糖集团不具有从事期货交易的行为能力。(3) 中糖集团不具有订立仲裁条款的行为能力。就缔约主体资格而言，合同与仲裁条款是不可分割的。(4) 中糖集团在仲裁开始后，参加了仲裁，并不意味着其放弃了基于行为能力所提出的任何抗辩，也不能认为法院不得再以行为能力欠缺为由拒绝仲裁裁决的执行。(5) 仲裁庭在审理过程中没有对当事人的行为能力问题作出裁决，也不意味着法院无权对该问题作出判定。综上所述，中糖集团作为仲裁协议的当事人，在合同订立时，依据其属人法即中国法的规定，属于无行为能力。

2. 依据我国法律涉案争议事项不可以仲裁方式解决。(1) 涉案的中糖集团与曼氏公司于1994年12月14日签订的8008合同及附件是以规避法律为目的，具有欺诈性的期货交易性质的违法合同。(2) 8008合同是排除在我国法律认可的期货交易合同关系之外，进而也不属于我国法律认可的契约或非契约性商事关系。综上，根据《承认及执行外国仲裁裁决公约》第5条第2款的规定，对于排除在我国法律认可的契约或非契约性商事关系之外的非法的期货交易合同争议，我国法院依据我国法律应当认定为不可以以仲裁方式解决的争议。

3. 158号仲裁裁决超出了仲裁协议所约定的仲裁范围。中糖集团并没有意识到其承担的是期货交易的风险而不是买卖合同的风险，因此，对于将来可能发生的争议更无从预见。仲裁庭就与买卖合同关系无关的期货交易合同争议所作的仲裁裁决，违背了中糖集团订立仲裁协议时的意思表示，显然超出了涉案仲裁协议约定的仲裁范围。

4. 由于仲裁庭审理案件的严重不公正，中糖集团在伦敦仲裁中未能充分申辩。仲裁庭对中糖集团主张查清的事实不予澄清，对于曼氏公司的欺骗行为不予认定，使中糖集团在伦敦仲裁中未能充分申辩。

5. 158 号仲裁裁决所承认的是通过非法期货交易合同取得的非法利益，承认和执行该裁决将与我国公共政策相抵触。(1) 8008 合同及其附件违反了我国法律禁止进行境外期货投机交易的规定，158 号仲裁裁决的结果，认可了双方通过规避中国期货交易管理法律，非法从事境外期货交易取得的非法利益，违反了我国强制性法律的规定。(2) 应当依据本国法律的基本原则、基本制度解释各案中公共政策。(3) 8008 合同是以合法形式掩盖非法目的的期货投机性质的合同，这种期货交易行为违反了我国的强制性法律规定，构成了对我国基本法律制度以及社会公共利益的抵触。对于以合法形式掩盖非法目的取得的非法利益，我国法律应当否定其执行效力。(4) 英国上诉法院 1998 年在 Soleimany 一案中确定：因非法合同取得的非法利益，英国法院可以依据公共秩序保留原则否定其执行力。该案例所反映的原则，对于我国法院在解释和适用公共政策保留时，具有重要的参考价值。

基于上述事实和理由，中糖集团申请法院依据《纽约公约》第 5 条第 1 款(一)、(二)以及第 2 款(一)、(二)的有关规定和我国其他相关法律的规定，拒绝承认及执行伦敦糖业协会作出的 158 号仲裁裁决。

曼氏公司的主要抗辩理由：

1. 中糖集团是有合法对外贸易经营权的企业法人，又有签订食糖进口合同的行为能力，因此 8008 合同合法有效。

2. 中糖集团有签订 8008 合同仲裁条款的行为能力，理由同上。

3. 8008 合同按中国法律属于商事法律关系，可以用仲裁方式解决纠纷。

4. 158 号仲裁裁决未超越仲裁协议约定的裁定范围。8008 合同规定，由合同产生的一切争议均应移交伦敦糖业协会，按该会的《仲裁规则》仲裁。

5. 仲裁过程中不存在仲裁员不公的情况。伦敦糖业协会的两名成员(并未担任本案仲裁员)是曼氏公司的母公司集团成员这一事实并不影响本案仲裁员对本案独立作出的仲裁结果；中糖集团在仲裁时未对仲裁庭及法律顾问的组成提出任何异议；中糖集团在长达两年半的审理过程中，自始至终能够得以充分申辩；仲裁员在审理时充分考虑了双方当事人的意见和证据并且正确地适用了英国法律。

6. 承认和执行 158 号仲裁裁决并不与中国的公共政策抵触。根据 8008 合同的内容，它不是投机性期货合同而是买卖合同，不存在违法问题；执行申请人曾明确拒绝中糖集团要求把 8008 合同变为期货合同的要求；对实际交货若干次修改不能改变

8008 合同是一份须实际履行的合同的性质。

四、我院审查意见

1. 中糖集团申请不予承认及执行 158 号仲裁裁决的理由 1—5 项均不能成立。

中糖集团作为企业法人具有缔约行为能力。我国法律并无非法期货合同不属于契约性和非契约性商事法律关系的规定。在全部仲裁过程中，中糖集团明确表示对仲裁庭的管辖权和仲裁员无异议。故其所提 1—5 项理由没有事实依据和法律依据。

2. 承认及执行 158 号仲裁裁决构成对我国公共政策的违反。

8008 合同及其附件的操作过程是利用期货炒作牟取投机利益，该期货交易行为违反了我国法律的禁止性规定。158 号仲裁裁决认可了双方通过规避中国期货交易管理法规，非法从事境外期货交易取得的非法利益，违反了我国法律强制性的规定，构成了对我国公共政策的违反。

依据《承认及执行外国仲裁裁决公约》第 5 条第 2 款乙项，拟驳回曼氏公司的申请，拒绝承认及执行伦敦糖业协会第 158 号仲裁裁决。

妥否，请指示。

北京市高级人民法院

附 20-54

最高人民法院《关于北京市第一中级人民法院不予执行美国制作公司和汤姆·胡莱特公司诉中国妇女旅行社演出合同纠纷仲裁裁决请示》的批复(他〔1997〕35 号)

北京市高级人民法院：

你院京高法〔1996〕239 号《关于同意北京市第一中级人民法院不予执行美国制作公司、汤姆·胡莱特公司诉中国妇女旅行社演出合同仲裁裁决请示的请示》收悉。经本院审判委员会讨论决定，现答复如下：

1992 年 8 月 28 日美国制作公司和汤姆·胡莱特公司因雇佣美国演员来华演出签订“合同与演出协议”。该“合同与演出协议”第 2 条 B 款中明确规定：“演员们应尽全力遵守中国的规章制度和政策并圆满达到演出的娱乐效果。”同年 9 月 9 日该两公司又签订“合同附件”。该“合同附件”第 7 条第 2 款中规定：“中国有权审查和批准演员演出的各项细节。”美国两公司依据上述合同与协议于 1992 年 12 月 23 日与中国妇女旅行社签订了来华演出的“合同与协议”。约定美国南方派乐队自 1993 年 1 月 25 日到同年 2 月 28 日在华演出 20 至 23 场。但是，在演出活动中，美方演员违背合同协议约定，不按报经我国文化部审批的演出内容进行演出，演出了不适合我国国情的“重金属歌曲”，违背了我国的社会公共利益，造成了很坏的影响，被我文化部决定停演。由此可见，停演及演出收入减少，是由演出方严重违约造成的。中国国际经济贸易仲裁委员会〔94〕贸仲字第 0015 号裁决书无视上述基本事实，是完全错误的。人民法院如果执行该裁决，就会损害我国的社会公共利益。依照《中华人民共和国民事诉讼法》第260条第2款的规定，同意你院对该仲裁裁决不予执行的意见。

附20-55

最高人民法院《关于舟山中海粮油工业有限公司申请不予执行香港国际仲裁中心仲裁裁决一案的请示报告》的复函(〔2009〕民四他字第2号)

浙江省高级人民法院：

你院〔2007〕浙执他字第4号《关于舟山中海粮油工业有限公司申请不予执行香港国际仲裁中心仲裁裁决一案的请示报告》收悉，经研究，答复如下：

本案因来宝资源有限公司(以下简称来宝公司)申请执行香港国际仲裁中心所作的仲裁裁决，舟山中海粮油工业有限公司(以下简称中粮公司)提出抗辩不予执行而提起。你院经审查后倾向性意见认为，执行本案仲裁裁决既有损行政命令的权威，又有损社会公众的健康，从而以违反社会公共利益为由，决定不予执行仲裁裁决。

从你院请示报告所陈述的事实可以看出，2004年5月10日，国家质检总局发布〔2004〕322号特急警示通报，决定从即日起暂停来宝公司及其他三家巴西供货商从巴西向我国出口大豆。但该特急警示通报明确指出，已启运在途的大豆，符合进境检验检疫要求的准予入境。本案中，特急警示通报发出前，案涉货物已经装船，系为启运在途货物。同年6月23日，国家质检总局终止了该进口禁令，恢复来宝公司等供货商向中国出口的资格。来宝公司于同年7月取得了大豆转基因生物安全证书，中粮公司也取得了大豆进口许可证。可见，该批货物符合进境检验检疫要求，不在禁止入境的货物之列。此外，并无证据表明案涉货物会带来严重的安全卫生问题，也不存在有损公众健康的事实。因此，执行香港国际仲裁中心的仲裁裁决并不违反社会公共利益。根据最高人民法院《关于内地与香港特别行政区相互执行仲裁裁决的安排》的规定，香港国际仲裁中心的仲裁裁决应予执行。

此复。

最高人民法院

2009年3月18日

附20-56

浙江省高级人民法院《关于舟山中海粮油工业有限公司申请不予执行香港国际仲裁中心仲裁裁决一案的请示报告》(〔2007〕浙执他字第4号)

最高人民法院：

我院在审核宁波市中级人民法院报送的舟山中海粮油工业有限公司(以下简称中粮公司)申请不予执行香港国际仲裁中心于2006年8月25日作出终局裁决及同年

10月16日作出更正的仲裁裁决一案中，对案件是否以违背社会公共利益不予执行发生分歧。因该问题涉及法律适用问题，特向钧院请示。

一、基本案情

申请执行人：来宝资源有限公司，住所地：新加坡600North Bridge Road，#10-08Park view Squar，18878。

法定代表人：Mahesh Manoharlarl Asrani，该公司董事。

被执行人：舟山中海粮油工业有限公司，住所地：浙江省舟山市定海临港工业区。

法定代表人：虞松波，该公司董事长。

2004年4月8日，来宝公司与中粮公司签订编号为NC070654销售合同一份，约定：中粮公司向来宝公司购买35 000公吨散装巴西大豆，具体装运时间从2004年4月15日到4月30日(包含这两个日期)，C&F中国舟山；买方应当通过卖方接受的中国一级银行开立不可撤销、无限制并且可以自由议付的信用证，若到2004年4月20日的定价尚未全部完成，信用证应当依据临时价格开立；所有的出口许可证/中国农业部颁发的转基因证书/税金/检疫限制/关税/扣押滞留/风险等，均由卖方负责；所有的进口许可证/税金/检疫限制/关税/扣押滞留/风险等，均由买方负责；因未能获得进口或出口许可证/配额/办理正式手续造成无法履约不能视为不可抗力的影响。同时约定若发生纠纷提交仲裁，如果买方是被告，仲裁地点在香港，如果卖方是被告，仲裁地点在欧洲，因合同引发或合同相关的分歧都应当以英国法律和英语解释为准。

签约后，来宝公司于同年4月16—21日将标的物在巴西巴拉那瓜港装上Eastern Queen轮。同月23日，来宝公司给中粮公司发送了装船通知。同月26日，来宝公司发传真通知中粮公司，要求中粮公司根据付款条件的规定给信用证确定临时价格，并尽快开立信用证。同月28日，中粮公司传真给来宝公司信用证草稿。次日，来宝公司要求中粮公司作信用证修改并加快与银行沟通速度，必须在本周内开立信用证。同月30日，国家质检总局动植物检疫监管司检疫许可处处长李艺娟电话通知中粮公司，由于发现大豆供货商来宝公司提供的货物存有严重的质量问题，中粮公司申请的大豆进境许可证暂时不能办理，请尽快与供货商联系(事后中粮公司未再联系也未办理信用证)。同年5月10日，因来宝公司于2004年4月16日出售给福建漳州百佳的大豆货物因标的物含有毒红大豆被退回，国家质检总局发布〔2004〕322号特急警示通报，决定从即日起暂停来宝公司及其他三家巴西供货商从巴西向我国出口大豆，已启运在途的大豆，符合进境检验检疫要求的准予入境。同年6月21日，国家质检总局与巴西农牧业和供给部就有毒红大豆问题进行了协商，达成了会谈纪要和附件。同月23日，国家质检总局发布公告，决定终止进口禁令，恢复来宝公司等供货商向中国出口的资格，但2004年6月11日前已启运在途的巴西大豆，如混有种衣剂大豆，应在卸货前进行挑选处理。同年7月，来宝公司取得了大豆转基因生物安全证书，中粮公司也取得了大豆进口许可证。中粮公司同时向来宝公司提出重新议价(即318美元、325美元、

295 美元)未获得同意。同年9月,来宝公司将"Eastern Queen"轮上的大豆在广东湛江卸货并以295美元/吨出售给湛江中粮天鼎国际贸易有限公司。

二、仲裁情况

因中粮公司未开立信用证,来宝公司向香港国际仲裁中心申请仲裁,要求中粮公司赔偿因其违约未能履行33913.75吨货物开立信用证的义务造成的替代大豆销售产生的损失以及损害、利息、费用和其他应得补偿等总计4 140 190.62美元,上述额外损害包括替代销售产生的费用损失3 160 636.20美元。中粮公司则以开立信用证的义务从2004年4月30日起因国家禁令被暂停或放弃,此后来宝公司也未再向其要求限时开立信用证,由于进口货物不合法使合同落空,来宝公司也于2004年5月底之前同意中粮公司毁弃合同等提出答辩。香港国际仲裁中心审查后认为裁决判定违约者承担的损失仅限于合同价格与违约之日实际的或估计的市场价格的差价损失。而在违约日2004年4月30日,实际的或估计的市场价格很可能等于或甚至稍微高于合同价格。因此,在FOSFA违约条款设想的计算方法下,中粮公司违约以及转售给中粮天鼎国际贸易有限公司没有给来宝公司造成损失。对来宝公司提出的运输船载货物额外费用的损失请求,仲裁庭仅对2004年5月24日至7月15日期间消耗的租金和相关费用作出判赔。据此,香港国际仲裁中心于2006年8月25日作出终局裁决,并于2006年10月16日作出更正的仲裁裁决,判令:中粮公司向来宝公司赔偿租金损失(52天8.167小时即2004年5月24日至7月15日)、燃油费、柴油费共计1 479 554.32美元并按4.5%的利率从2004年6月19日起到中粮公司实际支付裁定额之日止的利息。裁决的费用总计78 773美元加1 640 813.08港币,来宝公司应支付该费用的40%,中粮公司应支付该费用的60%。

三、执行情况

仲裁裁决生效后,因中粮公司未主动履行义务,来宝公司向宁波市中级人民法院申请执行香港国际仲裁中心于2006年8月25日作出的终局裁决及同年10月16日作出更正的仲裁裁决。在执行过程中,中粮公司以其因遵守中国政府针对来宝公司的进口禁令而无法履行协议,应根据不可抗力的原则免除合同项下的责任,同时,执行裁决将违反我国的社会公共利益等为由,向法院申请不予承认和执行仲裁裁决。

宁波市中级人民法院经审查认为,中粮公司之所以没有按期开立信用证,是因为国家质检总局发现该公司向来宝公司购买的巴西大豆存在严重质量问题,为保护国内食品安全和消费者生命健康而发布了进口禁令。中粮公司是遵守政府禁令,没有违约的故意。如认可和执行上述裁决,将损害我国行政命令的权威性,从而违反社会公共利益。据此,不予执行香港国际仲裁中心于2006年8月25日作出的终局裁决及同年10月16日作出更正的仲裁裁决。

因本案系涉外仲裁裁决,宁波市中级人民法院根据最高人民法院《关于人民法院处理与涉外仲裁及外国仲裁事项有关问题的通知》的规定,报我院审查。

四、我院处理意见

我院审委会讨论,形成两种意见:

倾向性意见为本案应不予执行仲裁裁决。理由:由于来宝公司进口到厦门的该批染有红色警示剂含有毒性的大豆,被厦门检验检疫局发现会给食用油和豆粕带来严重的安全卫生问题,我国政府出于保护国内食品卫生安全和消费者生命健康为目的发布禁令,符合国际惯例及我国的法律。中粮公司遵守政府合法的行政命令既是中国法律下企业应尽的义务,也是履行其社会责任的基本要求。中粮公司在此过程中没有过错,仲裁庭消极回避了政府禁令构成不可抗力这一基本原则,让中国企业来承担所有的责任和损失有失公允。

如果承认和执行该裁决不但违反我国的社会公共利益,也可能导致日后中国政府所作出的行政命令在国际上丧失威信,不被国外当事方尊重,从而对中国法律、中国政府和中国国家利益造成被动和危害。

少数意见认为,国家质检总局发出禁令后,中粮公司从来宝公司购买的巴西大豆此时已在途中。因此,中粮公司未开具信用证构成违约,应按照有关约定承担责任。认可和执行上述裁决并不存在损害我国行政命令权威的问题。

五、请示问题

鉴于香港国际仲裁中心仲裁裁决在内地不予执行,目前国内尚无先例,同时还涉及是否违反社会公共利益的认定,为稳妥起见,特请示能否对香港国际仲裁中心仲裁裁决不予执行。

请批示。

浙江省高级人民法院

2008 年 12 月 5 日

第十三节　违反区域间合作协议

在法院受理承认和执行国际仲裁程序中,被执行人常会依照仲裁地国与我国间法域合作协议,提出仲裁程序或裁决违反法域间合作协议,请求不予承认和执行。如果被执行人的异议成立,法院应当不予承认和执行。

在香港东丰船务有限公司申请强制执行香港海事仲裁裁决一案[①]中,申请执行人未提供相关书面证据证明被执行人接到了另行指定仲裁员的适当通知,也没有证据证明仲裁庭向被执行人发出仲裁开庭的书面通知。最高人

---

① 万鄂湘主编:《涉外商事海事审判指导》2006 年第 2 辑,人民法院出版社 2007 年版,第 89 页。

民法院认为：根据最高人民法院《关于内地与香港特别行政区相互执行仲裁裁决的安排》第7条第1款第(二)项的规定[①]，香港海事仲裁裁决应裁定不予执行。

在俄罗斯伏尔加—第聂伯航运公司申请执行俄罗斯联邦乌里扬诺夫斯克州仲裁法院八份裁决案[②]中，申请人申请承认与执行的俄罗斯联邦乌里扬诺夫斯克州仲裁法院裁决是在被申请人未到庭的情况下作出的。最高人民法院认为：根据1993年11月14日生效的《中华人民共和国和俄罗斯联邦关于民事和刑事司法协助条约》第17条第2款第(二)项之规定，应当证明未出庭的一方已经合法传唤。而俄罗斯联邦乌里扬诺夫斯克州仲裁法院仅证明开庭审理的日期和地点已通过应有的途径通知了被申请人，但未同时指明"应有的途径"具体是什么途径。此证明是不充分的。此外，该法院亦未能证明申请人申请执行的裁决已经合法送达给了被申请人。鉴于上述情况，可以认定申请人提出司法协助申请手续不齐全，但不宜以上述条约第20条第(五)项之规定拒绝承认与执行。

附20-57

最高人民法院《关于香港东丰船务有限公司申请执行香港海事仲裁裁决请示》的复函(〔2006〕民四他字第12号)

辽宁省高级人民法院：

你院〔2005〕辽执一监字第3号《关于大连海事法院报送的〈中国外运沈阳集团公司申请不予执行香港仲裁裁决〉一案的审查报告》收悉。

经研究认为：根据你院请示报告认定的事实，申请执行人香港东丰船务有限公司并未提供相关书面证据证明被执行人中国外运沈阳集团公司接到另行指定仲裁员的适当通知，也无证据证明仲裁庭向被执行人发出仲裁开庭的书面通知。根据最高人民法院《关于内地与香港特别行政区相互执行仲裁裁决的安排》第七条第一款(二)项的规定，对香港东丰船务有限公司提交的香港海事仲裁裁决应裁定不予执行。

此复。

最高人民法院

2006年6月2日

---

① 被申请人未接到指派仲裁员的适当通知，或者因他故未能陈述意见的。

② 万鄂湘主编：《涉外商事海事审判指导》2005年第2辑，人民法院出版社2006年版，第157页。

附 20-58

辽宁省高级人民法院《关于香港东丰船务有限公司申请执行香港海事仲裁裁决的请示报告》(〔2005〕辽执一监字第 3 号)

最高人民法院:

大连海事法院报送的《中国外运沈阳集团公司申请不予执行香港仲裁裁决》一案的报告,已审查完毕。依据你院 1985 年 8 月 28 日法发〔1995〕18 号即《关于人民法院处理与涉外仲裁及外国仲裁事项有关问题的通知》第 2 条的规定,报你院审查。

一、当事人的基本情况

申请执行人:香港东丰船务有限公司(简称"东丰公司")。住所地:香港湾仔港湾道 6-8 号瑞安中心 33 楼 3301-65 室。

被执行人:中国外运沈阳集团公司(简称"沈阳公司")。住所地:沈阳市沈河区青年大街 35 号国际贸易大厦 110014 室。

二、案件来源

1997 年 7 月 22 日,申请执行人东丰公司以其与被执行人沈阳公司租船合同纠纷已由香港仲裁员作出了终局裁决为由,向沈阳市中级人民法院提出承认和执行香港仲裁员 1997 年 1 月 25 日作出的终局裁决申请。沈阳中院立案后,7 月 31 日,沈阳公司以其与东丰公司间的租船合同未经双方当事人盖章,租约中的仲裁协议未成立为由,书面向沈阳中院提出执行异议。沈阳中院于 10 月 5 日冻结了沈阳公司的账户(10 月 8 日划拨 50 万),10 月 7 日沈阳中院作出〔1997〕执字第 588 号民事裁定书,裁定:沈阳公司偿付东丰公司 1. 亏舱费 69 255 美元;2. 罗津港滞期费 108 693.75 美元;3. 罗津港船舶滞留损失 93 500 美元及在上海港的滞留损失 760 000 美元。

沈阳公司不服沈阳中院〔1997〕588 号民事裁定书,于 10 月 8 日向沈阳中院提出复议申请,要求撤销〔1997〕执字第 588 号民事裁定,解除该院 10 月 5 日对沈阳公司账户的查封及退还扣划款项。1998 年 5 月 5 日,沈阳中院又作出〔1997〕执字第 588 号民事裁定书,依据《承认及执行外国仲裁裁决公约》第 5 条第 1、2 项的规定,裁定:"承认香港仲裁员 1997 年 1 月 25 日签发的'步达威'(BUDVA)轮 1993 年 6 月 17 日签订的租船合同仲裁的终局裁决,并依照民事诉讼法规定的程序执行。"沈阳公司不服该裁定,向你院提出申诉。你院于 1999 年 9 月 4 日以〔1998〕交监字第 5 号函通知我院:1. 本案是承认和执行香港仲裁裁决案件,应属海事法院专门管辖;2. 东丰公司是于 1997 年 7 月 1 日以后申请承认和执行香港海事仲裁裁决,应按生效的《内地与香港特别行政区相互执行仲裁裁决的安排》予以审查;3. 沈阳中院在《内地与香港特别行政区相互执行仲裁裁决的安排》未生效前,即作出承认香港海事仲裁裁决的民事裁决并先予查封账户是不当的。接到你院〔1998〕交监字第 5 号函后,沈阳中院于 2000 年 6 月 13 日将此案移送到大连海事法院,大连海事法院于 2000 年 6 月 21 日立案执行,并将沈阳中院扣划沈阳公司的50万元人民币移交到海事法院。经大连海事法院审判委员会研究决定，对该仲裁裁决书不予执行。依据你院于1995年8月28日法发〔1995〕18号即《关于人民法院处理与涉外仲裁及外国仲裁事项有关问题的通知》第2条的规定，报我院审查。

三、简要案情

1993年5月28日，东丰公司与沈阳公司的租船代理人美通航运有限公司电传达成了由沈阳公司就租用“步达威”（BUDVA）轮自朝鲜罗津港运至中国江苏省张家港圆木13000立方米（±5%）的租船意向书，该意向书约定了装卸率及滞期费，约定运费每立方米23.75美元，于递交提单后五个银行工作日电汇。滞期费于卸货30日付款。未明确约定亏舱费及在装货港的留置损失，该合同约定，未尽事宜按“金康”标准。东丰公司同时告知沈阳公司“完整的租约备妥后签字及东丰公司作为环球海运公司的代理人”。

嗣后，上述三方就意向书基础上形成的由申请执行人以二船东身份拟就的带有众多附加条款的1993年6月17日“金康”格式租约进行了多次协商和修改，期间，租船人沈阳公司曾表示由其直接签署租约并传真否认存在事后引起争议的亏舱费及滞留损失费的约定，该租约直到该轮抵上海港长江口外锚地被告实施货物留置时，承租双方均未在租约上签字确认。

“步达威”轮于1993年8月3日驶抵上海港后，东丰公司以与沈阳公司在装港就运费、滞期费、亏舱费、滞留损失争议未决为由，指令该轮拒绝进港卸货，并对船载货物实施留置。收货人中国木材华东公司认为申请执行人无权留置，即向上海海事法院申请扣船。1993年8月31日，“步达威”轮被扣押，同年11月6日申请执行人向法院提供黑龙江省中国国际旅行社出具的担保函后，法院解除船舶扣押。

四、大连海事法院的审查情况

大连海事法院执行过程中，被执行人以“没有达成仲裁协议、我公司未接到指派仲裁员的适当通知”等理由。申请不予执行该裁决。

大连海事法院审判委员会讨论认为：1. 因申请执行人未提供另行指定仲裁员和仲裁开庭通知的书面证据，应裁定不予执行。2. 依据被执行人中国外运沈阳集团公司提供的证据，上海海事法院和上海市高级人民法院作出的裁定已发生法律效力。即申请执行人与被执行人之间的1993年6月17日租船合同中的仲裁协议未经当事人签字盖章，仲裁条款未成立。如申请仲裁，仲裁裁决的作出也不具有合法性，法院也不能执行该裁决。

五、本院对该案的审查情况

（一）关于是否接到指派仲裁员通知的问题

从卷中双方当事人往来传真件看，东丰公司于1993年10月11日至1994年8月23日电传沈阳公司，“申请执行人已指定一名仲裁员并要求被执行人指定一名仲裁员参加仲裁”。被执行人于1994年8月9日电传确认收到了申请执行人的通知，沈阳公司以其未收到东丰公司指定第一次仲裁员的适当通知的理由与事实不符。东丰公司第一次指定的仲裁员已于1995年6月30日辞去仲裁员职务，1995年7月4日，申请执行人另行指定一名仲裁员，依《香港仲裁条例》第9条(B)款的规定，将另行指定仲裁员的事实书面通知被执行人，以便由被执行人决定是否指定一名仲裁员参加仲裁，该节通知事实虽有终局裁决关于被执行人已于1995年7月11日收到另行指定仲裁员通知的记载，但被执行人否认此节事实。申请执行人至今未提供另行指定仲裁员已通知被执行人的书面证据。故被执行人未收到另行指定仲裁员的适当通知的理由成立。且也无证据证明仲裁庭向被执行人发出仲裁开庭的书面通知，依据最高人民法院《关于内地与香港特别行政区相互执行仲裁裁决的安排》第7条第1款(二)项的规定，该仲裁裁决应裁定不予执行。

(二) 关于是否达成仲裁协议的问题

“步达威”轮于1993年8月3日驶抵上海港长江口外锚地，东丰公司以与沈阳公司在港争议未决为由，指令该轮拒绝进港卸货，并对船载货物实施留置。收货人中国木材华东公司认为东丰公司无权留置，即向上海海事法院申请诉前保全。东丰公司以“‘步达威’轮租船合同载有仲裁条款，且已并入提单背面条款”为由，向上海海事法院提出管辖权异议被驳回后仍不服，上海高院于1994年5月30日作出〔1994〕沪高经终字第44号民事裁定书，认为，仲裁协议必须有书面形式确认，东丰船务有限公司之租船合同未经有关当事人签字盖章，因此，仲裁条款并未成立，并以此驳回了东丰公司管辖权异议。

六、本院意见

我院于2005年12月26日讨论后同意合议庭意见。即申请执行人未提供另行指定仲裁员和仲裁开庭通知的书面证据；依据被执行人沈阳公司提供的证据，申请执行人和被执行人之间的1993年6月17日租船合同中的仲裁协议未经当事人签字盖章，仲裁条款未成立，即上海海事法院和上海高院作出的民事裁定书已发生法律效力。故同意大连海事法院对该案的处理意见。依据你院《关于人民法院处理与涉外仲裁及外国仲裁事项有关问题的通知》第2条规定，报你院审查。

辽宁省高级人民法院

2005年1月5日

附 20-59

伏尔加—第聂伯航运公司申请执行俄罗斯联邦乌里扬诺夫斯克州仲裁法院裁决案(〔2005〕民四他字第33号)

北京市高级人民法院：

你院京高法〔2005〕138号《关于伏尔加—第聂伯航运公司申请执行俄罗斯联邦乌

里扬诺夫斯克州仲裁法院裁决处理结果的请示》收悉。经研究,答复如下:

该八份裁决均为俄罗斯法院的裁决。对你院请示的第一个问题,我们认为:本案系被申请人 Garment Fashion Corporation(中国)[服装时装总公司(中国)]未到庭而缺席作出裁决的案件。根据1993年11月14日生效的《中华人民共和国和俄罗斯联邦关于民事和刑事司法协助的条约》第17条第2款第(二)项之规定,应当证明未出庭的当事人一方已经合法传唤。而俄罗斯联邦乌里扬诺夫斯克州仲裁法院仅证明开庭审理的日期和地点已通过应有的途径通知了被申请人,但未同时指明"应有的途径"具体是什么途径。此种证明是不充分的。此外,该法院亦未证明申请人申请执行的八份裁决已经合法送达给了被申请人。鉴于上述情况,可以认定申请人提出司法协助请求的手续不齐全,但不宜以上述条约第20条第(五)项之规定拒绝承认与执行。

对你院请示的第二个问题,由于被申请人在国家工商行政管理局和北京市工商行政管理局均未注册,而申请人提供的被申请人的法定地址系客房,不存在长期包租的情况,亦从未被申请人包租过,因此,可以认定被申请人主体不明或不存在。上述条约第18条第1款规定,法院裁决的承认与执行,由被请求的缔约一方依照本国法律规定的程序进行,故本案所涉八份裁决应依照我国《民事诉讼法》规定的程序和条件进行审查。根据我国《民事诉讼法》第108条第(二)项、第207条第2款之规定,本案没有明确的被申请人,亦无需证据证明被申请人在我国境内存在任何财产,因此,本案不符合法律规定的受理条件,依法应予退回并明确告知退回理由。至于被申请人在北京以外地区注册成立可能引起的问题,我们认为:如果有事实证明被申请人在我国境内其他地区注册成立或者在其他地区存在财产,说明申请人向北京有关法院申请承认与执行有关裁决不当。在此情形下,申请人可以依法向有管辖权的人民法院申请承认与执行,有关人民法院应依法进行审查,不存在裁定相互矛盾的问题。

对你院请示的第三个问题,我们认为,翻译费用不同于诉讼费用。人民法院在申请人依法缴纳诉讼费用后,要求其支付人民法院因履行通知职能而发生的翻译费用没有法律依据,该笔费用应由受理案件的人民法院自行承担。

此复。

最高人民法院

2005年9月25日

附20-60

北京市高级人民法院《关于伏尔加—第聂伯航运公司申请执行俄罗斯联邦乌里扬诺夫斯克州仲裁法院裁决处理结果的请示》(京高法〔2005〕138号)

最高人民法院:

我市第二中级人民法院于2003年5月21日立案受理了俄罗斯伏尔加—第聂伯

航运公司申请执行俄罗斯乌里扬诺夫斯克州仲裁法院八份裁决案，经审查，我院认为申请执行的俄罗斯裁决内容，存在我国与俄罗斯签订的《关于民事和刑事司法协助的条约》（以下简称《条约》）第 20 条第（五）项规定的情形，根据《中华人民共和国民事诉讼法》第 268 条的规定，应当裁定不予承认与执行。另，就该案中由于被申请人主体不明导致程序障碍和诉讼费用分担问题，也一并报告如下：

一、案件基本事实

中伏尔加运输检察院为伏尔加—第聂伯航运公司向俄罗斯联邦乌里扬诺夫斯克州仲裁法院提起诉讼（共八案），要求 Garment Fashion Corporation（中国）偿还所欠飞机租赁协定中约定的租赁费。

中伏尔加运输检察院代表及伏尔加—第聂伯航运公司的代理人到庭参加了诉讼，Garment Fashion Corporation（中国）未到庭。

俄罗斯联邦乌里扬诺夫斯克州仲裁法院经审理于 1999 年 8 月 17 日分别作出第 A72-3773/98-Cπ1、A72-3773/98-Cπ2、A72-3773/98-Cπ3、A72-3773/98-Cπ4、A72-3773/98-Cπ5、A72-3773/98-Cπ6、A72-3773/98-Cπ7、A72-3773/98-Cπ8 号共八份裁决书，裁决：Garment Fashion Corporation（中国）偿还伏尔加—第聂伯航运公司租赁费，并向联邦预算缴纳仲裁费。

二、提出承认与执行申请

2000 年 2 月 17 日，伏尔加—第聂伯航运公司依据《条约》，通过俄罗斯联邦司法部向我国法院提出申请，请求在我国境内执行俄罗斯联邦乌里扬诺夫斯克州仲裁法院于 1999 年 8 月 17 日作出的前述八份裁决；同时提交了俄罗斯联邦乌里扬诺夫斯克州仲裁法院出具的三份《证明书》，证明：开庭审理的日期和地点已通过应有的途径通知了被告 Garment Fashion Corporation（中国）；前述八案的裁决于 1999 年 9 月 17 日产生法律效力，并均未在俄罗斯联邦境内执行。

三、本案存在的问题

法院受理前述八案后，经查 Garment Fashion Corporation（中国）在我国国家工商行政管理局以及北京市工商行政管理局均未注册；申请人伏尔加—第聂伯航运公司提供的 Garment Fashion Corporation（中国）在中国的地址（北京市朝阳区建国门外大街 22 号赛特饭店 405 号房）系客房，没有长期包租情况，亦未入住过 Garment Fashion Corporation（中国）这一公司。

四、请示问题

根据《条约》的有关规定，申请承认与执行法院裁决时必须提供"证明未出庭的当事人一方已经合法传唤"的证明书，申请人提交的申请承认与执行的俄罗斯联邦乌里扬诺夫斯克州仲裁法院的裁决书显示：被申请人 Garment Fashion Corporation（中国）（以下简称被申请人）未到庭（俄罗斯联邦乌里扬诺夫斯克州仲裁法院）参加诉讼，俄罗斯联邦乌里扬诺夫斯克州仲裁法院仅出具《证明书》证明开庭审理的日期和地点已通过“应有的途径”通知了被申请人,但未能明确其送达的具体方式,亦未明确该仲裁法院作出的裁决是否以及用何种方式送达了被申请人。由于我国在加入《关于向国外送达民事或商事司法文书和司法外文书公约》时,对邮寄送达方式提出保留,因此,在俄罗斯联邦乌里扬诺夫斯克州仲裁法院对被申请人送达司法文书的方式不明确的情况下,不能认定前述八案所涉及的审理程序以及裁决书已经合法通知并送达给被申请人。可否依照我国与俄罗斯联邦签订的《条约》第20条第(五)项的规定,不予承认和执行本案所涉及的裁决。

《条约》第20条规定了缔约一方拒绝承认与执行另一方裁决的五种情形,且《条约》第18条第2项规定:“被请求主管机关可以审查该裁决是否符合本条约的规定,但不得对该裁决作出任何实质性的审查。”本案中,按照申请人请求书中提供的被申请人地址“北京市朝阳区建国门外大街22号赛特饭店405号”不能找到被申请人;国家工商行政管理局和北京市工商行政管理局均无Garment Fashion Corporation(中国)或“服装时装集团公司”的设立注册记录。申请人在请求书及附件中,除称被申请人系在中华人民共和国注册外,未提供其他情况。因此本案存在被申请人主体状况不明确,不能确定是否存在该主体。本案当事人主体不明,对判决、裁定效力构成直接影响,但由于此种情形又不属于《条约》规定的不予承认和执行的情形,故对此类情况应如何处理,请指示。

另,由于本案目前尚不能绝对排除被申请人系在北京以外地区注册设立的可能性,是否应考虑如何避免我国其他人民法院因上述可能性的出现,对本案所设裁决效力作出与本案裁决相矛盾的情况。

本案是申请人按照《条约》第17条第(一)项之规定,向作出裁决的俄方法院提出并通过条约规定的司法协助联系途径转交我最高人民法院,并经我院转给北京市二中院受理。案件受理期间,发生翻译费人民币7000余元,其中我院垫付5300元。依据《条约》第9条第(一)项“缔约一方的国民在缔约另一方境内,应在与该缔约另一方国民同等的条件下和范围内支付诉讼费用,包括预付的部分”的规定,此项诉讼费用应由本案当事人承担。但基于本案上述情况,在被执行人主体不明的情况下,无法令被执行人负担翻译费。对于发生的费用,如令申请人承担,由于申请人在国外,执行存在客观障碍,能否参照《条约》第5条第(一)项“缔约双方应当相互免费提供司法协助”的规定,作为双边国家司法协助费用予以互免。

特此报告,请批示。

北京市高级人民法院

2005年5月27日

第十四节　仲裁司法审查的管辖法院

一、确认仲裁协议有效性的管辖法院

如果一份仲裁协议为国内仲裁协议，当事应人向仲裁协议约定的仲裁机构所在地的中级人民法院申请确认仲裁协议效力；仲裁协议约定的仲裁机构不明确的，由仲裁协议签订地或者被申请人住所地的中级人民法院管辖。申请确认涉外仲裁协议效力的案件，由仲裁协议约定的仲裁机构所在地、仲裁协议签订地、申请人或者被申请人住所地的中级人民法院管辖。涉及海事海商纠纷仲裁协议效力的案件，由仲裁协议约定的仲裁机构所在地、仲裁协议签订地、申请人或者被申请人住所地的海事法院管辖；上述地点没有海事法院的，由就近的海事法院管辖。①

二、申请撤销仲裁裁决的管辖法院

申请撤销国内仲裁裁决的，由仲裁机构所在地的中级人民法院管辖。②由于中国实行涉外案件的集中管辖制度，申请撤销涉外仲裁裁决的案件由仲裁机构所在地有权受理涉外商事案件的中级人民法院管辖。③

三、申请不予执行或不予承认与执行仲裁裁决的管辖法院

申请不予执行仲裁裁决的管辖法院实际上是已经受理强制执行仲裁裁决申请的法院，即被执行人住所地或者被执行的财产所在地的中级人民法院。④ 如果申请执行的是涉外仲裁或申请承认与执行国际仲裁，管辖法院需具有涉外案件管辖权。

---

① 《仲裁法解释》第12条之规定。

② 《仲裁法》第58条。

③ 最高人民法院《第二次全国涉外商事海事审判工作会议纪要》第6条。

④ 《仲裁法解释》第29条之规定。

第十五节 撤销、部分撤销仲裁裁决、通知仲裁庭重新仲裁、不予执行仲裁裁决及不予承认和执行国际仲裁裁决

一、撤销、部分撤销仲裁裁决

中国国内仲裁机构作出的国内仲裁裁决或者涉外仲裁裁决有《仲裁法》第58条、《民事诉讼法》第258条情形的，经当事人申请，管辖法院有权作出撤销仲裁裁决的裁定。如果一份仲裁裁决事项超出了仲裁协议约定的范围或者不属于当事人申请仲裁的事项，经当事人申请，且经法院查证属实的，法院应当撤销仲裁裁决中的超裁部分。有关超裁裁决被法院部分撤销的案例请见本章第九节。如果超裁部分与其他裁决事项不可分的，法院应当撤销仲裁裁决。①

当事人申请撤销仲裁裁决的，应当自收到裁决书之日起6个月内提出②，否则人民法院不予受理。法院彻查撤销、部分撤销仲裁裁决申请的案件必须组成合议庭进行审理。③《仲裁法》第60条规定了法院对撤销仲裁裁决案件的审限是两个月，即法院应当在受理撤销裁决申请之日起两个月内作出撤销裁决或者驳回申请的裁定。《仲裁法》之所以规定如此短的审限，就是为防止司法审查的拖延妨害了仲裁裁决的权威性。

二、法院通知国内仲裁的仲裁庭重新仲裁

《仲裁法》第61条规定法院受理撤销仲裁裁决的申请后，认为可以由仲裁庭重新仲裁的，法院可以通知仲裁庭在一定期限内重新仲裁，并可裁定中止撤销程序。仲裁庭拒绝重新仲裁的，法院应当裁定恢复撤销仲裁程序。但具体在哪些情况下法院可以通知仲裁庭重新仲裁，而不是撤销仲裁裁决，《仲裁法》并未明确。

《仲裁法解释》第21条明确了法院可以通知仲裁庭限期重新仲裁的两种情形，即仲裁裁决所根据的证据是伪造的，或者对方当事人隐瞒了足以影响

---

① 最高人民法院《关于我国仲裁机构作出的仲裁裁决能否部分撤销问题的批复》、《仲裁法解释》第19条以及最高人民法院《第二次全国涉外商事海事审判工作会议纪要》第78条。

② 《仲裁法》第59条。

③ 《仲裁法》第58条第2款。

公正裁决的证据的。需要注意的是,法院通知仲裁机构对国内仲裁重新仲裁仅限于以上两种情形。[①] 一般情况下,如果仲裁程序违反法定程序的,不宜重新仲裁。因为:仲裁程序违反了当事人的约定或者仲裁规则的规定,而致严重影响当事人的权利时,仲裁庭已经失去了当事人的信任,如果仍由该仲裁庭重新仲裁,则仲裁程序因当事人的不信任和不配合将进展困难。即使重新作出仲裁裁决,当事人能够信服的可能性仍极小。而且,仲裁程序的违反,势必将导致仲裁程序从错误之点重新开始,就不再是对原仲裁裁决的更正,而是全新的仲裁。因此,仲裁程序违反法定程序的,以不重新仲裁为宜。[②]

三、法院通知涉外仲裁的仲裁庭重新仲裁

对涉外仲裁裁决在何种情况下可以由法院通知仲裁庭重新仲裁,到目前为止,尚没有法律、司法解释予以明确。从现有案例分析,仅极特殊的涉外仲裁裁决可以由法院通知仲裁庭重新仲裁。

如果一份涉外仲裁裁决中当事人名称列示错误,而根据仲裁规则又无法更正的,法院可以要求仲裁机构重新仲裁。在中国电子进出口北京公司申请撤销中国国际经济贸易仲裁委员会〔2006〕中国贸仲京裁字第0012号裁决一案中,贸仲将作为仲裁被申请人之一的“北京神州特信科技有限责任公司”的名称错误地列为“北京神州特信科技发展有限公司”。最高人民法院在《关于中国电子进出口北京公司申请撤销中国国际经济贸易仲裁委员会〔2006〕中国贸仲京裁字第0012号裁决一案的请示的复函》中表示:在仲裁裁决存在的上述错误已无法根据本案仲裁所适用的仲裁规则的规定进行更正的情况下,仲裁机构愿意通过重新仲裁的方式解决上述问题,应当认为属于“可以由仲裁庭重新仲裁的”情形。

在撤销承德仲裁委员会承仲裁字〔2000〕第33号、承仲裁补字〔2000〕第1号仲裁裁决案中,承德仲裁委员会就北京鹏华经济技术发展公司与英属韦津群岛好运有限公司之间的纠纷于2000年12月26日曾经作出了承仲裁字〔2000〕第33号仲裁裁决,但又于同年12月28日作出承仲裁补字〔2000〕第1号仲裁裁决,撤销了承仲裁字〔2000〕第33号裁决。最高人民法院《关于是否

---

① 参见陆效龙、吴兆祥:《〈关于适用 <中华人民共和国仲裁法> 若干问题的解释〉的理解与适用》,载《涉外商事海事审判指导》2006年第2辑,人民法院出版社2007年版,第276页。

② 参见沈德咏、万鄂湘主编:《最高人民法院仲裁司法解释的理解与适用》,人民法院出版社2007年版,第196页。

裁定撤销承德仲裁委员会仲裁裁决的请示的复函》中认为:“鉴于本案仲裁裁决存在的主要问题是仲裁程序违反法定程序,这种对程序的违反(以补充裁决撤销原裁决)对当事人权利的影响可以以通知仲裁庭重新仲裁的方式纠正。”

在确定一宗涉外仲裁案件中仲裁庭违反仲裁规则是应撤销仲裁裁决还是通知仲裁庭限期重新审理时,法院常会以仲裁庭违反仲裁规则的严重程度判断是撤销还是重审。四川华航建设有限公司申请成都仲裁委员会〔2003〕成仲案字第468号仲裁裁决案中,仲裁申请人主张的法律关系性质和民事行为的效力与仲裁庭的认定不一致时,仲裁庭未按照仲裁规则的规定告知当事人可以变更仲裁请求,而是直接自行代替当事人变更了请求,并作出裁决,且未给被申请人重新指定举证期限,违反了仲裁规则。最高人民法院《关于四川华航建设有限公司申请撤销仲裁纠纷一案的请示的复函》中认为:此案裁决具有应予撤销的情形。但从仲裁庭违反仲裁规则的情况看,尚未严重到撤销该裁决的程度。所以应通知仲裁庭重新仲裁,并中止撤销程序。

如果仲裁裁决是在一方当事人没有得到指定仲裁员和进行仲裁程序通知的情况下作出的,该仲裁裁决应当予以撤销,而不是重新仲裁。在黑龙江鸿昌国际货物运输代理有限公司与福建省轮船总公司、美国连捷海运有限公司(TRANSMARINE INC)申请撤销中国海事仲裁委员会仲裁裁决一案中,中国海事仲裁委员会的仲裁裁决是在鸿昌公司没有得到指定仲裁员和进行仲裁程序通知的情况下作出的。天津海事法院和天津高院均认为应当由中国海事仲裁委员会重新仲裁。而最高人民法院《关于黑龙江鸿昌国际货物运输代理有限公司申请撤销中国海事仲裁委员会仲裁裁决案的复函》中要求撤销该仲裁裁决。

附20-61

最高人民法院《关于中国电子进出口北京公司申请撤销中国国际经济贸易仲裁委员会〔2006〕中国贸仲京裁字第0012号裁决一案的请示》的复函(〔2006〕民四他字第43号)

北京市高级人民法院:

你院京高法〔2006〕409号《关于中国电子进出口北京公司申请撤销中国国际经济贸易仲裁委员会〔2006〕中国贸仲京裁字第0012号裁决一案的请示》收悉。经研究,答复如下:

本案系当事人向人民法院申请撤销我国仲裁机构作出的涉外仲裁裁决的案件。

本案所涉仲裁裁决将作为仲裁被申请人之一的“北京神州特信科技有限责任公司”的名称错误地列为“北京神州特信科技发展有限公司”，在仲裁裁决存在的上述错误已无法根据本案仲裁所适用的仲裁规则的规定进行更正的情况下，仲裁机构愿意通过重新仲裁的方式解决上述问题，应当认为属于“可以由仲裁庭重新仲裁的”情形。人民法院应当根据《中华人民共和国仲裁法》第61条的规定，通知仲裁庭在一定期限内重新仲裁，并裁定中止撤销程序。同意你院的处理意见。

此复。

最高人民法院

2006年12月15日

附20-62

最高人民法院《关于是否裁定撤销承德仲裁委员会仲裁裁决的请示》的复函（〔2005〕民四他字第51号）

河北省高级人民法院：

你院〔2005〕冀立民函字第89号“关于撤销承德仲裁委员会承仲裁字〔2000〕第33号、承仲裁补字〔2000〕第1号仲裁裁决的请示”收悉。经研究，答复如下：

本案属于申请撤销我国仲裁机构作出的涉外仲裁裁决案件。根据你院请示报告及所附卷宗反映的情况，承德仲裁委员会就北京鹏华经济技术发展公司与英属韦津群岛好运有限公司之间的纠纷于2000年12月26日曾经作出了承仲裁字〔2000〕第33号仲裁裁决，但又于同年12月28日作出承仲裁补字〔2000〕第1号仲裁裁决，撤销了承仲裁字〔2000〕第33号裁决。《中华人民共和国仲裁法》第56条规定：“对裁决书中的文字、计算错误或者仲裁庭已经裁决但在裁决书中遗漏的事项，仲裁庭应当补正；当事人自收到裁决书之日起三十日内，可以请求仲裁庭补正。”《承德仲裁委员会仲裁规则》第46条第3款规定：“仲裁庭作出的补正或者补充裁决，是原裁决书的组成部分”。有关法律与仲裁规则仅授权仲裁委员会可以就程序和遗漏事项作出补充裁决，没有授权仲裁委员会撤销其已经作出、送达且生效的仲裁裁决。承德仲裁委员会在对同一纠纷已经作出仲裁裁决的情况下，又作出撤销原裁决的补充裁决缺乏法律依据，也不符合《承德仲裁委员会仲裁规则》的规定，属于《中华人民共和国民事诉讼法》第260条第1款第（三）项规定的“仲裁庭的组成或者仲裁的程序与仲裁规则不符”的情况，人民法院可以依据《中华人民共和国仲裁法》第70条的规定撤销仲裁裁决。

鉴于本案仲裁裁决存在的主要问题是仲裁程序违反法定程序，这种对程序的违反（以补充裁决撤销原裁决）对当事人权利的影响可以以通知仲裁庭重新仲裁的方式纠正。根据本案所涉仲裁裁决的实际情况，应当根据《中华人民共和国仲裁法》第61条的规定，通知仲裁庭在一定期限内重新仲裁，并裁定中止撤销程序。仲裁庭拒绝重新仲裁的,应当裁定恢复撤销程序,依法一并撤销该两仲裁裁决。

此复。

最高人民法院

2006 年 1 月 24 日

四、法院通知仲裁庭重新仲裁的几个程序问题

从《仲裁法》第 61 条我们可以得出关于重新仲裁的程序问题六点结论:

第一,法院是启动重新仲裁程序的第一关。法院没有通知仲裁庭重新仲裁的,仲裁庭不得重新仲裁。

第二,是否决定通知仲裁庭重新仲裁是法院一项职权,但此项职权的行使并非强制性的。《仲裁法》第 61 条适用的是"可以"一词,也即在可以撤销仲裁裁决也可以发回重新仲裁时,由法官自由裁量决定是否重新仲裁。

第三,无需当事人申请重新仲裁,法院通知重新仲裁也无需征得当事人同意。

第四,法院仅依职权通知仲裁庭重新仲裁,而无权强制要求仲裁庭开庭,最终是否重新仲裁仍取决于仲裁庭。仲裁庭可以重新仲裁,也可以拒绝进行仲裁。需注意的是,进行重新仲裁的仲裁庭就是原仲裁庭,而非另行组成的仲裁庭。

第五,法院通知仲裁庭重新仲裁应当说明应予重新仲裁的理由。《仲裁法》并未要求法院在通知重新仲裁时要说明重新仲裁的理由。但在实践中,经常出现这样一种情况,人民法院通知仲裁庭重新仲裁,但未说明理由,仲裁庭接到通知后不知道该如何进行重新仲裁。① 为此,《仲裁法解释》第 21 条明确要求法院应当在重新仲裁的通知中说明重新仲裁的具体理由。

第六,仲裁庭在人民法院指定的期限内开始重新仲裁的,法院应当裁定终结撤销程序;未开始重新仲裁的,法院应当裁定恢复撤销程序。当事人对重新仲裁裁决不服的,可以在重新仲裁裁决书送达之日起六个月内依据《仲裁法》第 58 条规定向法院申请撤销。②

五、不予执行仲裁裁决

不予执行仲裁裁决和撤销仲裁裁决都是法院对仲裁的司法审查措施。

---

① 参见沈德咏、万鄂湘主编:《最高人民法院仲裁司法解释的理解与适用》,人民法院出版社 2007 年版,第 200 页。

② 《仲裁法解释》第 22、23 条。

国内仲裁的不予执行适用《民事诉讼法》第213条第2款，而撤销则适用《仲裁法》第58条。涉外仲裁裁决的撤销和不予执行都适用《民事诉讼法》第258条。

值得特别关注的是不予执行国内仲裁和涉外仲裁裁决以后，被不予执行仲裁裁决效力如何，以及当事人应如何采取进一步的救济措施。

《民事诉讼法》第213条第5款及259条规定："仲裁裁决被人民法院裁定不予执行的，当事人可以根据双方达成的书面仲裁协议重新申请仲裁，也可以向人民法院起诉。"如何理解这一条规定？"双方达成的书面仲裁协议"是指此前双方已经达成的书面仲裁协议，还是双方重新达成的仲裁协议？我们认为：如果仲裁裁决被不予执行，该仲裁裁决无效，原仲裁协议也随之失效，争议各方应重新达成仲裁协议后向仲裁机构申请仲裁；否则应向法院起诉。①

六、不予承认和执行国际仲裁裁决

如果一份仲裁裁决是由《纽约公约》缔约国内的仲裁机构作出的，我国法院根据《纽约公约》第5条审查仲裁裁决是否应予承认和执行。如果具备第5条第(1)款规定的情形，且经当事人申请不予承认和执行的，或者具备第5条第(2)款规定的情形的，中国法院可以拒绝承认和执行该仲裁裁决。

如果一份裁决是在非《纽约公约》缔约国内的仲裁机构作出的，中国法院应根据中国与仲裁机构所在国之间签订的缔结条约办理，如无该等条约，则按照互惠原则办理。

需注意的是，当一份国际仲裁裁决被中国法院不予承认和执行时，该仲裁裁决仅不具有在中国内地法域内被承认和强制执行的法律效力，但并不必然无效。该裁决可能在其他国家被承认和执行。

七、仲裁司法审查裁定属于终局裁定

当事人就法院作出的裁定提起上诉、再审，检察机关提起抗诉是当事人寻求进一步司法救济的通常程序。但在中国，法院在对仲裁司法审查过程中作出的仲裁协议无效、撤销或不予撤销仲裁裁决，不予执行仲裁裁决，不予承

---

① 参见葛行军：《简述仲裁司法监督与仲裁制度的完善》，载《涉外仲裁司法审查》，法律出版社2006年版，第7页。

认和执行仲裁裁决的裁定均属于终审裁定，当事人不得就该等裁定上诉[①]，也不得申请再审。[②] 检察机关无权就仲裁司法审查裁定提起抗诉。[③]

附 20-63

最高人民法院《关于杨志红申请撤销广州仲裁委员会涉港仲裁裁决一案的请示》的答复[④]（〔2008〕民四他字第 21 号）

广东省高级人民法院：

你院〔2007〕粤高法民四他字第 22 号《关于杨志红申请撤销广州仲裁委员会涉港仲裁裁决一案的请示》收悉。

经研究认为，本案属于申请撤销内地仲裁机构作出的涉港仲裁裁决案件，应参照《中华人民共和国仲裁法》第 70 条和《中华人民共和国民事诉讼》第 258 条的规定进行审查。

根据你院请示报告及所附卷宗反映的情况，《广州仲裁委员会仲裁规则》第八章“简易程序”在第 97 条规定：“除当事人另有约定外，凡是争议金额不超过人民币 20 万元的仲裁案件，适用本章规定；争议金额在 20 万元以上，双方当事人书面同意的，也可以适用本章规定。”而广州仲裁委员会裁决杨志红向首饰公司返购的黄金价值超过了 20 万元，且当事人没有书面意见同意仲裁委员会适用简易程序。在此情况下，广州仲裁委员会适用简易程序审理本案，属于《中华人民共和国民事诉讼法》第 258 条第 1 款第（三）项所指的“仲裁庭的组成或者仲裁程序与仲裁规则不符的”情形。

此外，首饰公司 2004 年 5 月 25 日向仲裁庭提交的《明确仲裁请求申请书》中，有“由首饰公司向杨志红返购库存黄金”的请求。但仲裁庭 5 月 31 日送达杨志红的《明确仲裁请求申请书》中却未载有该项内容，仲裁庭的开庭笔录中也没有上述明确仲裁请求的记载。仲裁庭在未将该项仲裁请求告知杨志红的情况下，裁决支持该仲裁请求，导致杨志红未能就该请求陈述意见，属于《中华人民共和国民事诉讼法》第 258 条第 1 款第（二）项所指的被申请人由于“不属于被申请人负责的原因未能陈述意见的”情形。

---

① 最高人民法院《关于人民法院裁定撤销仲裁裁决或驳回当事人申请后当事人能否上诉问题的批复》

② 最高人民法院《关于当事人对人民法院撤销仲裁裁决的裁定不服申请再审人民法院是否受理问题的批复》

③ 最高人民法院《关于人民检察院对撤销仲裁裁决的民事裁定提起抗诉人民法院应如何处理问题的批复》、最高人民法院《关于人民检察院对不予撤销仲裁裁决的民事裁定提出抗诉人民法院应否受理问题的批复》

④ 万鄂湘主编：《涉外商事海事审判指导》2008 年第 2 辑，人民法院出版社 2009 年版，第 110 页。

综上，广州仲裁委员会作出的〔2003〕穗仲案字第2671号仲裁裁决应予撤销。

此复。

最高人民法院

2008年7月24日

附20-64

广东省高级人民法院《关于杨志红申请撤销广州仲裁委员会涉港仲裁裁决一案的请示》(〔2007〕粤高法民四他字第22号)

最高人民法院：

杨志红申请撤销广州仲裁委员会〔2007〕穗仲案字第2671号仲裁裁决一案，广州市中级人民法院受理并经审查后，认为应当撤销该涉港仲裁裁决，根据钧院的规定向我院进行请示。现将该案情况报告如下：

一、案件的基本情况

申请人(仲裁被申请人)：杨志红，女，1950年12月12日出生，香港特别行政区公民。

被申请人(仲裁申请人)：广州金银首饰有限公司，住所地：广东省广州市大德路199号。

被申请人(仲裁被申请人)：吴金成，男，汉族，1955年3月26日出生。

2000年11月1日，广州金银首饰有限公司(以下简称金银首饰公司)与吴金成签订《承包协议》，约定吴金成承包金银首饰公司广源部的金饰加工生产，承包期间吴金成自负应缴的各项税费。《承包协议》第6条第1款规定，如双方就争议问题不能协商一致，则由广州仲裁委员会裁定。同日，金银首饰公司与杨志红签订《担保协议》，杨志红承诺对吴金成履行《承包协议》中约定的义务承担担保责任。杨志红与吴金成是雇佣关系，杨志红是雇主，吴金成是雇工，三方在签订上述两协议时均知道金银首饰公司广源部的实际经营人将为杨志红。至2001年12月，《承包协议》的履行已实际终止，金银首饰公司广源部的账面存货为黄金86868.43克。三方当事人均确认该批黄金是杨志红出资购买、自行加工，然后以吴金成的名义进行销售。

金银首饰公司于2003年12月30日向广州仲裁委员会提起仲裁申请，请求：(1)要求吴金成、杨志红立即与金银首饰公司进行《承包协议》终止后的清理工作；(2)吴金成、杨志红承担本案的仲裁费和律师费55000元。广州仲裁委员会受理后，于2004年1月10日向杨志红送达《仲裁通知书》、《广州仲裁委员会仲裁规则》、《仲裁员名册》等文件，告知其在收到该通知和仲裁申请书副本之日起15日内提交答辩状、在仲裁员名册上选定仲裁员，并与仲裁申请人约定仲裁庭的组成方式等权利义务。杨志红于同年1月提交的答辩状中表明其香港居民身份，并于同年2月20日向广州仲裁委员会提交《关于适用涉外仲裁程序审理本案的申请》，声明："杨志红系香港永久性居民，请求按照涉外程序组成仲裁庭审理本案，选定仲裁员张劲为仲裁庭成员，并委托广州仲裁委员会指定首席仲裁员。"广州仲裁委员会得知杨志红为香港居民后，未按照涉外仲裁程序给予杨志红45天答辩及举证期，只在裁决书中指明本案适用涉外程序。2004年1月5日，吴金成选定仲裁员潘国荣；同年1月10日，杨志红选定仲裁员张劲。同年2月13日，广州仲裁委员会主任指定李非淆担任本案独任仲裁员，成立独任仲裁庭。

仲裁庭分别于2004年4月1日、5月13日、11月4日三次开庭审理。仲裁庭于5月13日第二次开庭审理时，要求金银首饰公司明确仲裁请求。同年5月25日，金银首饰公司向仲裁庭提交《明确仲裁请求申请书》，明确仲裁请求为：(1) 要求吴金成、杨志红对其承包终止时库存86 868.43克黄金承担缴纳增值税和相关税费的义务，或由金银首饰公司返购该库存黄金；(2) 本案的仲裁费和律师费20 000元由吴金成、杨志红承担。同年5月31日，仲裁庭向杨志红送达该《明确仲裁请求申请书》副本，但是其中并无"或由金银首饰公司返购库存黄金"这一句话。在仲裁庭的开庭笔录中也没有上述明确仲裁请求的记载。同年11月12日，仲裁庭作出〔2003〕穗仲案字第2671号仲裁裁决，支持金银首饰公司向杨志红返购库存黄金以及由杨志红承担律师费、仲裁费的仲裁请求。

杨志红不服广州仲裁委员会〔2003〕穗仲案字第2671号仲裁裁决书，向广州市中级人民法院申请撤销该仲裁裁决。该院于2005年8月9日作出〔2005〕穗中法仲审字第76号民事裁定，驳回杨志红的撤销仲裁裁决申请。后该院经复查，于2006年4月26日作出〔2006〕穗中法民申字第597号民事裁定，决定对该案进行再审。该院另行组成合议庭进行再审后，认为原审裁定对申请人杨志红提出的仲裁庭组成不合法、仲裁程序违反法定程序等问题认定事实不清，适用法律不当，故于2007年3月6日作出〔2006〕穗中法审监民再字第95号民事裁定，撤销〔2005〕穗中法仲审字第76号民事裁定。杨志红据此于2007年3月16日再次向该院提出撤销该仲裁裁决的申请，该院于2007年4月18日重新予以立案受理。

二、广州市中级人民法院的处理意见

广州市中级人民法院认为，杨志红为香港居民，金银首饰公司对其提起承包合同仲裁属于涉外仲裁，审理的程序应依涉外程序，当事人的有关答辩期限等权利应根据仲裁规则予以45天的期限，但从仲裁案卷中发现并未给予杨志红足够的答辩期限。本案裁决杨志红向金银首饰公司返还黄金，数额巨大，远超过20万元，根据2003年《广州仲裁委员会仲裁规则》，对此种案件除非当事人书面同意，否则不应适用简易程序进行审理，但原仲裁裁决却在不具备此前提下独任仲裁、适用简易程序审理，违反了《广州仲裁委员会仲裁规则》。金银首饰公司多次变更仲裁请求，但最后一次确认的仲裁请求杨志红否认已知，且未在开庭笔录中有所体现，不能充分证明该仲裁请求杨志红已了解。仲裁机构以未在庭审笔录中确认的仲裁请求予以最终裁决,其程序严重违法。根据以上理由,足以确认原仲裁程序存在诸多程序问题,杨志红申请撤销符合法律规定,应予支持。

关于杨志红再次提出撤销仲裁裁决申请是否符合有关规定的问题,根据《中华人民共和国仲裁法》的规定,当事人申请撤销仲裁裁决的,应当自收到裁决书之日起6个月内提出;根据最高人民法院《关于当事人对人民法院撤销仲裁裁决的裁定不服申请再审人民法院是否受理问题的批复》,对于当事人对人民法院撤销仲裁裁决的裁定不服申请再审的,人民法院不予受理。本案中,广州市中级人民法院于2006年4月26日作出〔2006〕穗中法民申字第597号民事裁定,决定对该案进行再审,是人民法院复查之后主动决定再审,不是基于当事人的申请而启动,此种情形应不属于上述司法解释规定的不予受理的情形。虽然杨志红此次撤销仲裁裁决的申请自收到裁决书之日已超过6个月,但因〔2005〕穗中法仲审字第76号民事裁定已被〔2006〕穗中法审监民再字第95号民事裁定撤销,杨志红据此再次提出撤销仲裁裁决申请应视为其第一次提出撤销仲裁裁决申请,未超过6个月的时效。当然,该院2007年3月6日作出的〔2006〕穗中法审监民再字第95号民事裁定亦存在不足,该再审裁定在撤销〔2005〕穗中法仲审字第76号民事裁定的同时应指定对原申请重新进行审查,而无须由当事人再次提起撤销仲裁裁决申请。但因原仲裁确属程序不当,为充分保障当事人的合法权益,依照《中华人民共和国仲裁法》第70条、《中华人民共和国民事诉讼法》第260条第1款第(三)项之规定,拟裁定撤销广州仲裁委员会于2004年11月12日作出的〔2003〕穗仲案字第2671号仲裁裁决。

三、我院的倾向性意见

1. 杨志红为香港居民,金银首饰公司对其提起承包合同仲裁应参照涉外程序进行

根据《仲裁法》第70条的规定,当事人提出证据证明涉外仲裁裁决有《民事诉讼法》第260条第1款规定的情形之一时,经人民法院组成合议庭审查核实,裁定撤销。《民事诉讼法》第260条第1款规定的情形是:(1)当事人在合同中没有订有仲裁条款或者事后没有达成书面仲裁协议的;(2)被申请人没有得到指定仲裁员或者进行仲裁程序的通知,或者由于其他不属于被申请人负责的原因未能陈述意见的;(3)仲裁庭的组成或者仲裁的程序与仲裁规则不符的;(4)裁决的事项不属于仲裁协议的范围或者仲裁机构无权仲裁的。本案仲裁裁决具有上述第(2)、(3)项情形,具体理由如下:

第一,金银首饰公司于2004年5月25日向仲裁庭提交的《明确仲裁请求申请书》中有“由金银首饰公司向杨志红返购库存黄金”这一请求,但仲裁庭于2004年5月31日送达杨志红的《明确仲裁请求申请书》中却未载有该项内容。本案其他仲裁文书及开庭笔录均未反映金银首饰公司的仲裁请求中含有该项内容。据此可以认定,本案仲裁庭没有将金银首饰公司“向杨志红返购库存黄金”这一仲裁请求告知杨志红。仲裁

庭在未将该项仲裁请求告知杨志红的情况下，裁决支持该项仲裁请求，导致杨志红未能就该项仲裁请求陈述意见。

第二，根据2003年《广州仲裁委员会仲裁规则》第121条的规定，涉外仲裁的被申请人应在收到仲裁受理通知之日起45日内向仲裁委员会提交答辩书、证据及有关证明文件。本案属涉外仲裁，仲裁庭应根据该条规定给予当事人45天的答辩及举证期限，但从查明的事实看，仲裁庭并未给予杨志红45天的答辩及举证期限。

根据上述理由，足以确认本案仲裁程序存在问题，杨志红申请撤销仲裁裁决符合法律规定，应予支持。

2. 关于杨志红再次提出撤销仲裁裁决申请是否符合有关规定的问题

根据《中华人民共和国仲裁法》第59条的规定，当事人申请撤销仲裁裁决的，应当自收到裁决书之日起6个月内提出。杨志红第一次向广州市中级人民法院提出撤销仲裁裁决申请是在其收到裁决书之日起的6个月内，并未怠于行使其向人民法院寻求司法救济的权利。由于广州市中级人民法院驳回杨志红第一次撤销仲裁裁决申请的〔2005〕穗中法仲审字第76号民事裁定已被该院〔2006〕穗中法审监民再字第95号民事裁定撤销，杨志红于2007年3月16日再次提出撤销仲裁裁决申请，该院重新立案，应当允许。

根据钧院《关于人民法院撤销涉外仲裁裁决有关事项的通知》（法〔1998〕40号）第1条的规定，特向钧院请示，请予批复。

广东省高级人民法院

2008年4月3日

附录：与商事仲裁相关的法律规范性文件条目

一、国际公约及国际仲裁资料

1. 1958 年—《承认及执行外国仲裁裁决公约》—“纽约”公约(Convention on the Recognition and Enforcement of Foreign Arbitration Awards, 1958)；

2.《关于 1958 年 6 月 10 日在纽约制定的〈承认及执行外国仲裁裁决公约〉第二条第 2 款和第七条第 1 款的解释的建议》[2006-Recommendation regarding the interpretation of article II (2) and article VII (1) of the Convention on the Recognition and Enforcement of Foreign Arbitral Awards (New York, 1958)]；

3. 1985 年—联合国国际贸易法委员会《国际商事仲裁示范法》(UNCITRAL Model Law on International Commercial Arbitration 1985 With amendments as adopted in 2006)；

4. 1996 年—《贸易法委员会关于安排仲裁程序的说明》(1996-UNCITRAL Notes on Organizing Arbitral Proceedings)；

5. 1982 年—根据《贸易法委员会仲裁规则》在仲裁方面帮助仲裁机构和其他有关机构的建议(1982-Recommendations to assist arbitral institutions and other interested bodies with regard to arbitrations under the UNCITRAL Arbitration Rules)；

6. 1976 年—《贸易法委员会仲裁规则》(1976-UNCITRAL Arbitration Rules)；

7. 2004 年—《国际律师协会国际仲裁利益冲突指引》(IBA Guidelines on Conflicts of Interest in International Arbitration);

8. 1996 年—《英国仲裁法》(Arbitration Act 1996);

9. 1999 年—《苏格兰仲裁法》(The Scottish Arbitration Code 1999);

10. 1998 年—《国际商会仲裁院仲裁规则》(ICC Rules of Arbitration);

11. 1998 年—《伦敦国际仲裁院仲裁规则》(LCIA Arbitration Rules 1998)。

二、国内法律、法规及司法解释

(一) 综合

1.《中华人民共和国仲裁法》(1995.09.01);

2. 最高人民法院《关于适用〈中华人民共和国仲裁法〉若干问题的解释》(2006.09.09);

3. 最高人民法院《关于实施〈中华人民共和国仲裁法〉几个问题的通知》(1997.03.26);

4. 最高人民法院《关于认真贯彻仲裁法依法执行仲裁裁决的通知》(1995.10.04);

5. 国务院办公厅《关于贯彻实施〈中华人民共和国仲裁法〉需要明确的几个问题的通知》(1996.06.08);

6. 最高人民法院《关于印发〈第二次全国涉外商事海事审判工作会议纪要〉的通知》(节选,第 58 条至 84 条)(2005.12.26);

7. 最高人民法院民事审判第四庭《涉外商事海事审判实务问题解答(一)》(节选,第 67 条至 93 条);

8. 最高人民法院《关于执行我国加入的〈承认及执行外国仲裁裁决公约〉的通知》(1987.04.10);

9. 最高人民法院《关于人民法院处理与涉外仲裁及外国仲裁事项有关问题的通知》(1995.08.28);

10. 最高人民法院《关于承认和执行外国仲裁裁决收费及审查期限问题的规定》(1998.11.21)。

(二) 仲裁协议

1. 最高人民法院《关于确认仲裁协议效力几个问题的批复》(1998.10.21);

2. 最高人民法院《关于同时选择两个仲裁机构的仲裁条款效力问题的函》(1996.12.12);

3. 最高人民法院《关于当事人对仲裁协议的效力提出异议由哪一级人民法院管辖问题的批复》(2000.08.12);

4. 最高人民法院《关于涉蒙经济合同未直接约定仲裁条款如何认定案件管辖权的复函》(1996.12.14);

5. 最高人民法院《关于仅选择仲裁地点而对仲裁机构没有约定的仲裁条款效力问题的函》(1997.03.19);

6. 最高人民法院《关于订有仲裁条款的合同一方当事人不出庭应诉应如何处理的复函》(2008.03.26);

7. 最高人民法院《关于仲裁条款效力请示的复函》(2006.04.26);

8. 最高人民法院《关于如何确认仲裁机构名称约定不明确的仲裁协议的效力的请示的复函》(2006.03.13);

9. 最高人民法院《关于确认仲裁协议效力请示的复函》(2006.03.09)。

(三) 撤销仲裁裁决

1. 最高人民法院《关于人民法院撤销涉外仲裁裁决有关事项的通知》(1998.04.23);

2. 最高人民法院《关于不得以裁决书送达超过期限而裁定撤销仲裁裁决的通知》(1997.04.06);

3. 最高人民法院《关于审理当事人申请撤销仲裁裁决案件几个具体问题的批复》(1998.07.28);

4. 最高人民法院《关于人民法院裁定撤销仲裁裁决或驳回当事人申请后当事人能否上诉问题的批复》(1997.04.23);

5. 最高人民法院《关于当事人对人民法院撤销仲裁裁决的裁定不服申请再审人民法院是否受理问题的批复》(1999.02.16);

6. 最高人民法院《关于我国仲裁机构作出的仲裁裁决能否部分撤销问题的批复》(1999.08.31);

7. 最高人民法院《关于人民检察院对撤销仲裁裁决的民事裁定提起抗诉人民法院应如何处理问题的批复》(2000.07.15);

8. 最高人民法院《关于人民检察院对不撤销仲裁裁决的民事裁定提出抗诉人民法院应否受理问题的批复》(2000.12.19);

9. 最高人民法院《关于对驳回申请撤销仲裁裁决的裁定能否申请再审问题的复函》(2004.07.27);

10. 最高人民法院《关于当事人对驳回其申请撤销仲裁裁决的裁定不服而申请再审,人民法院不予受理问题的批复》(2004.07.29);

11. 最高人民法院《关于仲裁协议无效是否可以裁定不予执行的处理意见》(2002.06.20)。

(四) 执行仲裁裁决

1. 最高人民法院《关于当事人因对不予执行仲裁裁决的裁定不服而申请再审人民法院不予受理的批复》(1996.6.26);

2. 最高人民法院《关于未被续聘的仲裁员在原参加审理的案件裁决书上签名人民法院应当执行该仲裁裁决书的批复》(1998.09.05);

3. 最高人民法院《关于内地与香港特别行政区相互执行仲裁裁决的安排》(2000.02.01);

4. 最高人民法院《关于内地与澳门特别行政区相互认可和执行仲裁裁决的安排》(2008.01.01);

5. 最高人民法院《关于香港仲裁裁决在内地执行的有关问题的通知》(2009.12.30)。